D1732055

Öl im 21. Jahrhundert

Band I: Grundlagen und Kernprobleme

von

Dr. Steffen Bukold

Oldenbourg Verlag München

Bibliografische Information der Deutschen Nationalbibliothek

Die Deutsche Nationalbibliothek verzeichnet diese Publikation in der Deutschen Nationalbibliografie; detaillierte bibliografische Daten sind im Internet über <http://dnb.d-nb.de> abrufbar.

© 2009 Oldenbourg Wissenschaftsverlag GmbH
Rosenheimer Straße 145, D-81671 München
Telefon: (089) 450 51-0
oldenbourg.de

Das Werk einschließlich aller Abbildungen ist urheberrechtlich geschützt. Jede Verwertung außerhalb der Grenzen des Urheberrechtsgesetzes ist ohne Zustimmung des Verlages unzulässig und strafbar. Das gilt insbesondere für Vervielfältigungen, Übersetzungen, Mikroverfilmungen und die Einspeicherung und Bearbeitung in elektronischen Systemen.

Lektorat: Wirtschafts- und Sozialwissenschaften, wiso@oldenbourg.de
Herstellung: Anna Grosser
Coverentwurf: Kochan & Partner, München
Titelbild: Helmut Gevert
Gedruckt auf säure- und chlorfreiem Papier
Gesamtherstellung: Kösel, Krugzell

ISBN 978-3-486-58899-6

Inhaltsübersicht

Inhalt

1 Einleitung

Die Ölversorgung der Welt steht vor einem grundlegenden Wandel, ohne dass der zukünftige Kurs klar wäre. Die Ölmärkte suchen nach einem neuen Gleichgewicht, die Ölpolitik stochert im Dunkeln: Wann überschreiten wir den globalen Förderhöhepunkt, den Peak? Oder liegt er schon hinter uns? Wie umfangreich sind die förderwürdigen Ölreserven? Liegt der Barrelpreis im nächsten Jahr bei 50 Dollar oder bei 200 Dollar? Niemand weiß, wie Angebot und Nachfrage auf höhere Preise reagieren. Niemand kann den Einfluss der Finanzinvestoren auf die Ölmärkte beziffern.

Die wilden Preissprünge auf den Terminmärkten und der Zickzackkurs in der Biospritpolitik sind Ausdruck dieser Unsicherheit. Internationale Energiegipfel führen zu keinen greifbaren Ergebnissen. Energiepolitik bleibt bis auf weiteres „die spannendste Aufgabe des 21. Jahrhunderts" (Angela Merkel).

Sicher ist nur, dass der Ölpreis seit fünf Jahren von einem Allzeithoch zum nächsten klettert und damit den größten internationalen Vermögenstransfer der Geschichte ausgelöst hat. Aber die Globalisierung von Wirtschaftssystemen mit hoher Ölnachfrage schreitet davon unbeeindruckt voran. In den 1970ern standen sich die westlichen Industrieländer und die OPEC-Staaten als zwei Blöcke gegenüber. Heute kommt die Nachfrage immer stärker aus den asiatischen Schwellenländern sowie aus den ölreichen Regionen selbst. Aber alle sind sich einig, dass der westliche Energiekonsum nicht auf den Rest der Welt übertragbar ist – dazu fehlen die fossilen und ökologischen Ressourcen.

Energieprobleme sind nun in jeder Hinsicht global geworden: In ihrer Entstehung, den Wirkungen und in den Lösungen. Kein Staat kann sich in der heutigen Welt von der Krise seiner Nachbarn abkoppeln, selbst wenn er energiewirtschaftlich autark ist.

Doch welcher Weg soll eingeschlagen werden? Wie drängend sind die Probleme? Wie können Unternehmen und Regierungen weit reichende Entscheidungen in einem Umfeld treffen, das sich so rasch ändert? Das oft zitierte Idealdreieck der Energiepolitik aus Versorgungssicherheit, Wirtschaftlichkeit und Nachhaltigkeit kann nicht mehr bequem ausbalanciert werden. Die Ergebnisse sind nicht selten paradox: Hohe Ölpreise können den Konsum nicht stoppen, fördern aber den Einsatz besonders umweltschädlicher Alternativen aus Ölsand oder Kohle.

Die Probleme haben eine solche Dimension, dass sie reflexartig auf die lange Bank geschoben werden. Daher stehen sich allzu oft lähmender Alarmismus und naiver Optimismus gegenüber. Geologen beschwören apokalyptische Zeiten, Ökonomen verlassen sich auf Marktmechanismen und neue Technologien. Noch dominiert die Haltung des *anything goes*: Klimaschutz *und* Billigflüge, Bioethanol *und* Geländewagen. Sicherheitshalber werden alle Energieträger in der Hoffnung gefördert, dass sich die „richtigen" durchsetzen werden.

Verpasste Chancen und aktuelle Fragen

Der Rohstoff Öl blickt auf eine 150jährige wechselhafte Geschichte zurück. Aus dem neuartigen Leuchtmittel des 19. Jahrhunderts wurde der wichtigste Treibstoff für die Motorisierung der Welt und ein wichtiger Rohstoff für zahllose Konsumgüter sowie die moderne Landwirtschaft. Bis heute prägen diese Innovationen unsere Lebensgewohnheiten und unseren Lebensstandard. Der Rohstoff schien ideal zu sein: eine hohe Energiedichte, leicht zu transportieren und mit scheinbar unbegrenzten Reserven.

Trotzdem waren Krisen eine gewohnte Erscheinung in der Ölbranche. Seit dem 19. Jahrhundert musste immer wieder nach neuen Lösungsmustern, nach neuen Paradigmen gesucht werden, die eine stabile Weiterentwicklung ermöglichen. Zuletzt war die energiepolitische Aufbruchstimmung der 70er eine Chance zur nachhaltigen Umgestaltung der Energieversorgung. Das Ölembargo der arabischen Staaten, der Wachstumspessimismus des Club of Rome und der sprunghafte Anstieg des Ölpreises hätten zu einer grundlegenden Neuausrichtung der fossilen Energiepolitik führen können. Die Ölpreisschocks verdrängten Öl zwar aus der Stromerzeugung, aber das wurde durch Nachfrage im Verkehr und in der Industrie mehr als aufgefangen.

Der Kurswechsel blieb aus. Konjunkturkrisen und ein hoher Ölpreis dämpften die Nachfrage und führten zu einer Ölschwemme. Öl hatte als „Waffe" ausgedient und Optimismus machte sich breit. Das Zeitalter politischer Deregulierung und Liberalisierung war angebrochen. Es führte auch im Energiesektor zu der Überzeugung, dass die Märkte die Ölversorgung sichern werden, sobald sie von geopolitischem und regulativem Ballast befreit sind.

In den USA wurde der neue Trend Anfang der 80er Jahre von Präsident Reagan eingeläutet, als er in einem symbolischen Akt die Solarzellen auf dem Dach des Weißen Hauses entfernen ließ, die sein Vorgänger ebenso symbolisch installiert hatte. Präsident Carters Energieoffensive, die 1977 mit großem Elan gestartet war, wurde damit für eine Generation ad acta gelegt. In Wahlspots ließ sich George Bush (sen.) am Steuer großer Yachten ablichten, während sein Kontrahent Jimmy Carter im Pullover den Thermostat herunterdrehte.[1]

Der Einbruch der Ölpreise Mitte der 80er beendete die zwölfjährige Phase aktiver Energiepolitik in den Industriestaaten. Relativ niedrige Preise und hohe Reservekapazitäten sorgten für Entspannung auf den Ölmärkten. Energiepolitik konzentrierte sich nun auf die vernachlässigten ökologischen Aspekte des Energiekonsums.

Dieses Paradigma schien stabil zu sein: Staatliche Energiepolitik wachte über die Emissionen, die USA über den Persischen Golf. Im Krisenfall sprangen die Saudis ein. Den Rest regelte der Markt. Dazu gehörte auch die Erwartung, dass Erdgas im 21. Jahrhundert quasi automatisch die Brücke zwischen Öl und einem nachhaltigen Energiesystem sein wird.

Aber die Welt wurde in diesem Jahrzehnt abrupt aus ihrem 25jährigen energiepolitischen Schlaf geweckt, wenn auch zunächst von den „falschen" Signalen. Nach dem Jahr 2000 schien ein hoher Ölpreis die Konjunktur abzuwürgen. Der *War on Terror* nach 2001 und die Besetzung des Irak seit 2003 verstärkten vor allem geopolitische Befürchtungen. Es kam anders: Die Weltkonjunktur erlebte bis 2008 das stärkste Wachstum seit einer Generation und der Irak produziert heute genauso viel Öl wie vor der Invasion.

In den letzten fünf Jahren rückten schließlich drei weitaus gravierendere Sorgen in den Vordergrund:

1. *Kann* überhaupt noch genug Öl produziert werden angesichts der rasant steigenden Nachfrage aus China und anderen Schwellenländern? Eine wachsende Zahl von Geologen und Ölfirmen erwartet einen *Peak*, also ein globales Fördermaximum, das nicht mehr überschritten werden kann. Die Frage ist also nicht, ob wir uns vom Öl verabschieden, sondern ob sich das Öl von uns verabschiedet.

   Jede Sekunde werden etwa 1000 Barrel Öl verbrannt oder verarbeitet. Täglich verbraucht die Welt eine Ölmenge, die einer etwa 10.000 Kilometer langen Kette aus Tanklastzügen entspricht. Bei diesen Mengen drängt sich unwillkürlich die Frage auf, wann die Ressourcen erschöpft sind und wann die Förderung nicht mehr gesteigert werden kann.

   Gleichzeitig steigt die Anfälligkeit der Versorgungskette, weil Pufferkapazitäten immer kleiner werden. Nur die strategischen Reserven der Industrieländer und geringe Reservekapazitäten der Produzenten, vor allem in Saudi-Arabien, könnten im Krisenfall eingesetzt werden.

2. *Soll* überhaupt noch mehr Öl verbrannt werden angesichts der hohen CO_2-Emissionen fossiler Energieträger und angesichts wachsender Abhängigkeiten von Russland und den OPEC-Staaten?

Der Zusammenhang zwischen Ölpolitik und Umwelt- bzw. Klimaschutz wird immer komplexer: Die hohen Ölpreise konnten das Wachstum der Nachfrage bislang nicht stoppen. Gleichzeitig machen sie ökologisch bedenkliche Produktionsverfahren lukrativ, wenn man an die kanadischen Ölsande, energieintensiv hergestellte synthetische Kraftstoffe aus Erdgas oder riesige Infrastrukturprojekte in abgelegenen Naturregionen denkt. In den USA steigt der Dieselkonsum, weil ökologisch fragwürdiges Maisethanol aufwendig per LKW und Schiene quer durchs Land befördert werden muss. In Indien bedeutet Öl hingegen Umweltschutz, wenn Butan oder Propan in ländlichen Regionen den Bedarf an Brennholz verringern.[2] Zur selben Zeit steigt die Abhängigkeit der Ölförderung von der Natur, wenn Stürme die Offshore-Produktion immer wieder lahm legen, schlechte Ernten die Biokraftstoffe dezimieren oder extreme Wetterlagen bzw. Tauwetter den Ausbau arktischer Ölprojekte stoppen.

3. *Wollen* die Ölproduzenten ihre wertvollen Rohstoffe überhaupt in der gewünschten Geschwindigkeit fördern? Wäre es aus ihrer Sicht nicht rationaler, die enormen Investitionen zu kürzen und weniger Öl, aber dafür zu einem höheren Preis und über einen längeren Zeitraum zu verkaufen?

Mehr denn je werden über Rohstoffpreise Vermögen verteilt. Rohöl wird am Persischen Golf zu operativen Kosten von 10 $/b (US-Dollar pro Barrel/Fass) gefördert, zu 120 $/b verkauft und nach der Veredlung in der Raffinerie und der Besteuerung an einer deutschen Tankstelle zu umgerechnet 360 $/b an den Autofahrer vertrieben. Das ist ein Verhältnis von 1:12:36.

Ein Preisanstieg von nur einem Dollar pro Barrel bedeutet eine Verschiebung von 30 Dollar pro Jahr von den Ölverbrauchern zu den Ölproduzenten. Bei aktuellen Preisen von 120 $/b entspricht dies jährlichen Erlösen von 3.700 Mrd. Dollar. Das wären 550 Dollar für jeden Bewohner dieses Planeten.

Trotzdem stellt sich die Frage: Sind 100 $/b teuer oder billig? Sind 0,40 Euro für einen Liter eines hochkonzentrierten Energieträgers viel oder wenig, solange ein Liter Limonade das Doppelte kostet?

Soll der Preis aus den Kosten der Ölförderung oder aus den Preisen für alternative Energieträger oder aus dem Wert der Mobilität abgeleitet werden? Haben die aktuellen Preise überhaupt noch einen Bezug zum realen Ölmarkt oder sind sie Spielball der Finanzmärkte geworden?

Terminbörsen und bilaterale OTC-Geschäfte sind für die weltweite Preisfindung wichtig geworden, weil alle anderen Lösungen nicht funktioniert haben. Die Spotmärkte sind zu undurchsichtig, die großen Ölproduzenten wollen nicht zu viel preispolitische Verantwortung übernehmen. Immerhin: Die Ölbörsen zogen einen großen Teil des Ölmarktes aus abgeschirmten Verhandlungszimmern auf das helle Börsenparkett. Diese Marktplätze bieten ein globales Forum für Diskussionen und Informationen. Sie zeigten weitaus früher als die etablierten Forschungsinstitute den Trend zu steil steigenden Ölpreisen an.

Aber die Offenheit hat ihren Preis. Eine wachsende Zahl von Finanzinvestoren beeinflusst eine Preisbildung, die sich immer wieder weit von den realen Verhältnissen am Ölmarkt entfernt und nach den Spielregeln der Finanzmärkte abläuft.

Vor der Hacke ist es duster – die Irrtümer der Experten

Nicht nur Öl und Gas sind knappe Ressourcen, sondern auch Zeit und verlässliche Informationen. Ein ernstes Problem jeder Ölpolitik ist die hohe Fehlerquote der Prognosen. Die ganz überwiegende Zahl der Ölexperten wurde von den wichtigen Trends der letzten Jahre überrascht. Schlimmer noch: Sie wurden oft als kurzfristige „Abweichungen" klein geredet. Das gilt für den massiven Ölpreisanstieg ebenso wie für das Nachfragewachstum Chinas und die unerwartet schnelle Erholung der russischen Ölbranche nach dem Zusammenbruch der Sowjetunion.

Noch im Jahr 2005 wurde von den meisten Instituten ein schneller Rückgang des Ölpreises auf unter 30 $/b erwartet. Wie soll unter solchen Voraussetzungen die Weltölversorgung im Jahr 2030 modelliert werden? Noch immer wird zu sehr auf unübersichtliche quantitative Modelle vertraut, die eine Vielzahl unrealistischer und ungeprüfter Annahmen enthalten. Ebenso irreführend ist die Neigung, tagesaktuelle Trends überzubewerten, die durch den Herdentrieb mediengewandter Experten schnell zum wissenschaftlichen Konsens geadelt werden. Warum steigt der Ölpreis? „Spekulation", „China", „OPEC", „Peak Oil", „Geopolitik". Die Ad-hoc-Erklärungen wechseln sich im Tagestakt ab.

Alte Wahrheiten sind ins Wanken geraten: Der Ölpreis widerspricht allen Prognosen und Theorien, die noch vor fünf Jahren als Konsens galten. Mehr als 70 $ pro Barrel galten vor fünf Jahren als Horrorszenario und waren nach 2004 doch nur die Begleitmusik zu einem beispiellosen, weltweiten Wirtschaftsaufschwung. Heute gelten 70 Dollar als „billig".

Die Szenarien der großen Forschungseinrichtungen gehen von einer Fortsetzung des bisherigen Wachstumspfads aus: Bis 2030 soll der Ölverbrauch um 40 % steigen. Dabei ist klar, dass dieser Wachstumspfad riskant ist und an irgendeinem Punkt abbrechen wird. Selbst die Internationale Energieagentur (IEA) hält mittlerweile einen Angebotsengpass Mitte des kommenden Jahrzehnts für wahrscheinlich.[3] Ähnlich rasant soll die Nachfrage nach Kohle und Gas steigen. Sollten sich diese Prognosen bewahrheiten, wird das Wachstum alle Anstrengungen zur Bekämpfung des Klimawandels zwangsläufig zunichte machen.

Anliegen und Thema des Buches

Die Weichen für unsere Ölversorgung werden in diesen Jahren neu gestellt – mit oder ohne unser Zutun. Im deutschsprachigen Raum wurde bislang nur wenig über Ölmärkte und Ölpolitik publiziert. Das ist einerseits verständlich, da anders als in den USA oder England die historischen Wurzeln heimischer oder kolonialer Ölproduktion fehlen.

Andererseits ist es aber auch verwunderlich, da Deutschland als fünftgrößter Ölkonsument der Welt zu 98 % von Importen abhängig ist. Die Automobilindustrie und die chemische Industrie sind zwei deutsche Schlüsselbranchen, deren Perspektiven sehr eng mit Fragen der Ölversorgung verbunden sind. Auch die deutsche Klimapolitik wird den Problemen des Ölkonsums, und damit der Verkehrsnachfrage, nicht ausweichen können. Es wird kein Weg daran vorbeiführen, Industriepolitik, Verkehrspolitik, Klima- und Energiepolitik enger zu verzahnen und die traditionelle Kraftstoffversorgung durch aufwendige, aber flexible Alternativen zu entlasten. Insofern steht die geringe Aufmerksamkeit, die den analytischen Fragen der Ölversorgung entgegengebracht wird, in keinem Verhältnis zu ihrer Bedeutung für die deutsche Politik und Wirtschaft.

Eine vernünftige Politik kann nur auf der Grundlage umfassender Informationen und Analysen formuliert werden. Dazu sollen diese zwei Bände einen Beitrag leisten. Die wichtigsten Themen und Debatten unserer zukünftigen Ölversorgung sind ihr Thema. Sie sollen die Leser in die Lage versetzen, sich ein *eigenes* Bild von den Fakten zu machen und sich ein *eigenes* Urteil zu bilden.

Aufbau

Die zwei Bände bestehen aus vier Blöcken, die sich auf 12 Kapitel verteilen:

▶   Einleitung und Grundlagen (Kapitel 1–3 in Band 1)

▶   Die drei Hauptdebatten: Ölreserven, Ölangebot (Peak-Öl), Ölpreise und Finanzmärkte (Kapitel 4–7 in Band 1)

▶   Alternativen zum Rohöl, Nachfrage und Strategien der Konsumentenländer (Kapitel 8–11 in Band 2)

▶   Ergebnisse und Schlussfolgerungen (Kapitel 12 in Band 2).

Band 1

Nach dieser Einleitung wird in **Kapitel 2** die Entwicklung der Ölbranche und der Öl-politik seit den Anfängen im 19. Jahrhundert nachgezeichnet. Besonderes Augenmerk gilt den zahlreichen Preis- und Versorgungskrisen, die immer wieder neue politische Antworten und neue Marktstrukturen erforderten.

In **Kapitel 3** werden wichtige technische und geologische Hintergrundinformationen präsentiert: Was ist Öl? Wie und wo entsteht es? Wie wird es verarbeitet? Ein wichtiges Thema ist die Raffineriebranche, die sowohl bei Versorgungsengpässen wie auch bei ihrer Überwindung eine wichtige und oft unterschätzte Rolle spielt. Ebenso geht es hier um die Problematik aktueller und verlässlicher Marktdaten.

Die nächsten Kapitel widmen sich zentralen Fragen des zukünftigen Ölangebots. In **Kapitel 4** geht es um die aktuelle und recht komplexe Debatte über den Umfang der Ölreserven. Wie viel Öl gibt es noch? Wie viel davon kann gefördert werden?

Kapitel 5 untersucht die Peak-Debatte, die wohl wichtigste Diskussion für die aktuelle Ölversorgung. Wann, warum und in welcher Höhe wird das globale Fördermaximum (Peak) erreicht und was geschieht danach? Viele Variablen spielen hier eine Rolle: Der Umfang neu entdeckter Felder, die nachträgliche Höherbewertung bereits bekannter Felder, der natürliche Förderrückgang und die Produktionseffizienz. Aber auch die politischen und unternehmensstrategischen Fragen sind entscheidend: Umfang und Kalkül von Investitionsentscheidungen, der neu erwachte Ressourcennationalismus (Russland, Lateinamerika) und die Kostenentwicklung.

In **Kapitel 6** werden anhand regionaler Fallstudien zentrale Fragen der Peak- und Re-servendebatte vertieft. Im Mittelpunkt stehen die Staaten am Persischen Golf, Russland und die Kaspische Region.

Kapitel 7 widmet sich dem Ölpreis. Wie entsteht der Ölpreis? Welche Kräfte wirken ein? Welche Ursachen und welche Folgen hat sein steiler Anstieg auf Angebot und Nachfrage? In diesem Kapitel werden das Funktionieren und das Eigenleben des Öl-marktes, des Ölpreises sowie der viel diskutierten Finanzmärkte vorgestellt und bewer-tet. Besonderes Augenmerk gilt der Angebots- und Nachfragereaktion auf steigende Ölpreise sowie den Indexinvestoren, die über ihre Portfoliostrategien die Rohstoffprei-se stark beeinflussen.

Band 2

In den nächsten beiden Kapiteln geht es um die Chancen, die konventionelle Ölversor-gung durch alternative Pfade zu ergänzen.

Dazu gehören vor allem die Biokraftstoffe, die in **Kapitel 8** untersucht werden. Es zeigt sich, dass die Rohstoffe und Produktionsverfahren höchst unterschiedliche Profile aufweisen und dementsprechend unterschiedlich bewertet werden müssen.

In **Kapitel 9** werden die anderen Alternativen aus nichtkonventionellem und synthetischem Öl analysiert: Ölsand, Schwerstöl, Ölschiefer, Kraftstoffe aus Erdgas und Kohle. Auch hier zeigen sich deutliche Unterschiede und zahlreiche Entwicklungsprobleme.

Die beiden folgenden Kapitel widmen sich der Nachfrageseite. In **Kapitel 10** wird die globale Ölnachfrage analysiert. Hier geht es um die wichtigsten Nachfragesegmente, die Verzerrungen der Preissignale und die Frage, warum der Konsum nicht auf steigende Ölpreise reagiert.

In **Kapitel 11** zeigen Fallstudien die ölpolitischen Strategien und die Nachfrage wichtiger Ölkonsumenten, insbesondere China, USA, Deutschland und die ölreichen Staaten selbst, die einen immer größeren Anteil ihrer Förderung selbst verbrauchen.

Kapitel 12 fasst wichtige Ergebnisse und Schlussfolgerungen zusammen. Im Unterschied zu den eher neutral gehaltenen Sachkapiteln sollen hier die Argumente und Ansätze auch bewertet werden, so dass ölpolitische Schlussfolgerungen gezogen werden können.

In jedem Band folgen ein knappes **Glossar** mit wichtigen Fachbegriffen und Abkürzungen, die **Endnoten** und das **Literaturverzeichnis**.[4]

2   Ölspuren – Eine kurze Geschichte des Öls

Das folgende Kapitel blickt auf die Entstehung der Ölindustrie, den Aufstieg des Öls zum wichtigsten Rohstoff des 20. Jahrhunderts und die krisenhafte Entwicklung seit den 1970er Jahren bis zum Anfang dieses Jahrhunderts zurück.

Die meisten geopolitischen Ölkrisen der Gegenwart und das Selbstverständnis der Akteure haben Ursachen und Frontlinien, die weit ins 20. Jahrhundert zurückreichen. Das gilt für die ambivalente Haltung der USA als Konsument und Produzent von Öl gleichermaßen wie für die Ölpolitik des Iran, die ohne eine Kenntnis der Ereignisse in den 1950er Jahren unverständlich bleibt. Die Ursachen für Mexikos Haltung gegenüber ausländischen Investitionen können bis in die erste Hälfte des 20. Jahrhunderts zurückverfolgt werden. Saudi-Arabiens heutige Rolle in der Ölwelt bleibt ohne Kenntnis der OPEC-Krise Mitte der 1980er unverständlich. Die Ölmärkte, die Verknappungsängste und die Preisausschläge zeigen Muster und Prozesse, die in den letzten 100 Jahren immer wieder aufgetreten sind. Nicht zuletzt sind auch die heute den Markt dominierenden Ölkonzerne das Resultat von Ereignissen, die bis in das 19. Jahrhundert zurückreichen.

Die Geschichte des Öls wird aus politischer *und* ökonomischer Perspektive beleuchtet, ergänzt durch technische und geologische Informationen. Gerade bei der stark politisierten Ölbranche lässt sich das eine nicht vom anderen trennen: Eine zu ökonomische Perspektive wird ahistorisch und kann viele zentrale Ereignisse nicht erklären; eine zu politologische Untersuchung bleibt im Dickicht der Einzelereignisse hängen.

Jede historische Phase wird von einer Vielzahl von Faktoren beeinflusst, die zum Teil einmaliger Natur sind. Aber es soll deutlich werden, dass die Entwicklung als eine Abfolge von Krisen und Krisenlösungsmustern (Paradigmen) darstellbar ist. Die Ölversorgung und die Ölbranche rutschten immer wieder in eine instabile Situation, in der sich neue Strukturen bilden mussten, um Stabilität wiederzugewinnen.

2.1   Krisenhafter Auftakt 1850–1910

Bitumen, eine klebrige ölhaltige Masse, ist bereits seit 3000 v. Chr. bekannt. In der Ilias wird es als Brandsatz, als „Griechisches Feuer", verwendet. Schon seit dem 18. Jahrhundert wird Erdöl im Elsass genutzt. Eine nennenswerte kommerzielle Nutzung wird aber erst seit Mitte des 19. Jh. verzeichnet.[1] Die erste gezielte Bohrung nach konventionellem Rohöl fand vermutlich 1857 in Rumänien statt, also zwei Jahre vor den historisch bekannteren Bohrungen in Baku (Aserbeidschan) und Titusville (USA).[2] Fast zeitgleich entwickelten sich kleine, lokale Ölgewerbe in Osteuropa, vor allem in Galizien und Rumänien. Ein weiteres Zentrum der Ölbranche wird Baku an der Küste des Kaspischen Meeres, wo die „ewigen Feuersäulen" seit langem von den Anhängern der Zarathustra-Religion verehrt wurden.

In den USA wird zur selben Zeit „Rock Oil" (Felsenöl, lateinisch *Petroleum*), das aus Felsen sickert, als Lampenkerosin, Schmiermittel und (glücklicherweise nur kurze Zeit) als Heilmittel verwendet. Das Öl wurde in fast überall verfügbare Heringsfässer abgefüllt. So entwickelte sich die Maßeinheit für das Barrel Öl mit 159 Litern.

Größere Ölmengen werden erst durch eine verbesserte Bohrtechnik verfügbar, die auf der chinesischen Salzbohrtechnik aufbaut. Legendär ist der Ölfund in Titusville/Pennsylvania 1859, wo eine erfolgreiche Bohrung auf 20 Meter Tiefe einen wahren Ölrausch auslöst – in der Dynamik einem großen Goldrausch vergleichbar. Eine Vielzahl von Kleinraffinerien wird aus dem Boden gestampft, die das Rohöl in (Lampen-) Kerosin verwandeln. Bis zum Ende des 19. Jh. entstehen in den USA an die 16.000 Ölförderfirmen, oft nur aus einem Unternehmer bestehend. Auch Deutschland wird Ende des 19. Jh. von einem kurzen Ölboom östlich von Hannover mit dem Zentrum Ölheim erfasst.[3]

Sofort zeigt sich ein *Grundproblem* der Ölbranche, das bis zum Ende des 20. Jahrhunderts immer wieder neue Lösungen erfordern sollte: Durch neue Funde steigt das Angebot sprunghaft, während die Nachfrage allmählich steigt oder fällt. Der Ölmarkt neigt deshalb immer wieder zu einem *Ungleichgewicht* und zu *Preiskrisen*.

Eine erste Preiskrise kurz nach den Funden in Pennsylvania macht Öl fast wertlos: Die Whiskyfässer, die zum Abtransport des Öls verwendet werden, kosten doppelt so viel wie das darin transportierte Öl.[4]

Der Markt erholt sich wieder, um kurz darauf im Jahr 1861 schon wieder in die nächste Krise zu stürzen: Der Fasspreis (Dollar pro Barrel) fällt um 99 % von 10 $/b auf 0,1 $/b. Massenhafte Konkurse sind die Folge und der Preis erholt sich daraufhin. Doch bald darauf ist Öl schon wieder billiger als Trinkwasser.

Nun werden erste Maßnahmen zur Marktregulierung entwickelt: In Titusville entsteht die erste *Ölbörse*. Schon jetzt sind *spot sales* (sofortige Lieferung), *regular sales* (Lieferung innerhalb von 10 Tagen) und *future sales* möglich (Terminkontrakte mit frei verhandelbarer Menge, Preis und Liefertermin). Das ist die Grundstruktur, die bis heute das

Kontraktangebot an den Ölbörsen kennzeichnet. Aber schon 1895 wird die Börse wieder geschlossen, da Standard Oil und andere große Abnehmer den Förderfirmen das Öl direkt abkaufen.

Das neue Paradigma: Marktbeherrschung durch Standard Oil

Als Reaktion auf diese ersten Krisen entstehen größere, professionell arbeitende Konzerne, die finanziell in der Lage waren, die wilden Ausschläge des Ölpreises zu überleben.

Das berühmteste und in der US-Firmengeschichte auch berüchtigste Beispiel ist Rockefellers *Standard Oil* (woraus u.a. Exxon entstand). Ihr Marktanteil an der nationalen Raffineriekapazität stieg von 10 % (1870) auf marktbeherrschende 90 % nur zehn Jahre später. Die Marktmacht lag also *downstream* und nicht *upstream* bei der Kontrolle der Ölquellen, die es im Überfluss gab. Der Engpass war in der Verteilung und Raffinierung des Öls und genau hier positionierte sich dieser Prototyp des modernen Ölkonzerns.

Der wichtigste Absatzmarkt war zunächst die Verwendung von Kerosin als Leuchtmittel, während Benzin ein nutzloses Nebenprodukt war. Als Ende des 19. Jh. die elektrische Glühbirne erfunden wurde, schien das Ölzeitalter vorzeitig zu enden. Erst die Erfindung des Verbrennungsmotors brachte die Wende und machte aus einer nutzlosen Flüssigkeit den Treibstoff für das 20. Jahrhundert.

Standard Oil kontrollierte dank seiner teils modernen, teils sehr zweifelhaften Geschäftsmethoden[5] nicht nur die Raffinerien, sondern auch die Pipelines und das übrige Verteilergeschäft. Danach stieg Rockefeller auch in die Ölförderung ein und repräsentierte 1891 ein Viertel der amerikanischen Produktion. Mit dieser Machtfülle konnte Standard Oil tatsächlich den US-Markt beherrschen und stabilisieren.

Einen anderen Weg beschritten die Nobel-Brüder Ludwig und Robert zur selben Zeit im zaristischen Russland. Schon in den 1980er Jahren verfügten sie über den weltweit ersten *integrierten internationalen Ölkonzern* und stellten die Amerikaner auch technisch und unternehmerisch in den Schatten.[6] Ihr Verteilernetz reichte vom Kaspischen Meer über Moskau und St. Petersburg bis nach Skandinavien und Mitteleuropa. Mit ihrer Kombination aus Waffen- und Ölproduktion wurden die Nobels zu einem zentralen Element zaristischer Macht.

Wie bei Rockefeller, dessen Imperium durch die Antimonopol-Prozesse zerschlagen wurde, waren es letztlich politische Gründe, die zum Ende des Nobel-Imperiums führten. Immer wieder aufflammende Aufstände in der Ölregion Baku reduzierten die Produktion. Schließlich ging der Konzern mit dem Zarismus unter. 1918 wurde er entschädigungslos verstaatlicht.

2.2 Globalisierung des Ölmarktes

Im Jahr 1861 fuhr der erste Frachter mit Lampenkerosin von der amerikanischen Ostküste nach London. Schon wenige Jahre nach der ersten Bohrung entstand damit ein *internationaler Ölmarkt* – von Zöllen abgesehen ohne staatliche Einmischung, da noch keine strategische Bedeutung hatte.

Über die Hälfte der US-Produktion ging um 1880 in den Export, vor allem nach Europa. Kerosin wurde rasch zum wichtigsten Exportgut der USA außerhalb der Landwirtschaft. Hundert Jahre später sollten die USA zum größten Ölimporteur werden. Aber Ende des 19. Jahrhunderts sah die Ölwelt noch anders aus. Die USA waren für kurze Zeit ein Monopolist für die weltweite Ölversorgung.

Doch der Ölboom nahm schnell weltweite Dimensionen an. Auch in Baku stieg die Förderung sprunghaft an, verdrängte amerikanisches Öl vom russischen Markt und konkurrierte mit Standard Oil in Europa. Die Erschließung des Weltmarktes von Baku aus stieß aber auf technische Probleme: Wie sollte das russische Öl vom Kaspischen Meer nach Westeuropa transportiert werden? Binnenschifftanker konnten die großen Flüsse Richtung Norden nutzen, aber die Ostseehäfen waren häufig vereist und machten den Weitertransport unmöglich.

Bis heute prägen Transportprobleme die russische und kaspische Ölproduktion. Russland fehlt ein großer eisfreier Tankerhafen an der Pazifik- oder Ostseeküste. Die Schwarzmeerhäfen müssen durch das Nadelöhr am Bosporus. Das kaspische Öl muss bis heute mit teuren, mehrere Tausend Kilometer langen Pipelines zu den Absatzmärkten gepumpt werden.

Schließlich nahm 1883 eine von Rothschild-Bankern finanzierte Eisenbahnlinie ihren Betrieb zwischen Baku und Batumi am Schwarzen Meer auf. Dies war der Startschuss zu einem 30jährigen Kampf um die Vorherrschaft auf den Weltölmärkten.

Weitere internationale Ölfirmen gesellten sich zum tonangebenden Trio Rockefeller, Nobel, Rothschild:

▶   Markus Samuel gründete den späteren *Shell-Konzern* und vertrieb russisches Rothschild-Öl in Asien. Er setzte erstmals hochseetüchtige Öltanker ein. Früh erkannte er, dass er seine Operationen globalisieren musste, um nicht von Standard Oil und seiner aggressiven Preispolitik verdrängt zu werden.

▸ Gegen 1890 kam Royal Dutch mit seinen Ölquellen auf Sumatra dazu, das Teil der damaligen Dutch East Indies war. Der Unternehmenschef Henri Deterding sollte für 35 Jahre zur Leitfigur der Ölwelt werden. Um Übernahmeversuche von Standard Oil abzuwehren, schloss sich die holländische Royal Dutch mit der britischen Shell zusammen – eine Liaison, die bis heute anhält.

▸ Mit der 1908 gegründeten Anglo-Persian (später: BP British Petroleum) und der 1924 gegründeten französischen CFP (die spätere Total) entstanden zwei Ölkonzerne neuen Typs. Beides sind nationale Ölfirmen, die aus strategischen Gründen formiert wurden, um die Ölversorgung ihres Heimatlandes zu sichern.

Die Gruppe der bis heute tonangebenden westlichen Ölkonzerne war fast komplett, als der US Supreme Court 1911 die Zerschlagung von Standard Oil anordnete. Rücksichtsloses Geschäftsgebaren und eine Monopolstellung auf vielen Teilmärkten hatten einen wachsenden öffentlichen Druck erzeugt, der zur Anwendung des *Sherman Antitrust Act* führte. Aus Standard Oil wurden Firmen, deren Namen bis heute bekannt sind: Exxon, Mobil, Chevron, Amoco, Conoco und Sun.

Allerdings war die Dominanz von Standard Oil schon bei der Urteilsverkündung reduziert, da die Firma nicht schnell genug in alle neuen amerikanischen Ölregionen expandieren konnte. In Colorado, Kansas, aber vor allem in Kalifornien, Oklahoma und schließlich Texas – seit 1928 an erster Stelle in den USA – wurden in rascher Folge neue Ölregionen mit riesigen Ölreserven erschlossen. Dort schlug die Geburtsstunde von Texaco und Gulf.

Damit waren alle wichtigen privaten Ölkonzerne für das kommende halbe Jahrhundert formiert. Erst in den 1970er Jahren sollten die Staatskonzerne der OPEC-Staaten und seit den 1990ern die asiatischen und lateinamerikanischen Staatskonzerne auf den Markt drängen.

2.3   Die Politisierung: Öl und der Erste Weltkrieg

Die erste große geopolitische Ölstrategie führte zur Gründung der Anglo-Persian (heute BP), an der sich der britische Staat als Großaktionär beteiligte. Die Firma sollte durch den Kauf von Bohrkonzessionen im heutigen Iran die Ölversorgung der britischen Navy sichern. Die Antriebe der britischen Kriegsschiffe waren auf Betreiben Churchills von Kohle auf Öl umgestellt worden, um höhere Geschwindigkeiten und größere Reichweiten zu ermöglichen. Die Kehrseite war jedoch die Abhängigkeit von Ölimporten, die an die Stelle der heimischen Kohle traten.

Der Erste Weltkrieg wird zum ersten internationalen Maschinenkrieg. Lastkraftwagen übernehmen die Logistik anstelle von Pferd und Eisenbahn. Dieselgetriebene U-Boote unterbrechen Nachschubwege. Motorisierten Panzern gelingt es nach jahrelangem Stellungskrieg in der Schlacht von Amiens, die deutschen Verteidigungslinien zu durchbrechen und damit den Krieg zu entscheiden.

Der Ölreichtum der Amerikaner stand in diesen Kriegsjahren in einem deutlichen Kontrast zur Ölarmut der Achsenmächte. Die USA produzierten etwa zwei Drittel des Öls in der Welt, während Deutschland mühsam versuchte, sich über Rumänien zu versorgen, den damals größten europäischen Produzenten.

Öl war seit diesem Krieg untrennbar mit Geopolitik verbunden. Die Erschließung und Ausbeutung von Ölquellen hatte von nun an neben der kommerziellen immer auch eine strategische Dimension. Der Zugang zu ausländischen Ölquellen wurde zum strategischen Ziel der Großmächte.

2.4   Von Verknappungsängsten zur Ölschwemme

Nach dem Ersten Weltkrieg wurde weltweit eine Ölknappheit befürchtet. Die Produktion in den USA war seit einigen Jahren nicht mehr gestiegen. Neue Quellen waren noch nicht entdeckt worden, während die Nachfrage deutlich gewachsen war. Die Antwort auf die befürchtete Krise war eine verstärkte Internationalisierung der Ölförderung.

Mexiko

Um 1910 werden in Mexiko große Ölquellen entdeckt, darunter der *Potrero del Llano 4*, mit 110.000 b/d (barrel per day; tägliche Förderung gemessen in Fässern mit einem Volumen von159 Liter) die damals ergiebigste Ölquelle der Welt.[7] Nach der Revolution von 1911 wird in der Verfassung verankert, dass Öl und seine Ausbeutung in staatlicher Hand bleiben müssen. Das führt zu ständigen Konflikten mit privaten Ölfirmen und dem großen Nachbarn im Norden. Dennoch wird Mexiko 1921 mit 530.000 b/d zum zweitgrößten Produzenten der Welt nach den USA. Doch die unsichere politische Lage und Ineffizienz führen bald zu einem steilen Produktions- und Investitionsrückgang.

Die politisch einflussreiche Ölarbeiterschaft drängt die linke Regierung zum Kurswechsel. 1938 werden die ausländischen Ölfirmen enteignet. Der Staatskonzern PEMEX erhält das Ölmonopol und soll in erster Linie die Autarkie Mexikos sichern. Die USA unter Roosevelt halten sich zurück, weil sie wegen des drohenden Krieges in Europa den Schulterschluss mit den lateinamerikanischen Nachbarn suchen. Die britische Regierung jedoch organisiert ein Embargo des mexikanischen Öls. Daraufhin werden Deutschland und Italien zu den Hauptkunden Mexikos.

Nach dem Zweiten Weltkrieg konzentriert sich Mexiko auf die Binnenmarktentwicklung. Die Ölexporte sind nur noch gering, Kapital- und Technologiemangel behindern die Weiterentwicklung der Branche. Erst in den 1970er Jahren sollte sich die mexikanische Ölindustrie wieder erholen.[8]

Venezuela

Die politischen Probleme in Mexiko lösen einen Exodus der amerikanischen Ölfirmen nach Venezuela aus, das unter einer rechtsgerichteten Diktatur stabilere Investitionsbedingungen anbietet. Im Golf von Maracaibo werden große Vorkommen entdeckt und – zum ersten Mal – mit Offshore-Technik ausgebeutet.[9] Bis 1929 steigt Venezuela zum zweitgrößten Produzenten der Welt auf und wird zum wichtigsten Standbein für Shell und Großbritanniens Ölimporte.

Russland / Sowjetunion

Die russische Ölproduktion verliert dagegen an Einfluss, als nach Streiks und blutigen Unruhen in der Ölregion Baku kurz nach der Jahrhundertwende die meisten Förderanlagen zerstört werden. Der Anteil Russlands an den Weltexporten fällt von 31 % (1904) auf 9 % (1913).

Die großen Investoren wie Shell, Nobel und Standard bleiben auch nach den Revolutionen von 1905 und 1917 im Land, weil sie einen baldigen Zusammenbruch der Bolschewiki-Herrschaft erwarten.

Nachdem die Produktion 1920–23 fast zum Stillstand gekommen ist, kehrt russisches Öl anschließend zu Niedrigstpreisen und mit westlicher Technologie auf den Weltmarkt zurück. Ein weltweiter *Preiskrieg* ist die Folge.

USA

Auch der weltgrößte Produzent hat mit dem Überangebot zu kämpfen. In Osttexas wird 1930 das Black-Giant-Feld entdeckt, das bis dahin größte Ölvorkommen der USA. Schon ein Jahr später liegt seine Förderung bei 1.000.000 b/d, was fast die Hälfte der gesamten US-Nachfrage abdecken könnte. Der Ölpreis in Texas fällt daraufhin von 1,85 $ für das Fass (Barrel) auf nur noch 0,15 $/b, vorübergehend sogar nur 0,02 $/b, obwohl die durchschnittlichen Produktionskosten bei etwa 0,8 $/b lagen.[10]

Die amerikanische Ölbranche bricht zusammen, ebenso wie die öffentliche Ordnung in den betroffenen Ölregionen. In Texas wird der Notstand ausgerufen und das Kriegsrecht verhängt. Truppen besetzen die Ölfelder.

Aus den Knappheitsängsten von 1918 war eine Ölschwemme geworden. Die Weltmarktpreise sackten in den Keller. Wieder einmal war das Angebot zu schnell und zu massiv erhöht worden. *Die Ölbranche hatte sich einmal mehr als instabil erwiesen. Ein neues stabilisierendes Paradigma wurde gesucht. Diesmal auf globaler Ebene.*

2.5 Neues Paradigma: Regulierung der Ölmärkte durch Staaten und Kartelle

Regulierung des Ölmarktes in den USA[11]

Um die Krise in den Griff zu bekommen, werden der Texas Railroad Commission weit reichende Vollmachten gegeben. Sie war ursprünglich 1891 als Kontrollorgan für die Eisenbahnen gegründet wurden. Nun verhängt und überwacht sie festgelegte Produktionsquoten für einzelne Bundesstaaten auf der Basis von Nachfrageprognosen – ähnlich der OPEC ein halbes Jahrhundert später.

Ebenso wie die OPEC hat auch diese Einrichtung Probleme, die Einhaltung der Quoten durchzusetzen, denn der Ölschmuggel nimmt immer größere Ausmaße an. 1933 bricht der Preis wieder auf ruinöse 0,04 $/b zusammen. Saboteure sprengen zahlreiche Pipelines in die Luft, um das Ölangebot gewaltsam zu verringern.

Zur Entlastung des Binnenmarktes wird 1932 ein hoher Zoll auf importiertes Öl (bzw. Ölprodukte) erhoben. Das trifft vor allem venezolanische Exporte, die daraufhin nach Europa ausweichen und dort den Preiskrieg verschärfen.

Die Regulierung des amerikanischen Ölmarktes hat aber schließlich Erfolg. Von 1934–40 bleibt der Preis in einer Spanne von 1,0 bis 1,2 $/b.

Weltweite Regulierung – Achnacarry

Auch auf globalem Niveau wurde nach einem Ausweg aus Preiskrise und Verdrängungswettbewerb gesucht. Noch immer überschwemmten die USA, Venezuela, Rumänien und vor allem die Sowjetunion den Weltmarkt mit Öl zu Dumpingpreisen. Die Ölfirmen hatten die Wahl: Konfrontation oder Kartell. Wie schon in früheren Krisen wurde die Ausschaltung des Wettbewerbs gewählt. Das entsprach dem Zeitgeist: Regulierung, Kartelle und Rationalisierung waren die Leitkonzepte jener Jahrzehnte.

Im Jahr 1928 trafen sich die Vertreter der führenden Ölkonzerne im schottischen Achnacarry Castle. Sie verabredeten eine Aufteilung der Weltmärkte:

▶ Jedes Unternehmen bekommt einen festgelegten Marktanteil je Weltregion.

▶ Eine Produktionskontrolle soll Überschusskapazitäten verhindern.

▶ Preiskontrolle: Die Märkte sollen immer von der nächstgelegenen Quelle aus versorgt werden. Das verringert die Konkurrenz und erhöht den Profit, da der Ölpreis weltweit nach der Formel „Ölpreis an der US Gulf Coast + Transportkosten von dort zum Absatzmarkt" festgelegt wurde, gleichgültig, woher das Öl tatsächlich kam. Das war – zumindest auf dem Papier – *der erste einheitlich berechnete Weltmarktpreis für Öl.*

Die Ölbranche stabilisierte den Weltölmarkt, indem sie seine zyklischen Ungleichgewichte reduzierte, die immer wieder durch neu auf den Markt drängende Ölprovinzen entstanden. Aber das Abkommen hatte von Beginn an gravierende Schönheitsfehler:

▶ Die sowjetischen Produzenten konnten nur lose integriert werden.

▶ Der US-Binnenmarkt war nicht Bestandteil des Abkommens, da die Ölfirmen die strengen Kartellgesetze fürchteten, die schon zur Zerschlagung von Standard Oil geführt hatten.

▶ Die Kartellbildung im US-Export gelang nur teilweise.

Trotzdem entspannte sich die Marktsituation in den 1930er Jahren. Dabei half der steigende Binnenkonsum in den USA und in der Sowjetunion.

2.6 Zweiter Weltkrieg

Das Achnacarry-Kartell war auch eine Reaktion der Firmen auf die wachsende staatliche Regulierung der Ölmärkte. Die Ziele der nationalen Sicherheit und der Energieautarkie gewannen in den 1930ern an Gewicht. Das galt vor allem für Europa, und hier besonders für Deutschland seit Mitte der 1930er Jahre. Nationale Kartelle wurden staatlich erzwungen und nationale Märkte immer mehr abgeschottet. Die Welt steuerte auf den Zweiten Weltkrieg zu, der den Weltölmarkt grundlegend verändern sollte.

Schon der Erste Weltkrieg hatte die kriegsentscheidende Rolle der Motorisierung und damit der Ölversorgung aufgezeigt. Bei den Angriffskriegen Deutschlands und Japans 25 Jahre später nahm Öl deshalb von Anfang an einen wichtigen Platz im strategischen Kalkül ein.

Japan

Seit Beginn der 1930er Jahre steuerte Japan auf einen Expansionskrieg zu. Doch die Insel verfügte über keinerlei nennenswerte Ölquellen und war auf Importe aus den USA (80 %) und den Dutch East Indies (10 %), dem heutigen Indonesien, angewiesen. Der japanische Binnenmarkt wurde von Shell und Exxon beherrscht.

Trotzdem griff Japan an, erst China, dann weitere Länder Ostasiens. 1941 verhängten die USA nach langem Zögern ein Ölembargo gegen Japan. Die Dutch East Indies und die Briten schlossen sich an, doch Japan hatte bereits Ölvorräte für zwei Kriegsjahre angelegt.

1942 besetzte Japan die Ölquellen der Dutch East Indies und sicherte damit seine Öl-versorgung. Erst nach einiger Zeit gelang es den Amerikanern mit U-Booten und anderen Mitteln, die Versorgungsroute nach Japan nachhaltig zu unterbrechen. Im letzten Kriegsjahr war die japanische Flotte daher kaum noch manövrierfähig.

Deutschland

Ende der 1930er Jahre ist Deutschland ein Land der Kohle, aus der 90 % der Energie gewonnen wird. Öl liefert nur 5 %. Gleichzeitig war Deutschland im chemischen Know-how weltweit führend. Vor dem Hintergrund der allgemein befürchteten Ölver-knappung in den 1920ern schien es attraktiv, neue Verfahren zur Kohleverflüssigung auszubauen, um von Ölimporten unabhängig zu werden.

Die Leuna-Werke der I.G. Farben hatten schon in den 1920er Jahren mit dem Ausbau ihrer Kapazitäten begonnen. 1931 wurden aber nur magere 2000 b/d erreicht. Zudem war Leunabenzin zehn Mal teurer als konventionelles Benzin. Doch ökonomische Erwägungen spielten von nun an keine Rolle mehr. 1936 wurden die Kapazitäten im Rahmen der Kriegsvorbereitung massiv aufgestockt und erreichten 1940 eine Kapazität von 72.000 b/d, was 46 % des deutschen Ölverbrauchs entsprach. 1943 werden kurz-zeitig sogar 124.000 b/d erreicht (57 % der Nachfrage).

Ergänzend importierte Deutschland Öl von den Ploesti-Feldern in Rumänien und bis 1941 auch aus der Sowjetunion. Die Eroberung der kaukasischen Ölfelder scheiterte jedoch und ab 1944 fielen auch die rumänischen Ölimporte aus. Entscheidend waren aber die Bombenangriffe auf die Kohlebenzinfabriken. 1944 wurden nahezu die gesam-ten Produktionskapazitäten vernichtet. Die deutsche Kriegsmaschinerie war wenig später kaum noch mobil.

Die Alliierten hingegen konnten wie schon im Ersten Weltkrieg auf die USA vertrauen, die 1941 mit 3,7 mb/d (Millionen Barrel pro Tag) Produktion und weiteren 1 mb/d freier Kapazität zwei Drittel der Weltproduktion repräsentierte. Zwei große Pipelines, die einen erheblichen Anteil der amerikanischen Stahlproduktion verschlangen, wurden 1942–44 gebaut, um texanisches Öl schnell an die Ostküste befördern zu können. Durch den Serienbau von Tankern gelang es gerade noch rechtzeitig, Großbritannien vor dem ökonomischen Kollaps zu bewahren, denn die Insel war von amerikanischen Ölimporten, die von deutschen U-Booten immer wieder dezimiert wurden, vollständig abhängig.

2.7 Der Persische Golf und die USA

Die Aufteilung des Nahen Ostens

Durch den Zerfall des Osmanischen Reiches nach dem Ende des Ersten Weltkriegs entstand zwischen dem Balkan und dem Persischen Golf ein Machtvakuum. Es wurde von den europäischen Kolonialmächten gefüllt und mit Hilfe teilweise willkürlicher Staatsgründungen kontrolliert.

Den Engländern gelang es 1917, die mesopotamischen (irakischen) und persischen (iranischen) Ölvorkommen unter ihre Kontrolle zu bringen. Das rief die Amerikaner, vor allem Standard Oil of Jersey (Exxon), auf den Plan, die vor dem Hintergrund der grassierenden Angst vor einer Ölverknappung verhindern wollten, dass britische Firmen wichtige Ölreserven kontrollierten.[12]

Im sog. *Red-Line-Agreement* von 1928, benannt nach der roten Linie, mit der der Vermittler Gulbenkian das Vertragsgebiet kurzerhand einrahmte, einigten sich die großen Ölkonzerne (*Majors*) aus Großbritannien, Frankreich und den USA auf eine *gemeinsame* Erschließung der Vorkommen im Nahen Osten. Ausgenommen waren nur Persien und Kuwait. Exklusive Konzessionsverträge mit den Herrschern der betroffenen Staaten bildeten den rechtlichen Rahmen für diese Kolonialpolitik. Zu diesem Zeitpunkt war allerdings noch nicht bekannt, dass der Persische Golf die größten Ölreserven der Welt besitzt.

Bahrain machte 1925 den Anfang. Die Konzessionen wurden schließlich von Socal (Chevron) übernommen. 1932 wurde Öl entdeckt.

1933 erhält Socal auch eine 60 Jahre laufende Konzession für den größten Teil Saudi-Arabiens. 1926 war es dem saudischen König Ibn Saud gelungen, die arabische Halbinsel fast vollständig zu einen und unter seine Kontrolle zu bringen.

1934 erwarben Gulf und Anglo-Persian (BP) gemeinsam eine Konzession für Kuwait. Das Land wird seit dem 18. Jh. von den Scheichs der Al-Sabah Familie geführt.

Nach jahrelangen Misserfolgen wurde schließlich 1938 auch in Saudi-Arabien und Kuwait Öl entdeckt.

Die amerikanisch-saudische Allianz:
Die USA etablieren sich am Persischen Golf

Um 1940 lieferten die Staaten am Persischen Golf gerade einmal 5 % der Weltölförderung. Der amerikanische Präsident Roosevelt lehnte noch während des Zweiten Weltkrieges den Wunsch der Saudis nach einer Sicherheitsgarantie ab: „This is a little far afield for us"[13] – eine Einschätzung, die bald revidiert werden sollte.

Mitte der 1930er Jahre machte sich in den USA erneut Angst vor einer Ölverknappung breit. 1943 veröffentlichte Innenminister Ickes, der jahrzehntelang die Ölpolitik maßgeblich beeinflusst hatte, düstere Analysen: Der nächste Weltkrieg – so seine These – werde mit dem Öl eines anderen Landes bestritten werden müssen, die USA werden mangels Reserven nicht mehr dazu in der Lage sein. Die Veröffentlichung setzte eine strategische Debatte in Gang. Viele befürworteten die Idee, dass die USA ihr *eigenes* Öl schonen und stattdessen verstärkt ausländische Quellen nutzen sollten. Diese neue Quelle sollte der Persische Golf sein. Nun verstärkten die USA ihr politisches und finanzielles Engagement in Saudi-Arabien.

Die Briten wiederum fürchteten eher eine Überproduktion als eine Ölverknappung. Aus diesem Grund plädierten sie für eine Regulierung der Produktion am Persischen Golf durch die Gründung einer angelsächsischen *International Petroleum Commission*. Sie sollte die globale Nachfrage schätzen und Produktionsquoten an einzelne Länder auf der Welt vergeben – eine Art globaler OPEC unter amerikanisch-britischer Führung. Aber dieses Projekt, an dem drei Jahre gearbeitet wurde, war in den USA gegen den Widerstand der politisch einflussreichen mittelständischen Ölfirmen nicht durchsetzbar.

Daraufhin schlug Roosevelt den Briten 1944 eine Aufteilung des Nahen Osten vor: Persien sollte britische Einflusszone sein, Saudi-Arabien amerikanische Einflusszone, Irak und Kuwait eine gemeinsame Zone. Ein Jahr später traf sich Roosevelt mit dem saudischen Herrscher Ibn Saud und bekräftigte die Allianz zwischen den beiden Ländern. Diese „*Special Relationship*" wurde 1950 von Präsident Truman noch einmal mit einer öffentlichen Sicherheitsgarantie klargestellt.[14] Eine auf den ersten Blick eher unwahrscheinlich anmutende Koalition aus arabischen Beduinen und texanischen *Oilmen* sollte bis ins 21. Jh. hinein zu einem *Grundpfeiler des Weltölmarktes* werden.

Geopolitisch übernahmen die USA als moralisch noch unverbrauchte Supermacht die militärische Hegemonialrolle am Persischen Golf. Sie lösten die dort wenig geschätzten Kolonialherren aus England ab.

Nach der Absicherung der Koalitionen und Konzessionen wurde die Infrastruktur vor Ort ausgebaut:

▶ Die Tapline, eine Pipeline vom Persischen Golf durch den Libanon bis zum Mittelmeer wurde 1947–50 fertig gestellt. Sie ermöglichte die Versorgung Europas mit arabischem Öl.

▶ Der Aramco-Konzern wird 1947/48 für die saudischen Konzessionen gegründet: Standard Oil of Jersey (Exxon), Socony-Vacuum (Mobil) sowie Socal (Chevron) und Texaco begannen mit der Ausbeutung der saudischen Vorkommen.

▶ In Kuwait beginnen Gulf und Shell mit der Förderung.

▶ Der Iran stand unter dem Druck der Sowjetunion, die ebenfalls Öl-Konzessionen erwerben wollte. Die britische Anglo-Iranian holte sich deshalb zur geopolitischen Absicherung ihrer Konzessionen 1947 zwei amerikanische Partner mit ins Boot.

Damit waren die Voraussetzungen geschaffen, um Westeuropa und später auch die USA aus den unaufhörlich wachsenden Ölreserven des Persischen Golfs zu versorgen. Erst jetzt konnte Öl zum unverzichtbaren Treibstoff des Wirtschaftsaufschwungs in Westeuropa werden.

2.8 Am Öltropf: Die Nachkriegszeit in Europa

Mehrere Faktoren beschleunigten den Übergang Westeuropas von der Kohle zum Öl:

▶ Die Kohlenkrise kurz nach dem Krieg: Versorgungsmängel und erbitterte Arbeitskämpfe in der Kohlenindustrie in den USA und Europa, sowie der „Killer Fog" in London, ließen viele Nachfrager auf Öl umsteigen.

▶ Anschubfinanzierung und Marshall-Plan: Mehr als 20 % der Gelder des Marshall-Plans für Europa flossen in die amerikanische Ölindustrie für Öllieferungen und die Öl-Infrastruktur.[15]

▶ Preissenkungen: Das System der Preisabsprachen von Achnacarry Castle brach nach 1945 zusammen. Arabisches Öl, das bislang zu US-Preisen verkauft wurde, war nun billiger.

▶ Der unerwartet rasche Wiederaufbau der durch den Krieg zerstörten Länder führte zu einem sprunghaft ansteigenden Energiebedarf.

Billiges Nahostöl verdrängte die Kohle in rasendem Tempo und erleichterte so den Wirtschaftsaufschwung – allerdings auf Kosten der Energieunabhängigkeit, denn viele europäischen Länder hatten eigene Kohlevorkommen, mussten sich aber nun auf Ölimporte verlassen. 1946 kamen 77 % der Ölversorgung Westeuropas aus der westlichen Hemisphäre (USA, Mexiko, Venezuela). Nur fünf Jahre später kamen 80 % vom Persischen Golf.

In den 1950er und 60er Jahren wurde Öl zum Treib- und Schmierstoff eines phänomenalen Wirtschaftsaufschwungs in den USA und Europa. Es entstand das, was im angelsächsischen Raum die „*Hydrocarbon Society*" genannt wird: Massenmotorisierung, Straßenbau, Suburbanisierung, Konsum und Fernreisen bildeten Bausteine eines Gesellschaftsmodells, das ohne Öl nicht mehr funktionieren konnte.

Noch 1955 bestritt die Kohle in Europa 75 % der gesamten Energieversorgung, Öl nur 23 %. 1972, also nur 17 Jahre später, war es umgekehrt: Die Kohle lag nur noch bei 22 % und Öl bei 60 %.[16] In Japan ging der Wechsel noch schneller vonstatten: Lag der Anteil des Öls Anfang der 1950er noch bei 7 % (und damit niedriger als der Anteil von Holz), so waren es Ende der 1960er Jahre schon 70 %.

Die Motorisierung hatte entscheidenden Anteil an diesem Umbau der Industriegesellschaft. Im 19. Jh. war Öl nur als Leuchtmittel in Kerosinform gefragt. Aber mit der Einführung des elektrischen Stroms Ende des 19. Jh. in den großen Städten der USA wurde es in den ländlichen Raum verdrängt. Das Ölzeitalter schien bereits vorüber. Erst der Einsatz des Verbrennungsmotors in Automobilen und das Wachstum der Petrochemie stabilisierten die Absatzmärkte.

Benzin und Diesel konnten sich gegenüber den alternativen Antrieben mit Strom und Dampf durchsetzen. Rasch wurden neue Einsatzgebiete als Kraftstoff für Schiffs- und Lokantriebe sowie als Rohstoff für Industrie und Landwirtschaft erschlossen. Heizöl verdrängte Kohle in den Privathaushalten.

Doch die Motorisierung war entscheidend: 1900 gab es in den USA nur 8.000 registrierte Automobile. 1920 waren es bereits 9,2 Millionen Fahrzeuge, 1950 waren es 40 Millionen und Anfang der 1970er Jahre knapp 120 Millionen. Die USA blieben lange Zeit dominierend. 1929 fuhren dort 78 % der Automobile der Welt. Erst seit Ende der 1960er Jahre fahren mehr Automobile außerhalb der USA als in den USA. Die Weltautomobilflotte vervielfachte sich zwischen 1950 und 1990 von 53 auf 440 Millionen Fahrzeuge.

Mit dem massenhaften Einsatz des Öls als Kraftstoff, Brennstoff und Rohstoff rückten nun erstmals Nachfrageprobleme ins Blickfeld. Bis in die 1970er Jahre wurde die Palette an Einsatzgebieten immer breiter. Erst danach wurde Öl aus Anwendungen verdrängt, auch wenn die insgesamt verbrauchten Mengen bis heute steigen.

2.9   Die drei Säulen der Ölordnung

Nach dem Zweiten Weltkrieg wuchs der Spielraum der internationalen Ölkonzerne in dem Maße, wie sich die westlichen Regierungen aus dem Verteilungskampf zurückzogen und der Welthandel liberalisiert wurde. Öl war im Überfluss vorhanden, obwohl die Nachfrage stark stieg. Der Weltölmarkt konnte wieder stabilisiert werden. Er ruhte bis in die 1970er Jahre auf *drei Säulen*:

1. **Geopolitische Absicherung:** Militärisch und politisch war die Dominanz der USA und Großbritanniens außerhalb des sowjetischen Einflussbereiches unbestritten. Die großen Produzenten Venezuela und Mexiko lagen in der direkten amerikanischen Einflusszone; am Persischen Golf dominierte die alte Kolonialmacht Großbritannien und immer stärker die neue Hegemonialmacht USA. Die Allianzen zwischen den USA und Saudi-Arabien sowie zwischen Großbritannien und Iran waren die beiden geostrategischen Kerne.

2. **Integrierte Versorgungsketten** sorgen für stabile Märkte: Produktion und Exploration waren durch die Verträge der 1930er und 40er Jahre zwischen den ölreichen Ländern und den westlichen Ölfirmen langfristig geregelt. Die Firmen investierten, förderten und vermarkteten das Öl. Im Gegenzug erhoben die Regierungen Abgaben auf das geförderte Öl und sorgten für innere Sicherheit. Die Vermachtung des Marktes durch die Ölmajors (die großen westlichen Ölkonzerne) ermöglichte die Kontrolle der gesamten Versorgungskette vom Ölfeld bis zur Tankstelle. Das sorgte für stabile Preise und hohe Renditen.

    Die *„Seven Sisters"* beherrschten praktisch den gesamten Weltmarkt außerhalb des US-Binnenmarktes und der sowjetischen Einflusssphäre. Der Begriff wurde durch den Titel von Anthony Sampsons gleichnamigem Ölklassiker bekannt und umfasste die fünf US-Firmen Exxon (Jersey), Mobil, Standard Oil of California (Socal/Chevron), Texaco, Gulf sowie die britische BP (British Petroleum) und die niederländisch-britische Royal Dutch/Shell. Gelegentlich wird auch die französische CFP (Compagnie Française des Pétroles) zu diesem Kartell gezählt. Sie hatte allerdings 1950 nur einen Weltmarktanteil von etwa 1 %.[17]

    Diese sieben Konzerne, die mittlerweile zu vier Konzernen fusioniert sind, zeichneten sich durch ihre starke vertikale Integration aus. Sie kontrollierten also alle Produktionsschritte: Exploration, Ölförderung und Transport, Raffinerien bis zur Verteilung der Endprodukte über Tankstellennetze. Dadurch sicherten sie sich die Absatzmärkte für die damals oft riskanten und langfristig angelegten Investitionen in den Förderländern.

Im Jahre 1953 kontrollierten die Seven Sisters (einschließlich CFP) 96 % der bekannten Ölreserven, 90 % der Produktion, 76 % der Raffineriekapazität und 74 %
des Verkaufs an die Endkunden.[18]

3. **Angebotssteuerung:** Die Produktion am Persischen Golf war für die Majors die
    flexible *Swing Area* mit variablen Fördermengen. Dadurch konnten Ungleichge-
    wichte zwischen Angebot und Nachfrage austariert werden. Ergänzend gab es die
    Reservekapazitäten der USA, die in Krisenzeiten aktiviert werden konnten. Geo-
    grafisch verlagerten sich die Schwerpunkte der globalen Ölförderung von den USA
    an den Persischen Golf und nach Nordafrika, während die Produktionsgrenzen der
    amerikanischen Ölprovinzen deutlich wurden.

Der *internationale Ölhandel* nahm sprunghaft zu, was die Marktmacht der Ölkonzerne weiter erhöhte. Die wachsende Nachfrage in den Industriestaaten und weiterhin
geringe Produktionskosten am Persischen Golf ließen die Profite steil ansteigen.

Dieses lange Zeit stabile System hatte jedoch von Beginn an das Problem, mit dem
rasanten Wachstum des Ölmarktes Schritt zu halten und dabei neue Akteure, Firmen wie Regierungen, zu integrieren.

**Herausforderungen für das Nachkriegskartell: Independents und die
Neuverteilung der Profite**

Seit den 1940er Jahren drängten immer mehr Ölfirmen in den Markt, die sog. *Independents*. 1946 waren 9 Ölfirmen im Nahen Osten aktiv, 1956 sind es bereits 19 und 1970
sogar 81 Firmen. Neben größeren verfügbaren Kapitalmengen waren es verbesserte
technische, ökonomische und politische Bedingungen, die den Markteintritt erleichterten:

▶ Die verbesserte geologische Expertise verringerte das Risiko bei den kapitalintensi-
   ven Bohrversuchen.

▶ Verbesserte Reise- und Kommunikationsbedingungen: Eine in Libyen aktive Firma
   musste in den 1950ern nach Rom fliegen, um mit der Firmenleitung in den USA
   telefonieren zu können.

▶ Hohe Profitraten und steigende Nachfrage nach Öl verringerten das Risiko.

▶ Die USA sorgten in den meisten Staaten für diplomatischen und militärischen
   Schutz.

▶ Die Gastgeberstaaten bevorzugten oft die Independents gegenüber den Majors, da
   sie günstigere Konditionen boten und politisch weniger einflussreich waren.

Der Einstieg von J. Paul Getty ins Ölgeschäft wurde wegweisend. 1948/49 bot er den
Saudis eine ungewöhnlich hohe Royalty (Abgabe an den Staat) für eine neue Konzessi-

on in der sog. Neutralen Zone zwischen Saudi-Arabien und Kuwait. Er offerierte den Machthabern 0,55 $/b – also deutlich mehr als die 0,33 $/b, die Aramco (das westliche Konsortium in Saudi-Arabien) für die saudischen Hauptlizenzen abführte. Ganz zu schweigen von den mageren 0,16 $/b, die Anglo-Iranian im Iran gewährte. Vier Jahre später fand Getty tatsächlich Öl und baute einen großen Ölkonzern auf.

Auch zu diesen Konditionen war der Kuchen für die Ölfirmen groß genug. Ende der 1940er kostete Öl auf dem Markt etwa 2,50 $/b. Das bedeutete für einen kleinen texanischen Ölförderer (*Stripper Well*) einen Profit von vielleicht 10 Cent pro Barrel. Aber bei der Produktion im Nahen Osten blieben im Schnitt 1,65 $/b übrig. Der Rest bestand aus Produktionskosten, Kapitalkosten und Steuern/Abgaben.

Aramco geriet politisch unter Druck, als bekannt wurde, dass die Firma 43 Mio. $ Steuern in den USA zahlte, aber nur 39 Mio. $ Abgaben an die saudische Regierung. Die verärgerten Saudis setzen daraufhin ein 50-50-Agreement durch, also einen hälftigen Anteil am Profit nach Abzug der Kosten und einer marktüblichen Kapitalrendite. Die Neuregelung wird auch von der US-Regierung begrüßt, die sich davon eine innenpolitische Stabilisierung ihres Alliierten versprach. Wenig später folgten Neuverhandlungen in Kuwait und im Irak, an deren Ende ebenfalls 50-50-Verträge standen.

Ein weiterer Newcomer war der führende italienische Industrielle Enrico Mattei, der seine ENI Holding (AGIP, SNAM) zum neuen Major gegen die *Seven Sisters* ausbauen wollte. 1957 schloss er mit dem Schah einen Konzessionsvertrag, der dem Schah erstmals 75 % der Profite zustand – der erste Bruch der 50-50-Regel. Allerdings fand er in seinem Konzessionsgebiet keine größeren Vorkommen.

Erfolgreicher waren kurz darauf Standard Oil of Indiana, die 1958 ebenfalls zu 75-25-Bedingungen größere Vorkommen im Iran entdeckten, und die Japanische Arabian Oil Company, die erfolgreich Offshore-Exploration in den Gewässern vor der Neutralen Zone betrieb und dafür 57 % der Profite an Saudi-Arabien und Kuwait abtrat. Zahlreiche weitere Projekte folgten, so etwa die französische CFP, die 1959 in Algerien mit der Förderung begann.

Der rasant expandierende Ölmarkt war nun für die sieben Majors immer schwerer zu kontrollieren.[19]

Machtverschiebungen: Vorreiter Venezuela

Nach dem Zweiten Weltkrieg wird Venezuela zum wichtigsten Öllieferanten der USA. Um eine Verstaatlichung wie in Mexiko zu verhindern, stimmen die Ölmajors schon 1943 einer Vereinbarung zu, die dem Staat 50 % der Profite zuspricht. Im Gegenzug verlängert das Land die Konzessionen. Ebenfalls zum ersten Mal gelingt Venezuela der Direktverkauf des Öls unter Umgehung der Konzessionsunternehmen. Damit war das angelsächsische Monopol im Ölmarketing gebrochen.

Es gelingt Venezuela dadurch, einen größeren Anteil pro Barrel Öl einzunehmen als Mexiko, wo trotz der Verstaatlichung der Ölbranche ein Mangel an Kapital und Technik höhere Staatseinnahmen verhindern.[20] Venezuela wird zum Vorbild für andere Ölstaaten.

Machtverschiebungen: Iran und die erste Ölkrise nach dem Krieg

In den 1940er und 50er Jahren ist der Iran das mit Abstand wichtigste Ölland am Persischen Golf. Das macht Anglo-Iranian (die spätere BP) zum drittgrößten Ölproduzenten der Welt und zu einer wichtigen Einnahmequelle für die britische Regierung, die 51 % der Aktien hält. Die Steuereinnahmen übersteigen – wie schon im Fall Aramco – die Abgaben an Teheran, die selbst für damalige Maßstäbe ungewöhnlich niedrig sind.

Anglo-Iranian wehrt sich zu lange gegen eine Neuverteilung der Profite. Der Oppositionsführer Mohammed Mossadegh wird unter einem machtlosen Schah, der kurze Zeit später das Land verlassen muss, Premierminister und verstaatlicht den Konzern kurzerhand im Jahr 1951. Damit endet die erste große Ölkonzession am Persischen Golf.

Wie schon gegen Mexiko organisieren die Briten ein weltweites Embargo gegen iranisches Öl. Ohne ein weltweites Vertriebsnetzwerk und ohne das nötige Kapital und Know-how kommt die iranische Ölindustrie zum Stillstand.[21] Die Produktion fällt 1950 von 660.000 b/d auf Null. Damit entfallen 6 % der Weltproduktion von damals 10,9 mb/d.

Der Weltölmarkt durchlebt seine erste große Krise seit dem Zweiten Weltkrieg. Doch das Krisenmanagement funktioniert: In den USA und England werden Kartellverbote kurzfristig außer Kraft gesetzt. Das gestattet den Majors, einen globalen Versorgungsplan umzusetzen, der das Öl dorthin lenkt, wo es am dringendsten benötigt wird.

Die Verhandlungen der Amerikaner und Briten mit Mossadegh führen zu keinem Ergebnis. Das Land steht ökonomisch still. Briten und Amerikaner organisieren mit iranischen Gruppen einen Staatsstreich und der Schah kehrt 1953 zurück. Aber die Rückkehr zum früheren Zustand ist nicht mehr möglich: Anglo-Iranian muss von nun an die Einnahmen mit anderen westlichen Ölkonzernen teilen. Auch die Vertragsbedingungen mit dem Gastland haben sich geändert und markieren einen neuen Meilenstein im Ölmarkt: Das Öl gehört dem Staat Iran. Die Majors fördern und verkaufen im Auftrag des Staates.

Suez-Krise

Schon drei Jahre nach der Iran-Krise bahnt sich wegen des Suez-Kanals eine weitere Erschütterung des Nahen Ostens an.

Die Ölversorgung Europas läuft über drei Verbindungen: Zwei Drittel durch den Suez-Kanal und das letzte Drittel durch die Tapline und die IPC-Pipeline über Syrien bzw. den Libanon.

1956 besetzt Gamal Abdel Nasser, der ägyptische Diktator und Protagonist des arabischen Nationalismus, die Kanalzone. Die Übergabe durch die Kolonialmächte wäre erst 1968 nach Ablauf der Konzession fällig gewesen. Großbritannien und Frankreich erobern kurze Zeit später in Absprache mit Israel, das auf die Sinai-Halbinsel vorrückt, die Kanalzone zurück.

Syrien blockiert daraufhin die IPC-Pipeline und Nasser den Kanal. Westeuropa ist von der Ölzufuhr abgeschnitten. Briten und Franzosen erwarten, dass die USA das fehlende Öl durch verstärkte Exporte ausgleicht. Doch Eisenhower, der sich diplomatisch hintergangen fühlt, droht ganz im Gegenteil mit Sanktionen, ebenso wie bald darauf Saudi-Arabien. Die Europäer kündigen daraufhin ihren Rückzug an.

Allerdings ist der globale „Oil Lift" der Majors ein weiteres Mal unerwartet effektiv und gleicht fast 90 % der Ausfälle durch weltweite Verteilungspläne aus. Ab dem Frühjahr 1957 fließt wieder Öl durch den Suez-Kanal – aber diesmal unter ägyptischer Kontrolle.

Krisen der 1960er Jahre – die Nachkriegs-Ölordnung bleibt noch stabil

Die späteren OPEC-Staaten sind in den 1960er Jahren zerstritten: Ägypten, Iran und Saudi-Arabien rivalisieren um die politische Vormachtstellung in der Region. Die Militärdiktatur Iraks droht den kuwaitischen Scheichs wiederholt mit einer Invasion.

Auch innenpolitisch stehen die arabischen Staaten unter Druck: Aufstände, Streiks und nationalistische Bewegungen setzen die Machthaber unter Druck. Der Konflikt mit Israel wirkt in dieser Situation wie ein Überdruckventil.

Im Juni 1967 bricht der Sechstagekrieg zwischen Israel und arabischen Staaten los. Der Suez-Kanal und die Pipelines aus dem Irak und Saudi-Arabien zum Mittelmeer werden, wie schon 1956 während der Suez-Krise, geschlossen und schneiden Westeuropa erneut von der Ölzufuhr ab.

Zusätzlich beschließen die arabischen Ölminister ein Ölembargo gegen die USA, Großbritannien und (weniger scharf) gegen die Bundesrepublik Deutschland. Unabhängig von dieser Krise bricht auch noch ein Bürgerkrieg in Nigeria aus.

Der Ölausschuss der OECD beginnt mit dem globalen Krisenmanagement. Frankreich und Deutschland gehen aber bald eigene Wege, während die US-Regierung durch den Vietnamkrieg absorbiert ist.

Die Hauptlast des Krisenmanagements liegt damit einmal mehr bei den Ölkonzernen.[22] Das größte Problem ist die Logistik der Ölversorgung. Staaten, die keinem Embargo unterliegen, werden nun stärker von arabischem Öl versorgt; umgekehrt laufen Tanker mit nicht-arabischem Öl verstärkt die Embargostaaten an. Tankerkapazitäten werden knapp, da sie die lange Route um die Südspitze Afrikas nehmen müssen anstelle der Abkürzung durch den Suez-Kanal.

Nach einigen Wochen zeigt sich, dass weltweit nur 1,5 mb/d statt der befürchteten 6 mb/d fehlen. Die USA nutzen ihre Reservekapazitäten von 1 mb/d und Venezuela steuert weitere 0,4 mb/d bei. Trotzdem auftretende Ausfälle werden durch den Abbau von Öllagern ausgeglichen. Im Juli wird klar, dass die „Ölwaffe" versagt hat. Im September wird das Embargo aufgehoben.

Der Erfolg des Krisenmanagements verdeckt jedoch schleichende Krisen in der politischen Sphäre. Der politische Einfluss der USA und Großbritanniens erodiert weltweit. Der Vietnamkrieg schürt Anti-Amerikanismus in Europa und im Nahen Osten. Gegen den Willen der USA zieht England alle seine Truppen vom Persischen Golf zurück. Es entsteht ein militärisches und politisches Machtvakuum, das der Schah von Persien füllen will. Washington begrüßt das zunächst. Der Schah soll den regionalen „Polizisten" spielen und ein Gegengewicht zum Irak bilden, der von der Sowjetunion aufgerüstet wird.

Zusätzliches Angebot drängt auf den Markt[23]

Die Ölförderung kann in den 1950er und 60er Jahren problemlos mit der Nachfrage mithalten. Der Markt bleibt stabil, da die großen Potenziale des Nahen Ostens flexibel zur Stabilisierung eingesetzt und die Weltmärkte weiterhin von den Majors kontrolliert werden. Doch dann geraten die Dinge Schritt für Schritt außer Kontrolle und eine Ölschwemme bahnt sich an:

1. Mitte der 1950er meldet sich die *Sowjetunion* im großen Stil auf den Weltölmärkten zurück. Die Vorkommen aus den Wolga-Ural Regionen stützen eine Exportoffensive, die das Land wieder zum zweitgrößten Produzenten der Welt aufsteigen lässt, unterstützt von Niedrigpreisen, die zeitweise sogar 50 % unter den Golfpreisen liegen.

2. Sowjetische und arabische Produzenten erobern immer größere Marktanteile in den *USA*, in der zu weitaus höheren Kosten produziert wird. Eine Koalition aus

Kohlenlobby und Öl-Independents erreicht, dass Washington Importquoten verhängt – eine vermeintliche Übergangsregelung, die sich aber von 1959 bis 1973
halten sollte.

Da der Ölpreis in den USA um 60–70 % über den Importpreisen liegt, kann die inländische Produktion trotz ihrer vergleichsweise hohen Kosten stark zulegen.[24]
Wieder einmal wird teures Öl vor billigem Öl produziert – eine Verdrehung ökonomischer Grundregeln, die sich in den 1980er Jahren im großen Stil wiederholen
sollte.

3. Am *Persischen Golf* spitzt sich die Rivalität zwischen dem Schah von Persien und
    den Saudis zu. Beide drängen die westlichen Ölfirmen, die Förderung in ihrem
    Land zu erhöhen und somit ihren finanziellen Spielraum zu erhöhen. Dabei setzt
    der Schah erfolgreich auf amerikanische Befürchtungen, das Land könne sich der
    Sowjetunion annähern.

4. *Frankreich* will sich im Unterschied zu Deutschland nicht mit der Abhängigkeit von
    angelsächsischen Ölkonzernen abfinden. Paris gründet den ELF-Konzern mit dem
    Auftrag, in *Algerien* eine Ölindustrie aufzubauen. 1956 wird tatsächlich Öl entdeckt.
    Schon 1961 kann Frankreich 94 % seiner Nachfrage durch französische Ölfirmen
    decken. Dieses Autarkiestreben sollte sich wenig später auf dem Strommarkt durch
    den Ausbau der Atommeiler wiederholen.

5. Weitere wichtige Ölfunde schließen sich an.1956 wird in *Nigeria* Öl entdeckt, 1959
    in *Libyen*. Dort, wo deutsche Panzer im Zweiten Weltkrieg wegen Benzinmangels
    im Sand stecken blieben, werden enorme Ölmengen hoher Qualität entdeckt. Die
    günstige geografische Lage, ohne Passage des Suez-Kanals oder lange Pipelines
    durch unsichere Drittstaaten, macht die Vorkommen noch attraktiver. 1965 ist Li-
    byen der sechstgrößte Exporteur der Welt. Ende der 1960er ist die libysche Förde-
    rung höher als die saudische.

2.10   Die Neuverteilung der Ölreserven

Erosion des Preissystems und Gründung der OPEC

Seit dem Ende der 1950er Jahre steigt das Ölangebot schneller als die Nachfrage und
der Preis sinkt. Die Ölexporteure und einige der Ölfirmen wollen ihre Einkommen
lieber durch höhere Fördermengen steigern als durch höhere Preise, wie es den meisten
Majors vorschwebt.

Der Marktpreis fällt bald unter den offiziellen, sog. „Posted Price", der die langfristige Grundlage für die Berechnung der Abgaben an die großen Förderländer ist. Dieses Prinzip des vorab vereinbarten Festpreises wurde von Socony 1950 erstmals vorgeschlagen und setzte sich weltweit durch.[25] Die Ölstaaten haben dadurch berechenbare Einnahmen. Er kann natürlich vom tatsächlich erzielten Marktpreis abweichen. Die Risiken und Chancen dieser Abweichung liegen bei den Majors.

Der niedrige Marktpreis bewirkte nun aber, dass die arabischen Regierungen statt der geplanten 50 % faktisch 60–70 % der Profite einnehmen. Offizieller Ölpreis und tatsächlicher Weltmarktpreis haben bald nichts mehr miteinander zu tun, was jedoch angesichts der immer noch sehr hohen Renditen des Fördergeschäfts und der integrierten Märkte für die Ölfirmen keine übermäßige Belastung darstellt.

Dennoch wagt es BP 1959 als erster Major, den Posted Price um etwa 10 % zu kürzen. Andere folgten. Die verärgerten Regierungen der Ölstaaten gründen daraufhin 1960 eine gemeinsame Interessenorganisation: die OPEC – die Organisation Erdöl exportierender Staaten.

Gründungsmitglieder sind Iran, Irak, Kuwait, Saudi-Arabien und Venezuela, die zusammen 80 % der Weltölexporte repräsentieren. Später kamen Katar, Indonesien, Libyen, Abu Dhabi, Algerien und Nigeria hinzu.

Der geistige Vater der OPEC war Pérez Alfonso, der venezolanische Ölminister. Venezuela war von den Veränderungen im Weltölmarkt besonders betroffen. Mit etwa 0,80 $/b waren die Produktionskosten erheblich höher als am Persischen Golf, wo etwa 0,20 $/b genügten.[26] Erschwerend kamen die Importrestriktionen der USA hinzu. Alfonso schwebte ein Quotensystem für Weltöl im Geiste der Texas Railroad Commission vor, die den US-Ölmarkt stabilisiert hatte.

Die OPEC wurde über ein ganzes Jahrzehnt kaum wahrgenommen. Erst in den 1970er Jahren sollte sie ins Rampenlicht rücken. Da das Angebot mit der steigenden Nachfrage problemlos mithielt, blieben die Exportstaaten vorerst in einer schwachen Verhandlungsposition. Ein scharfer Wettbewerb, angefacht durch die anhaltend hohen russischen Exporte und die amerikanischen Importquoten, hielt den Preis niedrig.

Der Startschuss:
Libyen und Teheran-Abkommen 1971 – Das Ende des Käufermarktes[27]

Libyen war in einer vergleichsweise günstigen Verhandlungsposition, da es über große Mengen hochwertigen Öls verfügte. 1970 deckte das Land 30 % der westeuropäischen Nachfrage. Die Majors waren hier aus historischen Gründen nicht so dominant wie in den Staaten am Persischen Golf. Independents, die weniger koordiniert vorgingen, kontrollierten über die Hälfte des Marktes. Sie sind weniger an einer langfristigen Marktstabilisierung interessiert als die „Sieben Schwestern" und streben meistens eine maximale Fördermenge an. Libyen gelang es, die großen Majors aus dem Land zu halten und viele kleinere Konzessionsgebiete zu günstigen Konditionen zu versteigern. Das Land sicherte sich damit 55 % der Nettoprofite. 1970 gelang es dem Gaddafi-Regime erstmals, Verkaufspreise *über* dem *Posted Price* durchzusetzen.

Algerien und der Irak unterstützten die libysche Preisinitiative. Auch der Iran und Venezuela schlossen sich an. Eine Welle von Preiserhöhungen setzte sich in Bewegung. Auch am Persischen Golf wurden 55 % erreicht. Dann legte Venezuela mit 60 % die Latte noch etwas höher.

Die Ölkonzerne willigten schließlich 1971 ein, die Verträge neu zu verhandeln. Das Ergebnis war das Teheran-Abkommen zwischen 22 Ölfirmen und den 6 Förderländern am Persischen Golf sowie ein weiteres Abkommen mit den Förderländern am Mittelmeer. Preiserhöhungen und ein Profitanteil von 55 % wurden für fünf Jahre vertraglich festgeschrieben. Aber schon kurz darauf, im April 1971, erreichten die Produzenten unter der Führung Libyens noch bessere Konditionen: Die Erhöhung des *Posted Price* von $2,55 auf $3,45 und einen Profitanteil von 60 %.

Wiederholt drohte die OPEC mit einem Lieferstopp, falls sich die Ölfirmen nicht auf die neuen Bedingungen einlassen sollten. Neue Preisrunden begannen, als der Wert des Dollars gegenüber anderen Währungen fiel.

Erstmals standen die Ölfirmen nun einer geeinten Front der Förderländer gegenüber. Der Durchbruch war vor allem auf drei Faktoren zurückzuführen: Interessenkonflikte zwischen den Ölkonzernen, die große Solidarität zwischen den arabischen Staaten und das Verhandlungsgeschick der OPEC-Vertreter Amuzegar (Iran), Hammadi (Irak) und Yamani (Saudi-Arabien).

Verstaatlichungswelle Anfang der 1970er Jahre

Nach der Neuverteilung der Profite ging es den Ölstaaten jetzt verstärkt um die Eigentumsfrage. Die veränderten finanziellen Arrangements hatten die Weltölordnung im Kern unverändert gelassen: Fast überall außerhalb der USA dominierte das Konzessionssystem, bei dem das Öl den Konzessionären, also den angelsächsischen Ölfirmen gehörte.

Verstaatlichungen hatte es bisher nur in Russland, Mexiko und in abgeschwächter Form im Iran gegeben. Der Nachteil staatlicher Ölgesellschaften war jedoch, dass dann auch das Vermarktungsrisiko beim Produzenten lag – ein großes Problem angesichts der geballten Marktdominanz der Ölmajors.

Dennoch lief eine Welle von Verstaatlichungen an:

▸ Algerien, Libyen und Venezuela wählten den Weg der Verstaatlichung oder staatlichen Dominanz einer nationalen Ölgesellschaft.

▸ Iran, das schon seit 1951 Eigentümer des Öls war, übernahm 1972 auch das operative Geschäft.

▸ Saudi-Arabien verstärkte im Laufe der 1970er Jahre seinen Einfluss auf das amerikanische Aramco-Konsortium, das formell weiter aus Detroit gelenkt wurde.

▸ Der Irak verstaatlichte 1972 die IPC (Iraq Petroleum Company).

▸ Kuwait übernahm 1974 die Kontrolle über die KOC (Kuwait Oil Company).

▸ Katar und Abu Dhabi folgten dem kuwaitischen Vorbild.

Diese politische Offensive der Ölstaaten war unerwartet schnell und glatt verlaufen. Wie war das möglich?

Eine wichtige Ursache war die neutrale, oft sogar wohlwollende Haltung der US-Regierung gegenüber den Verstaatlichungen. Angesichts des politisch und militärisch immer schwieriger werdenden Vietnamkrieges war sie weder willens noch fähig, engagiert einzugreifen, zumal das Image der Ölkonzerne innerhalb der USA notorisch schlecht war. Sie versprach sich von einer Stärkung Saudi-Arabiens und des Irans eine Stabilisierung der Region und ein Bollwerk gegen den russischen Einfluss am Persischen Golf. Große Waffenkäufe der arabischen Staaten in Amerika ließen einen etwas höheren Ölpreis auch ökonomisch vertretbar erscheinen.

Die Ölstaaten hatten jetzt das Heft in der Hand. Ihr Einfluss und ihr Selbstvertrauen stiegen deutlich an, als ihr Gegenüber – Industriestaaten und Ölkonzerne – passiv blieben.

2.11   Wendepunkt Anfang der 1970er Jahre

Niedriger Ölpreis hemmt Investitionen

Parallel zur politischen Machtverschiebung zeichnete sich eine erst im Rückblick erkennbare weltweite *Angebotsverknappung* auf dem Ölmarkt ab. Das war historisch ein bislang einmaliges Ereignis auf den Weltölmärkten. Eine vergleichbare Marktenge trat *erst nach 2003* wieder auf.

Anfang der 1970er Jahre waren die konstant *niedrigen oder gar fallenden Ölpreise die wichtigste Krisenursache.* Die starre Marktordnung verhinderte eine allmähliche Anpassung der Preise und die Verstaatlichungswelle behinderte rechtzeitige Investitionen in neue Produktionskapazitäten. Das Paradigma der Nachkriegszeit befand sich in einer schweren Krise.

Die Ölnachfrage war in den 1950ern von 10 mb/d auf 20 mb/d gestiegen. In den 1960ern verdoppelte sie sich noch einmal von 20 auf 40 mb/d. Die Nachfrage der Industrie, Kraftwerke, Haushalte und Automobile stieg unaufhörlich. Der niedrige Ölpreis machte Investitionen in eine höhere Energieeffizienz unattraktiv.

Auf der Angebotsseite schrumpften die Profitraten. Die Erschließung neuer Ölquellen hatte in den 1950ern trotz der hohen Risiken noch weit überdurchschnittliche Renditen ermöglicht. In den 1960ern waren die Investitionsrisiken geringer, aber die Renditen waren wegen der niedrigen Ölpreise noch schneller gesunken und entsprachen in etwa auf dem Durchschnitt der US-Auslandsinvestitionen. Die Folge war ein Abflauen der Investitionen.

Peak in den USA

Die neuen Rahmenbedingungen zeigten sich in den USA, dem wichtigsten Ölproduzenten und wichtigsten Ölkonsumenten der Welt, besonders deutlich: Die USA hatten ihre Produktionskapazitäten seit den 1930er Jahren regulieren müssen, um eine Ölschwemme zu verhindern. Diese Reserve war es, die im Zweiten Weltkrieg und in den Krisen der 1950er und 1960er Jahre zur Krisenbewältigung mobilisiert werden konnte. Aber von den etwa 4 mb/d eingemotteter Förderkapazität, die 1960 20 % (!) der Weltproduktion entsprachen, blieb Anfang der 1970er nur noch 1 mb/d übrig.

1970 erreichte die US-Ölproduktion mit 11,3 mb/d ihr Allzeithoch und markierte damit einen historischen *Wendepunkt für den Weltölmarkt.* Die USA wurden fast zeitgleich erstmals in ihrer Geschichte zum Nettoimporteur von Öl. Ein Jahr später hob die Texas Railroad Commission zum ersten Mal seit einem Vierteljahrhundert alle Produktionsbeschränkungen auf. Importe wurden erleichtert. Sie stiegen rasch auf 6 mb/d, was etwa einem Drittel der US-Nachfrage entsprach. Dennoch zogen die Preise für Heizöl im Winter 1972/73 stark an. Im März wurden erneut Preiskontrollen verhängt.

Öl wurde nun innenpolitisch zum heißen Eisen. Das Schlagwort „Energiekrise" machte die Runde.

Mangel an freien Kapazitäten

Der Ölpreis gerät nun von zwei Seiten unter Druck. Die Förderlimits scheinen erreicht, während die Nachfrage weiter steil ansteigt. 1970 waren noch etwa 3 mb/d Reservekapazität außerhalb der USA frei verfügbar. 1973 waren nur noch 1,5 mb/d auf dem Papier verfügbar, praktisch aber nur 0,5 mb/d, da Libyen und Kuwait ihre Förderung aus politischen Gründen reduziert hatten.

Ein Preisanstieg war wegen des knapper werdenden Angebots unvermeidlich. Der Richtpreis für arabisches Öl stieg von 1,80 $/b (1970), auf 2,18 $ (1971) und schließlich 2,90 $ (Sommer 1973). Im August 1973 kommt es zu ersten Panikkäufen auf den Ölmärkten.

Gleichzeitig steigen die Spannungen innerhalb der arabischen Staaten und mit Israel. Die Herrscher der Ölstaaten stehen innen- und außenpolitisch unter großem Erwartungsdruck. Erschwerend kommt ein starker Fall des Dollars hinzu, der ihren fiskalischen Spielraum einengt.

Der Ölpreis wird zunehmend politisiert. Auch die bisher moderaten Saudis schließen sich radikaleren Positionen an, die besonders von Libyen propagiert werden.

Energiesicherheit ist plötzlich in aller Munde. Die japanische Regierung (MITI) veröffentlicht dazu ein Weißbuch, in Deutschland legt die Bundesregierung ein Energieprogramm vor, bei dem Energiesicherheit erstmals eine wichtige Rolle spielt, und Washington rechnet mit einer Ölkrise.[28]

Das Paradigma schwankt

Damit waren zwei der drei Säulen der Ölmarktordnung ins Wanken geraten oder zusammengebrochen:

1. Geopolitisch war die angelsächsische Dominanz am Persischen Golf von arabischer Solidarität gegen den Westen und Rivalitäten zwischen den Ölproduzenten abgelöst worden.

2. Die integrierten Versorgungsketten von der Ölquelle bis zur Tankstelle gab es immer weniger. Die Produktion lag in der Hand der Ölstaaten und ihrer staatlichen Ölgesellschaften. Die Vermarktung und der Transport lag in den Händen der Majors. Ein globales Krisenmanagement durch die Majors war nicht mehr möglich.

3. Die Reservekapazität der USA war erschöpft und die freien Kapazitäten am Persischen Golf lagen außerhalb der Kontrolle des Westens. Eine langfristige Marktstabilisierung aus einer Hand war damit nicht mehr möglich. Ganz im Gegenteil: Die

Swing-Reserve wurde von den OPEC-Staaten zur Destabilisierung des Marktes genutzt.

Lediglich der Downstream-Bereich (Raffinerien, Vermarktung) war den Ölkonzernen geblieben. Aber auch hier sollten bald eine neue Umweltpolitik, Wachstumskrise und Energiesteuern neue Rahmenbedingungen schaffen, die die Nachfrageentwicklung immer unvorhersehbarer machten.

Diese Interpretation der Ereignisse, mit ihrer Mischung aus politischen und ökonomischen Ursachen, ist allerdings nicht unumstritten. Adelman[29] und Claes[30] sehen den Grund für den Ölpreisanstieg in den 1970ern *ausschließlich* in der Verschiebung der Marktmacht und der Bildung des OPEC-Kartells, und nicht in der *technisch oder ökonomisch* bedingten Verknappung von Kapazitäten. Die beiden Autoren argumentieren, dass es auch nach 1970 noch ein Überangebot an Öl gegeben habe, wie schon seit Beginn des Jahrhunderts. In realen Preisen fiel der Ölpreis von 1920 unaufhörlich bis 1970. Erst die *künstliche* Verknappung, zunächst durch einzelne arabische Staaten, dann durch das OPEC-Kartell sowie – nicht zu unterschätzen – die (unbegründete) Furcht des Westens vor einer geologischen oder technischen Verknappung des schwarzen Goldes hätten die enormen Preissteigerungen ermöglicht.

Diese Erklärung kann aber nicht ganz überzeugen. Es ist plausibel, dass auch ohne die Aktionen der arabischen OPEC-Staaten und ohne den Konflikt mit Israel der Ölpreis in den 1970er Jahren steil angestiegen wäre. Argumente für diese Sichtweise sind:

▸ Die geringe Reservekapazität hätte in jedem Fall im Laufe der 1970er Jahre Knappheitspreise provoziert, wenn die Nachfrage weiter ungebremst gestiegen wäre.

▸ Die Verschiebung der Marktmacht zu den OPEC-Staaten wäre in diesem Umfang nicht denkbar gewesen, wenn nicht die USA etwa zur selben Zeit ihr Produktionsmaximum überschritten hätten. Die wachsende Importabhängigkeit und mangelnde Förderflexibilität der USA war das Ergebnis sehr schnell steigender Nachfrage und mangelnder geologischer Potenziale in den USA.

▸ Der Preisanstieg war bereits seit 1969 beobachtbar, also lange vor der Krise 1973.

Die Nachfrage stieg Anfang der 1970er weiter steil an. Eine Knappheit war für Insider absehbar. „*Something had to give*" – und das sollte der bis dahin so stabile Ölpreis sein. Der neue Ölpreis wurde allerdings nicht über den Markt ausgehandelt, sondern avancierte zum Politikum ersten Ranges. Auslöser, nicht Ursache, war der Yom-Kippur-Krieg.

2.12 Die „Ölwaffe"

Das Embargo 1973

Unmittelbar nach Kriegsbeginn zwischen Israel und Ägypten/Syrien am 6. Oktober 1973 begannen erneut Preisverhandlungen zwischen den Ölfirmen und den OPEC-Staaten. Sie wurden erfolglos abgebrochen.

Fünf Tage später wurde die militärische Lage Israels kritisch. Die USA verließen daraufhin ihre offiziell neutrale Position und versorgten das Land mit Munition. Parallel dazu wurde Syrien von der Sowjetunion unterstützt. Am 15. Oktober startete Israel Gegenoffensiven.

Fünf arabische Ölstaaten und der Iran erhöhten am nächsten Tag den Ölpreis und kündigten Produktionskürzungen an.[31] Am 19. Oktober verkündeten der saudische, libysche und weitere arabische Ölminister ein Stufen-Embargo gegen alle Staaten, die als israelfreundlich galten, also jetzt besonders die USA. Die Lieferungen in diese Staaten sollten sukzessive gekürzt werden. Am selben Tag kündigte Nixon 2,2 Mrd. $ Militärhilfe für Israel an und Libyen stoppt die Öllieferungen in die USA. Zur Überraschung der USA folgten Saudi-Arabien und andere arabischen Staaten Gaddafis Beispiel. Am 21. Oktober forderte Breschnew die USA und Israel ultimativ auf, ägyptische Truppen nicht weiter zu attackieren. Sowjetische Truppen schienen sich auf einen Einsatz vorzubereiten. Die US-Streitkräfte verkündeten einen Global Nuclear Alert, die höchste Krisenstufe seit der Kubakrise. Am 26. Oktober wurde ein Waffenstillstand vereinbart und die militärische Lage entspannte sich.

Nicht so die Ölmärkte. Das Embargo bestand aus zwei Teilen: Erstens sollten die Ölexporte jeden Monat um zusätzliche 5 % gekürzt werden; zweitens wurde ein Exportstopp gegen die USA, die Niederlande (wegen des Ölimporthafens Rotterdam) sowie – mit Blick auf die Solidarität der Drittweltstaaten – gegen Portugal, Südafrika und Rhodesien verhängt. Für eine kurze Zeit wurden auch die Lieferungen an die im Nahen Osten stationierten US-Streitkräfte ausgesetzt.

Die verfügbaren Mengen aus den arabischen Staaten fielen von 20,8 mb/d im Oktober auf 16,4 mb/d im Dezember 1973. Damit fehlten 4,4 mb/d, was 14 % des international gehandelten Öls entsprach – und das bei einer Nachfrage, die jedes Jahr um 7 % stieg.

Aber diese Daten waren erst sehr viel später verfügbar. Zunächst herrschten Unsicherheit und Panikkäufe mit dramatischen psychologischen Auswirkungen auf die westlichen Gesellschaften. Der Westen hatte es versäumt, ein effektives Krisenmanagement aufzubauen. Erschwerend kamen Spannungen zwischen den USA und Europa hinzu.

Der offizielle, von der OPEC festgelegte Ölpreis (Arabian Light) stieg widerstandslos von 2,90 $/b im Sommer 1973 auf 11,65 $/b am Ende des Jahres. Iranisches Öl erreichte sogar 17 $ und eine nigerianische Auktion erbrachte bei einem japanischen Einkäufer 22,60 $, konnte zu diesem Preis aber nicht weiterverkauft werden.[32] Die Benzinpreise in den USA stiegen in wenigen Monaten um 40 %.

Krisenmanagement

Wieder einmal lag es bei den Ölkonzernen, ein globales Krisenhandling zu organisieren. Dabei standen sie von zwei Seiten unter Druck: Die Regierungen der Ölexporteure verlangten von ihnen die Umsetzung der Embargomaßnahmen. So beugte sich Aramco, immerhin ein Konsortium von US-Firmen, dem Willen der saudischen Herrscher und stoppte seine Lieferungen in die USA.

Andererseits standen sie unter dem Druck der Industriestaaten, die von „ihren" Ölmajors eine Sonderbehandlung verlangten. Insbesondere übte London – ohne Erfolg – erheblichen Druck auf BP und Shell aus.

Um Spannungen zu vermeiden, griffen die Majors auf das bewährte Konzept des „share the pain" zurück: Alle Staaten wurden gleich gut bzw. gleich schlecht versorgt, unabhängig davon, ob gegen sie ein Embargo verhängt war oder nicht.

Wenn Staaten trotzdem protestierten, wie z.B. Japan, boten die Firmen den Regierungen an, das Krisenmanagement doch selbst zu übernehmen, was diese dann regelmäßig dankend ablehnten. Dennoch kam es zwischen den Industriestaaten zu Spannungen. Im November 1973 bekundete die EG offiziell Verständnis für die arabischen Standpunkte gegenüber Israel. Als Frankreich die Idee lancierte, die Niederlande diplomatisch zu „opfern", drohten die Holländer mit einem Stopp ihrer Gaslieferungen an den südlichen Nachbarn. Auch zwischen Frankreich und den USA kam es zu heftigen diplomatischen Auseinandersetzungen. Selbst Japan, ohne eigene Öl- oder Gasvorkommen und geschockt von der Aussicht auf ein Ende des Wirtschaftsaufschwungs, unterstützte die arabische Position und stellt sich damit erstmals seit dem Zweiten Weltkrieg in einer wichtigen außenpolitischen Frage gegen die USA.

Ab Anfang 1974 ging es schließlich diplomatisch voran. Der amerikanische Außenminister Kissinger initiierte den israelisch-arabischen Friedensprozess. Eine hochrangige Energiekonferenz in Washington beschloss ein Notfallprogramm für kommende Krisen und die Gründung der Internationalen Energieagentur (IEA) als gemeinsamen institutionellen Rahmen für die Energiepolitik des Westens und als Gegengewicht zur OPEC.

Die arabische Front begann nun zu bröckeln. Der ägyptische Präsident Sadat ging auf die USA zu. Auch die Saudis, die den größten Teil der Produktionskürzungen trugen, schlugen mildere Töne an. Am 18. März 1974 wurden die Embargomaßnahmen gegen den Willen von Syrien und Libyen aufgehoben. Im Mai begannen auch zwischen Syrien und Israel Friedensverhandlungen.[33]

Die Ölwaffe hatte sich als stumpf erwiesen. Auch ein späterer Versuch der OPEC Ende der 1970er Jahre, sich als Speerspitze der Dritten Welt zu politisieren, sollte scheitern. Die OPEC wurde bis zum heutigen Tag ein *wirtschaftliches* Kartell.

Was blieb, war allerdings ein starker psychologischer Nachhall in der westlichen Welt – verstärkt noch durch die düsteren Prognosen des Club of Rome zu den *Grenzen des Wachstums* und knappe Ressourcen (Club of Rome 1972). Autofreie Sonntage und reiche Ölscheichs prägten die Wahrnehmung der OPEC im Westen für die kommenden Jahrzehnte. Der wirtschaftliche Optimismus der 1950er und 60er Jahre war durch diese politische und ökonomische Zäsur verflogen. Der Westen durchlebte seine erste schwere Konjunkturkrise seit dem Zweiten Weltkrieg, nicht nur, aber auch durch die Ölpreiskrise. Massenarbeitslosigkeit wurde zum Dauerphänomen. Das BIP der USA fiel 1973–75 um 6 % und die Arbeitslosigkeit verdoppelte sich auf 9 %. Noch stärker traf es die Entwicklungsländer, die hohe Kredite aufnehmen mussten, um ihre Ölrechnung zu begleichen.

In den Industriestaaten wurde die Energieversorgung von nun an als gefährdet *wahrgenommen*, obwohl es de facto nur eine Verschiebung in der Preismacht zugunsten der Ölexporteure gegeben hatte und die bekannten globalen Ölreserven stiegen. Doch die *Perzeption* der Lage war eine andere. *Krisenstimmung* machte sich breit. Sie erhielt nur fünf Jahre später neue Nahrung, diesmal aus dem Iran.

Die Goldenen Jahre der OPEC 1974–78

Die OPEC repräsentierte Mitte der 1970er Jahre mit Ausnahme der Sowjetunion alle wichtigen Ölexporteure und zwei Drittel der Weltproduktion. Die Welle der Petro-Milliarden war so hoch, dass sie nicht sinnvoll absorbiert werden konnte. Waffenkäufe und große Industrieprojekte sorgten für einen Rückfluss in die Industriestaaten.

Die Einnahmen der OPEC-Gemeinschaft stiegen von 23 Mrd. $ (1972) auf 140 Mrd. $ (1977). Allerdings blieb der Ölpreis vorerst stabil: Von 10,8 $/b Ende 1973 stieg er nur auf 12,70 $/b vier Jahre später. Wegen der hohen Inflation fiel er sogar in realen Preisen.

Schritt für Schritt wurden die letzten großen Ölkonzessionen aufgekündigt. Das unterstützte eine höhere Ölproduktion, da die westlichen Ölfirmen angesichts der unsicheren politischen Lage kaum noch investiert hatten. Die Verstaatlichungen hatten also zunächst durchaus positive Auswirkungen auf die Ölversorgung.

Kuwait kündigte 1974 die Konzession von BP und Gulf. Venezuela folgte 1976 mit der Gründung einer Staatsholding (PdVSA). Saudi-Arabien übernahm ab 1974 de facto die Förderanlagen der Aramco und betrieb nun auch das Marketing in Eigenregie.

Das Konzessionsmodell war damit am Ende. An seine Stelle trat das zuerst in Indonesien entwickelte *Production Sharing Agreement* (PSA). Hier gehört das Öl grundsätzlich dem Staat. Die Einnahmen aus dem Ölverkauf werden nach der Rückerstattung der Erschließungskosten geteilt. Diese rechtlichen Veränderungen gaben den OPEC-Staaten ein noch größeres Gewicht auf den Ölmärkten, da sie einen größeren Anteil ihres Öls selbst vermarkteten.

Die 1970er Jahre waren von starken ideologischen Gegensätzen zwischen den Industriestaaten und den Entwicklungsländern geprägt. Eine neue Weltwirtschaftsordnung sollte für eine gerechtere Verteilung von Reichtum und Einfluss sorgen. Die OPEC und große Entwicklungsländer wie z.b. Indien waren die Protagonisten einer Veränderung, die auch zahlreiche Rohstoffabkommen zur Stabilisierung der Preise von Kaffee, Kakao, Metallen etc. vorsah. Doch nur den OPEC-Staaten gelang es, *dauerhaft* politische und wirtschaftliche Macht aufzubauen und zu erhalten.

Die OPEC war Mitte der 1970er auf dem Höhepunkt ihrer Macht. Die dominierende Marktstellung schien ihr einen weiten Spielraum bei der Preispolitik zu geben. Doch gerade hier offenbarten sich Interessengegensätze. Die Saudis plädierten für moderate Preiserhöhungen. Sie wollten angesichts ihrer großen Reserven und kleinen Bevölkerung eine langfristige Stabilisierung des Marktes und fürchteten, dass zu aggressive Preisbewegungen die Nachfrage dämpfen könnten. Auf der anderen Seite stand insbesondere der Schah von Persien, der weiter massiv aufrüsten und sein bevölkerungsreiches Land zur herrschenden Regionalmacht machen wollte.

2.13   Der zweite Ölpreisschock 1979/81

Die Ölpreiskrise 1979/81 wurde zur größten Herausforderung für den Ölmarkt seit dem Zweiten Weltkrieg. Der Auslöser war gewichtig, konnte aber nur deshalb solche Verwerfungen auslösen, weil der Markt noch keine stabilen Strukturen entwickelt hatte:

▶   Das Kartell der großen Ölkonzerne hatte an Einfluss verloren und war deshalb nicht mehr in der Lage, das Krisenmanagement zu übernehmen.

▶ Der Spotmarkt war weder groß noch reif genug, plötzliche Marktungleichgewichte zu verarbeiten.

▶ Einen großen öffentlichen Terminmarkt gab es noch nicht.

▶ Die OPEC-Organisation war weder fähig noch willens, ein effektives Krisenmanagement zu betreiben.

Der Spätsommer 1979 sah geradezu anarchische Marktzustände, in denen niemand mehr wusste, wie groß Angebot, Nachfrage und Vorräte waren. Diese Unsicherheit wurde von Ölexporteuren und Spekulanten ausgenutzt.

Aber die OPEC-Staaten hatten den Bogen überspannt, wie im Rückblick deutlich wird. Der Zusammenbruch des Marktes markierte zugleich den Wendepunkt zu einer stabileren Marktordnung, die stärker als je zuvor in den letzten 70 Jahren auf das freie Spiel der Marktkräfte setzte.

Die Irankrise

Anfang der 1970er Jahre ist der Iran der zweitwichtigste Ölexporteur der Welt. Doch das Land kann die Petrodollars nicht absorbieren. Inflation und Fehlallokationen stürzen die Volkswirtschaft in ein Chaos. Die landwirtschaftliche Produktion nimmt ab und die Infrastruktur ist überlastet.

Die schiitische Geistlichkeit und die linke Opposition profilieren sich als Alternativen zum autoritären Schahregime und bieten soziale Orientierung. Unruhen und Streiks brechen aus. Die USA geben widersprüchliche Signale. Der Schah verliert überraschend schnell die Kontrolle und verlässt Anfang 1979 das Land. Der nach Paris ins Exil gegangene Ayatollah Khomeini kehrt zurück und übernimmt die Macht. Es ist die erste erfolgreiche fundamentalistisch-islamische Revolution.

Die iranischen Ölexporte fallen Ende 1978 wegen der Unruhen und der Abwanderung von Fachkräften auf Null. Umgehend steigen die Preise auf den europäischen Spotmärkten 10–20 % über den offiziellen Preis.

Die OPEC reagiert uneinheitlich. Andere OPEC-Staaten gleichen den Verlust des iranischen Öls zunächst teilweise aus. Der Nettoverlust im ersten Quartal 1979 beträgt 2 mb/d, also 4 % der globalen Nachfrage von 50 mb/d. Gleichzeitig kündigt die OPEC aber wieder deutliche Preisanhebungen und Produktionskürzungen an. Die Spot-Preise schießen nun um 30 % nach oben.

Ab dem zweiten Quartal steigen die iranischen Exporte wieder an. Nach der Stabilisierung des neuen Regimes erreicht die Produktion 3 mb/d, aber der Mangel an Fachkräften führt zum Druckverlust in vielen Lagerstätten und verhindert den Anstieg auf das Niveau vor der Revolution.

Die anderen Ölländer waren zwar in der Lage und bereit, diese Mengen zu ersetzen, aber in der *Wahrnehmung* der westlichen Ölimporteure war die Energieversorgung ernsthaft gefährdet. Eine panikartige Nachfrage nach Öl setzte ein – unterstützt von spekulativem Kapital. Es gab also de facto keine Verknappung des Angebots, doch die *Fehlwahrnehmung* führte zu einem Preisanstieg ab Oktober 1978.

Der Nettoverlust wäre also verkraftbar gewesen, aber die Schockreaktion stellte sogar die Krise von 1973/74 in den Schatten. Dafür gab es mehrere Gründe:[34]

▶   Hamsterkäufe der Konsumenten und vor allem der Ölfirmen: In Panik wurde der Markt leer gekauft, um die kapitalintensive Ölversorgungskette nicht leer laufen zu lassen. Die Lagerbestände waren vor der Krise ungewöhnlich niedrig gewesen, da fallende Ölpreise erwartet worden waren.

▶   Eine nach dem Preisschock von 1973 wieder stark ansteigende Nachfrage.

▶   Befürchtungen, dass das gesamte System der Ölversorgung zusammenbricht. Könnte die iranische Revolution zum Flächenbrand werden?

▶   Im März 1979 ereignete sich der Reaktorunfall in Harrisburg, Pennsylvania.

Der wichtigste Grund jedoch war das unzureichende Krisenmanagement der westlichen Regierungen und – erstmals – auch der Ölkonzerne. Es zeigte sich, dass die alten Rezepte nicht mehr wirkten.

Die kartellartige Solidarität zwischen den Majors war zerbrochen. Diesmal konnten sich die Majors nicht auf einen globalen Mengenausgleich zwischen den Firmen und Regionen einigen. Damit fiel der Krisenmechanismus aus, der seit den 1950er Jahren plötzliche Lieferausfälle abgefedert hatte: *Die stark regulierte Ölmarktordnung der letzten 50 Jahre war Vergangenheit. Die Marktmacht ging zu einem Teil auf anonyme Märkte und zum anderen Teil auf das OPEC-Kartell über.*

Bislang war der Ölmarkt fast ausschließlich von integrierten Versorgungsketten der Majors dominiert gewesen, die im kleinen Kreis das Krisenmanagement organisieren konnten. Diese Ketten waren seit der Verstaatlichungswelle in mindestens zwei Teile zerbrochen, aber trotzdem noch von *langfristigen* Verträgen geprägt.

Daneben war der *Spotmarkt* gewachsen, auf dem kurzfristig kleinere Mengen Öl gehandelt wurden. Etwa 8 % des Öls und der Ölprodukte wurden hier Ende der 1970er gehandelt. Der Spotmarkt wird häufig Rotterdam zugeordnet, also dem größten europäischen Ölimporthafen, ist aber tatsächlich ein weltweites Handelsnetzwerk.

Vor allem BP war vom iranischen Lieferausfall betroffen. Sie annullierte Lieferverträge mit dem Hinweis auf höhere Gewalt. Damit fielen die Dominosteine, insbesondere für die japanischen Ölhändler. Sie versuchten die fehlenden Mengen auf dem dafür viel zu kleinen Spotmarkt zu ersetzen.

Dieser Handelsplatz wurde über Nacht vom Nebenschauplatz zum Zentrum des Weltölmarktes. Die plötzlich steigende Nachfrage überrannte ungebremst die geringen Angebotsmengen und der Preis schoss in die Höhe.

Einzelne Ölexporteure und Ölhändler konnten die Krise für enorme Profite ausnutzen. Preistreiberei und Marktmanipulationen waren an der Tagesordnung. Der Ölmarkt war strukturell nicht in der Lage, die Krise abzufedern. Hamsterkäufe, Spekulation und Engpässe machten aus einer Produktionskürzung von maximal 2 mb/d ein Defizit von über 5 mb/d, also 10 % der weltweiten Nachfrage.

Der Ölpreis auf den Spotmärkten stieg in wilden Sprüngen von 13 auf 34 $. Die Krise nährte nun die Krise. Denn sobald der Spotmarktpreis über dem langfristigen Kontraktpreis war, kündigten viele Exportländer und Ölfördergesellschaften mehr oder weniger legal ihre zu Festpreisen geschlossenen Lieferverträge. Sie erhöhten den offiziellen Referenzpreis oder verschoben ihre Ölmengen direkt auf den viel lukrativeren Spotmarkt.

Spekulanten heizten die Volatilität weiter an: Öl, das noch in Tankern auf hoher See fuhr, wurde gekauft und verkauft, eine Ladung sogar 56 Mal während ihrer Reise. Die Einsätze waren beträchtlich, denn eine Tankerladung war bis zu 50 Mio. $ wert.

Im März 1979 löste die OPEC ihre offizielle Preisstruktur auf. Der Markt sollte über den angemessenen Preis entscheiden. Diese Forderung sollte sich allerdings nur wenige Jahre später gegen sie richten.

Die westlichen Regierungen zögerten, die Notmaßnahmen der IEA anzuwenden. Weder war klar, wie viel Öl fehlte, noch konnte man abschätzen, ob die Maßnahmen negative oder positive Reaktionen auslösen würden. Die erst vor wenigen Jahren gegründete Internationale Energieagentur (IEA), die gerade für solche Krisenfälle geschaffen worden war, konnte die Erwartungen nicht erfüllen.[35]

Die Regierungen arbeiteten nebeneinander und gegeneinander. Japan wurde ebenso wie einige Ölkonzerne öffentlich aufgefordert, panikartige Käufe zu unterlassen. Selbst die staatliche britische Ölgesellschaft BNOC wurde zum Preistreiber und führte zeitweise die Preisspirale an.

Die Carter-Administration führte im eigenen Land Preisregulierungen und ein überkomplexes Zuteilungssystem ein. Aber die künstlich niedrig gehaltenen Ölpreise verhinderten Sparmaßnahmen. Auch die Verteilung funktionierte nicht. Benzinmangel in Großstädten und gleichzeitiger Überfluss in ländlichen Gegenden waren die Folge.

Schätzungsweise 150.000 b/d wurden durch laufende Motoren in Warteschlangen vor Tankstellen verschwendet.

Im Sommer und Herbst 1979 herrschte *Anarchie* auf den Weltölmärkten. Normale Marktmechanismen waren außer Kraft gesetzt und die Markttransparenz tendierte gegen Null. Im November 1979 kamen weitere Hiobsbotschaften hinzu. In Teheran wurden amerikanische Botschaftsangehörige als Geiseln genommen. Im selben Monat besetzten Fundamentalisten die Große Moschee in Mekka. Im Dezember okkupierten sowjetische Truppen Afghanistan, den östlichen Nachbarn des Iran.

Schließlich griff im September 1980 der Irak unter Saddam Hussein den Iran an. Ein achtjähriger blutiger Stellungskrieg begann und die iranischen Exporte fielen erneut aus. Die irakischen Exporte kamen ebenfalls zum Stillstand, auch weil Syrien auf Bitten des Iran eine Exportpipeline Richtung Mittelmeer unterbrach. Das Ölangebot fiel dadurch um 4 mb/d.

Die Wende

Saudi-Arabien versuchte seit Ende 1979 den Preisanstieg zu bremsen. Erdölminister Yamani, damals der wohl einflussreichste und erfahrenste Politiker auf den Weltölmärkten, befürchtete nach dem spekulativen Lageraufbau eine unkontrollierbare Ölschwemme. Im Dezember 1979 konnte sich die OPEC aber auf keine einheitliche Linie einigen: Die Saudis wollten maximal 26 $ für ein Barrel verlangen, der Iran mindestens 32 $. Andere OPEC-Staaten verlangten 28 $ für langfristige Verträge und planten schrittweise Preisanhebungen bis auf 60 $/b.

Die Spot-Preise stiegen weiter. Einige Lieferungen erreichten 45 Dollar pro Barrel, vereinzelte japanische Einkäufer zahlten sogar 50 Dollar – ein Höhepunkt, der bis 2004 nicht mehr erreicht werden sollte.

Ab Sommer 1980 waren die Vorräte, die in Erwartung noch höherer Preise angelegt wurden, kaum noch unterzubringen. Viele Supertanker wurden nur noch als schwimmende Lagertanks benutzt.

Immer mehr Unternehmen und staatliche Stellen fingen an, die teuren Lager abzubauen statt weiter zuzukaufen. Auch die Endnachfrage flachte ab, weil viele Staaten in die Rezession rutschten. Das Angebot stieg indessen: Saudi-Arabien steigerte seine Förderung bis auf das Maximum, andere Regionen wie Mexiko, Alaska, Norwegen und Großbritannien drängten mit Niedrigpreisen auf den Markt, um ihren Marktanteil auszubauen.

Noch im Dezember 1980 beschloss die OPEC einen weiteren Anstieg des offiziellen Preises auf 36 $/b. Doch im Herbst 1981 musste sie ihn erstmals in ihrer Geschichte reduzieren.

Die OPEC vereinbarte im Oktober eine Reduzierung auf 32 $. Der Markt war nicht bereit, mehr zu zahlen. Die Saudis, die den Markt zunächst überschwemmt hatten, begannen nun ihre Produktion zu drosseln, um den Preis nach unten zu stabilisieren.

Diese Ereignisse markierten den Anfang vom Ende der uneingeschränkten OPEC-Preismacht.

Überangebot und Marktstabilisierung durch Saudi-Arabien

Erst 1980 wurde deutlich, dass es ein *Überangebot* von etwa 2 mb/d und keinen Ölmangel auf den Weltmärkten gab. Auch der lange Krieg zwischen Irak und Iran 1980–88 konnte den allmählichen Preisrutsch nicht mehr aufhalten. Der Konflikt nahm zwar 4 mb/d vom Markt, aber die fehlenden Mengen wurden durch die Mehrproduktion in anderen OPEC-Ländern kompensiert.

Die Saudis produzierten 1981 die enorme Menge von 10 mb/d und nutzten von nun an ihre flexiblen Kapazitäten, um den Markt zu stabilisieren. Erstmals wird in diesem Jahr die OPEC unter Führung der Saudis als *marktstabilisierende Organisation* aktiv, denn in den 1970er Jahren hatte es für den Preis immer nur eine Richtung gegeben, ohne dass eine einheitliche Strategie nötig gewesen wäre.

Die OPEC legte 1982 eine maximale Fördermenge von 18 mb/d für ihre Mitglieder fest, um dem Überangebot und dem fortlaufenden Preisverfall zu begegnen. Saudi-Arabien als größter Exporteur erhielt die spezielle Rolle des *Swing Producer:* Das Land sollte durch flexible Produktionsmengen den Ölpreis bei 34 $ stabilisieren. Dies gelang jedoch nur ansatzweise. Der Iran warf wegen der hohen Kriegsausgaben so viel Öl wie nur möglich auf den Markt.

Auch Nigeria geriet als schwächstes Mitglied der OPEC unter Druck. Die internationalen Ölkonzerne drohten mit einem Förderstopp, falls Nigeria seine Preise nicht senke. Der saudische und der kuwaitische Ölminister drohen daraufhin den Ölkonzernen, sie nicht mehr zu beliefern, wenn sie Nigeria weiter unter Druck setzen sollten. Die Drohung wirkte.[36]

Trotzdem sinkt der Preis langsam weiter, denn die Marktkräfte waren nun stärker als die ölpolitischen Muskelspiele. Die OPEC hatte die Preishoheit verloren. 1983 wurde der offizielle Preis, der im Spot Markt sogar *unterboten* worden war, auf 29 $ festgelegt. Die OPEC-Produktion wurde auf 17,4 mb/d gesenkt. Der OPEC-Preis folgte damit nur noch dem Weltmarktpreis, konnte ihn aber nicht mehr steuern.

Offensichtlich hatte der Markt gedreht. Verantwortlich waren Änderungen in der Nachfrage und neue Konkurrenz.

Steigende Produktion außerhalb der OPEC

Der hohe Ölpreis machte die Suche nach neuen Ölvorkommen außerhalb der OPEC-Staaten immer lohnender. Neue Such- (Explorations-) und Fördertechnologien verringerten Kosten und Risiken. In den USA begannen die goldenen Jahre der *„independent oil men"* (dargestellt in der zur selben Zeit laufenden Fernsehserie „Dallas"), also der mittelständischen Ölunternehmer, die sich neben den großen Weltkonzernen behaupteten.

In neuen Ölregionen hatten Ölfirmen einen direkten Zugriff auf die Lagerstätten, den sie in den OPEC-Staaten verloren hatten. In diesem Upstream-Geschäft waren die Renditen weitaus höher als Downstream, also bei den Raffinerien und der Distribution.

Neue Technologien spielten dabei eine wichtige Rolle. Der beschleunigte technische Fortschritt in der Ölbranche hatte die Exploration und Ausbeutung von Vorkommen ermöglicht, die zuvor unerreichbar gewesen waren. Das galt besonders für Offshore-Regionen. Noch in den 1970er Jahren wäre die Ausbeutung des norwegischen Kontinentalschelfs technisch nicht möglich gewesen. Alaska, Mexiko und die Nordsee wurden die neuen „Öldorados":

▸ 1967 wurde in *Nordalaska* Öl entdeckt. Prudhoe Bay stellte sich mit mehr als 10 Mrd. Barrel als größtes Ölfeld der USA heraus. Mit einer potenziellen Tagesproduktion von 2 mb/d hätte es schnell zum drittgrößten Feld der Welt werden können, nach dem saudischen Ghawar und dem kuwaitischen Burgan. Aber die technischen Hürden waren enorm. Eine Trans-Alaska-Pipeline quer durch Alaska zum Hafen Valdez erforderte den Einsatz von 500.000 Tonnen Stahl unter extremen klimatischen Bedingungen. Proteste von Umweltschützern erzwangen einen zeitweiligen Baustopp. Fünf Jahre ruhten die Arbeiten. Erst 1977 wurde die Trans-Alaska-Pipeline fertig gestellt. Sie lieferte zunächst 1 mb/d, dann 2 mb/d. Das entsprach einem Viertel der US-Produktion.

▸ 1974 kehrte die *mexikanische*, staatliche Ölgesellschaft Pemex nach Jahrzehnten wieder auf den Weltmarkt zurück. Neue Ölvorkommen sollten dem Land aus der ökonomischen Krise helfen. Ausländische Investitionen ermöglichten eine Steigerung der Produktion um über 1 mb/d bis 1980.

▸ In der *Nordsee* wurde 1959 Erdgas und 1969 Öl entdeckt. Die Ölinfrastruktur der Nordsee wurde zu einem der größten Investitionsprojekte des 20. Jahrhunderts. 1975 erreicht das erste Öl die Verbraucher.

▶ Auch andere Staaten erhöhten ihre Produktion: Ägypten, Malaysia, Angola und China wurden Selbstversorger oder bedeutende Exporteure.

Die neuen Ölexporteure traten in Konkurrenz zum OPEC-Kartell, dessen Weltmarktanteil von 50 % (1973) auf 30 % (1985) fiel. Insgesamt lieferten die neuen Ölprovinzen 6–7 mb/d zusätzliches Öl.

Aber die Mehrheit der Branchenexperten blieb Anfang der 1980er pessimistisch. Die allgemeine Erwartung war, dass durch die wachsende Nachfrage eine Versorgungslücke bis Ende der 1980er Jahre unvermeidbar sein werde. Dieser Irrtum hatte für die Verbraucherländer positive Folgen: Zum einen blieben die Investitionen in neue Ölvorkommen hoch. Zum anderen wurden Energiesparmaßnahmen in Europa und Japan stärker vorangetrieben.

Nachfragedämpfung

Wie schon nach der Krise von 1973 rutschte die industrialisierte Welt und mit ihr viele Entwicklungsländer Anfang der 1980er in eine Rezession. Die USA erlebten die schlechteste wirtschaftliche Entwicklung seit 30 Jahren.

Trotz der gravierenden Folgen dieser erneuten Ölkrise gab es in keinem Land eine grundsätzliche Neuorientierung der Energiepolitik. Die Abhängigkeit von Energieimporten sollte lediglich gedämpft und durch diversifizierte Bezugsquellen entschärft werden. Die Nachfragedämpfung war allerdings weitaus erfolgreicher, als viele erwartet hatten. Im Rückblick wird deutlich, dass die Ölkrise 1979/80 – vielleicht noch stärker als die von 1973/74 – eine veränderte Wahrnehmung der zukünftigen Ölversorgung etabliert hatte: Konsens war nun, dass die Preise weiter steigen werden und Versorgungsengpässe zu erwarten sind. Dieser Konsens hielt sich bis Anfang der 1990er Jahre und förderte Investitionen, die den Ölkonsum dämpften.

Während die Nachfrage nach Benzin im Verkehr weiter anstieg, wurde Öl zur *Stromerzeugung* weitgehend durch Kernkraft, Gas oder Kohle ersetzt. Auch der Verbrauch von *Heizöl* wurde durch die Konkurrenz von Fernwärme und Erdgas begrenzt.

Weltweit fiel die Nachfrage nach Öl erstmals über einen längeren Zeitraum. Erst 1993 war die Ölnachfrage wieder so hoch wie 1979 – trotz eines Preissturzes von 40 $ (1979) auf 17 $ (1993). Zwischen 1979 und 1983 fiel die Ölnachfrage der Welt (ohne Planwirtschaften) von 52 auf 46 mb/d, also um über 10 %. Gleichzeitig stieg die Produktion außerhalb der OPEC um 4 mb/d an, zusätzlich wurden Lager abgebaut. Insgesamt fiel die Nachfrage nach OPEC-Öl also um 13 mb/d oder 43 %! Statt der erwarteten Knappheit rollte eine riesige Ölwelle auf die Märkte zu.[37]

Die meisten Industriestaaten verhinderten das Anziehen der Nachfrage durch immer höhere *Mineralölsteuern*, die den Preisverfall beim Rohöl ausglichen. Allerdings gewann diese Steuer einen solchen Umfang (die Mineralölsteuer wurde schnell zur zweitwichtigsten Einnahmequelle des deutschen Staates), dass auch die Staatshaushalte mancher Verbraucherländer vom Ölkonsum „abhängig" wurden. Die OPEC prangerte immer wieder an, dass auch die Industriestaaten zu „Ölstaaten" wurden, nämlich zu Ölsteuerstaaten.

Die Mineralölsteuern hatten auch noch einen anderen Effekt. Sie behinderten Preissenkungen der OPEC, da dadurch nicht die Nachfrage angekurbelt wurde, sondern über höhere Steuern nur ein Einkommenstransfer zu ihren Ungunsten stattfand. Die Konsumentenländer haben mit diesem Mittel ihre Marktmacht erhöht, denn sie konnten damit die Reaktion der Nachfrage, also die *Nachfrageelastizität* bei fallenden Ölpreisen reduzieren.

Energiesparen wird in Westeuropa und besonders in *Japan* zur Schlüsselstrategie. Der zweitgrößte Industriestaat der Welt hat weder im eigenen Land noch in der Nachbarschaft nennenswerte Öl- oder Gasvorkommen zur Verfügung. Die Regierungspolitik ordnet den Wandel von der energieintensiven zur wissensbasierten Industrie an. *Frankreich* setzt vor allem auf andere Energieträger. Statt Öl übernahm Kernkraft die Stromerzeugung.

Die *USA* boten wie immer in Ölfragen ein gemischtes Bild. Während außenpolitisch das Engagement am Persischen Golf verstärkt wurde und langfristige geopolitische Strategien das Bild bestimmten, war die Innenpolitik eher kurzfristig orientiert. Ein überkomplexes Preiskontrollsystem, bei dem Importe verteuert und einheimische Produktion subventioniert wurde, gab keine klaren Preissignale und konterkarierte manche Ansätze zur Energieeinsparung.

Darunter waren als wichtigste Maßnahmen die Vorschriften zur Verbesserung der Effizienz von Automobilen (CAFE). Zur Verbesserung der Energiesicherheit wurde der Bau einer Pipeline aus Alaska und die Errichtung einer strategischen Ölreserve (SPR) beschlossen.

2.14 Die 1980er: Öl wird zur globalen Commodity

Missglückte Marktstabilisierung und Preiskrieg ab 1985[38]

Ab 1982 wurde deutlich, dass auf den Weltölmärkten ein Überangebot herrschte. Die Nachfrage zog nicht an, die Lager waren voll und neue Produzenten drängten auf den

Markt. Um den Ölpreis zu stabilisieren, reduzierte die OPEC, die nun wie ein Kartell Preise und Mengen absprach, ihre Produktion. Doch es zeigte sich einmal mehr, dass Kartelle immer dann am wenigsten funktionieren, wenn sie unter Druck stehen.

Von 1979 bis 1982 verringerte die OPEC ihren Output um fast 50 % von 31 auf 18 mb/d. Damit sollte der offizielle Preis von 34 $/b am Markt gehalten werden. Als Israel 1982 im Libanon intervenierte, wurde die Idee eines Embargos bei der OPEC schnell verworfen, denn ihre Marktmacht war offensichtlich zu gering. Als ob es noch eines Beweises der Überversorgung bedurfte, verhängten die USA im März 1982 einen Kaufboykott gegen libysches Öl.

Im kommenden Jahr drängte Nordseeöl massiv auf den Markt. Der britische Sektor produzierte jetzt mehr Öl als Algerien, Libyen und Nigeria zusammen. Die britische BNOC unterbot die OPEC mit einem Preis von 30 $ und brachte damit die Exporte Nigerias, das ähnliches Öl für dieselben Absatzmärkte anbot, praktisch zum Erliegen. Nigeria drohte daraufhin mit einem Preiskrieg. Die OPEC musste den offiziellen Preis von 34 auf 29 $ senken. Sie hatte mit den Preiserhöhungen nach 1979 den Bogen überspannt. Sie konnte den Ölpreis auch mit reduzierter Produktion nicht mehr verteidigen.

Saudi-Arabien war besonders betroffen. 1985 wird den Saudis klar, dass selbst die schmerzhafte Halbierung ihrer eigenen Produktion von 10 auf 5 mb/d nicht ausreichte, den Ölpreis zu halten. Viel Hilfe war von den anderen OPEC-Mitgliedern nicht zu erwarten, da diese ihre vereinbarten Quoten massiv überzogen. Die Öleinnahmen, die für die Überlebensfähigkeit des Landes entscheidend waren, fielen von 199 Mrd. $ (1981) auf nur noch 26 Mrd. $ (1985) bei einer saudischen Förderung von 2,2 mb/d. Im Juni 1985 erreichte die OPEC-Förderung ein 20-Jahres-Tief von nur noch 13,7 mb/d.

Für Riad wurde die Lage jetzt lebensbedrohlich. Die Saudis warfen daher das Ruder radikal herum. *Ab 1985 verteidigten sie nicht mehr den Ölpreis, sondern ihren Marktanteil.* Die Produktion wurde massiv erhöht, um neue Produzenten aus dem Markt zu drängen. Unter 18–20 $, so die Erwartung, werden die Nordseefelder unrentabel. Innerhalb weniger Monate erhöhten die Saudis ihren Output von 2 mb/d auf 5 mb/d. Im Dezember 1985 lag die OPEC wieder bei 18 mb/d und provozierte damit einen Preiskrieg auf den Märkten.

Wider Erwarten reduzierten die neuen Konkurrenten ihre Produktion nur marginal. Das lag zum einen an der allgemeinen Erwartungshaltung, dass die Nachfrage bald wieder anziehen werde. Noch wichtiger war aber die besondere Kostenstruktur der Offshore-Förderung in der Nordsee: Sehr hohe Fixkosten, niedrige variable Kosten, hohe Steuerlast.

Beispielsweise war die Steuerlast für das britische Nordseeölfeld Ninian so hoch, dass ein Sturz des Ölpreises von 20 auf 10 $/b den Betreiber nur 0,85 $/b kostete – die restlichen Verluste fielen beim britischen Schatzamt an. Die operativen Kosten der Förderung lagen nur bei 6 $/b. Bei einem Ölpreis über dieser Marke lohnte sich also der Betrieb, denn die viel höheren Kapitalkosten fielen weiter an, unabhängig davon, ob gefördert wurde oder nicht. Auch war eine kurzfristige Unterbrechung der Produktion technisch schwierig.[39]

Die Saudis wollten ihre Produktion nicht reduzieren, viele Nicht-OPEC Produzenten konnten es nicht: Die Folge war ein Preiskrieg – diesmal aber mit einer Preisspirale nach unten. Im November 1985 lag der Ölpreis in den USA noch bei 31 $. Aber nachdem die OPEC auch offiziell erklärt hatte, dass sie von nun an Marktanteile zurückgewinnen wolle, gab es kein Halten mehr. Innerhalb weniger Monate fiel der Ölpreis von 25 auf 10 $/b, für einzelne Lieferungen sogar nur 6 $. Der Wert der OPEC-Exporte sank von 300 Mrd. $ im Jahre 1980 auf gerade noch ein Drittel davon sechs Jahre später.

Zum ersten Mal seit etwa 60 Jahren war der Ölmarkt ein ungeregelter, relativ freier Markt ohne starke Kartelle und ohne starke politische Einflüsse. Weder die Ölmajors noch die OPEC konnten den Markt kontrollieren. Alle Arten von Vertragsvereinbarungen waren nun möglich, mit den unterschiedlichsten Regelungen für Preisbildung, Liefermengen und Laufzeiten.

Krisenmanagement

Die Industriestaaten profitierten natürlich von den niedrigen Ölpreisen. Schwieriger war die Lage in den USA, die nicht nur der weltgrößte Konsument von Öl waren, sondern eben auch der zweitgrößte Produzent. Große Kapitalmengen waren in der Erwartung steigender Ölpreise investiert worden.

Der Südwesten der USA mit dem Schwerpunkt Texas war vom Ölpreiskollaps besonders stark betroffen. Das Finanzsystem war dort eng mit der Ölbranche verbunden und drohte zusammenzubrechen.

Während sich Präsident Reagan an der Energiefrage wenig interessiert zeigte und die Krisenlösung den Marktkräften überlassen wollte, drängte Vizepräsident Bush (sen.) die Saudis, stabilisierend in den Markt einzugreifen.

Unterdessen fielen die Preise weiter. Im Juli 1986 wurden einige Lieferungen am Persischen Golf für 7 $/b gehandelt. Die OPEC verständigte sich daraufhin auf Produktionskürzungen, denen sich – zumindest verbal – auch die wichtigsten anderen Exporteure Norwegen, Mexiko und die Sowjetunion anschlossen. Ende 1986 einigte sich die OPEC auf einen „Referenzpreis" von 18 $/b. Die Märkte beruhigten sich nun auf niedrigem Niveau.

Die Schlussfolgerungen für die neuen Konkurrenten waren gemischt. Die Preiskrise hatte deutlich gemacht, dass die Preisentwicklung nicht nur eine Richtung (nach oben) kannte. Andererseits hatte die OPEC den Preis auch nicht dauerhaft ins Bodenlose fallen lassen. Das schien das Risiko neuer Investitionen zu begrenzen.

Öl als Commodity

Insgesamt wurde der Ölmarkt nach dem Machtverlust der Konzernkartelle in den 1970er Jahren und des OPEC-Kartells in den 1980er Jahren stärker zu einem *Wettbewerbsmarkt*. Parallel zur Globalisierung anderer Waren- und Dienstleistungsmärkte wurde jetzt auch Öl als normales, global gehandeltes Massenprodukt (*commodity*) gesehen, das keinen speziellen politischen Rahmen benötigte.

Die *Wahrnehmung* der Veränderungen unterschied sich allerdings grundlegend zwischen Ölkonsumenten und Ölproduzenten: Aus Sicht der Konsumenten waren die 1970er politisiert, als die Ölversorgung gefährdet schien, nicht aber die 1980er, als die Ölförderländer um ihre Absatzmärkte kämpfen mussten.

Aus Sicht der Produzenten war es umgekehrt: Die 1970er waren „commercial", weil sich Öl von selbst verkaufte und eine Gruppe von Produzenten die boomende Nachfrage für Preiserhöhungen nutzen konnte, also eine normale Verkaufsstrategie verfolgte. Vermutlich wäre die OPEC als Koordinationsinstrument in den 1970ern nicht einmal nötig gewesen, um dies durchzusetzen. Die 1980er hingegen erforderten von den OPEC-Staaten ein hohes Maß politischer Koordination und Kartellbildung, um den Markt angesichts stagnierender Nachfrage und neuer Konkurrenten stabil zu halten. Claes resümiert lakonisch: „*What is economics for one actor in a market might be politics for another.*"[40]

Manche bestreiten daher, dass die OPEC für die Entwicklung des Ölmarktes und der Ölpolitik überhaupt von Bedeutung war. Vor 1982, in den „Goldenen Zeiten" der OPEC, war ein Kartell nicht nötig, da die Anbieter den Markt beherrschten. Nach 1982, als die Nachfrage einbrach und neue Konkurrenten auftauchten, gelang es nicht, den Markt im Sinne der OPEC zu steuern.

Ende der 1980er: Das „Ende der Geschichte" auch im Ölmarkt?

Die strategische Bedeutung des Öls nahm in den 1980ern rapide ab, denn wie in den 1950er und 60er Jahren herrschte auf den Märkten ein Überangebot. Die Sicherheit der

Energieversorgung, die noch Anfang der 1980er ein Thema für die Titelseiten war, verschwand von der politischen Agenda. „Ölpolitik" erschien überflüssig, denn der Markt schien alles zu regeln.

Der wirtschaftliche Aufschwung der 1980er Jahre ließ die Ölnachfrage nicht ansteigen, so dass Mitte der 1980er die Reservekapazität bei über 10 mb/d lag – etwa 20 % der Weltnachfrage. Die strategischen Ölreserven in den USA, Europa und Japan verstärkten das Gefühl der Sicherheit. Die Länder der EG schlossen gegen den starken Widerstand der USA langfristige Erdgasverträge mit der Sowjetunion und verdrängten damit Heizöl aus seiner starken Marktstellung. Die Entspannung auf den Ölmärkten wurde überdeutlich, als der Krieg zwischen Iran und Irak eskalierte und Iran 1987 Öltanker angriff. Anders als in früheren Krisen reagierte der Ölpreis kaum.

Die publizierten „sicheren" Weltölreserven stiegen 1990 trotz der laufenden Produktion auf ein neues Hoch: 1000 Mrd. Barrel gegenüber 670 Mrd. Barrel Mitte der 1980er (zur Problematik dieser Daten später mehr).

Nach jahrelangen Fehlschlägen konnte sich die OPEC Ende der 1980er wieder auf Produktionsquoten einigen. Mit 19 bis 20 mb/d als offiziellem Förderziel gelang es, die Märkte zu beruhigen. Ebenfalls 1988 einigten sich Iran und Irak auf einen Waffenstillstand. Kurze Zeit später endete der Ost-West-Konflikt auf friedliche Weise. Der Siegeszug der Marktwirtschaft verdrängte alle geopolitischen Fragen und Ressourcenprobleme auf die hinteren Seiten. Öl war kein Thema mehr. 1991 wird die Fernsehserie „Dallas" abgesetzt.

Eine optimistische Sorglosigkeit, das „Ende der Geschichte" (Fukuyama), war auch in der Ölbranche angebrochen.

2.15   Der Golfkrieg 1990/91

Der Golfkrieg 1990/91 war der *erste internationale Ölkrieg* in dem Sinne, dass die Kontrolle über Ölressourcen offensichtlich die zentrale Rolle spielte, sowohl bei der Besetzung Kuwaits durch den Irak als auch bei der Vertreibung der irakischen Truppen durch die Koalitionstruppen. Dennoch hat diese internationale Krise, anders als die Krisen der 1970er, an den Ölmärkten keine nachhaltigen Spuren hinterlassen. Die „Commoditisierung" der 1980er setzte sich fort.

Im August 1990 wurde Kuwait von irakischen Truppen besetzt. Der Irak lag nach dem achtjährigen Angriffskrieg gegen den Iran finanziell und politisch am Boden. Saddam Hussein wollte Kuwait besetzen, um die großen finanziellen Reserven des Scheichtums auszubeuten und seine Stellung auf den Ölmärkten zu verbessern. *Das* Risiko musste hoch, aber vielleicht nicht zu hoch erscheinen, da Kuwait sich mit seiner eigenwilligen und unklaren Außenpolitik isoliert hatte und die USA keine klaren Signale gaben, dass sie den Status Quo verteidigen würden – wie schon im Irak-Iran Krieg kurz zuvor, als Präsident Reagan trotz seiner klaren Ablehnung des iranischen Mullah-Regimes relativ neutral geblieben war.

Auch über die Beweggründe der US-Regierung kann nur gemutmaßt werden. *Ein* Motiv war sicherlich, dass der bellizistische und zunehmend unberechenbare irakische Diktator zu einflussreich werden könnte. Er wäre dann eine Gefahr für das benachbarte Saudi-Arabien, dessen Ölverladezentren nur 400 km von der irakischen Grenze entfernt lagen.

Die amerikanischen Optionen wären im Falle eines wiedererstarkten Iraks begrenzt gewesen. Die Stellvertreterpolitik mit den beiden Säulen Iran und Saudi-Arabien war mit dem Fall des Schahs 1979 gescheitert. Die Politik des Gleichgewichts zwischen den Regionalmächte Irak, Iran und Saudi-Arabien, die in den 1980er Jahren im Zentrum stand, war mit der Besetzung Kuwaits gefährdet. Seitdem die Briten sich 1971 „East of Suez" zurückgezogen hatten, hatte die Region nach einem neuen Gleichgewicht gesucht, aber nicht gefunden. An die Stelle der Briten traten nun die Amerikaner.[41]

Der Iran war als Partner für die USA undenkbar, der Irak unberechenbar und Saudi-Arabien militärisch zu schwach sowie politisch zu unabhängig. Eine dauerhafte Schwächung des Irak musste bei dieser Konstellation für die USA vorteilhaft erscheinen, wenn man in traditionellen geopolitischen Kategorien urteilen will. Zudem könnte die schon seit den 1940er Jahren verfolgte Strategie, rund um den Persischen Golf Militärbasen aufzubauen, einen Schritt weiter gebracht werden.

Ein *zweites* Motiv könnte allgemeinerer außenpolitischer Natur sein. Nach dem Ende des Kalten Krieges waren die Spielräume der USA erheblich gewachsen. Eine „New World Order", in der militärische Aggressionen umgehend von der internationalen Staatengemeinschaft mit den USA an der Spitze zurückgeschlagen werden, erschien jetzt machbar.

Die meisten UNO-Vetomächte waren in Ölfragen in einer komfortablen Lage und riskierten bei möglichen Turbulenzen auf den Ölmärkten nicht allzu viel. Russland, China und Großbritannien waren Selbstversorger, die USA bezogen nur von den Saudis nennenswerte Mengen aus der Krisenregion. Lediglich Frankreich importierte ein Drittel seines Öls aus dem arabischen Raum. Deutschland importierte nur 1 % seines Ölbedarfs aus Kuwait und zahlte etwa 8 Mrd. Euro an Washington als Beitrag zur Kriegsfinanzierung.[42]

Der amerikanische Präsident hatte bei seinen diplomatischen Bemühungen, eine Kriegsallianz zu schmieden, unerwartet schnell Erfolg. Nach langen Bombardements und nur vier Tagen Bodenkrieg wurde der geopolitische Status quo ante im Januar 1991 wiederhergestellt. Noch bis in den November brannten die kuwaitischen Ölquellen, die von irakischen Truppen in Brand gesetzt worden waren. An die 6 Millionen Barrel pro Tag – fast 10 % der Weltproduktion – ging wochenlang in Flammen auf.

Wie reagierte der Ölmarkt?

Das globale Embargo gegen irakisches und kuwaitisches Öl nahm seit August 1990 4 mb/d vom Markt – also eine ähnliche Größenordnung wie in den Krisen von 1973 und 1979. Allerdings gab es einen erheblichen Unterschied, der die Verschiebung der Machtverhältnisse auf den Ölmärkten zeigte: In der Krise von 1973 hatten die *Ölexporteure* ein Lieferembargo verhängt, 1979 war es eine Mischung aus Kaufboykott und technischen Exportproblemen, 1990 handelte es hingegen um einen reinen Boykott der *Ölimporteure*, also einen freiwilligen Verzicht auf die Exportmengen, die vom Irak und dem (besetzten) Kuwait angeboten wurden.

Ausgleichsmaßnahmen liefen schnell an: Die OPEC gab die Produktionsquoten frei und traf noch im August eine informelle Absprache, die Förderung um 4 mb/d zu erhöhen. Die Saudis erhöhten ihre Produktion bis Dezember um 3 mb/d, den Rest übernahmen Venezuela und die Vereinigten Arabischen Emirate. Da die globale Konjunktur relativ schwach war, stellte auch die Nachfrageseite keine größere Belastung dar.

Im September drohte Saddam Hussein mit der Zerstörung des saudischen Ölsystems, woraufhin der Ölpreis rasch anstieg. Panikkäufe japanischer Ölhändler und die Ablehnung Bushs, die strategische Ölreserve einzusetzen, führten zu einem Sprung des Ölpreises von 18 auf 30 $.

Aber schon wenige Wochen später entspannte sich die Lage. Noch war unklar, ob es zum Krieg kommt. Ende November verabschiedete der Sicherheitsrat eine Resolution, die Gewalt androhte, falls der Irak sich nicht bis zum 15. Januar zurückziehen sollte.

Bei Beginn der Luftangriffe am 16. Januar 1991 stieg der Preis noch einmal spekulativ von 30 auf 40 $, halbierte sich aber nach wenigen Stunden auf nur noch 20 $/b, als Präsident Bush die Freigabe von 33,75 mb aus der Strategischen Ölreserve (SPR) anordnete. Anfang Februar wurde das erste SPR-Öl an die kommerziellen Bieter ausgeliefert.

Ende Februar erreichten die US/UN-Truppen Kuwait City. Damit war eine schwere geopolitische Krise, die von vielen Katastrophenszenarien publizistisch und wissenschaftlich „begleitet" worden war, bemerkenswert schnell von den Ölmarkten verkraftet worden.

Ein global deregulierter Ölmarkt in Kombination mit einem staatlichen Ölkrisenmanagement, das durch schnelle Reaktionen spekulativen Lageraufbau dämpft, hatte sich als stabiler erwiesen als sein Gegenstück in den 1970er Jahren mit regulierten Märkten und chaotischer staatlicher Krisenpolitik.

2.16   Die 1990er Jahre: Vom Marktgleichgewicht zur nächsten Ölschwemme

1991–1993 Wirtschaftsflaute und Überangebot

Die ersten Jahre nach dem Golfkrieg waren von einer schwachen Weltkonjunktur und dementsprechend schwacher Nachfrage nach Öl geprägt. Sie wuchs 1990–93 um insgesamt weniger als 1 % auf etwa 67 mb/d. Der Ölpreis fiel auf nur noch 16 $/b (1994).

Eine gewisse Erleichterung, aus Sicht der Ölexporteure, brachte die Auflösung der Sowjetunion. Die Produktion Russlands halbierte sich nahezu von 11,5 (1987) auf 6,1 mb/d (1996). Da auch der inländische Verbrauch einbrach, veränderte sich der Export jedoch nicht so stark. Er fiel im selben Zeitraum nur um etwa 1 mb/d. Dennoch drängte immer mehr Öl auf den Markt. Die OPEC produzierte mit 25 mb/d so viel wie seit einem Jahrzehnt nicht mehr. Die Förderung aus der Nordsee stieg Anfang der 1990er um fast 2 mb/d.

1994–1996 Nachfrage und Angebot steigen

Ab 1994 änderte sich die Lage. Vier Jahre lang wies die Weltwirtschaft solide Wachstumsraten auf. Sie hob die Ölnachfrage jedes Jahr um 2–3 % bis auf 73 mb/d im Jahr 1997. 1994/95 blieb der Ölpreis noch bei 16–17 $, stieg dann aber bis 1997 auf durchschnittlich 19–20 $. Zwischenzeitlich höhere Preise waren die Folge eines langen Ölarbeiterstreiks in Nigeria und eines sehr kalten Winters in den USA und Europa.

Doch das Angebot war immer noch mehr als ausreichend und begrenzte steilere Preisanstiege auf kurze Episoden. Auch die Aussichten auf noch höhere Produktionsmengen schienen gut:

▶   Exxon und andere Konsortialfirmen unterzeichneten 1995 einen wegweisenden Vertrag über 15 Mrd. Dollar zur Entwicklung neuer Öl- und Gasfelder auf der Sachalin-Insel vor Russlands Nordpazifikküste.

▸ Die russische Ölbranche wurde immer weiter privatisiert und konnte daraufhin die Produktion wieder stabilisieren.

▸ Venezuela öffnete seine staatlich dominierte Ölbranche für ausländische Ölfirmen und erhöhte seine Exporte deutlich über die von der OPEC erlaubte Grenze.

▸ Der Irak wurde zum ölpolitischen Dauerthema. Die Sanktionen nach dem Golfkrieg verhinderten offizielle Ölexporte fast vollständig. Die Produktion, die sich nach dem Krieg mit dem Iran bis auf 3 mb/d erholt hatte, brach bis auf eine halbe Million b/d zusammen. Der Irak produzierte nur noch für den Eigenbedarf und für Exporte in Nachbarländer unter Umgehung der UN-Sanktionen. Die Wende kam im Mai 1996 mit der Verabschiedung der UN-Resolution 986, die dem Irak begrenzte Exportmengen zustand. Die Förderung stieg daraufhin sprunghaft auf 2,1 mb/d (1998) an.

▸ Westafrikanische und südamerikanische Staaten erhöhten ihre Reservenschätzungen und Produktionsziele. Nigeria will bis 2010 an die 4 mb/d produzieren und eine neue Ölgroßmacht werden.

▸ In der Region rund um das Kaspische Meer schienen die Perspektiven besonders aussichtsreich. Ein „neuer Persischer Golf" sollte entstehen, so die (irrtümliche) Hoffnung mancher Experten.

Weltweit nahm das Angebot an Öl also deutlich zu. Solange die Nachfrage deutlich wuchs, konnten diese Mengen absorbiert werden, wenn auch zu einem relativ niedrigen Preis von knapp 20 $/b.

Die Ölschwemme 1997–1999

Anfang 1997 war der Optimismus in der Ölbranche groß. Weltweit schritt die Deregulierung und Privatisierung der Energiebranchen voran und eröffnete neue Geschäftsmöglichkeiten.

Die Weltwirtschaft wuchs 1997 um real 4 %, der Ölverbrauch um etwa 3 %. Zum ersten Mal seit vier Jahren erhöhte die OPEC ihre Produktionslimits um 10 % auf 27,5 mb/d. Alle Ampeln standen auf Grün.

Doch es kam anders. Mängel in der Finanzpolitik, riskante Kreditvergaben und überhöhte Wechselkurse lösten massive Spekulationswellen gegen ostasiatische Währungen aus. Im Juli 1997 kapitulierte die thailändische Zentralbank vor der Spekulationswelle gegen die heimische Währung, den Baht. Ausländisches Kapital verließ panikartig das Land. Die heimischen Dollardevisen waren rasch aufgebraucht, der Wechselkurs brach zusammen und eine Lawine von Währungskrisen, Konkursen und unbedienten Krediten wanderte durch ganz Ostasien. Der IWF versagte als Krisenmoderator. Was als Währungskrise begann, endete als scharfer konjunktureller Einbruch in Ost- und Südostasien.

Die Asienkrise sendete Schockwellen durch das globale Finanzsystem und reduzierte das Wirtschaftswachstum für 1998. Die asiatischen Staaten erholten sich zwar sehr schnell, aber das war zum Zeitpunkt der Krise nicht erwartet worden.

Die Ölnachfrage stockte zunächst und warf den Preis 1998 auf ein Durchschnittsniveau von nur noch 14 $ zurück. Die OPEC hatte gerade erst ihre Fördermengen erhöht. Weltweit waren die Lager in Erwartung steigender Preise gefüllt worden. Ausgerechnet jetzt kamen noch zwei milde Winter auf der Nordhalbkugel hinzu, die die Nachfrage weiter einschränkten.

Die IEA reduzierte im Sommer 1998 ihre Prognosen: Statt um 2,1 mb/d soll die Nachfrage 1998 nur um 1,1 mb/d steigen. Tatsächlich wuchs sie dann nur um etwa 0,5 mb/d und ging in Ostasien sogar zurück.

Auf der Angebotsseite drängten immer größere irakische und russische Ölmengen auf den Markt. Zusätzliche Anbieter standen schon vor Tür: Die Reservenschätzungen für die Kaspische Region stiegen immer weiter an. Das amerikanische Außenministerium veröffentlichte im April 1997 vage Schätzungen von 180 Mrd. Barrel.[43] Das größte Problem schien der Abtransport des Öls zu sein. Ein langwieriges Ringen um die Exportrouten hatte schon Anfang der 1990er begonnen, als Kasachstan, Turkmenistan und Aserbeidschan unabhängig wurden. Die alten Pipelines führten ausschließlich nach Norden in das russische Netz. Doch weder die kaspischen Staaten noch die USA wollten sich völlig vom russischen Transit abhängig machen. An die Stelle Russlands sollte, auch nach dem Willen der USA, die Türkei treten.

Auch am Golf verbesserten sich die Rahmenbedingungen. Das große saudische Shaybah-Feld nahm 1998 seinen Betrieb auf. Die saudische Regierung lud erstmals seit Jahrzehnten ausländische Konzerne ein, sich bei der langfristigen Entwicklung seiner Öl- und Gasproduktion zu engagieren.

Der Terminmarkt für Öl gab irreführende Signale. Er ließ vermuten, dass die Preise bald steigen werden, so dass viele Ölhändler und Raffinerien dazu übergingen, ihre Lagerbestände aufzubauen. Das wurde dann wiederum als Vorbote eines aktuellen Überangebots interpretiert, was den Druck auf die aktuellen Preise verstärkte. Die Lagerhaltung erschien dadurch noch attraktiver.

Ab dem Frühjahr 1998 versuchten die großen Ölexporteure gegenzusteuern, um die Ölschwemme zu reduzieren. Die OPEC-Staaten kürzten ihren Output in zwei Stufen um etwa 2,5 mb/d. Im März 1999 wurden weitere 1,7 mb/d vom Markt genommen.

Andere Ölexporteure wie Mexiko und Norwegen unterstützten die Aktion. Jedoch gelang es nicht, Russland mit ins Boot zu nehmen. Dort stiegen die Exporte weiter an. Die Kürzungen kamen für 1998 zu spät. Der Markt hatte sein Vertrauen in die Steuerungskraft der OPEC verloren. Sie hatte sich durch die Preisstabilisierung der 1980er und 1990er Jahre ihre eigene Konkurrenz geschaffen, die sie nun nicht mehr kontrollieren konnte. Erst das Vertrauen in langfristig stabile Mindestpreise ließ die Risiken vieler neuer Ölprojekte vertretbar erscheinen.

Im Dezember fielen die Rohölpreise auf nur noch 9,69 $/b und lagen damit nur wenig über dem Rekordtief von 1986, als 9,04 $ touchiert wurden. In realen Preisen (also wenn man die Inflation herausrechnet) lag der Ölpreis wieder so niedrig wie *vor den Preiserhöhungen von 1974*. Preis- und Quotenpolitik der OPEC waren in einer tiefen Krise. Vieles deutete auf einen völligen Zusammenbruch des Ölpreises mit unabsehbaren Folgen für die Ölstaaten hin. Einige Staaten sahen einer existenziellen Finanzkrise entgegen.

Auf Seiten der Industriestaaten brach trotzdem kein Jubel aus. Viele kleine Ölproduzenten in den USA mussten bei diesem Preisniveau die Förderung einstellen. Große Investitionsprojekte zur Entwicklung neuer Ölquellen wurden überdacht und verschoben. Schwerer noch wogen die befürchteten Folgen für die Ölstaaten am Persischen Golf. Eine Destabilisierung der ganzen Region wäre die Folge, wenn die dortigen Wohlfahrts- und Klientelsysteme unbezahlbar werden sollten.

Doch es sollte nach dem Jahr 2000 anders kommen, wie die folgenden Kapitel im Detail zeigen werden: Die Nachfrage stieg so stark an wie seit einer Generation nicht mehr. Die Kapazitäten entlang der gesamten Versorgungskette wurden knapp. Im Irak, in Nigeria und Venezuela, zeitweise auch in Russland, hemmten Konflikte den Ausbau des Ölangebots. Die Situation erinnerte an den Beginn der 1970er Jahre. Ähnlich wie damals sollte sich der Ölpreis vervielfachen. Aber anders als damals brach die Nachfrage vorerst nicht ein. Der Ölpreis stieg daraufhin weiter an, um Mitte 2008 ein Niveau von knapp 150 $/b zu erreichen.

2.17   Ölkrisen – ein Überblick

Die Geschichte des Öls ist auch eine Geschichte seiner Krisen. Die Tabelle 2.1 listet die „klassischen" Ölkrisen auf, die deutlich von normalen Marktphasen abgrenzbar sind. Die meisten Förderausfälle dieser Art traten in der Sowjetunion/Russland und im Nahen Osten auf. In den letzten zehn Jahren haben sich die Schwerpunkte verschoben

und globalisiert (Lateinamerika, Afrika). Die zwei größten politisch bedingten Förderausfälle (ohne Produktionskürzungen der OPEC) entstanden durch den Zusammenbruch der Sowjetunion in den 1990ern und durch die Besetzung des Irak seit 2003.

Im Folgenden werden einige dieser Krisen näher beleuchtet. Es zeigt sich, dass manche
Krisen notwendig waren, um tiefer gehende Probleme des Ölmarkts zu lösen (1973),
andere Krisen wurden vor allem durch Fehlinterpretationen und unausgereifte Marktstrukturen erzeugt (1979). Viele tief greifende Versorgungskrisen wurden im Westen
überhaupt nicht als Krisen wahrgenommen, wie die Beispiele aus Entwicklungsländern
zeigen sollen.

Zeitpunkt	Maximaler täglicher Lieferausfall in mb/d	Gesamter Lieferausfall in Millionen Barrel (mb)	Beschreibung	Ort der Krise
1905/1917	n.a.	n.a.	russische Revolution	Russland
1951–54	n.a.	940 mb	Verstaatlichung der Ölindustrie im Iran	Iran
1956	2	245 mb	Suezkrise (Suezkanal wird geschlossen)	Nahostkonflikt
1967	2	120 mb	Sechstagekrieg	Nahostkonflikt
1970/71	1,3	360 mb	Libysche Preisoffensive	Libyen
1971	0,6	90 mb	Algerischer Unabhängig- keitskrieg	Frankreich / Algerien
1973/74	4,3	475 mb	Yom-Kippur-Krieg; arabisches Ölembargo	Nahostkonflikt
1978/79	5,6	640 mb	Iranische Revolution 1979	Iran
1980	4,1	300 mb	Krieg Irak-Iran	Irak / Iran
1990/91	4,3	420 mb	Invasion Kuwaits	Irak / Kuwait
90er Jahre	5,5	> 2.000 mb	Zusammenbruch der Sowjetunion	Sowjetunion
1999–2002	2,1	> 100 mb	Vier irakische Ex- portstopps	Irak
2002–2003	2,6	> 100 mb	Innenpolitische Konflikte in Venezuela	Venezuela
2003–2008	2,3	ca. 1500 mb	Invasion des Irak / Anschläge	Irak
2006–2008	1	>500 mb	Überfälle und Konflikte im Nigerdelta	Nigeria
zum Ver- gleich: 2005	1,5	162 mb	Hurrikan Katrina	USA

Tabelle 2.1: Politische Ölkrisen seit 1900[44]

Auslöser versus Ursache: Der „Ölpreisschock" Anfang der 1970er

Anfang der 1970er hatten Jahre extremen Nachfragewachstums die Reservekapazitäten fast vollständig aufgezehrt. Neues Ölangebot kam wegen der niedrigen und immer noch fallenden Ölpreise zu langsam auf den Markt. In den USA war der Benzinbedarf sprunghaft angestiegen. Billiges Öl verdrängte die Kohle in der Stromerzeugung. Zur selben Zeit konnte die Ölproduktion der USA nicht mehr gesteigert werden („Peak") – ein historisch neues Phänomen für große Ölproduzenten.[45]

Der Weltölmarkt stand vor der wohl größten Krise seit seiner Entstehung. Öl war schlichtweg zu billig und eine scharfe Aufwärtskorrektur deshalb überfällig. Diese *Investitionskrise* wurde jedoch durch die *politische* Krise des Nahostkonflikts und durch den ersten und letzten Einsatz des Ölembargos als politischer Waffe überlagert und (unbeabsichtigt) auch gelöst. Diese Strategie wurde erst durch die Knappheit der Reservekapazitäten möglich. Letztlich hätte wohl auch die Investitionskrise allein zu einem starken Preisanstieg des Öls geführt, aber durch die Überlagerung mit einer politischen Krise lief der Prozess schneller und schockartiger ab.

Die Situation nach 2003 war ähnlich. Es fehlte an Investitionen. Daher stieg der Preis zwar ebenfalls deutlich an, aber eher allmählich und über mehrere Jahre verteilt.

Trotz der Einmaligkeit der Ereignisse 1973/74 und ihrer Begleitumstände prägen diese Monate nach wie vor die Wahrnehmung des arabischen Raums als Ölregion. Dabei wird immer wieder übersehen, dass es nur die besonderen Marktbedingungen waren, die den Einsatz des Exportöls als politische Waffe ermöglicht hatten.

Das politische Ölembargo ist in der öffentlichen Wahrnehmung bis heute die wichtigste Krisenform geblieben. Betrachtet man jedoch ihre faktische Auswirkung auf den Ölmarkt, ist sie bis heute die unwichtigste.

Ein historischer Rückblick macht deutlich, dass die sog. „Ölwaffe" weit öfter gegen *Ölproduzenten* als gegen *Ölverbraucher* eingesetzt worden ist (Sanktionen gegen Irak, Iran, Libyen). Lynch merkt dazu süffisant an, dass die USA historisch gesehen die größte Bedrohung für die Sicherheit der Ölversorgung darstellten.[46]

Die selbst gemachte Krise 1979/80

Die Ölkrise Ende der 1970er Jahre hatte andere Ursachen. Die OPEC wollte die Preise angesichts steigender Nachfrage und schwachem Dollar (ihre Öleinnahmen wurden in US-Dollar abgerechnet und sanken daher) um 15 % erhöhen. Eine moderate Preisanhebung war auf dem Markt sicherlich durchsetzbar, aber der Sturz des Schahs verschärfte die Krise, so dass der Preis erheblich stärker als erwartet anstieg. Die iranische

Förderung brach zusammen und nahm 6 % der Weltproduktion für fast ein Jahr vom Markt. Der anschließende Ausbruch des Krieges mit dem Irak versetzte der Ölversorgung einen weiteren Rückschlag.

Als die Krise ausbrach, waren die Konsumenten im Prinzip schon „weich gekocht", da schon seit Jahren mit einer politischen oder geologischen Ölkrise gerechnet worden war.[47] Es kam zu einer Preisrallye, obwohl objektiv kein Ölmangel herrschte. Die erst vor wenigen Jahren gegründete IEA war hilflos. Sie konnte keine „Krisensituation" feststellen, da die Lieferungen ausreichend waren. Die Statuten konnten sich nicht vorstellen, dass sich die Preise verdoppeln oder verdreifachen, ohne dass die Öllieferungen massiv unterbrochen sind.

Die OPEC-Staaten nutzten die Gelegenheit und verkauften ihre Mengen nicht auf dem Spotmarkt, sondern setzten den *Official Selling Price (OSP)* im Gleichtakt mit dem ausgetrockneten Spotmarkt immer höher. Viele Ölexperten begingen daraufhin den Fehler, den Spotpreis als „echten" Marktpreis zu definieren und daraus eine Knappheit abzuleiten.

Die Folgen waren weit reichend: Die weltweite Ölnachfrage schrumpfte deutlich. Öl verschwand weitgehend aus der Stromerzeugung. Eine weltweite Welle von Energiesparmaßnahmen setzte sich in Bewegung. Ölvorkommen außerhalb der OPEC-Staaten wurden durch den Ölpreisanstieg profitabel.

Konflikte und Medienhysterie in den Importstaaten

Die unmittelbarsten Störungen der Ölversorgung der EU seit 1974 waren allerdings nicht auf externe Ursachen zurückzuführen, sondern auf soziale Konflikte *in* den EU-Staaten, vor allem in England und Frankreich.

Ein Streik von Tanklastfahrern brachte Großbritannien im Jahr 2000 an den Rand einer ernsten Wirtschaftskrise. Da Benzin nicht mehr von den Raffinerien zu den Tankstellen transportiert wurde, drohte das gesamte Land in wenigen Tagen zum Stillstand zu kommen. Ähnliche Streiks gab es in Frankreich und Italien immer wieder. Ein Streik der französischen LKW-Fahrer im November 1996 unterbrach die Belieferung von 5000 Tankstellen. Die Hälfte der Departements musste Maßnahmen zur Benzinrationierung in Kraft setzen. Französische Hafenarbeiter unterbrachen mit einem Streik im März 2007 wochenlang die Belieferung europäischer Raffinerien.

Auch „gefühlte" Krisen können reale Krisen erzeugen: Hysterische und falsche Medienberichte über einen angeblichen Benzinmangel nach dem Sturz des Schahs (1979) führten zu langen Schlangen vor den Tankstellen und erzeugten damit erst die Versorgungsengpässe in amerikanischen Großstädten.

Die gravierendsten Krisen: Auswirkung hoher Ölpreise auf arme Länder

Störungen in der Ölversorgung und der hohe Ölpreis haben in armen Ländern gravierende soziale und politische Folgen.[48]

Beispiel Guinea: Hier führten hohe Benzinpreise in den letzten Jahren zu blutigen Aufständen und zur massiven Verschlechterung der Lebensqualität weiter Bevölkerungskreise – insbesondere der ärmeren städtischen Mittelschicht, die auf bezahlbare Transportmittel zum Arbeitsplatz sowie Kochgas und Strom angewiesen ist.

Die Regierung verschuldete sich bei Total und Shell, um den Preisanstieg zu begrenzen, kam aber rasch an ihre finanziellen Grenzen. Schon im Mai 2006 kostete Benzin 110 US-Cent/l bei einem durchschnittlichen Monatsgehalt von 200 $. Die Preise lagen also noch höher als in den USA.

Ein weiteres Problem war die Stromversorgung. Das wichtigste Kraftwerk der Hauptstadt hat eine Ölfeuerung und kann wegen der Strompreisbindung trotz gestiegener Einkaufskosten die Preise nicht erhöhen. Es kam daher immer häufiger zu Stromausfällen, da Reparaturen oder der Brennstoff selbst nicht mehr bezahlt werden konnten.

Beispiel Indien: Hohe Ölpreise sind für viele Menschen eine lebensbedrohliche Entwicklung. Allein auf dem indischen Subkontinent werden etwa 180.000 b/d Diesel für Bewässerungspumpen benötigt. 17 % der Weltanbauflächen brauchen Bewässerung, vor allem in Südasien. Auf diesen Flächen werden 40 % der Nahrungsmittel der Welt angebaut.[49]

Der hohe Ölpreis verhindert auch den Übergang von der Holzverbrennung zu Kerosin oder Propan, was angesichts der Bodenerosion in vielen Regionen notwendig wäre.[50]

Beispiel Malawi: Der afrikanische Staat Malawi ist nicht mehr in der Lage, den Preis von Benzin und Paraffin zu subventionieren, die eine zentrale Rolle beim Kochen und der Beleuchtung spielen. Die Benzinpreise waren Ende 2007 aufgrund der schwachen Verhandlungsposition und der ungünstigen geografischen Lage des Landes doppelt so hoch wie in den USA.

Umweltbedingte Krisen: Stürme / Trockenheit / Eis

Zwar ist die Zahl der Wirbelstürme nicht signifikant gestiegen, aber die wachsende Zahl von Offshore-Plattformen erhöht die Wahrscheinlichkeit, dass die Ölproduktion betroffen wird.

Die größten Auswirkungen hatte bislang der Hurrikan Katrina im Herbst 2005 im Golf von Mexiko. Zwölf Raffinerien mussten schließen, Benzinpipelines mussten gestoppt werden. Für kurze Zeit waren 90 % der Ölproduktion im Golf von Mexiko unterbrochen. Dort wird 30 % des amerikanischen Öls gefördert. Zwei Monate später war immer noch die Hälfte der US-Produktion im Golf lahm gelegt.

Das Energieministerium bot 30 Mio. Barrel aus der strategischen Ölreserve an, aber nur 11 mb wurden nachgefragt, nicht zuletzt, weil keine Raffineriekapazitäten zur Verfügung standen, die das Rohöl weiterverarbeiten konnten. Da die USA nur Rohöl in ihrer strategischen Reserve haben, wurden – angelockt durch hohe Preise – 25 Benzintanker in die USA umgeleitet. Das führte in Deutschland umgehend zu einem steilen Anstieg der Preise an den Zapfsäulen.[51]

Niedrigwasser auf dem Rhein stellt eine weitere, wenn auch weniger spektakuläre Gefährdung dar. Die Rheinschiene ist der wichtigste Versorgungsweg für die deutsche Versorgung mit Heizöl. Eine lange Trockenperiode im Sommer 2003 führte dazu, dass die Belieferung weiter Teile Deutschlands unterbrochen wurde.

Im Nordosten der USA gibt es keine größeren Raffinerien. Das relativ kleine Pipelinesystem ist vom Rest der USA isoliert. Die Region hängt deshalb von Überseeimporten ab. Alternativ können Küsten- und Binnenschiffer aus dem Süden der USA für Nachschub sorgen. Bei plötzlichen Kälteeinbrüchen spitzt sich die Lage deshalb schnell zu: Die Nachfrage nach Heizöl steigt rapide an, gleichzeitig frieren die Flüsse und Hafenzufahrten immer wieder zu. Die Preise schießen in die Höhe. Im Jahr 2000 wurde deshalb die staatliche Northeast Heating Oil Reserve angelegt, um wenigstens einen Puffer von wenigen Tagen zur Verfügung zu haben.

2.18   Rückblick und Ausblick: Paradigmen der Ölgeschichte

Die Geschichte des Öls seit 1850 ist einerseits eine Wachstumsgeschichte. Mit Ausnahme kurzer Krisenjahre und der Zeit nach den Ölpreisschocks der 1970er Jahre ist der globale Ölkonsum pausenlos gestiegen. Im Lauf der Jahrzehnte wurden immer mehr Anwendungsgebiete für Öl als Kraftstoff, Brennstoff oder Rohstoff erschlossen.

Dieser Kontinuität auf der Nachfrageseite steht andererseits eine wechselvolle und unruhige Geschichte auf der Angebotsseite gegenüber. Aus dieser Perspektive ist die Geschichte des Öls eine Abfolge von Krisen, die immer wieder neue Lösungen erforderte, um der Branche und ihren Märkten eine stabile Struktur zu geben. Jede neue Struktur musste eine Lösung für die jeweils aktuelle Krise bieten. Diese Lösungsmuster sollen hier (in Anlehnung an Thomas Kuhn) *Paradigmen* genannt werden. Die Entwicklung der Ölversorgung war aus dieser Sicht eine Abfolge von Krise, Paradigma, neue Krise, neues Paradigma, wie die Tabelle 2.2 zeigt.

Zeit	Krisen	Paradigma
1850–1890	Preis- und Mengenkrisen im amerikanischen Ölmarkt	US-Monopol von Standard Oil
1890–1930	Globalisierung des Wettbewerbs; Preiskriege	Weltkartell (Achnacarry)
1930–1970	Globalisierung des Angebots Erschließung des Nahen Ostens könnte zu einer Ölschwemme führen	Kontrolle des billigen Golföls ist entscheidend, um Überangebot und Preiskriege zu verhindern Lösung mit drei Säulen: ▸ US-saudische Allianz ▸ Marktoligopol der „Seven Sisters" mit integrierten Ketten ▸ Westeuropa als neuer Absatzmarkt
1970–1986	Legitimationskrise der westlichen Ölkonzerne US-Produktion erreicht Peak und beginnt zu fallen; USA fällt als Swing Producer aus Investitionskrise am Golf Wachstum der Ölnachfrage von 8 % pro Jahr ist nicht aufrechtzuerhalten: Es droht eine Verknappung des Angebots	Lösungen: ▸ starke Erhöhung des Ölpreises ▸ Verstaatlichungswelle in OPEC-Ländern ▸ Marktsteuerung durch OPEC ▸ aktive Nachfrage- und Angebotspolitik in Industrieländern (Steuern, Energiesparprogramme, Erschließung neuer Ölprovinzen, z.B. Nordsee) ▸ Erdöl wird erstmals aus Nachfragesegmenten verdrängt (Strom)
1986–1999	OPEC kann den Markt nicht steuern Überangebot und Preiseinbrüche auf Ölmärkten	Preisfindung wird auf Spot- und Terminmärkte verlagert Investitionen werden gekürzt, die Branche schrumpft
1999–2008	Verlagerung der Preisbildung aus dem Ölmarkt in Finanzmärkte Globalisierung und Wachstum der Nachfrage trotz Preisanstieg Politisierung des Ölangebots: Machtverschiebung zugunsten der Ölproduzenten Peak/Plateau der Rohölproduktion ist absehbar, ähnlich wie in den 1970er Jahren wächst die Nachfrage schneller als das Angebot	Neues Paradigma noch nicht gefunden. Erste Elemente werden getestet: ▸ Verbreiterung und Flexibilisierung des Angebots (synthetisches Öl, Biokraftstoffe) ▸ Flexibilisierung der Nachfrage durch neue Fahrzeugtechnologien ▸ neue und aufwendigere Fördertechnologien ▸ Aktive Nachfragepolitik als „Nebenprodukt" der Klimadebatte ▸ Ölpreis steigt steil an: Nachfrage und Angebot suchen nach einem neuen Gleichgewichtspreis

Tabelle 2.2: Paradigmenwechsel der Ölmärkte

3 Grundlagen der Ölversorgung: Geologie und Technik

3.1 Was ist Öl?[1]

Erdöl und Erdgas bestehen aus Molekülen unterschiedlicher Größe, die sich aus Kohlenstoff- und Wasserstoffatomen zusammensetzen – daher auch der übergreifende Name Kohlenwasserstoffe (*hydrocarbons*). Die Länge der Moleküle sowie Temperatur und Druck in der Lagerstätte entscheiden darüber, ob die Moleküle in gasförmiger (als Erdgas), flüssiger (als Erdöl) oder in fester Form (z.B. als Bitumen) auftreten.

Erdöl ist ein Gemisch aus Molekülen, die zwischen 5 und 60 Kohlenstoffatome enthalten. Je nach Mischung spricht man von NGL Flüssiggasen (*natural gas liquids*), leichtem Öl (*light oil*), schwerem Öl (*heavy oil*) oder Schwerstöl (*extra-heavy oil*), das zähflüssig oder sogar fest ist.

Zusätzlich ist Erdöl mit einer Vielzahl weiterer Stoffe, wie z.B. Schwefel, verunreinigt und enthält diverse Sedimente. Wenn es aus dem Bohrloch strömt, hat es außerdem einen hohen Wasseranteil.

Im Erdöl ist fast immer auch eine gewisse Menge Erdgas (Methan) in gelöster Form enthalten. Noch immer werden weltweit große Mengen dieses Gases abgefackelt, wenn es keine Transport- oder Verwendungsmöglichkeiten in der Nähe des Bohrloches gibt. Bei steigenden Gaspreisen und wachsendem klimapolitischem Druck suchen die betroffenen Länder, insbesondere Russland und Nigeria, verstärkt nach Lösungen für diese Verschwendung von Ressourcen. Der einfachste Weg ist das Wiedereinpressen des Gases in das Ölbohrloch, aber auch der Bau einer Gaspipeline, Gaskraftwerke, LNG (verflüssigtes Gas), GTL (Umwandlung von Erdgas in Benzin oder Diesel) und CNG (komprimiertes Erdgas) bieten sich an.

3.1.1 Ölsorten

Es gibt viele Sorten Rohöl, die sich schon in der Farbe deutlich unterschieden. Die Skala reicht je nach chemischer Zusammensetzung von gelb über grünlich bis braun und schwarz.

Je nach Art der Bindung zwischen den Kohlenstoffatomen unterscheidet man vier Hauptgruppen von Kohlenwasserstoffen: Paraffine, Olefine, Naphthene und Aromaten. Die Kohlenstoff- und Wasserstoffatome können also eine Vielzahl kleiner und großer Moleküle unterschiedlicher Gestalt bilden. Jedes Vorkommen hat seine eigene „Farbe". Beispielsweise sind libysche Rohölsorten reich an Naphthenen, mexikanische Sorten sind reich an Aromaten, algerische sind eher leicht, venezolanische im Durchschnitt schwer.[2]

Die Eigenschaften werden vor allem unter zwei Kriterien betrachtet:

1. Die **Dichte** (Density) gemessen in Grad API. Je höher dieser API-Wert, desto leichter die Flüssigkeit. Sehr leichtes und damit hochwertiges Öl hat einen API-Wert von über 35°, schweres Öl liegt im Allgemeinen unter 25°. Zum Vergleich: Wasser hat 10° und ist damit schwerer als Rohöl. Das ist ein Umstand, der sich bei der Förderung günstig auswirkt, da das im Gestein fast überall vorhandene Wasser das Öl nach oben zur Fördersonde, also Richtung Bohrloch, drückt.

2. Der **Schwefelgehalt** des Öls. Man spricht bei einem Schwefelgehalt von unter 0,5 % von süßem Öl, bei hohem Schwefelanteil von saurem Öl. Das an den US-Ölbörsen als Referenzsorte verwendete WTI ist zum Beispiel Light Sweet Crude - also leichtes, süßes und damit hochwertiges Rohöl.

Die Höherwertigkeit von leichtem und süßem Öl ergibt sich daraus, dass keine teuren Entschwefelungsanlagen benötigt werden und dass ohne großen Aufwand ein hoher Anteil leichter und teurer Ölprodukte wie Benzin herausdestilliert werden kann.

3.1.2   NGL und Kondensate[3]

Kondensate bzw. *Natural Gas Liquids* (NGL) sind zu einer wichtigen Quelle der globalen Ölversorgung geworden. Sie werden trotz ihrer Bedeutung statistisch sehr uneinheitlich behandelt und in manchen Fällen gar nicht erfasst. In der Literatur kursieren unterschiedliche Definitionen, was die Verwirrung nur vergrößert.

Erdgas und Erdöl sind – wie erwähnt – ein Gemisch aus unterschiedlich großen Kohlenwasserstoffmolekülen. Das leichteste Molekül ist Methan (CH_4), das nur ein Kohlenstoffatom (C) besitzt. Es ist reines Erdgas (dry gas). Etwas schwerer sind Butan und Propan. Noch schwerer sind Pentane, die bereits fünf Kohlenstoffatome haben, und so weiter.

Erdgas besteht vor allem aus den kleineren, leichteren Molekülen, die nur ein bis vier Kohlenstoffatome aufweisen, insbesondere aus Methan (CH_4), das bis zu 100 % des geförderten Erdgases ausmachen kann. Aber auch Butan oder Propan können enthalten sein. Demgegenüber besteht Erdöl vor allem aus schwereren Molekülen. Zwischen Erdgas und Erdöl ist eine breite „Grauzone" von Molekülen, die je nach Umgebungsbedingungen und Behandlung flüssig oder gasförmig sein können.

Dies sind die *Natural Gas Liquids* (NGL), was sich mit Flüssiggase übersetzen lässt. Allerdings wird dieser Begriff häufig mit verflüssigtem Erdgas (*Liquefied Natural Gas* LNG) verwechselt, wo reines Erdgas nach extremer Abkühlung verflüssigt wird, um es auf Tankern transportieren zu können. Daher soll der amerikanische Begriff beibehalten werden.

Diese NGL können zum einen nach ihrer Herkunft unterteilt werden: NGL aus *Erdgasfeldern* und NGL aus *Erdölfeldern*. Die zweite Unterteilung, die oft statistische Probleme bereitet, ist die Unterscheidung zwischen *Feldkondensaten* und erst durch Bearbeitung gewonnene Kondensate, den *Plant Condensates* (*NGPL Natural Gas Plant Liquids*). NGL können in dieser Perspektive nach dem Dampfdruck klassifiziert werden, also ihrer Neigung, in den gasförmigen Zustand überzugehen:

1. Ist der Dampfdruck gering, wird von *Feldkondensaten* (field oder lease condensates) gesprochen. Sie werden schon direkt nach dem Austritt an der Oberfläche flüssig, während die beiden folgenden Gruppen erst in speziellen Anlagen gewonnen werden können.

   Die Feldkondensate sind also Kohlenwasserstoffe, die in der Lagerstätte in gasförmigem Zustand existieren, aber an der Oberfläche *ohne weitere Behandlung* in einen flüssigen Zustand übergehen, wenn sie vom Ölgemisch (bei Ölfeldern) bzw. vom Erdgasgemisch (bei Erdgasfeldern) getrennt werden. Es sind also schwere Gase, die zu leichtem Rohöl kondensieren. Sie können direkt am Bohrloch abgeschieden werden.

2. Bei mittlerem Dampfdruck spricht man von *Natural Gasoline*, das unter Umweltbedingungen flüssig ist. Um es zu gewinnen, muss es aber – anders als die Feldkondensate – in speziellen Anlagen abgetrennt werden.

3. Bei hohem Dampfdruck spricht man von *Liquid Petroleum Gas (LPG)*. Das vor allem aus Butan und Propan bestehende Gasgemisch ist an der Oberfläche gasförmig, wird aber flüssig, wenn es in einem Druckbehälter aufbewahrt wird. Daraus entsteht das z.B. im französischen Autoverkehr oft genutzte Autogas bzw. LPG.

3.2   Wie und wo entsteht Öl?

Erst vor etwa 30 Jahren gelang es der Geochemie, die Entstehung von Öl und Gas umfassend zu erklären. Nun war es möglich, einen Zusammenhang zwischen Ölvorkommen und dem Gestein herzustellen, in dem es gefunden wurde. Dadurch wurde auch klar, dass Öl nur unter ganz besonderen Bedingungen entstehen kann.

Die Erdkruste enthält drei Typen von Gesteinsklassen, die sich durch ihre Entstehungsart unterscheiden: magmatische Gesteine, die aus Magma aus dem Erdinnern entstanden, metamorphe Gesteine, die durch hohe Temperaturen und Druck verwandelt wurden, sowie Sedimentgesteine (Ablagerungsgesteine), die das Ergebnis von Gesteinserosion oder Verwitterung sind.

Das für Öl und Gas entscheidende Gestein ist Sedimentgestein (meist Sandstein, Kalkstein, Schiefer), das aus erodierten oder verwitterten Sedimenten anderer Gesteine, aus Sandkörnern, Muscheln, Schlamm oder Salz entstanden ist. In vielen Jahrmillionen lagerten sich darin alle Arten von organischen Materialien ab. Das waren abgestorbene Pflanzen (v.a. Algen, Plankton) oder Kleinstlebewesen am Meeresboden, in großen Flussdeltas (Mississippi, Niger, Amazonas) oder Atollen.[4]

Über lange Zeiträume hinweg entstanden immer wieder neue Schichten. Die älteren Schichten sanken in die Tiefe. Manche Schichten wurden rechtzeitig von neuen Sedimenten bedeckt, bevor das organische Material durch den in der Luft oder im Wasser vorhandenen Sauerstoff zersetzt wurde. Mit zunehmendem Druck in größerer Tiefe steigt die Temperatur immer weiter an. In einer Tiefe von 2100–5500 Meter herrschen Temperaturen zwischen 65° und 150°C. In dieser Tiefe, und zwar nur in dieser Tiefe (das sog. *oil window*), laufen biochemische Prozesse ab, die über einen langen Zeitraum aus dem organischen Material Öl entstehen lassen. Die Gesteinsschicht muss sich also über einen langen Zeitraum in einer bestimmten Tiefe befinden.

Nur in dieser biochemischen Küche entsteht normales Rohöl. Bei abweichenden Bedingungen entsteht entweder gar nichts oder:

▶ **Ölschiefer:** Er bildet sich in Gesteinsschichten, die nicht tief genug abgesunken sind. Anstelle von Öl entsteht ein Vorprodukt, das Kerogen. Es kann heute durch intensive thermische Bearbeitung gefördert und in Rohöl verwandelt werden.

▶ **Ölsand:** Hier ist ursprünglich hochwertiges Öl mit der Oberfläche (und damit Sauerstoff) in Kontakt gekommen und dadurch chemisch abgebaut worden. Es wird heutzutage als Bitumen in fester oder zähflüssiger Form abgebaut, vor allem in Kanada und Venezuela.

Da Öl und Gas leichter sind als das überall im Gestein vorhandene Wasser, steigen sie durch kleinste Risse im Gestein auf, bis sie auf eine Gesteinsschicht z.b. aus Sandstein oder Kalkstein treffen, die eine Vielzahl kleiner Poren aufweist, in denen sich Öl wie in einem Schwamm sammeln kann. Auch hier wandert das Öl (und das im Öl gelöste Gas) entlang der Poren weiter, bis es auf eine undurchdringliche Sperre trifft. Dort stauen sich Öl und Gas und verdrängen das in den Gesteinsporen vorhandene Wasser. Typische Sperren aus Salz oder Schiefer stoppen den Auftrieb. Nur einer kleiner Teil der wandernden Öl- und Gasmengen werden in einer solchen Falle aufgefangen. Entgegen landläufiger Meinung tritt Öl also nicht in unterirdischen Seen oder Höhlen in konzentrierter Form auf, sondern in kleinsten Mengen in porösem Gestein, umgeben von Gas und Wasser.

Diese Wanderung kann sich über Hunderte von Kilometern erstrecken. Entstehungsort und Fundort von Öl und Gas sind also nicht identisch. Tief in der Erde entstandenes Öl wird unter Umständen direkt unter der Erdoberfläche gefunden. Parallel dazu finden in Jahrmillionen vielfältige geologische Verwerfungen und Faltungen der ursprünglich horizontalen Schichten statt, wodurch das geologische Detektivspiel der Ölexplorateure weiter erschwert wird.

In den Gesteinsporen der Öllagerstätte ordnen sich die Stoffe nach ihrer Dichte: oben Erdgas, in der Mitte Öl und unten das schwere Salzwasser. Insbesondere die Grenze zwischen Öl und Wasser (*oil-water contact*) muss bei der Förderung des Öls beachtet werden. Sonst könnte es geschehen, dass große Wassermengen den Zugang des Öls zur Fördersonde blockieren und seitlich vom Bohrloch gelegene Ölmengen verdrängen. Ein falsches Management kann also dazu führen, dass Teile des Öls nicht mehr gefördert werden können oder erst durch neue, horizontale Bohrungen wieder zugänglich werden.

Vier Bedingungen müssen also erfüllt werden, damit ein förderbares Ölvorkommen entsteht:

1. Ein geeigneter Entstehungsort, der *Source Rock*, bestehend aus Sedimentgestein mit großen Mengen an Biomasse, muss in einer geeigneten Tiefe die biochemische „Küche" für die Bildung von Öl und Gas bilden.

2. Ein davon getrennter Lagerort, der *Reservoir Rock,* muss vorhanden sein, in dem sich Öl und Gas nach ihrer Wanderung durch das Gestein sammeln können.

3. Eine undurchdringliche Sperre (*Trap / Cap Rock*) über dem *Reservoir Rock* muss das Austreten von Öl und Gas in die Atmosphäre und damit ihre chemische Zersetzung verhindern.

4. Das geologische Timing: Das gilt vor allem für die Sperre, die rechtzeitig entstanden sein muss, um Öl und Gas auf ihrem Weg zur Oberfläche aufzuhalten.

Auch heute entsteht laufend neues Erdöl und Erdgas durch die geschilderten Prozesse. Insofern gehören auch sie zur Gruppe der regenerativen Energien. Diese Genese läuft jedoch im geologischen Zeitlupentempo ab, so dass sie ohne praktische Bedeutung für die Energieversorgung ist.[5]

3.2.1   Geografische Verteilung der Lagerstätten

Ohne Sedimentgestein gibt es kein Öl. Es gibt auf der Welt etwa 600 große Sedimentbecken unterschiedlicher Ausdehnung und Dicke. In machen Becken sind die Schichten sehr dick. Das kaspische Becken hat Sedimentschichten, die bis zu 26 Kilometer dick sind. Normal sind 6 bis 12 km.[6]

In 40 % der bislang untersuchten Becken wurden größere Mengen Öl oder Gas gefunden. Etwa 90 % des bisher entdeckten Öls befinden sich in nur 30 dieser 600 Becken.

Öl ist also nicht gleichmäßig auf der Welt verteilt. Schweden hat überhaupt keine Vorkommen, am Persischen Golf konzentriert sich ein großer Teil der Weltreserven, direkt nebenan in Israel wurde nur wenig gefunden. Bergregionen haben nur selten nennenswerte Vorkommen, da durch die starken Faltungen und Verwerfungen der Gesteinsschichten Öl und Gas an die Oberfläche entweichen konnten.

Die Kontinente werden fast überall von einer flachen, im Schnitt 80 km breiten Plattform mit geringen Wassertiefen umgeben: dem Kontinentalschelf. Er bildet geologisch gesehen einen Teil des Kontinents und weist an vielen Stellen Öl- und Gasvorkommen auf, vor allem vor großen Flussmündungen. Daher findet man Öl nach seiner Millionen Jahre dauernden Wanderung auch fernab der Küste vor den großen sedimentreichen Flussmündungen des Mississippi, des Niger oder des Amazonas.

3.2.2   Provinzen und Felder

Aufgrund der Entstehungsgeschichte tritt fast das gesamte förderbare Öl entweder in konzentrierten Vorkommen auf oder gar nicht. Damit unterscheidet sich Öl von Metallen oder Kohle, für die es ein ganzes Kontinuum von Konzentrationen gibt. Nur dort macht das vom Geologischen Dienst der USA herausgestellte Modell einer Ressourcenpyramide Sinn.[7] Demnach beginnt die Ausbeutung bei kleinen, aber attraktiven Vorkommen und setzt sich – bei steigenden Preisen und besserer Technik – bei den immer größer werdenden, aber auch immer schwerer zugänglichen Vorkommen fort. Nach diesem Modell besteht auch bei Öl und Gas keine Gefahr einer Verknappung.

Es ist jedoch fraglich, ob dieses Modell auch bei Öl und Erdgas greift. Denn wegen der spezifischen Genese scheint die „Öl-Pyramide" gewissermaßen auf dem Kopf zu stehen oder zumindest die Gestalt einer Sanduhr zu haben: Die größten Vorkommen sind gleichzeitig auch die am leichtesten zugänglichen – nämlich die großen und sehr großen Ölfelder (*Giants* und *Supergiants*). In der nächsten Etage kommen viele kleinere Ölfelder und schließlich die nicht-konventionellen Vorkommen aus Ölsand oder Ölschiefer.

Weltweit gibt es etwa 40 Öl- und Gasprovinzen mit mehr als 10 Mrd. Barrel (Gb) förderbaren Reserven. Zwei „Superprovinzen" mit mehr als 500 Gb Öl und Gas stechen heraus: der Persische Golf und Westsibrien.[8] Seit dem Jahr 2000 konnte keine neue Ölprovinz mehr entdeckt werden. In den 20 Jahren davor wurden 5 neue Ölprovinzen erschlossen:

▸   Westafrika (Tiefwasser, also mehr als 500m Wassertiefe)

▸   Brasilien (Tiefwasser)

▸   Golf von Mexiko (Tiefwasser)

▸   Kaspisches Meer

▸   Sachalin

Die größten Felder bzw. Feldergruppen nach Produktionsmenge werden in der Tabelle 3.1 aufgeführt. Sie repräsentieren etwa 20 % der Weltproduktion.

Feld/Feldergruppe	Land	Förderung 2007 in mb/d
Ghawar	Saudi-Arabien	5,6
Cantarell	Mexiko	1,5
Rumaila	Irak	1,3
Greater Burgan	Kuwait	1,28
Safaniyah	Saudi-Arabien	1,2
Sonatrach Felder (Hassi Messaoud)	Algerien	1,15
Daqing	China	0,86
Gachsaran	Iran	0,7
Azeri Chirag Guneshli (ACG)	Azerbaidschan	0,69
Ahwaz Asmari	Iran	0,66
Samotlor	Russland	0,62
Northern Fields	Kuwait	0.57
Upper Zakum	VAE	0,56
Bu Hasa	VAE	0,55
Ku-Maloob-Zaap	Mexiko	0,54
	Zusammen:	17,8

Tabelle 3.1: Große Ölfelder[9]

Die etwa 500 Giants und Supergiants (Felder mit mehr als 500 mb bzw. mehr als 5000 mb Reserven) enthalten etwa zwei Drittel der Weltreserven, wie die folgende aus dem Jahr 1999 stammende Übersicht zeigt. Die 59 Supergiants allein enthalten 41 % der Weltreserven. Es gibt nur 5 Supergiants außerhalb des Persischen Golfs: Daqing (China), Samotlor (Russland), Prudhoe Bay (Alaska), Cantarell (Mexiko) und das erst vor wenigen Jahren entdeckte Kashagan (Kasachstan).

Feldgröße in Mrd. Barrel (Gb)	Zahl der Felder	Anteil an den Weltreserven	Kumulierter Anteil an den Weltreserven
> 20 Gb	8	17 %	17 %
10–20 Gb	21	14 %	31 %
5–10 Gb	30	10 %	41 %
2–5 Gb	65	9 %	50 %
1–2 Gb	121	10 %	60 %
0,5–1 Gb	264	7 %	67 %
< 0,5 Gb	mehr als 20.000	33 %	100 %

Tabelle 3.2 Größenverteilung der Ölfelder[10]

3.3 Die Technik der Ölförderung

Obwohl die Ölbranche in der breiten Öffentlichkeit eher als „Old Tech" denn als „High Tech" eingestuft wird, hat sie bis heute eine steile technologische Entwicklung durchlaufen.

Bohren

Trotz aller modernen technischen Hilfsmittel gibt es nur einen Weg, um mit Sicherheit festzustellen, ob sich irgendwo im Gestein eine größere Menge Öl oder Gas versteckt: Das Anbohren der Lagerstätte.

In den ersten Jahren der Ölsuche im 19. Jh. wurde häufig aufs Geratewohl gebohrt oder an den Stellen, an denen bereits Öl an die Oberfläche sickerte. Die Entstehungsgeschichte des Öls, die Umstände der Migration und Akkumulation waren unbekannt.

Reichte das erste amerikanische Bohrloch gerade einmal 21 Meter in die Tiefe, so sind heute bereits 9000 Meter möglich. Dabei wirken enorme Torsionskräfte: Beim Anfahren einer Bohranlage dreht sich ein 3500 m langer Bohrstrang bis zu zwanzig Mal, bevor der Bohrmeißel unten im Bohrloch sich zu drehen beginnt.[11]

Selbst Wassertiefen bis 3000 Meter können überwunden werden, um dann am Meeresboden weitere 7000m, wenn nötig schräg oder horizontal, zu bohren und Ölvorkommen zu wettbewerbsfähigen Preisen zu fördern. ExxonMobil bohrte im Februar 2008 bei der Z-12-Bohrung auf der russischen Sachalin-Insel insgesamt 11,7 km weit.[12] Dennoch gab es immer wieder Fehlschläge. Geradezu spektakulär war die erfolglose Mukluk-Bohrung in Alaska im Jahr 1983. Obwohl alle Anzeichen auf große Ölvorkommen deuteten, wurde sie zur teuersten „Trockenbohrung" der Ölgeschichte mit einem Aufwand von 120 Mill. $. Auch in der Nordsee gab es in den späten 1960ern zunächst 200 Probebohrungen ohne nennenswerte Erfolge. Erst 1969, als die meisten Unternehmen schon abgezogen waren, wurde das große Ekofisk-Feld entdeckt und der Boom des Nordseeöls konnte beginnen.

Das Bohren gehört heute zum Großanlagenbau und umfasst eine ganze „Fabrik" mit mehreren Hauptsystemen – Energie, Kransystem, Drehsystem, Recyclingsystem für Bohrschlamm etc. In einem technisch anspruchsvollen und viel Erfahrung erfordernden Vorgang erfolgt zunächst eine Explorationsbohrung. Nach der Entdeckung eines kommerziell interessanten Vorkommens wird das Bohrloch stabilisiert und ausgebaut. Die Förderung, mit oder ohne Pumpen, kann beginnen. Das geförderte Gemisch aus Salzwasser, korrosiven Gasen, Schlamm, Öl, NGL und Erdgas wird an der Oberfläche getrennt. Mit Sensoren und chemischen Analysen wird permanent versucht, Daten zu gewinnen, um die Druckverhältnisse stabil zu halten und ein optimales Gemisch zu fördern.

Die größte Innovation in der Bohrtechnik der letzten Jahrzehnte war die Einführung des gerichteten oder **horizontalen Bohrens**, das ein gezieltes Anzapfen dünner Ölschichten oder vertikal unzugänglicher Vorkommen ermöglicht. Bohrungen sind nun in jedem Winkel möglich, wodurch auch schwer zugängliche und kleinere Vorkommen immer häufiger rentabel gefördert werden können.[13] Damit wird vor allem die Effizienz der Offshore-Plattformen erhöht, da von einer Plattform aus eine Vielzahl von Lagerstätten erschlossen werden kann.

Feldmanagement

Das Management der Felder und Bohrlöcher war zunächst nicht danach ausgerichtet, eine langfristig maximale Förderung zu erreichen. Bis weit in das 20. Jahrhundert dominierte in den USA das „Kampfbohren" und die „Flush Production", wo möglichst schnell möglichst große Mengen Öl aus einer Lagerstätte gefördert wurden – meist auf Kosten der langfristigen Ergiebigkeit der Quellen, weil dadurch der Gasdruck in der Lagerstätte zu schnell abnahm und große Teile des Vorkommens dann nicht mehr zugänglich waren.

Erst allmählich setzten sich vorsichtigere und ergiebigere Methoden durch. Sie wurden erheblich verbessert durch sog. **sekundäre Fördermethoden**, die sich ab den 1930er Jahren durchsetzten. Dabei wird der Druck in der Lagerstätte durch Einpressen von Gas künstlich erhöht. Das aufsteigende Gas zieht das Öl mit und verbessert seine Fließeigenschaften. Zusätzlich wird über andere Bohrlöcher Salzwasser hineingepumpt, was den Auftrieb weiter verbessert. Insgesamt konnte so die Fördermenge verdoppelt werden. Weitere Verbesserungen wurden später durch **tertiäre Fördermethoden** erzielt (EOR), die später vorgestellt werden.[14]

Im günstigsten Fall wird das geförderte Öl durch Wasser ersetzt, das aus dem umliegenden Gestein hereinströmt. Das sorgt für einen konstanten Druck in der Lagerstätte und eine hohe Entölungsrate (*Recovery Rate*). Häufig bildet sich bei abnehmendem Druck eine Gaskappe, die den Fluss von Öl und Wasser zum Bohrloch hemmt. Wenn zu schnell gefördert wird, besteht auch die Gefahr, dass das Wasser schneller als das Öl Richtung Bohrloch fließt (by-passing) und den Zugang dann blockiert. Diese Risiken erfordern eine permanente Überwachung der Ölförderung.

Auch bei modernen Methoden sind große Fehlschläge möglich. Beim großen Yibal-Feld in Oman wurde in den 1990ern eine geologische Bruchzone übersehen, die dem Wasser eine „Abkürzung" Richtung Bohrloch eröffnete. Es überholte das Öl und verdrängte es von der Fördersonde. Die Ölförderung fiel daraufhin abrupt von 225.000 auf 95.000 b/d und blieb trotz aller Anstrengungen auf diesem Niveau.[15]

Hinzu kommen organisationstechnische Innovationen, die einen produktiven Großanlagenbau, wie sie die Erschließung eines neuen Ölfeldes im Prinzip darstellt, erst ermöglichen. Meist waren die großen Ölfirmen die Pioniere neuer Technologien und Organisationsformen, so Amoco und Exxon für die 3D-Seismik, Arco und BP für das horizontale Bohren, Shell und die brasilianische Petrobras für die Tiefwasserförderung.

Die Erschließung schwieriger neuer Ölprovinzen wie z.B. der Nordsee oder später im Kaspischen Meer und Sibirien zählen aufgrund ihrer Komplexität und Investitionsanforderungen zu den größten Projekten des 20. Jahrhunderts.

Geophysik, Geochemie und moderne Informationstechnologien

In der ersten Hälfte des 20. Jh. haben neben den Innovationen in der Bohrtechnik, der Transporttechnik und der Verarbeitung (Raffinerietechnologien) auch geophysikalische und geochemische Erkenntnisse die Produktivität verbessert.

In den letzten 30 Jahren hat vor allem die Computer- und Satellitentechnologie neue Möglichkeiten erschlossen. Erstmals konnten nun die riesigen Datenmengen, die bei künstlichen seismischen Detonationen gewonnen werden, sinnvoll zwei- oder dreidimensional ausgewertet werden. Selbst vierdimensionale Darstellungen sind nun möglich, in denen die allmähliche Entleerung eines Reservoirs verfolgt werden kann.

Die Erschließung des Meeres

Höhere Ölpreise und neue Techniken haben die Erschließung von Vorkommen ermöglicht, die zuvor unerreichbar gewesen waren, wie z.b. das norwegische Kontinentalschelf. Noch in den 1980ern galt eine Bohrung in über 100 Meter Wassertiefe als riskant. Heute wird in 3000 Meter tiefem Wasser gebohrt.

Die Offshore-Förderung in seichten Gewässern war schon Mitte des 20. Jh. üblich, aber erst später war auch die Förderung in tieferem Wasser möglich – erst durch fest verankerte Plattformen, heute zunehmend auch mit schiffsähnlichen Förder- und Bohrschiffen (FSPO). Offshore-Ölplattformen gehören zu den größten Konstruktionen der Menschheitsgeschichte. Sie reichen nicht selten mehrere hundert Meter in die Tiefe und ragen über 100 Meter aus dem Meer empor.[16] Die Troll-Plattform in der Nordsee benötigte 100.000 Tonnen Stahl und 245.000 Kubikmeter Beton. Sie ist insgesamt 470 Meter hoch.

3.4 Raffinerien: Die Technik der Ölverarbeitung

Die Preiskapriolen seit 2003 sind auch das Ergebnis von strukturellen Problemen in der Verarbeitung des Erdöls, also der zweiten Hälfte der Versorgungskette. Die Betrachtung ihrer technischen und kommerziellen Elemente soll deutlich machen, dass ein zusätzliches Barrel Rohöl nicht automatisch ein zusätzliches Barrel Benzin oder Diesel ermöglicht. Große und kapitalintensive Konversionsanlagen sind nötig, um aus Rohöl jeder Art einen marktfähigen Produktmix zu ermöglichen. Es soll auch klar werden, dass eine moderne Raffineriestruktur den Output an hochwertigen Ölprodukten wie Benzin oder Diesel steigern kann, ohne dass der Input in Form von Rohöl vergrößert werden müsste. Insofern spielen Raffinerien eine wichtige Rolle für die Ölpolitik der kommenden Jahrzehnte.

3.4.1 Grundbegriffe der Raffinerietechnik

Aus Rohöl werden Hunderte von Ölprodukten hergestellt. Diese Umwandlung erfordert technisch aufwendige und kapitalintensive Anlagen: die Raffinerien.

Eine Raffinerie trennt das Rohöl, das ja ein Gemisch verschiedener Kohlenwasserstoffmoleküle und weiterer Stoffe ist, in seine Hauptbestandteile (Fraktionen) und verwandelt diese in Zwischenprodukte, die dann in der richtigen Mischung als Endprodukt die Anlage verlassen.

Die komplexen Abläufe in einer großen Raffinerie können in vier Typen unterteilt werden:

▶ Die einfache **Destillation**, die das Rohöl in seine Hauptbestandteile (Fraktionen) zerlegt.

▶ Die **Konversion**, die schwere in leichte Moleküle zerbricht.

▶ Die Reinigung der Fraktionen von Verunreinigungen wie z.b. Schwefel.

▶ Die Kombination/Mischung der Fraktionen in Produkte mit den gewünschten Eigenschaften.

Destillation

In der einfachen Rohöldestillation (Primärdestillation, atmosphärische Destillation) wird das Rohöl nach der Entsalzung durch einfaches Erhitzen und Abkühlen zerlegt: Wegen der unterschiedlichen Siedepunkte entstehen Flüssiggase, Benzine, Mitteldestillate und ein großer Anteil Restöl. Destillation ist also ein Prozess, der die Kohlenwasserstoffmoleküle nach ihrer Größe sortiert. Zunächst entstehen 4–6 Fraktionen in einem vorbestimmten Verhältnis zueinander. Von leicht nach schwer, d.h. von kurzen nach langen Kohlenwasserstoffmolekülen geordnet, lassen sich folgende Fraktionen gewinnen:

▶ Die sehr leichte Fraktion: Das entstandene **Flüssiggas** (LPG) kann ohne großen Aufwand als Butan, Propan oder durch Veredlungsverfahren für die Qualitätsverbesserung von Benzin verwendet werden.

▶ Die leichte Fraktion: das **Rohbenzin** (Naphtha) lässt sich nach diversen Zwischenschritten als Motorbenzin oder Feedstock für die chemische Industrie einsetzen.

▶ Die mittelschwere Fraktion: Die **Mitteldestillate** werden durch diverse Verfahren (z.B. Hydrotreating, Blending) in Diesel/leichtes Heizöl oder Kerosin transformiert.

▶ Die schwere Fraktion: Das größte Problem stellt der „Rest" dar (atmosphärische Rückstände, *residual fuel oil*), ein Gemisch aus schwerem Heizöl und noch schwereren Rohölkomponenten, häufig mit hohem Schwefelanteil und anderen Verunreinigungen.

Der Vor- und Nachteil dieser einfachen Raffinerieprozesse liegt darin, dass gleichzeitig und unvermeidlich unterschiedliche Rohprodukte entstehen. Das Problem dieser **Kuppelproduktion** liegt darin, dass man nicht von einem Produkt mehr produzieren kann, ohne auch die anderen herzustellen. Man könnte also mit der selben Rohölmenge nicht flexibel auf die unterschiedlich große Nachfrage nach *einzelnen* Ölprodukten reagieren. Diesem Problem versucht man durch die nachfolgend skizzierten Konversionsanlagen zu begegnen.

Konversion

Der Anreiz für Raffinerien, in große Konversionsanlagen zu investieren, ist vor allem eine Folge der starken Preisunterschiede zwischen Ölprodukten.[17] Der Preis für Fuel Oil (Schweres Heizöl) liegt häufig 20 oder 30 $/b niedriger als der Preis für Benzin oder Diesel. Fuel Oil ist dann sogar weniger wert als das Rohöl, aus dem es herausdestilliert worden ist.[18]

Sobald die Preiserwartungen für die höherwertigen Produkte (Benzin, Diesel) weit genug über den Preisen für Fuel Oil liegen, lohnt es sich für die Raffinerien, in Anlagen zu investieren, die diese schweren Komponenten in höherpreisige leichte Produkte transformieren.

Für die technisch und energetisch aufwendige Weiterverarbeitung steht eine ganze Palette von Verfahren zur Verfügung, vom einfachen Hydroskimming über das Hydro- und Catalytic Cracking bis zum Coking und Hydrotreating. Dadurch werden die Destillate je nach Wunsch umgebaut. Es dominiert das Cracking, bei dem aus schweren Resten mittlere und leichte Fraktionen entstehen. Hierfür gibt es vier Grundverfahren:[19]

1. Thermisches Cracken verwendet hohe Temperaturen und Druck, um v.a. schweres Heizöl in Benzine oder Mitteldestillate zu zerlegen. Visbreaker (niedrige Temperaturen) und Coker (sehr hohe Temperaturen, wobei große Mengen Petrolkoks entstehen) fallen in diese Kategorie.

2. Steam-Cracken (Dampf-Crackverfahren) bricht die leichten Fraktionen (LPG/ Naphtha) in Ethylene und Benzene auf, die zur Herstellung von Basischemikalien benötigt werden.

3. Katalytisches Cracken verwendet einen staubförmigen Katalysator (Silikate), um das Cracken bei geringeren Temperaturen und geringerem Druck als beim thermischen Cracken durchführen zu können.

4. Hydrocracken verwendet hohen Druck und Wasserstoff als Katalysator. Dadurch gelingt es, auf flexible Weise fast die gesamten schweren Fraktionen in Benzin oder Diesel zu verwandeln. Allerdings ist dieses Verfahren sehr aufwendig.

Es kann nicht jedes Fuel Oil problemlos transformiert werden.[20] Rückstande aus der einfachen Destillation können im Allgemeinen mit einem Aufwand von etwa 3 Mrd. $ für 100.000 b/d Kapazität veredelt werden. Schwieriger ist es bei den Rückständen aus katalytischem oder thermischem Cracking. Hier müsste ein Coker und anschließendes Hydrocracking oder Hydrotreating eingesetzt werden, was aber unvermeidlich zu einem hohen Anteil von Feststoffen (Petrolkoks) und Volumenverlusten führt.

Zwischen- und Endprodukte

So entsteht eine Reihe von Zwischenprodukten[21], die abschließend zu den vom Markt gewünschten Endprodukten gemischt werden. Die Palette ist von Land zu Land unterschiedlich, da z.b. die Anforderungen an Benzin spezifisch sind (Schwefelgehalt) oder aus historischen Gründen bestimmte Produkte präferiert werden (LPG oder Heizöl für Heizzwecke).

Die Hauptproduktgruppen, die die Raffinerie verlassen, sind:

1. Petroleum Gas (Flüssiggase): Dieses Gasgemisch (Ethan, Propan, Butan) wird meist unter Druck zu LPG (liquified petroleum gas) verflüssigt. Einsatzgebiete sind: Autogas, Heizung, Kochen, Landwirtschaft, Feedstock für die chemische Industrie.

2. Naphtha (Rohbenzin): Ein flexibles Zwischenprodukt, das zu Benzin oder anderen leichten Produkten weiter verarbeitet wird, die in der Petrochemie eine große Rolle spielen.

3. Benzin: Einsatz als Motorenkraftstoff

4. Kerosin: Verwendung für Flugzeugturbinen und Traktoren in vielen Ländern; auch als Zwischenprodukt genutzt.

5. Diesel / leichtes Heizöl (*diesel distillate / gas oil*): Verwendung als Motorenkraftstoff oder für Gebäudeheizung. Der Unterschied zwischen Diesel und Heizöl besteht in den meisten Ländern nur im Schwefelgehalt).

6. Schmierstoffe: Verwendung als Motoröl, Schmierstoffe. Hier geht es um erhebliche Mengen: Schmierstoffe stehen für immerhin etwa 1 % der weltweiten Rohölnachfrage (800.000 b/d).

7. Schweres Heizöl (*heavy gas oil, heavy fuel oil*): Einsatz in der Stromerzeugung, bei der industriellen Wärmeerzeugung und vor allem als Schiffsdiesel.

8. Rückstände (*residuals*): Ein Feststoffgemisch (Koks, Asphalt, Teer, Wachs), das als Ausgangsmaterial für viele weitere Produkte dienen kann. Nicht-energetische Nachfrage v.a. in der petrochemischen Industrie, als Schmiermittel oder als Bitumen für den Straßenbau.

9. Petrochemische Feedstocks sind die Ausgangsstoffe für eine breite Palette von Gütern wie Kunststoffe, Kunstdünger, Pestizide, Waschmittel, Lösungsmittel oder Farben. Petrochemische Feedstocks werden v.a. aus Naphtha, LPG und Ethan hergestellt.

3.4.2 Entwicklung der Raffinerietechnik

Noch zu Beginn des 20. Jahrhunderts lag die Benzinausbeute der Raffinerien bei unter 20 %. Die Erfindung des Thermal Cracking um 1910 und des Catalytic Cracking in den 1930ern verdoppelte den Ertrag. In den 1960ern konnten bei maximalem raffinerietechnischem Aufwand bis zu 90 % leichter Produkte wie Benzin und Diesel aus Rohöl hergestellt werden.[22] Die Kosten und der technische Aufwand hierfür waren allerdings so hoch, dass sich nur bei hochwertigem Rohöl und hohen Produktpreisen lohnte.

Je komplexer die Raffinerie, desto mehr leichte Produkte können erzeugt werden. Die modernsten Raffinerien sind fast immer zu 100 % ausgelastet, wenn sie nicht gerade repariert oder überholt werden müssen. Die einfachen Hydroskimming-Kapazitäten sind hingegen die marginalen Anbieter, die bei Engpässen einspringen und unter normalen Marktbedingungen kaum gewinnbringend betrieben werden können.

Das erklärt, warum bei Raffinerieengpässen die Nachfrage nach Rohöl überproportional steigt. Denn die einfachen Raffinerien brauchen erheblich mehr Rohöl, um dieselbe Menge an Benzin oder Diesel zu produzieren wie die komplexen Einheiten.

Entscheidend ist die Reduzierung des nur schwer verkäuflichen Restöls. Bei russischem Rohöl (Ural) fällt in einer einfachen Raffinerie 45 % Restöl an, in einer komplexen Raffinerie hingegen nur 16 %.[23] Die Tabelle 3.3 zeigt die Ausbeute je nach Verfahren und Rohölsorte.

Region	Raffinerietyp	Sorte	Ertrag in % je Barrel Rohöl (gerundet)			
			Gase	Benzine	Heizöl / Diesel	Fuel Oil
Nordwest-Europa	Catalytic Cracking	Brent	3 %	38 %	42 %	13 %
	Hydroskimming	Brent	3 %	22 %	41 %	33 %
US Golfküste	Coking	Maya	2 %	62 %	29 %	2 %
China	Hydroskimming	Daqing	1 %	8 %	22 %	68 %
China	Hydrocracking	Daqing	8 %	26 %	25 %	44 %

Tabelle 3.3 Typische Raffinerieerträge[24]

Auch die Rohölqualität ist für den Ertrag von großer Bedeutung. Die Tabelle 3.4 stellt die Produkterträge unterschiedlicher Ölsorten gegenüber. Die Raffineriestrukturen spiegeln die regionale Nachfrage wider, die auch zwischen Industriestaaten durchaus unterschiedliche Schwerpunkte hat. So kommen in den USA viele Coker zum Einsatz, um den hohen Bedarf an Benzin aus schwerem Rohöl abzudecken. In Europa liegt ein Schwergewicht auf Cracking, um eine möglichst hohe Ausbeute an Diesel/Heizöl zu erzielen, während der Benzinverbrauch eher abnimmt. In Japan wiederum ist das einfache Hydroskimming eine Alternative, da in Ostasien das schwere Heizöl für die Stromerzeugung oder als Schiffsdiesel eingesetzt wird.

	Visbreaker	Thermischer Cracker	Katalytischer Cracker	Coker	Hydrocracker
Verfahren	mildes therm. Cracken	mittleres therm. Cracken	scharfes katalyt. Cracken	scharfes therm. Cracken	scharfes katalyt. Cracken in Wasserstoff-Atmosphäre
durchschnittliche Ausbeute					
- Gase	2 %	8 %	21 %	7 %	7–18 %
- Benzine	5 %	12 %	47 %	20 %	28–55 %
- Mitteldestillate	13 %	35 %	20 %	27 %	15–56 %
- schweres Heizöl	80 %	45 %	7 %	17 %	11–12 %
- Koks	-	-	5 %	29 %	-
Flexibilität der Anlage	gering	gering	mittel	gering	hoch
besondere Merkmale	-	-	teilweise Entschwefelung	erzeugt Petrolkoks als festes Produkt	hohe Kosten und ungünstige CO_2-Bilanz

Tabelle 3.4 Typische Erträge von Konversionsanlagen[25]

3.4.3   Der Raffineriemarkt

Im Laufe der Jahrzehnte änderte sich immer wieder die Struktur der Nachfrage nach Ölprodukten. In Deutschland wurde in den 1950ern überwiegend Motorenbenzin für den Straßenverkehr nachgefragt. In den 1960ern kam leichtes Heizöl für private und industrielle Wärmeerzeugung (Prozesswärme) sowie schweres Heizöl für ölgefeuerte Kraftwerke hinzu.

Nach den Ölpreischocks in den 1970ern drehte der Trend: Schweres Heizöl wurde kaum noch nachgefragt, auch der Bedarf an leichtem Heizöl ging zurück, während der Bedarf an Motorenbenzin und Diesel, das weitgehend identisch mit leichtem Heizöl ist, stieg. Hinzu kam der rasch wachsende Bedarf an Kerosin für die zivile Luftfahrt.

Die Raffinerien versuchten sich dem immer wieder wechselnden Bedarf anzupassen. Doch das gelang nur bedingt. Seit 30 Jahren ist die Entwicklung der Raffineriebranche eine Geschichte häufiger Fehlprognosen und Fehlinvestitionen.

Anfang der 1970er war ein hohes Wachstum der Ölnachfrage für die nächsten 25 Jahre prognostiziert worden. Bis zu diesem Zeitpunkt waren die Prognosen stets zu pessimistisch gewesen, so dass die Branche wie selbstverständlich von einem sehr hohen Wachstum ausging.[26]

Anhaltend hohe Investitionen errichteten bis 1981 eine Raffineriekapazität von 82 mb/d, aber die Nachfrage war wegen der Ölpreissteigerungen schon längst eingebrochen und lag in der ersten Hälfte der 1980er bei nur 64 mb/d.

Die Kapazität war also zu hoch und es waren teilweise die falschen Anlagen, denn ab Mitte der 1980er forderte die Umweltpolitik in den Industriestaaten verbesserte Kraftstoffe und Heizöle sowie geringere Emissionen. Dazu waren die bestehenden Anlagen nur teilweise in der Lage.

In Europa wurden in den 1980er Jahren über 30 Raffinerien geschlossen. Shell und BP legten zwischen 1980 und 2003 ein Drittel ihrer Kapazitäten still. Raffinerien waren bis zur Jahrhundertwende die großen Verlustbringer in der Mineralölindustrie. Selbst die wachsende Nachfrage aus Asien konnte die schwierigen Marktbedingungen in Europa und den USA nicht ausgleichen. Der Nachfrageeinbruch während der kurzen Asienkrise 1997/98 schien allen Recht zu geben, die vor Raffinerieinvestitionen warnten.

Engpässe seit 2003

Engpässe in der Raffineriekapazität waren die Folge. Sie sind eine wichtige Ursache für den steilen Anstieg der Rohölpreise seit 2003. In seiner ganzen Tragweite wird dies aber erst seit 2005 wahrgenommen.

Man möchte zunächst annehmen, dass Kapazitätsengpässe bei Raffinerien den Rohölpreis drücken, da weniger Rohöl nachgefragt wird. Tatsächlich sind die Preise der Ölprodukte und des Rohöls immer bis zu einem gewissen Grad aneinander gekoppelt:

1. Bei höheren Produktpreisen haben die Raffinerien einen verstärkten Anreiz, auch die letzten verfügbaren Kapazitäten zu nutzen und die Zwischenlager zu füllen. Sie fragen deshalb verstärkt Rohöl nach, dessen Preis daraufhin steigt.

2. Leichtes, schwefelarmes Öl erfordert bei der Verarbeitung zu Ölprodukten einen erheblich geringeren Aufwand als schwere, schwefelreiche Sorten. Daher stieg der Preis für die leichten Sorten, was auf den Märkten besonders sichtbar ist, da die

Preise der Benchmark Crudes (Brent für Europa, WTI für die USA) überall publiziert werden. Die Preise für die unattraktiven Sorten stiegen erheblich schwächer oder fielen sogar zunächst.

3. Eine weitere Erklärung liegt wie erwähnt darin, dass die moderneren, effizienteren Anlagen fast ständig ausgelastet sind. Es bleiben die älteren Anlagen, z.b. einfache Hydroskimming-Raffinerien, die eventuell noch Kapazitäten frei haben. Deren Ausbeute an hochwertigem Benzin aus Rohöl ist jedoch vergleichsweise gering. Sie brauchen also mehr Rohöl als eine moderne Anlage, um dieselbe Menge Benzin oder Diesel zu produzieren. Dies erhöht die Nachfrage und damit den Preis von Rohöl, v.a. der leichten Sorten.

4. Tatsächliche oder befürchtete Engpässe ließen die Produktpreise so weit steigen, dass die Raffinerien auch höhere Rohölpreise akzeptieren konnten, ohne ihre Margen zu gefährden.

In einem flexiblen Markt wäre die Raffineriekrise in wenigen Jahren überstanden, da neue Kapazitäten entstünden. Aber lange Planungs- und Bauzeiten, geringes Vertrauen in anhaltend hohe Margen und eine generelle Risikoaversion der westlichen Mineralölkonzerne verzögerten die Reaktion auf der Angebotsseite. Die Spreads (Margen) waren in der Tat nicht immer lohnend für die Raffineriebetreiber. Fällt beispielsweise der Heizölpreis in Nordwesteuropa, z.B. wegen eines milden Winters, können sie sogar negativ werden, d.h. der Rohölpreis liegt *über* dem Heizölpreis. Damit liegen die Kosten zwangsläufig über den Einnahmen – finanzielle Verluste sind unvermeidlich.

Von 1999–2005 stieg die weltweite Destillationskapazität nur um 4 mb/d, während die Nachfrage um 7,4 mb/d wuchs. Der Sicherheitspuffer freier Kapazitäten schrumpfte also deutlich. Zwar stiegen die Raffineriemargen deutlich an, also die Preisdifferenz zwischen Rohöl und Ölprodukt, doch die schlechten Erfahrungen der 1980er und 90er Jahre ließen die Unternehmen zögern. Über Jahre hinweg wurden die hohen Margen für eine kurzfristige Erscheinung gehalten. Lagen sie Anfang des Jahrzehnts je nach Standort zwischen 4 und 7 $/b, stiegen sie bis 2005 unter starken Schwankungen auf 7 bis 16 $/b. Entsprechend stark stiegen die Gewinne der Raffineriebetreiber.

Nach den Verwüstungen durch den Hurrikan Katrina im Herbst 2005 gab es in den USA kein Halten mehr. Die Benzinpreise schossen in die Höhe, während die Rohölpreise nur moderat stiegen.

Die Raffineriemarge erreichte einige Tage lang an der US-Golfküste ein Allzeithoch von 49 $, als auf einen Schlag 20 % der nationalen Raffinerien ausfielen. In den kommenden Wochen hielt sie sich bei über 20 $ bei einem Rohölpreis von 70 $. Erst 2007 kehrte sie wieder in durchschnittliche Spannen zurück, um Anfang 2008 bei schwacher Nachfrage und hohen Rohölpreisen gegen Null zu schrumpfen.

Investitionsboom

In den kommenden 10 Jahren ist jedoch mit erheblichen Kapazitätserweiterungen zu rechnen, sowohl bei den einfachen Primärdestillationsanlagen als auch bei Konversionsanlagen. Hinzu kommen einige Anlagen, die speziell für die Verarbeitung von Ölsanden gebaut werden. Zusätzlich entsteht eine Vielzahl von Bioraffinerien, die landwirtschaftliche Rohstoffe in Treibstoffe verwandeln (Bioethanol, Biodiesel).

Die langfristigen strukturellen Veränderungen im Rohölangebot (schwer, sauer/schwefelreich, Ölsande, Erdgas) werden den finanziellen Aufwand und die Risiken steigen lassen. Die Kosten für eine neue Cracking-Raffinerie in Europa oder den USA sind in den letzten Jahren von 15.000 auf über 20.000 je Barrel (b/d) geklettert. Das entspricht etwa 4 Mrd. $ für eine Anlage mittlerer Größe mit 200.000 b/d. In Ländern mit niedrigeren Baukosten und weniger regulativen Anforderungen liegen die Kosten deutlich darunter.[27]

Asien war zunächst ausreichend mit Raffineriekapazitäten ausgestattet. Die Asienkrise Ende der 1990er hatte die Nachfrage eine Zeitlang gedämpft, so dass Überschusskapazitäten entstanden waren. Vielen asiatischen Ölkonzernen, meist in staatlicher Hand, fehlte Kapital und Know-How, um die Milliardeninvestitionen alleine zu schultern. Die westlichen Ölkonzerne wiederum wollten in den stark regulierten Märkten keine Risiken eingehen.

Ein Schub kam schließlich von den Ölkonzernen der OPEC-Staaten. Diese hatten wegen der höheren Ölpreise ausreichend Kapital und suchten nach Expansionsmöglichkeiten. Auch war ihnen daran gelegen, Engpässe im asiatischen Raffineriesystem zu beseitigen und direkten Zugang zu den Absatzmärkten für Ölprodukte zu bekommen. Strategische Allianzen mit wichtigen Abnehmern wie China gaben den OPEC-Staaten auch ein willkommenes ölpolitisches Gegengewicht zur amerikanischen und europäischen Nachfragedominanz.

Seit einigen Jahren kommt es vor allem in Ostasien und am Persischen Golf zu einem Bauboom bei Raffinerien, der schon wieder Befürchtungen laut werden lässt, dass nach 2010 Überkapazitäten auf den Markt drücken werden. In der Region Asien-Pazifik wird bis 2011 mehr als die Hälfte der geplanten zusätzlichen Raffineriekapazitäten von 7 mb/d entstehen. Zusätzliches Angebot wird vom Persischen Golf kommen und voraussichtlich auf die Produktpreise drücken. Insgesamt wollen die Saudis 50 Mrd $

ausgeben, um ihre Kapazitäten von 4 mb/d auf 6 mb/d zu erweitern. Das würde Saudi Aramco zum größten Raffineriebetreiber der Welt machen.[28]

3.4.4   Die amerikanische Raffineriekrise

Die weltweiten Engpässe und Ungleichgewichte in der Raffineriebranche hatten zwei Ausgangspunkte: die schnell wachsende Nachfrage in Asien und die Strukturprobleme in den USA. Demgegenüber war Europa ein entlastender Faktor: Stagnierende Nachfrage und eine flexible Raffineriestruktur waren die Voraussetzungen dafür, dass europäische Raffinerien den Krisenmarkt USA unterstützen konnten.

In den USA gab es 1981 noch 325 Raffinerien mit einer Kapazität von 18,6 mb/d. Im Jahr 2005 waren es nur noch 148 Anlagen, die 17 mb/d Rohöl verarbeiten konnten.[29] In neue Konversionsanlagen wurde kaum investiert. Der Schwerpunkt lag beim Bau großer Entschwefelungsanlagen, die von verschärften Umweltvorschriften verlangt wurden.

Eine Krise war damit vorprogrammiert. Anfang dieses Jahrzehnts schrumpfte die freie Raffineriekapazität auf unter 5 %. Das war zu wenig, um Stillstandszeiten für Reparaturen oder Instandhaltungen zu verkraften. Engpässe und Preissprünge waren die Folge. Fast täglich wurde in den letzten Jahren über Fehlfunktionen, Feuerausbruch oder ungeplante Reparaturen in US-Raffinerien berichtet. Die Störungen betrafen das gesamte Land, unabhängig von Standort und Betreiber. Die saisonal üblichen Instandhaltungsperioden zogen sich länger hin als üblich. Ein Mangel an qualifizierten Arbeitskräften, die Umstellung auf neue Produkte und die geringe Investitionsbereitschaft der Ölkonzerne erschwerten die Arbeit.

In den 1990ern kam die erste Welle schweren, sauren Öls auf den US-Markt, damals aus Venezuela und Mexiko. Der Raffineriemarkt spaltete sich in Unternehmen, die weiter einseitig leichte und süße Öle verarbeiteten, und Unternehmen, die die Investitionen in Entschwefelungsanlagen und Coker riskierten. Letztere profitierten nach 2004 von dem erheblichen Discount schweren Rohöls gegenüber den beliebteren leichten Sorten.

In dieser angespannten Lage schwankten die Raffineriemargen noch stärker als gewöhnlich. Die Differenz zwischen Benzinpreis (NY Harbor) und Rohöl (WTI) sprang in den letzten zwei Jahren in den USA auf und ab. Die Marge lag Anfang 2005 und im Herbst 2006 nahe Null, erreichte im Sommer 2007 30 $/b, im Frühjahr 2006 über 20 $/b und in den Hurrikanmonaten im Herbst 2005 kurzzeitig sogar über 60 $/b.

Vor 30 Jahren wurde amerikanisches Benzin, Diesel und Heizöl nach einem einheitlichen nationalen Standard raffiniert. Dementsprechend flexibel konnte auf Nachfrageschwankungen zwischen den Landesteilen und zwischen den Jahreszeiten (Sommer-fahrsaison mit Benzin, Heizsaison mit Heizöl) reagiert werden.

Mittlerweile haben viele Bundesstaaten unterschiedliche Anforderungen an die Treib- und Brennstoffe entwickelt. Heute gibt es auf dem US-Markt 18 verschiedene Sorten von Benzin mit unterschiedlichen ökologischen Anforderungen, diversen Oktan-Zahlen und anderen Unterschieden. Diese „Balkanisierung" der Treibstoffmärkte macht es immer schwieriger, Nachfrage und Angebot flexibel in Einklang zu bringen, insbesondere wenn gleichzeitig aus Kostengründen Zwischenlager abgebaut werden. Andere Regulierungen kommen hinzu, so etwa restriktive Vorschriften für Küstentan-ker, die den chronisch unterversorgten und nicht ausreichend in das Pipelinenetz integ-rierten Nordosten der USA mit Heizöl beliefern.

Die Raffinerien gaben seit Anfang der 1990er etwa 50 Mrd. $ aus, um neue Vorschrif-ten einzuhalten.[30] Der größte Teil der Investitionen entfällt auf die Entschwefelung von Benzin und Diesel. Dadurch werden Benzinimporte schwieriger, da insbesondere la-teinamerikanische Lieferanten nicht in der Lage sind, stark entschwefelten Treibstoff anzubieten. Das erhöht die Abhängigkeit des US-Benzinmarktes von europäischen Lieferungen.

In den letzten Jahren führte vor allem die Einführung von Bioethanol zu einer neuen und regional unterschiedlichen Zusammensetzung des Benzins. Parallel dazu wurde der umstrittene Benzinzusatz MTBE (ein Klopfschutzmittel), der etwa 1,6 % der Benzin-menge ausmachte, vom Markt genommen und durch Ethanol ersetzt. Auch das er-schwert Benzinimporte, da MTBE in vielen europäischen Benzinsorten eingesetzt wird.

4 Im Ölkeller: Die Reservendebatte

4.1 Übersicht

Rückblick: Entwicklung und Krisen der Energieversorgung

Der Energieverbrauch der Welt ist über die letzten Jahrhunderte stetig gewachsen. Immer mehr Energieträger kamen hinzu: Am Anfang stand erneuerbare Energie aus Wind, Wasserkraft und Biomasse. Im Zentrum stand Holz, ein universell verwendbare Energieträger und Rohstoff – ähnlich wie Öl heute.

An die Stelle von Holz trat King Coal, die Kohle. Sie galt lange als minderwertiger Rohstoff, als Brennmaterial der Armen, das mangels Alternativen ab dem 17. Jh. trotz seiner Rauch- und Russbelästigung auch in wohlhabenderen Haushalten eingesetzt wurde. Hinzu kam die Nutzung für die Eisen- und Stahlherstellung und viele andere Produktionsprozesse. Die weltweite Kohlenförderung stieg von 5 Mio. Tonnen (1800) auf 700 Mio. Tonnen (1900), davon fast die Hälfte in Großbritannien. In England, Kontinentaleuropa und den USA entstand eine Kohlenbranche, die mit geheimen Absprachen Märkte und Preise ähnlich stark verzerrte wie die OPEC in ihren besten Zeiten.[1]

Erst das hochwertigere und leichter transportierbare Öl verdrängte die Kohle. Der Energieverbrauch stieg noch einmal sprunghaft an. Die Motorisierung machte ein Drittel der bewirtschafteten Flächen frei, die für die Ernährung von Zugtieren benötigt worden waren.[2]

In der zweiten Hälfte des 20. Jh. wurden auch Erdgas und Uran zu wichtigen Energieträgern. Während Erdgas seit den 1960er Jahren ein stetiges Wachstum als Rohstoff und Energieträger für den Wärme- und Strommarkt verzeichnet, hatte die Atomkraft – auch wegen der übereilten Einführung früher, relativ riskanter Reaktortechniken – nur eine kurze Karriere und stagnierte danach. Seit den 1980er Jahren, verstärkt seit Beginn des 21. Jh., gewinnt die Nutzung erneuerbarer Energie wieder an Bedeutung und rückt ins Zentrum der Energiepolitik.

Diese Entwicklung war immer wieder von Versorgungskrisen gekennzeichnet. Auch die Erschöpfung von Energieträgern ist historisch kein neues Phänomen, wobei Ersatzprodukte nicht immer als Fortschritt empfunden wurden.[3] Der Mangel an Brennholz nach dem unkontrollierten Abholzen der Wälder machte schon den Römern in der Antike zu schaffen. Im Mittelalter wurde die dichte, fast geschlossene Walddecke Mittel- und Südeuropas immer weiter abgeholzt. Zwischen 400 n. Chr. und dem 16. Jh. verringerte sich der Waldanteil von 95 % der Flächen auf nur noch 20 %. Holz wurde zur Mangelware, in England sogar zum Luxusgut. Das Beispiel zeigt, dass nicht nur der technische Fortschritt, sondern auch die Erschöpfung von Rohstoffen einen Wechsel des Energieträgers erzwingen kann.

Ein weiteres Beispiel ist Walöl bzw. Walrat, das im 18. und 19. Jh. den Markt für hochwertige Leuchtmittel beherrschte.[4] Walrat wird aus den Kopfhöhlen von Pottwalen gewonnen, die bis zu 5 Tonnen dieser Substanz enthalten. Bis heute wird die Messeinheit für Lichtstärke (Candela) aus dem Leuchtverhalten von Walratkerzen abgeleitet. Mitte des 19. Jh. waren die Walöllampen auf dem Höhepunkt ihrer Verbreitung. Zimmerlampen, Straßenlampen, Leuchttürme: Alle waren auf den Rohstoff aus den Pottwalen angewiesen. In Melvilles „Moby Dick" wurden die Walfänger literarisch verewigt.

Die Profitraten waren hoch. In Neuengland wurde ein Kartell gegründet, in dem die acht dominierenden Kerzenhersteller der Region den Markt kontrollierten. Doch die Suche nach Pottwalen wurde immer aufwendiger, da die Bestände überfischt wurden. Immer größere Schiffe waren immer länger unterwegs, um die Nachfrage zu befriedigen. Die Preise stiegen, die Mengen fielen.

Nach 1870 brach die Versorgung unerwartet schnell ein. Nur 20 Jahre später war die Branche fast verschwunden. Das fossile Kerosin trat umgehend an ihre Stelle, da die Lampen nur geringfügig angepasst werden mussten. Aber auch Kerosin sollte nur eine kurze Laufbahn haben. Es wurde bald durch die elektrische Glühbirne ersetzt.

Geschichte der Ölknappheit

In diesem Jahrzehnt ist die Debatte über eine drohende Ölverknappung neu entbrannt. Hier vermischen sich Sorgen über den raschen Ölpreisanstieg mit Befürchtungen, dass die Reserven bald zur Neige gehen oder die Produktion nicht mehr gesteigert werden kann. Hinzu kommen Ängste vor politischen Versorgungskrisen angesichts der Spannungen am Persischen Golf und markiger Worte russischer Gaslieferanten.

In diesem Kapitel geht es um *einen* wichtigen Aspekt dieser Diskussion: Wie viel Öl gibt es noch? Eine einfache Frage, die zu komplexen und oft falschen Antworten führte. Die Heftigkeit der aktuellen Reservendebatte, wie üblich begleitet von Verschwörungstheorien und aufgeregten Internetforen, überrascht nicht. Kontroverse Diskussionen über eine drohende Knappheit gab es seit dem Beginn der kommerziellen Ölförderung immer wieder.

Bereits um 1880 wurden in den USA Befürchtungen laut, da Öl trotz intensiver Suche bislang nur in Pennsylvania entdeckt werden konnte. Im Jahr 1919 verkündete das US Bureau of Mines, dass die Ölvorräte der USA in genau neun Jahren erschöpft seien. Doch schon Ende der 1920er Jahre war der Markt wieder überversorgt. Das hielt Ölexperten und US-Regierung nicht davon ab, Mitte der 1930er erneut die nahe Erschöpfung der Quellen zu befürchten. Ende der 1940er brachen Peak-Ängste aus (*Peak* ist der englische Begriff für das Produktionsmaximum oder Förderscheitel eines Feldes oder einer Region. Er hat sich auch im deutschen Sprachraum durchgesetzt). Reserven seien zwar vorhanden, aber die Geschwindigkeit der Förderung könne mit der Nachfrage nicht Schritt halten. 1951 war sich das US-Innenministerium sicher, dass die Ölquellen bis Mitte der 1960er austrocknen werden. Und in den 1970ern verkündete Präsident Carter, dass die Reserven Ende der 1980er zur Neige gehen werden.[5]

Die Debatten wurden immer wieder von neuen Ölfunden beeinflusst. In der ersten Hälfte des 20. Jahrhunderts wurde praktisch jedes Jahrzehnt eine neue Ölprovinz entdeckt: Zunächst Iran und Mexiko, dann Venezuela und Irak in den 1920ern, Saudi-Arabien und Kuwait in den 1930ern, Nigeria, Libyen, Abu Dhabi und die Nordsee in den 1950ern und 60ern.

In den 1970ern wurden alle Industrieländer von Versorgungsängsten ergriffen. Gleich drei Krisenphänomene trafen in einem Jahrzehnt aufeinander:

▸ Die Ölproduktion der USA schrumpfte erstmals ohne Aussicht auf eine Trendwende. Der Peak war erreicht.

▸ Der Club of Rome veröffentlichte seine düsteren „Grenzen des Wachstums" und warnte vor einem baldigen Ende fast aller wichtigen materiellen und ökologischen Ressourcen.

▸ Die OPEC-Staaten rissen die Preismacht auf dem Ölmarkt an sich und verknappten das Angebot.

Ende der 1970er Jahre waren sich Ölindustrie und OPEC einig, dass die Förderung spätestens in den 1990ern unvermeidlich abnehmen werde. Tatsächlich erlebten die Ölmärkte in den 1980ern nur ein geringes Nachfragewachstum. Aber auch diese Prognosen erwiesen sich als voreilig. Im Jahr 2000 lag die Produktion 10 % höher als 1979.

Ende der 1980er machte sich Optimismus breit, obwohl die Neuentdeckungen stark zurückgingen. Das Reservenwachstum (*reserve growth*) in bereits bekannten Feldern versprach ein mehr als ausreichendes Angebot. Die rechnerische Reichweite der veröffentlichten Reserven stieg unaufhörlich an. Der niedrige Ölpreis schien dies zu bestätigen.

In den stabilen 1990er Jahren schwenkten Ölindustrie und Ölpolitik geschlossen ins
Lager der Optimisten. Neue Funde außerhalb der OPEC-Staaten, fehlende Knapp-
heitssignale beim Ölpreis, eine nur noch moderat wachsende Nachfrage und technologische Neuerungen gaben auf breiter Front Entwarnung.

Anfang des 21. Jahrhunderts gab es einen breiten Konsens in Politik und Ölwirtschaft,
dass die globale Ölversorgung bei stabilen Preisen noch auf mindestens 30 Jahre, vermutlich sogar bedeutend länger gesichert sei. Doch der pessimistischere Blick einiger
Geologen (Hubbert-Geologen) gewann allmählich an Gewicht.

Die aktuelle Debatte: Grundpositionen

Wird es also zu einer Verknappung von Öl kommen? Etwas plakativ formuliert stehen
sich Optimisten und Pessimisten gegenüber:

1. Die Position der Optimisten lässt sich mit zwei einfachen Analogien verdeutlichen,
    die auf den *ökonomischen* und *technischen* Charakter von Ölreserven verweisen:[6] Ölre-
    serven verhalten sich demnach wie Nahrungsmittel in einer Speisekammer: Teilt
    man die Vorräte durch den täglichen Bedarf, so ist die klare Schlussfolgerung, dass
    die Familie in wenigen Wochen hungern wird. Das passiert aber nicht, weil die
    Vorräte regelmäßig erneuert werden. So verhalte es sich auch mit den Ölreserven:
    Teilt man die aktuell bekannten Reserven durch den Verbrauch, scheint die Er-
    schöpfung der Vorräte in wenigen Jahren unausweichlich. Das sei jedoch unrealis-
    tisch, da ständig neue Ölreserven erschlossen werden.

    Die zweite gern zitierte Analogie verweist darauf, dass das Steinzeitalter nicht ge-
    endet hat, weil der Vorrat an Steinen erschöpft war. So werde auch das Ölzeitalter
    nicht wegen der Erschöpfung der Ölquellen enden. Das Steinzeitalter endete, weil
    Bronze und Eisen überlegene Materialien waren und deshalb Steinwerkzeuge ver-
    drängten. Aus denselben Gründen hat die Kohle das Feuerholz verdrängt und das
    überlegene Öl die Kohle. So werde auch das Öl eines Tages von überlegenen E-
    nergieträgern abgelöst werden.

2. Die Pessimisten halten dagegen, dass Rohöl kein „nachwachsender Rohstoff" sei:
    Die Vorräte sind aus geologischen Gründen begrenzt und werden daher zwangs-
    läufig eines Tages erschöpft sein und lange davor ein Produktionsmaximum (Peak)
    erreichen.

    Auch die zweite Analogie der Optimisten sei falsch: Schon die Einführung der
    Kohle erfolgte vor dem Hintergrund des knapper werdenden Brennholzes. Heute
    sei kein gleichwertiger Ersatz für Öl in Sicht. Die Ressourcenpessimisten sind
    mehrheitlich der Meinung, dass erneuerbare Energie aus Wind, Sonne und Bio-

masse den Rückgang bei Öl und Gas nicht rechtzeitig kompensieren kann. Die bevorstehende Ölknappheit werde eine globale Krise auslösen.

Die Debatte über den Zeitpunkt dieser Verknappung hat in den letzten Jahren erheblich an Schärfe gewonnen. Diejenigen, die eine baldige Verknappung befürchten, werden als „Malthusianer" oder „Schwarzseher" geschmäht. Die Gegenseite wird zu „fortschrittsgläubigen Optimisten" und „Cornucopians" mit zweifelhaften Absichten verzerrt.

Auch ein Teil der Umwelt- und Klimaschutzlobby ist gegen eine Dramatisierung der Ressourcenversorgung, da sie vom eigentlichen Problem – dem Klimawandel durch die Verbrennung fossiler Brennstoffe – ablenke. Eine Ölknappheit suggeriere eine „natürliche" Lösung für die Reduzierung der CO_2-Emissionen, die angesichts der Unsicherheit solcher Prognosen in eine falsche Sicherheit wiege. Es wird befürchtet, dass der politische Handlungsdruck nachlässt und die Einführung erneuerbarer Energien um viele Jahre zurückgeworfen wird.

Die Zahl der Publikationen zu dieser Debatte ist im englischsprachigen Raum stark angestiegen. Auch im eher uninformierten deutschsprachigen Raum erscheinen nun – erstmals seit den 1970ern – wieder etwas mehr fundierte Publikationen zum Thema Öl. Sicherlich gibt es auf beiden Seiten der Debatte extreme Protagonisten, die mit intellektuellen Scheuklappen und Beschimpfungen ihren eigenen Ansatz zu untergraben scheinen. Doch das sollte von der inhaltlichen Essenz nicht ablenken. Beide Seiten haben gute Argumente, die im Folgenden dargestellt und diskutiert werden.

Zunächst werden einige Begriffe geklärt, die häufig zu Missverständnissen führen. Anschließend wird das vorhandene Datenmaterial über Ölreserven vorgestellt und analysiert.

4.2 Definitionen und Methoden

Die USA sind seit dem 19. Jh. in der Ölbranche tonangebend. So verwundert es nicht, dass die meisten Fachbegriffe und Definitionen amerikanischen Ursprungs sind. Außerhalb der USA werden eine Reihe abweichender Reservendefinitionen verwendet, sofern sie überhaupt kodifiziert sind. Das hat zu einem Nebeneinander zahlreicher Begriffe und Definitionen geführt. Viele Widersprüche und Missverständnisse lösen sich daher bereits auf, wenn Begriffe klar definiert werden.

Das American Petroleum Institute (API) begann in den 1930er Jahren, branchenweite Definitionen für Reserven zu entwickeln. Bis in die 1960er galt unangefochten die API-

Definition der *proved reserves* (sichere Reserven). 1965 entwickelte der Berufsverband SPE (Society of Petroleum Engineers) seine eigenen Definitionen. In den 1980ern schaltete sich auch der World Petroleum Congress (WPC) mit eigenen Begrifflichkeiten ein. Schließlich einigten sich WPC und SPE 1997 auf eine Gruppe von Reservendefinitionen, die vom US-Energieministerium und seiner Energiebehörde EIA übernommen wurden. Parallel dazu nutzt die amerikanische Börsenaufsichtsbehörde SEC ihre eigenen Standards aus dem Jahr 1978. Sie schreiben den Unternehmen vor, was bilanziert und veröffentlicht werden muss.

Der Begriff „Reserven" suggeriert Verlässlichkeit, aber in der Ölbranche gibt es nur wenige Gewissheiten. Besonders ungewiss ist die Menge an Öl, die sich unsichtbar in kleinen, komplex gewundenen Gesteinskapillaren Tausende Meter tief unter der Oberfläche, womöglich unter dem Meeresgrund, in massivem Fels verbirgt. Es liegt auf der Hand, dass man selbst mit einigen Bohrungen und seismischen Tests (Gesteinsechos ausgelöst durch künstliche Explosionen) die Ölmengen nicht exakt bestimmen kann.

Eine Vielzahl von Begriffen geistert durch die Medien: Vorkommen, Reserven, Ressourcen, SEC-Reserven, Gesamtressourcen, sichere Reserven, wahrscheinliche oder mögliche Reserven, P90/P50/P10-Reserven, 1P/2P/3P-Reserven, URR, EUR, OOIP, etc. Dazu kommen noch Verzerrungen oder bewusste Verfälschungen durch unterschiedliche Interessen. Ein Explorationsunternehmen oder eine Regierung neigt gelegentlich dazu, neu entdeckte Ölvorkommen aufzuwerten. Ein Förderunternehmen geht eher von einer vorsichtigen Schätzung aus, um nicht zu viel zu investieren.

Die Begriffe können anhand von vier Kategorien eingeordnet werden:

1. Der Grad der **Wahrscheinlichkeit**, dass das Öl vorhanden ist (sicher, wahrscheinlich, möglich). Die Daten beziehen sich meist auf **bereits entdeckte** Ölfelder, deren Strukturen noch nicht genau bekannt sind. Davon zu unterscheiden sind Schätzungen über noch nicht entdeckte Ölfelder (*yet-to-find, undiscovered*).

2. Der **Grad der Erschließung** der Vorkommen (nicht evaluiert, Planungsphase, Erschließung, Produktion).

3. Der Grad der **technischen Förderbarkeit** – also die Frage, ob das Ölvorkommen gefördert werden **kann** oder ob es aus heutiger technischer Sicht unerreichbar ist. Beispielsweise konnten Tiefwasservorkommen bis vor wenigen Jahrzehnten noch nicht erschlossen werden. Bis heute können bestimmte geologische Probleme, die z.B. die Bewegung des Öls Richtung Bohrloch verhindern, eine Förderung praktisch unmöglich machen.

4. Der Grad der **ökonomischen Förderwürdigkeit**, also die Frage, ob das Öl zu heutigen Preisen und Kosten kommerziell gefördert werden kann. Ökonomisch

uninteressant sind z.B. isolierte kleine Vorkommen, die den Aufwand eines eigenen Bohrlochs und einer eigenen Infrastruktur nicht rechtfertigen.

Es ist offensichtlich, dass diese ökonomischen Größen unscharf sind. Da Preise und Kosten, Zinssätze und Steuern/Abgaben sich ständig verändern, schwankt auch die Größe der förderwürdigen Reserven. Dennoch werden die Meldungen in der Praxis nur selten an diese Variablen angepasst.

Die wichtigsten Teilmengen der Ölreserven werden nun kurz vorgestellt. Auch hier empfiehlt es sich häufig, die englischen Begriffe zu übernehmen, da sie in den meisten Publikationen verwendet werden und Übersetzungen häufig nur zur Verwirrung beitragen.

Die hier präsentierte Dreiteilung soll vor allem deutlich machen, dass zwischen dem geologisch vorhandenen Öl und förderwürdigen Reserven ein Unterschied besteht. Die zweite Erkenntnis sollte sein, dass Ölmengen, die bislang uninteressant waren, bei steigenden Preisen und besseren Technologien zu förderwürdigen Reserven werden können.

1. Der Ausgangspunkt ist das *OOIP* (*Original Oil-in-Place*): Das gesamte Öl, das zu Beginn der Förderung in einer Lagerstätte vorhanden ist.

2. Das OIP (*Oil-in-Place*) ist das OOIP abzüglich des bereits geförderten Öls. Das OIP hat drei Teilmengen:

    Reserven: Sie bezeichnen das Öl, das mit heutiger Technik und zu heutigen wirtschaftlichen Bedingungen förderwürdig ist. Ändern sich Kosten oder Preise, steigen oder fallen also auch die Ölreserven. Anders als bei Uran oder Kohle ist die Wirtschaftlichkeit der Ölförderung eine komplexe Frage, da die operativen Kosten von den Ölpreisen völlig abgekoppelt sind (vgl. Kapitel 5).

    Je nach Wissensstand werden diese Reserven in sichere, wahrscheinliche und mögliche Reserven unterteilt (1P, 2P, 3P; oder P90, P50, P10 – siehe unten). Am häufigsten werden die „sicheren Reserven" (*proved reserves*) erwähnt. Die meisten Unternehmensbilanzen und staatlichen Statistiken beziehen sich auf diese Teilmenge. In wissenschaftlichen Untersuchungen sind jedoch die wahrscheinlichen Reserven (P50 oder 2P) die wichtigste Größe.

    Ein häufig verwendeter Begriff ist *URR* (Ultimately Recoverable Resources) oder EUR (*Estimated Ultimate Recovery*). Es umfasst die bisherige Förderung sowie die bekannten und erwarteten förderwürdigen Ölmengen – also nicht das gesamte Öl, sondern die Menge, die aus heutiger Sicht voraussichtlich gefördert werden kann.

Das URR besteht aus den verbliebenen Reserven und der schon produzierten Menge. Beim aktuellen Stand der Technik und der Ölpreise gilt im Schnitt *ein Drittel des OOIP als förderbar.*

Ressourcen: Sie umfassen zwei Teilmengen: Zum einen das Öl in bereits **bekannten** Ölfeldern, das *technisch* gefördert werden könnte, aber aus *ökonomischen* Gründen nicht gefördert wird. Auch hier wird zwischen mehr oder weniger sicher vorhandenen Mengen unterschieden, allerdings weniger strikt als bei den Reserven. Ein Teil der Ressourcen wird auch nach großen technischen Fortschritten nicht abbauwürdig sein, z.b. weil der Energieeinsatz zur Förderung höher ist als die gespeicherte Energie im gewonnenen Öl. Andere Ressourcen liegen hingegen im Grenzbereich zwischen Ressourcen und Reserven. Bei hohen Ölpreisen werden solche Ressourcen zu Reserven.

Zum anderen gibt es Öl, das sich in Ölfeldern befinden könnte, die aber noch nicht entdeckt wurden (*yet-to-find*), z.b. weil bestimmte Regionen der Welt noch nicht untersucht worden sind. Hier kann natürlich nur grob geschätzt werden.

Nicht förderbare Ölmengen (Non-Recoverable): Hier handelt es sich um Öl, das aus technischen Gründen nicht gefördert werden kann. Diese Teilmenge ist schwer zu quantifizieren und interessiert insbesondere dann, wenn neue Technologien neue Möglichkeiten eröffnen (z.b. Tiefwasser-Technologien).

4.2.1   Wahrscheinlichkeiten und Sicherheiten

Die Diskussion entzündet sich auch an der Frage, wie Reserven sinnvoll geschätzt werden können. Da Ölvorkommen immer nur punktuell angebohrt werden oder nur indirekt über seismische oder andere Methoden erfasst werden können, kommt man um ein Schätzverfahren nicht herum. Grundsätzlich werden zwei Ansätze unterschieden: deterministische und probabilistische Reservenschätzungen.

Probabilistisch werden Reserven in drei Kategorien eingeteilt:

▶   Sichere Reserven, deren Existenz nachgewiesen wurde (P90/proved reserves). Es besteht eine Wahrscheinlichkeit von 90 %, dass die tatsächliche Menge über der geschätzten liegt und eine Wahrscheinlichkeit von nur 10 %, dass sie darunter liegt. Diese Werte sind vor allem finanzwirtschaftlich von Bedeutung, da sie in die Bilanzen der Ölfirmen eingestellt werden dürfen.

▶   Wahrscheinliche Reserven (P50/probable reserves). Es besteht eine Wahrscheinlichkeit von 50 %, dass die Menge zu hoch bzw. zu niedrig geschätzt wurde. P50-Werte ergeben in der Summe den zuverlässigsten Wert.

▸   Mögliche Reserven (P5/P10/possible reserves). Hier ist es nur zu 5 % bzw. 10 % wahrscheinlich, dass die Ölmengen tatsächlich höher liegen.

Bei den häufig verwendeten deterministischen Schätzungen, die oft zu ähnlichen Ergebnissen wie die probabilistischen Methoden kommen, werden Reserven ohne Wahrscheinlichkeitsangabe als „sicher" (*1P/proved*), „wahrscheinlich" (*2P/proved+probable*) oder „möglich" (*3P/proved+probable+possible*) angegeben.

Der für die Analyse wichtige Wert der „besten Schätzung" wird also je nach Methode als *2P* oder auch als *P50* bezeichnet.

Wenn man nun die Ölreserven der Erde oder einer größeren Ölprovinz schätzen möchte, ist es nur auf den ersten Blick sinnvoll, sich auf die Addition sicherer Reserven einzelner Ölfelder zu beschränken. Denn bei der Vielzahl von Ölfeldern ist es erfahrungsgemäß sehr wahrscheinlich, dass es immer wieder positive Überraschungen gibt. Umgekehrt ist es aber fast ausgeschlossen, dass es in der Summe negative Überraschungen gibt, da man sich ja auf die sicher nachgewiesenen Mengen beschränkt hat.

Die insgesamt vorhandenen Ölreserven sind also mit sehr hoher Wahrscheinlichkeit deutlich größer als die Summe bereits nachgewiesener Feldreserven. Es ist nun bei guter Explorationslage statistisch möglich, auch weniger sichere Vorkommen in die Schätzung einzubeziehen. Ein solches Vorgehen wird durch die Kombination einer Vielzahl geologischer Daten möglich, z.B. die wahrscheinliche Feldverteilung in einer bestimmten geologischen Formation oder Funde in der Nachbarschaft, die Rückschlüsse zulassen.

Schließlich kommt man bei der 2P/P50-Schätzung an. Bei dieser 50 %-Marke ist es in etwa genauso wahrscheinlich, dass man zu viel Öl in einer Region vermutet wie zu wenig Öl. Eventuelle Fehler bei einzelnen Feldern gleichen sich wahrscheinlich durch die große Zahl der Felder aus. Diese Schätzverfahren sind in der gesamten Ölindustrie anerkannt und wenig strittig.

Wenn in den offiziellen Statistiken von Reserven die Rede ist, muss also sorgfältig zwischen sicheren, wahrscheinlichen und geologisch nur möglichen Reserven unterschieden werden. Beispielsweise hatte der russische Ölkonzern TNK-BP Ende 2003 etwa 10 Gb sichere Reserven (1P), 17 Gb wahrscheinliche Reserven (2P) und 32 Gb mögliche Reserven (3P).[7]

4.2.2   Unsicherheiten

Trotz der Einigkeit über die Schätzverfahren sind die Inputdaten häufig umstritten. Die technisch und wirtschaftlich förderbare Menge in einer Lagerstätte hängt von einer Reihe geologischer, geochemischer und technischer Parameter ab. Da die Eigenschaften einer Lagerstätte anfangs entweder nur indirekt durch seismische Untersuchungen oder geologische Analogien erkennbar sind oder nur punktuell durch eine Testbohrung untersucht werden können, bleibt dem Explorationsteam nichts anderes übrig, als eine grobe Schätzung abzugeben. Dabei können sich kleinere Fehler in der Summe zu groben Fehlurteilen addieren.

Ölexperten kritisieren immer wieder, dass Reservenschätzungen zu wenig in Frage gestellt werden. Sie stellen nicht viel mehr als begründete Vermutungen dar und gleichen manchmal eher intuitiver Kunst als objektiver Wissenschaft. Es gibt eine Reihe vager Variablen[8] wie z.b. die Durchlässigkeit des Gesteins, die Viskosität des Öls und die Menge des darin gelösten Gases oder auch die Entwicklung des Lagerstättendrueks. Der mögliche Entleerungsgrad (*Recovery Rate*, Entölungsgrad) kann von 5 % bis 80 % des gesamten Öls reichen. Das Ölfeld East Texas mit seinem sehr hochwertigen Sandstein erreichte 82 % Recovery Rate; dem stehen schwierige Karbonatgesteine mit nur 20–30 % möglicher Entleerung gegenüber. Mangels Daten werden daher viele Annahmen aus Bohrungen in benachbarten oder geologisch ähnlichen Regionen abgeleitet.[9]

4.2.3   Die SEC-Reserven

In den USA werden die Reserven von Unternehmen generell als *proved reserves*, also nachgewiesene Reserven, definiert. Da diese Vorgaben von der amerikanischen Börsenaufsicht (SEC) kommen, gelten sie für alle an amerikanischen Börsen notierten oder im Anleihemarkt tätigen Ölfirmen. Dazu gehören fast alle großen Ölkonzerne außerhalb der OPEC. Selbst eine Reihe von Konzernen, die ihren Stammsitz in Europa oder Asien haben, wie z.B. BP oder Petrochina, sind an amerikanischen Börsen notiert und unterliegen daher den SEC-Vorschriften. Etwa 20 % der Weltreserven werden nach diesen Regeln bilanziert.

Nach den Regeln der US-Börsenaufsicht dürfen Ölfirmen nur nachgewiesene Reserven in ihren Bilanzen buchen. Die SEC unterscheidet je nach Erschließungsgrad zwischen *proved developed* und *proved undeveloped*.

Wahrscheinliche oder mögliche Reserven erhöhen das Vermögen der Unternehmen nicht. Die Vorkommen müssen schon erschlossen sein, so dass die Förderung begonnen hat oder bevorsteht (*developed*), oder dass die Erschließung und Förderung fest eingeplant ist (*undeveloped*). Denn – so die SEC – erst die fest geplante Erschließung gibt den Investoren die Sicherheit, dass tatsächlich mit Einnahmen zu rechnen ist. Der Zeitablauf der Erschließung und Förderung erlaubt dann die Berechnung des Cashflows (diskontiert auf heutige Preise).

Nach den SEC-Regeln ist die Größe der Öl- oder Gasvorkommen also kein ausreichendes Kriterium. Es muss auch die sichere Aussicht bestehen, dass diese Vorkommen zu Einnahmen führen. Deshalb dürfen z.b. viele abgelegene Erdgasfelder nicht zu den sicheren Reserven gezählt werden, obwohl ihre Existenz zweifelsfrei feststeht. Solange es keinen Investitionsplan für eine Pipeline oder einen Transport per Schiff gibt, mit deren Hilfe das Gas zum Kunden gelangen kann, gilt das Vorkommen als wirtschaftlich wertlos.

Damit wird der Umfang der sicheren Öl- und Gasreserven indirekt an die Preise gebunden. Denn wenn der Ölpreis sinkt, schieben Ölkonzerne Investitionen in teure Projekte auf die lange Bank. Die dortigen Vorkommen dürfen deshalb nicht als „sicher" verbucht werden. Umgekehrt werden Investitionen beschleunigt, wenn Aussicht auf einen stabilen, hohen Ölpreis besteht. Die bilanzierten Ölreserven schwanken, ohne dass sich der geologische Erkenntnisstand geändert hätte.

4.2.4   Kritik an der SEC

Die SEC-Regeln hatten ihren politischen Ursprung in der Ölkrise von 1973, als die USA dem arabischen Embargo ausgesetzt waren, die nationalen Reserven schrumpften und gleichzeitig die Reservenbilanzierung vieler Ölfirmen ins Zwielicht geriet. Der US-Kongress beauftragte die SEC, ein System zu entwickeln, das einigermaßen verlässlich darüber Auskunft gab, wie viel Ölreserven vorhanden waren.[10] Für die SEC wiederum war es wichtig, belastbare Bilanzen zu erzwingen, welche die Investoren vor unliebsamen Überraschungen schützten. Diese Regeln werden immer wieder kontrovers diskutiert:

1. Die Ölindustrie kritisiert, dass die SEC immer noch einen direkten Nachweis von Öl durch Testbohrungen verlangt. Das sei besonders bei Tiefwasservorkommen zu teuer und angesichts moderner seismischer Methoden auch nicht mehr nötig. Die meisten Produzenten benutzen daher seit langem die SPE/WPC-Definitionen. Diese wurden auch von anderen staatlichen Behörden wie der Energiebehörde EIA (die wissenschaftliche Behörde des US-Energieministerium), des US MMS (Teil des Innenministeriums) sowie der UNO übernommen. Auf diese Kritik hat die SEC teilweise reagiert. Seit kurzem werden indirekte Nachweismethoden bei Tiefwasservorkommen akzeptiert, allerdings gilt diese Ausnahme nur für den Golf von Mexiko. Die SEC kritisiert jedoch weiterhin, dass die angeblich zuverlässigen

indirekten Nachweismethoden bei weitem nicht so fehlerfrei seien, wie die Branche
sie darstellt. Immer wieder einmal müssten „sichere" Reserven abgeschrieben werden.[11]

2. Viele Geologen bemängeln, dass die Fixierung auf sichere Reserven einen falschen
    Eindruck von der wirklichen Reservenlage gibt. Die Reserven der USA und der
    dort notierten Ölfirmen entsprechen in etwa den P90-Reserven. Es verwundert
    daher nicht, dass bereits entdeckte Felder von Jahr zu Jahr „wachsen", im Durch-
    schnitt auf das Fünf- bis Achtfache der anfänglichen Größe. Wahrscheinliche Re-
    serven wurden im Laufe der Erschließung zu sicheren Reserven. Das virtuelle
    Wachstum war erst abgeschlossen, wenn in etwa der P50-Wert erreicht war, der
    den Firmen intern schon lange vorlag. Bei geschickter „Feinjustierung" lässt sich
    mit diesen Regeln eine stabile Reservenentwicklung vorspiegeln, die das Unter-
    nehmen bei uninformierten Investoren attraktiver erscheinen lässt.

    Aber auch die P90-Zahlen sind dehnbar. Mit wechselnden Ölpreisen müssten ei-
    gentlich auch die kommerziell verwertbaren Reserven schwanken, da bei niedrigen
    Preisen manche Vorkommen unrentabel werden. Diese Schwankungen werden a-
    ber nur selten berichtet.

3. Ölexperten beklagen, dass die SEC-Regeln der Globalisierung der Branche nicht
    gerecht werden. Heute sind 80 % der Reserven der großen US-Ölkonzerne im
    Ausland, wo andere Definitionen und andere Vorschriften gelten. Zudem gibt es
    immer mehr nicht-konventionelle Ölprojekte, wie z.B. Ölsandprojekte in Kanada,
    GTL-Projekte in Katar oder Tiefwasserprojekte im Golf von Mexiko, die nach an-
    deren Kriterien beurteilt werden müssten.

4. *Proved Reserves* können paradoxerweise fallen, wenn die Preise steigen, und steigen,
    wenn die Preise fallen. Das liegt an den weit verbreiteten Production Sharing
    Agreements der Ölkonzerne mit den Regierungen ölproduzierender Staaten. Die
    Unternehmen erbringen dabei eine Reihe von Dienstleistungen, für die sie mit Öl
    bezahlt werden, dessen Menge einem vorab festgelegten Marktwert entspricht.
    Steigt nun der Weltmarktpreis für Öl, fallen die dem Unternehmen zustehenden
    Ölmengen – und damit auch die Ölreserven, die bilanziell verbucht werden kön-
    nen. Für die Debatte über die Weltölreserven sind diese Usancen von großer Be-
    deutung. Rechnet man mit den SEC-Zahlen, dann steigen die Reserven auch in gut
    erschlossenen Regionen von Jahr zu Jahr, auch wenn keine neuen Vorkommen
    entdeckt werden. Nach der eher geologisch orientierten P50-Methode müssten die-
    se nachträglichen P90-Revisionen (die ja allmählich auf den P50-Wert zulaufen) auf
    das Entdeckungsjahr des Feldes zurückdatiert werden.

In den übrigen Regionen der Welt werden privatwirtschaftlich erschlossene Reserven, wenn überhaupt, dann zumeist nach der P50-Regel berechnet. Allerdings muss oft zwischen den Interessen des Gastlandes und den Interessen des Ölkonzerns unterschieden werden. Je nach Vertragsgestaltung, Steuerrecht und Unternehmensstrategie kann es für die Ölfirma günstiger sein, hohe oder niedrige Reserven auszuweisen. Auch die Interessenlage der politischen Führung eines Öllandes ist oft undurchsichtig und gehorcht eher innenpolitischen Frontlinien als internationalen Reservenrichtlinien.

4.2.5   Der Reservenskandal bei Shell

Shell verschreckte im Januar 2004 seine Aktionäre, als der Vorstand einräumen musste, dass 3,9 Gb Öl- und Gasreserven (22 % der Konzernreserven) aus der Bilanz genommen werden müssen, also nicht als *sichere* Reserven eingestuft werden können. Nach drei weiteren Enthüllungen war der Verlust auf insgesamt 4,5 Gb angewachsen. Betroffen waren vor allem Reserven in Australien und Nigeria.

Als deutlich wurde, dass die SEC die Bilanzpraktiken der Branche nun genauer unter die Lupe nehmen will, haben auch einige andere Öl- und Gaskonzerne ihre Reserven zum Teil deutlich korrigiert. Schon seit den 1990ern stehen Manager in Ölfirmen unter dem Druck und dem Anreiz, die Reserven möglichst attraktiv darzustellen. In Branchenkreisen wurde immer wieder vermutet, dass nur der steile Ölpreisanstieg seit 2003 viele Unternehmensbilanzen „gerettet" hat. Andernfalls wäre der Trend zur aggressiven Buchung früher oder später an Grenzen gestoßen. Hohe Öl- und Gasreserven werten Explorationsabteilungen und erfolgreiche Regionalgesellschaften auf. Sie erhöhen den Aktienkurs eines Unternehmens und damit auch den Wert der Aktienoptionen seiner leitenden Angestellten.

Damit schienen sich die Verknappungsängste einmal mehr zu bestätigen. Allerdings: In der Praxis handelte es sich nur um eine Umbuchung. Dafür gab es verschiedene Gründe. Unter anderem wurden bei Shell Reserven als „sicher" verbucht, obwohl der Zeitpunkt der Förderung unklar war. Dadurch wurden die Gasvorräte nicht kleiner, aber sie dürfen laut SEC-Regeln nicht verbucht werden. Beispielsweise hatte Shell beim australischen Gorgon-Gasfeld schon 1997 über eine halbe Milliarde Barrel verbucht, während die Projektpartner ExxonMobil und Chevron noch überhaupt nichts in die Bilanz eingestellt hatten.[12] Die Investitionsentscheidung für das Feld wurde immer wieder hinausgeschoben, weil Nachfrage und Finanzierung ungeklärt waren.

4.3   Abgeleitete Schätzungen

Wer sich zum ersten Mal mit Ölreserven beschäftigt, reibt sich die Augen: Manche Autoren erwarten eine Krise für die unmittelbare Zukunft, andere blicken entspannt bis ans Ende des 21. Jahrhunderts. Allerlei unhandliche Zahlen rangieren von 730 Milliarden Barrel (Gb) bis 3.300 Gb, sogar bis 8.000 Gb.

Die frühesten wissenschaftlichen Schätzungen der konventionellen Weltölreserven reichen bis in die 1940er Jahre des 20. Jahrhunderts zu Wallace Pratt und Lewis Weeks von Standard Oil (Jersey) zurück. In den vergangenen 60 Jahren sind über 100 Studien zu diesem Thema erstellt worden.[13]

Seit Ende der 1950er Jahre bewegen sich die meisten Studien über die URR-Reserven – also die Gesamtheit des förderbaren Rohöls einschließlich des bereits verbrauchten Öls – in einem breiten Schätzkorridor zwischen 1800 und 3400 Milliarden Barrel (Gb). Zum Vergleich: Der aktuelle Jahresverbrauch der Welt liegt bei etwa 31 Gb Öl. Etwa 1100 Gb sind bereits verbraucht.

Am oberen Ende bewegen sich die Schätzungen optimistischer Ökonomen und einiger neuerer amerikanischer Studien, am unteren Ende befinden sich die Schätzungen der Hubbert-Geologen.

Nach dem einheitlichen Pessimismus der 1970er Jahre zeigen die 1990er Jahre eine wachsende Schere zwischen Optimisten und Pessimisten. Während die Pessimisten in den letzten 30 Jahren im Schätzkorridor von 1800–2300 Gb geblieben sind, schlossen sich die Optimisten, darunter die einflussreichen „Mainstream"-Berater (IEA, EIA, USGS, IHS) einem zunehmend optimistischen Trend an, der über die Marke von 3000 Gb führt.

Weitaus stärker schwanken die Schätzungen für das nur ansatzweise erschlossene nicht-konventionelle Öl, das nach einem missglückten Anlauf in den 1970ern erst in diesem Jahrzehnt wieder in den Blickpunkt gerückt ist. Dazu gehören Ölsand, Schwerstöl und Ölschiefer.

Jahrzehnt der Veröffentlichung	URR-Schätzungen (Mittelwerte)
1920er	75 Gb
1940er	600 Gb
1960er	2000 Gb
1970er	1750 Gb
1980–2008	1900–3300 Gb

Tabelle 4.1 Trend der URR-Schätzungen für konventionelles Öl.[14]

Heute werden bei der Diskussion über die Höhe der Ölreserven vor allem die Publikationen der folgenden Institutionen beachtet:

▶ BP (Statistical Review of World Energy)

▶ Oil & Gas Journal (OGJ)

▶ EIA (die Energiebehörde der US-Regierung)

▶ International Energy Agency (IEA)

▶ OPEC-Sekretariat

▶ IHS (Consulting)

▶ US Geological Survey (USGS – der Geologische Dienst der USA)

▶ World Oil (Zeitschrift)

▶ Energy Intelligence Group (Consulting/Fachverlag)

Der Zahlendschungel lichtet sich etwas, wenn man sich auf die primären Datenquellen konzentriert, die den Publikationen zugrunde liegen. Die wichtigsten Quellen sind:

▶ Die amtlichen Zahlen nationaler Behörden, wobei „amtlich" nicht immer „seriös" bedeutet.

▶ Die Datenbanken für Ölfelder, insbesondere der Beratungsfirmen IHS und Wood Mackenzie. Auch für Russland wird wegen der schwierigen Datenlage meist auf Expertenschätzungen zurückgegriffen (DeGolyer/MacNaughton).

▶ Die Analysen des Geologischen Dienstes der USA (USGS), die besonders bei Fragen des Reservenwachstums in bekannten Feldern und unentdeckter Ressourcen zitiert werden.

▶ Die Analysen der Hubbert-Geologen (ASPO, Campbell, Laherrère, EWG und andere). Sie nutzen die o.g. Quellen, modifizieren und ergänzen sie aber zum Teil sehr stark auf der Grundlage ihrer Analysen.

Fünf verschiedene Reservezahlen sind in diesen Publikationen interessant:

▶ Wie groß sind die sicheren Reserven (proved reserves, 1P, P90)?

▶ Wie groß sind die wahrscheinlichen Reserven in bereits entdeckten Ölfeldern (2P, probable reserves, P50)?

▶ Wie stark wachsen die Reservenschätzungen für bekannte Felder im Laufe der Zeit durch nachträgliche Höherbewertungen an (reserve growth)?

▶ Wie groß sind die Vorkommen in den noch nicht entdeckten Ölfeldern?

▶ Wie groß sind die förderwürdigen Reserven (URR) an nicht-konventionellem Öl, also insbesondere Ölsand, Ölschiefer und Schwerstöl?

Trotz der methodischen Probleme konnten einige Statistiken quasi Referenzstatus erlangen, auch wenn sich alle Experten über die zum Teil eklatanten Ungenauigkeiten und Unsicherheiten einig sind. Das ist insofern problematisch, als Wirtschaftsmedien und Energiepolitiker sie häufig als „wissenschaftliche Fakten" übernehmen und damit energiepolitische Positionen begründen oder kritisieren.

Die am häufigsten zitierten Quellen werden im Folgenden vorgestellt. Die „Problemfälle" Russland, Kaspische Region und Persischer Golf werden später im Detail betrachtet.

Oil & Gas Journal / World Oil

Die weltweit am stärksten beachteten Ölstatistiken stammen von den Fachzeitschriften *Oil & Gas Journal (OGJ)* und *World Oil (WO)*. Ein Mal im Jahr werden die Daten über Produktion, Konsum und Reserven für jedes Land veröffentlicht.

Die Zeitschriften erhalten diese Informationen von den jeweiligen nationalen Behörden und Branchenorganisationen. Sie werden in den allermeisten Fällen unbesehen und ohne weitere Überprüfung übernommen, auch wenn sie offensichtlich nicht korrekt sein können. Eine wichtige Ausnahme ist Russland, wo auf Schätzungen von Branchenexperten zurückgegriffen wird.

Die Reservenzahlen für viele Länder sind im Detail nicht plausibel. Immer wieder werden über Jahre hinweg unveränderte Reserven angegeben (besonders bei OPEC-Staaten), was angesichts laufender Förderung und ständig neuer Informationen über die Ölfelder nicht einleuchtet. Von den Daten für 98 Staaten, die 2005 ihre „sicheren Reserven" berichteten, blieben viele über einen langen Zeitraum ohne Revision:[15]

▸ 67 Länder meldeten dieselbe Zahl wie im Vorjahr

▸ 39 Länder meldeten seit 5 Jahren dieselben Reserven

▸ 27 Länder meldeten seit 10 Jahren dieselben Reserven

▸ 17 Länder meldeten seit 15 Jahren dieselben Reserven

Ein zweites grundsätzliches Problem ergibt sich daraus, dass manche Zahlen nur die gesicherten Reserven wiedergeben (P90), andere Daten aber die realistischeren wahrscheinlichen Reserven (P50). Gelegentlich werden auch die möglichen Reserven dazu gezählt (P10/P5) oder völlig andere Kenngrößen verwendet, ohne dass dies explizit gemacht wird.

Entsprechend vorsichtig sollten die folgenden Abbildungen zur Kenntnis genommen werden. Die Abb. 4.1 zeigt den zeitlichen Verlauf der gemeldeten Reserven: Man beachte den deutlichen Sprung am Persischen Golf in der zweiten Hälfte der 1980er sowie die nach 2003 erstmals berücksichtigten Ölsandreserven Kanadas. Auch die übrigen Weltregionen melden steigende Reserven, wenn auch weitaus weniger stark ausgeprägt.

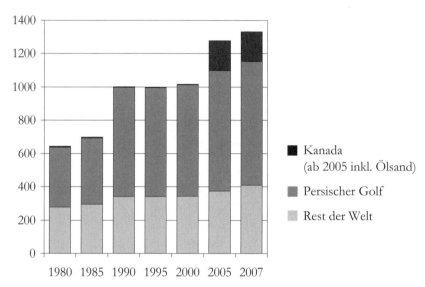

Quelle: Oil & Gas Journal 14.1.2008; Der Persische Golf umfasst Iran, Irak, Kuwait, Saudi-Arabien, Katar, Oman, Vereinigte Arabische Emirate.

Abb. 4.1 Staatlich gemeldete „sichere" Ölreserven 1980–2007 (in Mrd. Barrel)

Die Abbildung 4.2 gibt einen detaillierteren aktuellen Überblick. Es gibt 29 Staaten mit mehr als 3 Mrd. Barrel gemeldeten Ölreserven, d.h. mehr als 2,5 % Anteil an den Weltreserven. Es wird deutlich, wie stark sich die ölreichen Staaten am Persischen Golf ballen.

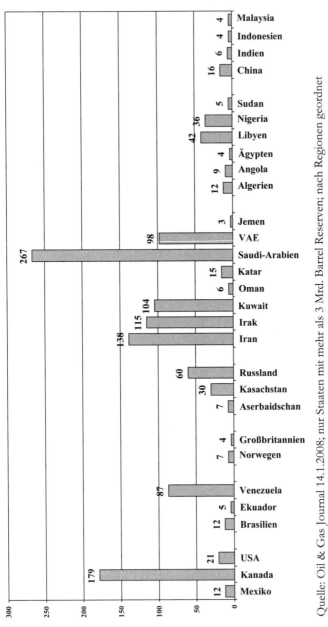

Abb. 4.2 Staatlich gemeldete „sichere" Ölreserven 2007 (in Mrd. Barrel)

Statistical Review of World Energy (BP)

Ebenfalls weit verbreitet sind die Statistiken der jährlich erscheinenden *Statistical Review of World Energy*, die von BP gesponsert und publiziert wird. Als Quellen nennt BP die Zeitschriften Oil & Gas Journal, World Oil, das OPEC-Sekretariat, eine unabhängige Schätzung der russischen Reserven sowie weitere, nicht näher erläuterte Quellen. Dieser Bericht übernimmt zum größten Teil die von den Staaten gemeldeten Zahlen. Die Herkunft abweichender Daten ist nicht näher erläutert.

OPEC

Das OPEC-Sekretariat veröffentlicht die Reservenstatistiken jährlich in seinem *Annual Statistical Bulletin*. Die Datenquellen werden summarisch für den Gesamtbericht angegeben (darunter BP, OGJ, WO), so dass nicht klar wird, welche Quellen im Einzelfall herangezogen wurden. Die Zahlen scheinen jedoch auf dieselben Datenquellen wie BP und OGJ zurückzugreifen, selbst wenn sie OPEC-Staaten betreffen.

EIA

Die amerikanische Energiebehörde EIA, die zum US-Energieministerium gehört, erwähnt in ihrem jährlich erscheinenden *International Energy Outlook* (IEO) die Unsicherheiten bei der Erfassung von Reserven und Ressourcen, übernimmt dann aber – ebenso wie die IEA – ohne weitere Korrekturen die Zahlen von OGJ und BP sowie des USGS. Nur für die USA werden eigene Schätzungen verwendet.

IEA

In den letzten Jahren hat sich die Internationale Energieagentur IEA in drei Berichten ausführlich zu Fragen der Ölreserven geäußert. Sie distanziert sich indirekt von offiziellen Schätzungen, verzichtet jedoch auf eigene Datenreihen. Nach warnenden Worten in den 1980er und 90er Jahren schlug die IEA vorübergehend einen optimistischeren Ton an, um ab 2006 wieder vor drohenden Knappheiten auf dem Ölmarkt zu warnen.

In ihrer Publikation „Resources to Reserves"[16] übernimmt die IEA die Ergebnisse der USGS 2000 („most widely used estimates"), ergänzt um Spezialuntersuchungen für nicht-konventionelle Ressourcen. Auf dieser Basis kommt sie zu folgenden Schätzungen:[17]

▸   Die Gesamtressourcen (OOIP) für konventionelles Öl (inkl. NGL) betragen 7.000–8.000 Milliarden Barrel, davon können 3.300 Milliarden Barrel „technically" (or ultimately) gefördert werden (URR). Von diesen 3.300 Milliarden sind heute bereits 1.000 Milliarden verbraucht. Es bleiben also Reserven von 2.300 Milliarden Barrel.

▸ Die Gesamtressourcen an nicht-konventionellem Öl (OOIP) betragen etwa 7.000 Milliarden Barrel (Schweröl, Bitumen, Ölsand, Ölschiefer), davon können 1.000 bis 3.000 Gb aus technischer Sicht gefördert werden. Nur eine sehr geringe Menge (10 Gb) wurde bereits verbraucht.

Andere Studien zitieren vergleichbare Größenordnungen für das OOIP:[18]

▸ Sandrea: 12.800 Gb konventionelles und nicht-konventionelles Öl (OOIP)

▸ Schlumberger (der größte Ölservicekonzern der Welt): 9.000–13.000 Gb OOIP

▸ American Association of Petroleum Geologists: 9.000–11.000 Gb OOIP

Die IEA verweist bei der Schätzung der sicheren Reserven auf die üblichen Quellen (OGJ, WO, OPEC, BP, IHS), ohne eine eigene Schätzung vorzulegen, und resümiert optimistisch, dass Ressourcen im Überfluss vorhanden seien.[19] Besondere Hoffnung wird auf die Erhöhung der Recovery Rate gelegt, also der Grad der Entleerung bekannter Felder. Dieser liegt laut IEA bei durchschnittlich **35 %**. Durch technischen Fortschritt könnte dieser Anteil beträchtlich („substantially") gesteigert werden, vor allem durch das Pumpen von CO_2 in die Lagerstätten, wie es bei zahlreichen Feldern in den USA bereits praktiziert wird.

BGR

Auch die deutsche Bundesanstalt für Geowissenschaften und Rohstoffe (BGR) hat sich 2007 ausführlicher zum Thema Ölreserven geäußert. Sie verwendet bei ihren Schätzungen die allgemein zugänglichen Daten und kommt daher bei den sicheren Reserven auf ähnliche Größenordnungen wie die anderen Institute.[20]

Das OOIP wird auf 2.800 Gb geschätzt. Davon sind nach Abzug der bisherigen Förderung noch 1191 Gb als sichere Reserven (2005) und etwa 600 Gb als Ressourcen übrig.

Meling

Meling, der für den norwegischen Ölkonzern Statoil arbeitet, stützt sich wie viele Experten auf die Datenbank der IHS. Er verweist auf die große Bedeutung des modernen Feldmanagements und der Produktionsoptimierung.

Das zukünftige Reservenwachstum werde vermutlich zu 70 % aus den sehr großen Feldern kommen, die mehr als 10 Gb OOIP enthalten haben. Das sind etwa 70 Felder weltweit, die zusammen mehr als 60 % der aktuell bekannten Reserven enthalten.

Gestützt auf die Daten von 9.000 Feldern kommt Meling auf die in Tabelle 4.2 präsentierten Ergebnisse.

	WELT	Non-OPEC (mit Angola)	OPEC (ohne Angola)
Erschlossene Reserven	994	245	749
Noch nicht erschlossene Reserven	212	106	106
Kanada (Ölsand)	196	196	-
Verbliebene bekannte Reserven	1.402	547	855
Explorationspotenzial (neue Felder)	305	201	104
Reservenwachstum (Höherbewertung bekannter Felder)	525	89	436
verbleibendes URR	2.231	837	1.394
Bereits gefördert	1.033	631	402
URR	3.264	1.468	1.797

Tabelle 4.2 Ölreserven (P50) nach Meling[21]

PIW Reserves Survey (Energy Intelligence Group)

Auch die Energy Intelligence Group, die eine Reihe von Fachzeitschriften über Energiemärkte publiziert, stützt sich in ihrem ersten *PIW Reserves Survey 2007* auf die P50-Reserven der IHS-Datenbank und kommt zu ähnlichen Ergebnissen wie Meling.[22] Der Survey berücksichtigt neben konventionellem Öl auch NGL-Flüssiggase, Ölsand und Schwerstöl. Dabei werden die wahrscheinlichen Ölreserven zugrunde gelegt und offensichtliche Verzerrungen und irreführende Daten von Nationalstaaten korrigiert. Demnach sind die Reserven von Kuwait, Libyen und den VAE deutlich niedriger als offiziell gemeldet, wohingegen die Reserven Russlands deutlich höher geschätzt werden.

Es wird festgestellt, dass die globalen Ölreserven in den letzten beiden Jahren um 13 Gb (0,9 %) auf 1459 Gb geschrumpft sind. Die größten Ölreserven (2P) befanden sich Ende 2006 in den folgenden zehn Ländern (Tab 4.3):

	Land	P50-Reserven in Gigabarrel	zum Vergleich: BP Statistical Review
1	Saudi-Arabien	288,6	264,2
2	Kanada	178,6	156,4
3	Iran	133,1	138,4
4	Russland	124,7	79,4
5	Irak	99,2	115,0
6	Venezuela	89,5	87,0
7	USA	79,7	29,4
8	VAE	58,8	97,8
9	Kuwait	55,8	101,5
10	Kasachstan	41,4	39,8
1–10		1150	1109
WELT		1459	1390

Tabelle 4.3 Ölreserven nach EIG (PIW Survey)[23]

4.4   Basisdaten: Die USGS-Studie aus dem Jahr 2000

Im Juni 2000 überraschte der amerikanische Geologische Dienst USGS die Fachöffent-
lichkeit mit einem unerwartet optimistischen Blick auf die weltweite Versorgungslage.
Ein Team der USGS hatte die Strukturen und Grenzen der großen Ölprovinzen der
Welt analysiert. Erstmals wurden die Systeme nach der Art ihrer Genese klassifiziert
und nicht nur wie bislang unter tektonischen Gesichtspunkten. Über Analogien wurden
die möglichen Ölreserven auch in weitgehend unerforschten Regionen geschätzt. Basis-
jahr für die Berechnungen ist 1995.

Der Optimismus gegenüber früheren USGS-Studien ist vor allem auf die Einbeziehung
eines neuen Faktors zurückzuführen: die ständig *wachsenden* Schätzungen für die Ölmengen in bereits *bekannten* Feldern (*reserve growth*).

Damit speist sich die Ölversorgung aus vier und nicht nur den üblichen drei Elementen:

1.   Die bisher geförderten Mengen

2.   Die verbleibenden bekannten Reserven

3.   Die ansteigenden Reservenschätzungen für bereits bekannte Felder (*reserve growth*)

4.   Noch unbekannte, neue Felder

Die Ergebnisse sind bis heute die – stark umstrittene – Referenz für viele Studien und
Prognosen. Auch die IEA und die US-Regierung (EIA) übernehmen die USGS-Zahlen

für unentdeckte Reserven und das Reservenwachstum in bekannten Feldern. Bei der
Tabelle 4.4 ist zu beachten, dass mittlerweile (1996 bis 2008) etwa 330 Gb konventionelles Öl (ohne NGL aus Erdgasfeldern) verbraucht wurde. Diese Menge müsste also
zur „cumulative production" addiert und bei den anderen Posten abgezogen werden.

URR	3345 Gb
Kumulierte Produktion bis 1995	717 Gb
Verbleibendes URR	2628 Gb
davon:	
a) Reserven (in bekannten Feldern)	959 Gb
b) Noch nicht entdeckte Felder	939 Gb
c) Reservenwachstum (in bekannten Feldern)	730 Gb

Tabelle 4.4: USGS-Schätzung für das URR[24]

Der Optimimus der USGS ist im Vergleich zu früheren Studien aus dem Haus gestiegen. Die Studien aus den Jahren 1994 und 1991 sowie 1987 und 1984 hatten zwar etwas
höhere Annahmen bei „Verbleibende Reserven", dafür waren aber die erwarteten Neuentdeckungen weniger als halb so groß. Der große Posten des „Reservenwachstums"
war vor 2000 überhaupt nicht berücksichtigt worden. Die Studien aus den 1990ern
sahen daher das URR nicht bei 3345 Gb, sondern nur bei etwa 2200 Gb. Die Studien
aus den 1980ern lagen sogar nur bei etwa 1800 Gb.

Reservenwachstum (Höherbewertung bekannter Felder)

Die USGS hat ihre Erwartungen für das Reservenwachstum in bekannten Feldern aus
einer großen Zahl von Fallstudien in den USA abgeleitet. Das war von vielen Seiten
kritisiert worden, weil die besonderen Bilanzvorschriften in den USA niedrige erste
Schätzungen erzwingen, was dann aus rein bilanziellen Gründen zu einem scheinbaren
Reservenwachstum führt.

Daher wurde das Modell von der USGS an 186 großen Feldern (Giants) getestet, die
außerhalb Nordamerikas liegen.[25] Im Untersuchungszeitraum 1981–1996 zeigte sich bei
diesen Feldern, dass ihr Reservenwachstum dem der US-Felder stark ähnelte. Klett[26]
meldete für 1996–2003 ein Reservenwachstum aller Felder der IHS-Datenbank von
171 Gb, was in etwa den prognostizierten Werten der USGS entspricht. Die USGS
argumentiert daher, dass ihr Modell des Reservenwachstums auch für globale Prognosen eingesetzt werden könne. Ursachen für das Reservenwachstum seien insbesondere:

▶ Geologische Ursachen: Entdeckung zusätzlicher Vorkommen in einem Feld

▶ Technologische Ursachen: verbesserte Fördermethoden für schwer zugängliche
Vorkommen

▶ Veränderte Rahmenbedingungen: höhere Rohölpreise, niedrigere Kosten, politische, rechtliche und operative Verbesserungen.

	Reservenwachstum in bekannten Feldern		Reservenstand 2003
	1981–96	1996–2003	
133 Felder in OPEC-Staaten	+118 Gb	+73 Gb	741 Gb
53 Felder außerhalb der OPEC	+42 Gb	+9 Gb	118 Gb
Alle 186 Felder	+160 Gb	+82 Gb	858 Gb
Reserven *neu* entdeckter Felder	174 Gb in 7478 neuen Feldern	68 Gb in 2812 neuen Feldern	

Tabelle 4.5 Reservenwachstum und neue Felder[27]

Aus der Tabelle 4.5 wird deutlich, dass das Reservenwachstum allein dieser 186 Felder genauso wichtig war wie die gesamten neuen Ölfunde. Allerdings zeigen sich zwei Besonderheiten: Im Zeitraum 1986–1991 fanden die umstrittenen plötzlichen Höherbewertungen vieler OPEC-Felder statt. Zieht man diese Jahre ab, ist das Reservenwachstum nur noch halb so groß. Hält man den Reservensprung jener Jahre hingegen für gerechtfertigt (siehe unten), dann müsste das Wachstum auf einen längeren Zeitraum verteilt werden. Auch wird deutlich, dass in den letzten Jahren die Höherbewertungen *außerhalb der OPEC nur 9 Gb* betragen haben. Die Tabelle 4.6 zeigt den Effekt noch einmal im Zeitverlauf.

Zeitraum	Reservenwachstum/Höherbewertungen der 186 Felder (nur Näherungswerte)
1981–86	ca. 10 Gb
1986–91	ca. 120 Gb
1991–96	ca. 30 Gb
1996–2001	ca. 70 Gb
2001–2003	ca. 10 Gb

Tabelle 4.6 Reservenwachstum nach Perioden[28]

Schätzungen der USGS für neu entdeckte Felder 1995–2025

Die USGS schätzte in der erwähnten Referenzstudie auch, dass 1995–2025 weltweit 939 Gb entdeckt werden *können* (mean estimate). Hier handelt es sich also um eine Potenzialangabe, nicht um eine Prognose, was *tatsächlich* entdeckt wird. Da es sich um eine geologische Untersuchung handelt, wurden keine Annahmen darüber gemacht, wie groß die Explorationsinvestitionen sein werden oder ob bestimmte Regionen aus politischen Gründen nicht exploriert werden können.

Dennoch lohnt der Vergleich mit den tatsächlich gefundenen Mengen, da er einen Hinweis gibt, wie realistisch die stark umstrittene USGS-Studie ist. Große, bislang unentdeckte Vorkommen erwartet das USGS-Team u.a. in den Feldern des Nahen Ostens, im Nordosten Grönlands, vor Surinam, im westlichen Sibirien, im kaspischen Raum sowie in den Deltaregionen des Nigers and Kongos. Die unbekannten Felder sollen zur Hälfte unter der Meeresoberfläche liegen, ein Viertel in der Arktis.

Die USGS-Forscher haben in der Zwischenzeit diese Prognose überprüft.[29] Sie analysierten die Exploration in den Jahren 1996–2003, was etwa einem Viertel des Prognosezeitraums 1995–2025 entspricht.

Bei einem ideal verteilten Explorationserfolg könnten laut USGS *ca. 30 Gb pro Jahr* gefunden werden. Tatsächlich wurden 1996–2003 insgesamt 2142 neue Öl- und Gasfelder entdeckt, die nur 69 Gb URR enthalten, *was 8,6 Gb pro Jahr entspricht – also nur etwa 30 %* der erwarteten Menge. Klett begründet diese mageren Erfolge mit politischen und ökonomischen Hindernissen, die zu einer geringen Explorationstätigkeit in aussichtsreichen Regionen geführt hat, speziell am Persischen Golf, in Nordafrika und Russland. Die Zahl der Explorationsbohrungen sei im letzten Jahrzehnt stark gesunken. Erst der Ölpreisanstieg seit 2003 werde – so das Argument – zu einer Trendwende führen.

In einer Untersuchung der IHS[30] wurde für den Zeitraum 1996–2004 errechnet, dass sogar 156 Gb Öl gefunden wurden, einschließlich eines 25 %-Bonus, da auch bei diesen Feldern mit Höherbewertungen gerechnet werden könne. Das entspricht etwa 55 % der Prognose. Einige Regionen erreichten bereits Ende 2004 einen beträchtlichen Prozentsatz der bis 2025 erwarteten Entdeckungen, so dass das Potenzial hier möglicherweise sogar unterschätzt worden ist.

Ein Rückblick auf die USGS-Prognosen aus dem Jahr 2007 zeigt, dass nur der Raum Asien-Pazifik und Afrika die Erwartungen übererfüllen konnten. In China wurde seit 1995 schon über die Hälfte des erwarteten Potenzials von 16,5 Gb gefunden.[31] Alle anderen Regionen liegen unter den Prognosen, insbesondere der Persische Golf. Chew u.a. sehen darin aber keine Widerlegung der USGS-Studie.[32] In den drei wichtigsten Staaten des Persischen Golfs wurden 1996–2005 nur 62 Wildcats (Explorationsbohrungen) durchgeführt. Daher stelle sich nach wie vor die Frage, ob das Öl nicht vorhanden ist ober ob einfach nicht danach gesucht worden ist. Auch hat die USGS bei ihrer Prüfstudie nicht alle bekannten Ölprovinzen berücksichtigt. Tatsächlich wurden in der Zwischenzeit fünf Giants (Felder mit mehr als 500 mb) außerhalb des USGS-Untersuchungsgebietes gefunden.

4.5 Basisdaten: Die Felderdatenbank der IHS

Die Reservendaten der IHS sind eine weitere, sehr häufig genutzte Datenquelle in der Ölbranche. Der Konzern berät Unternehmen und Behörden zu diversen Themen, darunter Energie. Dieses Geschäftsfeld ist 1998 aus dem Zusammenschluss von Petroleum Information/Dwights, Petroconsultants, PI (ERICO), MAI Consultants and IEDS entstanden.

Die Datenbank der Öl- und Gasfelder wurde ursprünglich von Petroconsultants entwickelt. Sie wird seit 1955 in enger Zusammenarbeit mit den großen explorierenden und produzierenden Ölfirmen aufgebaut und bietet der Branche detaillierte Informationen über fast alle bekannten Ölfelder.

Die Datenbank hat jedoch auch Lücken, weil die Explorationsaufgaben auch von Spezialfirmen oder Staatsunternehmen übernommen werden, die nicht an die IHS berichten. Dennoch bietet sie ein wichtiges Korrektiv für andere pauschal gemeldete oder geschätzte Daten. Die hohen Kosten für detaillierte Informationen machen sie für den „Privatforscher" jedoch unerschwinglich.

URR-Schätzungen der IHS

Die folgenden Schätzungen der IHS[33] berücksichtigen konventionelles Öl inklusive NGL, Reservenwachstum (allerdings nur etwa halb so stark wie von der USGS geschätzt!), unentdeckte Reserven (hier werden die USGS-Daten übernommen), Ölsandvorkommen in Kanada und Schwerstölvorkommen in Venezuela.

Im Unterschied zu den amtlichen Statistiken bei OGJ oder BP, die dem Anspruch nach nur sichere Reserven (1P), tatsächlich aber wohl ein Sammelsurium von Reservenklassen enthalten, werden hier die „wahrscheinlichen Reserven" (2P) angesetzt, die ein realistisches Bild der Situation geben sollten. Hierbei handelt es sich um Zahlen für 2006. Die Schätzung für das Jahr 2003 war abzüglich der produzierten Mengen genauso hoch. In den Vorjahren waren die Schätzungen allerdings noch deutlich niedriger.

Die Tabelle 4.7 zeigt, dass die hohen URR-Daten vor allem auf das erwartete Reservenwachstum und neue Felder zurückzuführen sind. Zusätzlich erfasst die Tabelle nicht-konventionelles Öl (vgl. Kap. 9).

URR	4821 Gb
schon produziert	1078 Gb
verbleibendes URR (konv. und nicht konv. Öl)	3743 Gb
verbleibendes URR (konv.)	2315 Gb
Reserven bekannter konventioneller Felder	1215 Gb
Exploration (neue Felder)	758 Gb
Reservenwachstum in bekannten Feldern	342 Gb
Ölsand und Schwerstöl	575 Gb
Ölschiefer und EOR	853 Gb
Einzelne Posten (sind oben bereits enthalten):	
- Tiefwasserreserven	61 Gb
- Arktische Reserven	118 Gb

Tabelle 4.7 URR-Komponenten 2006 (2P) nach IHS[34]

Die Tabellen 4.8 und 4.9 schlüsseln die bekannten Reserven für das Jahr 2006 regional auf. Die wahrscheinlichen Reserven (2P) sind zur Hälfte im Nahen Osten, ein weiteres Viertel befindet sich in Russland/Kasachstan sowie in Lateinamerika. Nordamerika, Europa, Afrika und der asiatisch-pazifische Raum verfügen nur über geringe Reserven.

	Verbleibende konventionelle be-kannte Reserven (2P) in Gb	Anteil an den Weltreserven in %
Nordamerika	45,6	4 %
Lateinamerika	149,4	12 %
Europa	26,4	2 %
Ex-Sowjetunion	187,8	15 %
Afrika	104,9	8 %
Naher Osten	678,5	54 %
Asien-Pazifik	58,3	5 %
WELT	1251 Gb	100 %

Tabelle 4.8 Konventionelle Ölreserven nach Regionen[35]

In Tabelle 4.9 fällt vor allem Nordamerika auf, das fast sein gesamtes bekanntes konventionelles Öl verbraucht hat. Am anderen Ende der Skala liegt die Region um den Persischen Golf, die gerade einmal 30 % des bislang entdeckten Öls gefördert hat. Die Lage sieht erheblich günstiger aus, wenn auch die – umstrittenen – Mengen aus erwarteten neuen Feldern, Reservenwachstum (Höherbewertung) und nichtkonventionelles Öl berücksichtigt werden. Dann hätte zum Beispiel Nordamerika nicht 85 %, sondern nur 33 % seiner Reserven verbraucht.

	Grad der Erschöpfung (ursprüngliche Menge)	Grad der Erschöpfung einschließlich neuer Felder und Reservenwachstum
Nordamerika	85 % (von etwa 300 Gb)	33 % (53 % ohne Ölsand)
Lateinamerika	47 % (von etwa 280 Gb)	19 % (32 % ohne Schwerstöl)
Europa	70 % (von etwa 90 Gb)	36 %
FSU (frühere Sowjetunion)	45 % (von etwa 330 Gb)	30 %
Afrika	47 % (von etwa 200 Gb)	34 %
Naher Osten	30 % (von etwa 970 Gb)	22 %
Asien-Pazifik-Raum	58 % (von etwa 130 Gb)	47 %

Tabelle 4.9 Grad der Reservenerschöpfung (Depletion) nach Regionen[36]

Reservenwachstum nach IHS

Ende 2003 wurde die Ölmenge in den entdeckten Feldern auf 2285 Gb geschätzt. Nur 11 Jahre zuvor (1992) lag die Summe 700 Gb niedriger bei 1585 Gb. Der größte Teil des Wachstums ging auf den Faktor des Reservenwachstums zurück, denn hätte man die 1992 bekannten Felder mit den späteren Schätzungen bewertet, hätte die Summe nicht 1585 Gb, sondern 2001 Gb betragen. Die restliche Differenz zwischen 2001 und 2285 Gb geht auf die nach 1992 neu entdeckten Felder zurück.

Harper (IHS) und andere stehen damit in deutlichem Widerspruch zu einer zentralen These der Hubbert-Geologen. Letztere würden zwar korrekt beschreiben, dass die Menge der verbleibenden Reserven (P50) nur bis in die 1980er Jahre gestiegen und seither gefallen ist, aber diese Reservenkurve wird in ihrer Gesamtheit laufend nach oben verschoben, da Jahr für Jahr mehr Öl als ursprünglich vermutet in den schon lange bekannten Feldern gefunden werde. Dadurch steige automatisch die Schätzung der bislang entdeckten Reserven. Dieser Trend hebelt die zentrale Grundannahme des Hubbert-Modells aus, nach der das URR eine fixe Größe sei, aus dem sich dann der Peak ableiten lasse.

Für die Jahre 1995–2003 ist die Reservenbilanz also deutlich positiv: Es wurden 236 Gb verbraucht, 144 Gb in neuen Feldern entdeckt und weitere 175 Gb resultieren aus der Höherbewertung bekannter Felder. Stark kommt sogar auf noch höhere Werte, als er in einer neueren Studie den Beobachtungszeitraum ausdehnt:[37]

▶ 1981–2005: Die Reserven (P50) stiegen für die vor 1981 entdeckten Felder von 600 Gb auf über 1200 Gb an. Das ist ein Reservenwachstum von 111 %.

▶ 1996–2005 (mit 150 zusätzlichen Feldern, die berichtet haben): Reservenwachstum von 348 Gb für die vor 1996 entdeckten Felder.

Ursachen des Reservenwachstums

Die immer höhere Bewertung der Reserven bekannter Felder kann verschiedene Ursachen haben:[38]

1. Ein rein statistischer Effekt durch die späte Erfassung eines Feldes (delayed recognition): Die Feld-Datenbank erhält Daten erst mit mehrjähriger Verspätung. Die Menge der aktuell erfassten Ölmengen steigt dadurch auf Kosten früherer Schätzungen. Es ist nicht ganz deutlich, wie groß dieser Effekt ist. So verweist Stark[39] darauf, dass dies nur einmal in größerem Maßstab geschehen sei, nämlich 1996, als 150 zusätzliche Felder berücksichtigt wurden. Eine andere Quelle von IHS[40] schätzt, dass dadurch 50 % des Reservenwachstums der 1990er Jahre erklärt werden kann.

2. Ein rein bilanztechnischer Effekt: Aus rechtlichen Gründen müssen anfangs unrealistisch niedrige Reserven gemeldet werden, die allmählich den realistischen Zahlen (2P) angepasst werden.

   Die bilanziell induzierte Höherbewertung ist ein immer wieder diskutierter Effekt. Tatsächlich schätzt King, dass die amerikanischen Reserven bekannter Felder auch aus diesem Grund im Laufe der Zeit auf das etwa *Achtfache* der ursprünglich geschätzten Mengen gestiegen sind. Allerdings sei auch bei Vorkommen (2P) außerhalb der USA ein erhebliches Reservenwachstum von 120–150 % zu beobachten.

   Damit wird allerdings klar, dass Erfahrungen aus den USA nicht auf die übrige Welt übertragen werden dürfen. Zudem bleibt offen, welcher Anteil dieser 120–150 % auf nachträgliche Erfassung zurückzuführen ist. Legt man den von IHS *für die 1990er Jahre* genannten Wert von 50 % zugrunde, dann kommt man außerhalb der USA auf ein historisches Reservenwachstum im engeren Sinn von insgesamt *nur noch 60–75 % über einen Zeitraum von mehreren Jahrzehnten.* Die öffentlich zugänglichen Analysen der IHS sind hier leider nicht transparent genug, um die verschiedenen Ursachen des *Reserve Growth* exakt zu trennen.

3. Das tatsächliche Reservenwachstum im engeren Sinn: Die Schätzungen des förderbaren Öls (URR) werden im Laufe der Erschließung eines Feldes nach oben revidiert, z.b. aufgrund besserer Daten, neuer Erkenntnisse, besserer Fördertechnologien oder höherer Ölpreise. Die URR-Reserven erhöhen sich also, wenn z.B. Öl unerwartet hinter einer geologischen Sperre entdeckt wird, wenn der Einsatz moderner horizontaler Bohrlöcher kleinere Vorkommen förderwürdig macht oder wenn hohe Ölpreise den Einsatz teurer CO_2-Flutungen oder Frac-Methoden (das Gestein wird aufgebrochen) rentabel macht.

Bessere Technologien könnten die Reserven weiter steigen lassen: In westsibiri-schen Feldern, die seit Ende der 1990er durch Yukos/Rosneft überarbeitet wur-den, konnte der Anteil des förderbaren Öls an dem gesamten vorhandenen Öl (Recovery Rate) von 33 % auf 44 % erhöht werden. Dadurch wurden zusätzliche 38 Gb zugänglich.

Dieses Reservenwachstum im engeren Sinn ist nach Auffassung der IHS-Experten für die Ölversorgung seit den 1980er Jahren entscheidend gewesen.

Im Jahr 1981 war der Ausblick auf die Ölversorgung auf den ersten Blick düster: Der Trend der Neuentdeckungen wies steil nach unten. Die in der IHS/Petroconsultants-Datenbank erfassten Felder schienen Reserven von 1000 Gb zu haben. Spätestens 2006 wären diese Mengen vollständig verbraucht gewesen. Die Situation wurde in den kom-menden 25 Jahren jedoch durch drei Trends entschärft:

1. Neu entdeckte Felder. Sie trugen aber nur 10–20 % zum Wachstum der Reserven bei.

2. Nachträgliche Erfassung (Delayed Recognition): Immer mehr Felder und Vor-kommen wurden in der Datenbank erfasst. Tatsächlich war mehr Öl vorhanden als ursprünglich angenommen. *Dieser statistische Effekt machte in den 1990ern etwa 50 % des Reservenwachstums aus*, danach deutlich weniger.[41] Der Effekt ist heute nur noch von geringer Bedeutung, da die IHS-Datenbank nach eigener Einschätzung etwa 99 % aller entdeckten Felder erfasst hat. Was bleibt ist die Reklassifizierung z.B. von marginalen Vorkommen in die Gruppe eigenständiger Felder.

3. Das Reservenwachstum im engeren Sinn hatte laut IHS einen wachsenden Anteil am gesamten Reservenwachstum und ist seit einigen Jahren wichtiger als die Hö-herbewertung durch nachträgliche Erfassung.

Im Jahr 2006 bestanden demnach die von der IHS publizierten Reserven (2P) der Welt im Vergleich zu 1981 aus vier Komponenten:[42]

▸   40 % der Reserven stammen aus den 1981 bereits bekannten Feldern.

▸   25 % sind Ergebnis des Reservenwachstums der der bereits 1981 bekannten Fel-der.

▸   15 % stammt aus Feldern, die nach 1981 entdeckt wurden.

▸   20 % sind Folge einer nachträglichen Erfassung oder Neuklassifizierung.

Trotz der vielen Publikationen der IHS bleibt bei der Beurteilung des Reservenwachs-tums vieles unklar. Die GAO[43] hält die Fragen für nicht ausreichend beantwortet. In der Tat ist unklar, wie stark der Effekt ist, wenn man die Sonderfaktoren herausrechnet, also die nachträgliche Erfassung, einen Teil der umstrittenen OPEC-Reservensprünge Mitte der 1980er, den bilanztechnischen Effekt und die Neuklassifizierungen.

Auch ist noch nicht klar, ob der Trend anhält.[44] In den Jahren 2004 und 2005 reichte auch das Reservenwachstum nicht mehr aus, um den Verbrauch vollständig zu kompensieren: 2005 wurden 11,6 Mrd. Barrel (Gb) entdeckt und das Reservenwachstum in bereits bekannten Feldern betrug 9 Gb. Diesen knapp 21 Gb stand eine Förderung von 29 Gb gegenüber. Die Weltreserven fielen also eindeutig. Im Vorjahr 2004 sah die Bilanz noch fast ausgeglichen aus: Entdeckungen von etwa 10 Gb und ein Reservenwachstum von 18 Gb verfehlten nur knapp den Verbrauch.

4.6   Positionen: Die optimistischen Ökonomen

Im letzten Abschnitt wurden die Reservendaten von Behörden, der Ölbranche und einiger Forschungsinstitute dargestellt. Daneben gibt es eine zweite Argumentationsschiene, die ihren Optimismus stark auf *ökonomische und technologische* Argumente stützt. Bekannte Autoren aus diesem Spektrum sind Adelman, Odell und Lynch. Sie liefern sich seit den 1990er Jahren einen gelegentlich erbitterten Schlagabtausch mit den eher pessimistischen Hubbert-Geologen, die im nächsten Kapitel vorgestellt werden.

Argumente

Die optimistischen Ansätze sind durch drei allgemeine Argumente geprägt, die sich gegenseitig ergänzen:[45]

1. Der **ökonomische** Ausgangspunkt: Ölreserven sind keine geologisch fixe Konstante, sondern das Ergebnis von Preisen und Produktionskosten. Steigt der Ölpreis oder fallen die Produktionskosten, dann vergrößern sich die förderungswürdigen Vorkommen und die Reserven steigen. Umgekehrt gilt natürlich dasselbe. Steigende Nachfrage führt zu steigenden Preisen, was die Ölfirmen antreibt, mehr in Exploration zu investieren und damit das Ölangebot wieder zu erhöhen. Ist der Preis hoch genug, dann wird zusätzliches Angebot anderer Energieträger auf den Markt kommen.

    Wenn also der Ölpreis wie z.B. nach 1970 oder nach 2003 steil ansteigt, dann ist das eine Folge von Wettbewerbsverzerrungen durch die OPEC oder Marktverzerrungen durch Spekulanten und nicht das Ergebnis einer geologischen Verknappung.

2. Der **technologische** Ausgangspunkt auf der **Angebotsseite**: Fortschritte in der Exploration, der Fördertechnik und der Verarbeitung von Öl verringern nicht nur die Kosten, sondern vergrößern auch die förderfähigen und förderwürdigen Vorkommen. Dazu gehören heute noch als „nicht-konventionelles Öl" bezeichnete Vorkommen wie Ölsand und Ölschiefer oder auch die Transformation anderer Rohstoffe zu Öl, wie z.b. Gas-to-Liquids (GTL) oder die Kohleverflüssigung (CTL), die bislang nur sehr begrenzt zum Einsatz kommen. Lange Zeitreihen zeigen, dass die Erschließungskosten und die Preise bei fast allen Rohstoffen bis zum Ende des 20. Jahrhunderts gefallen sind.[46]

    Angesichts steigender konventioneller Ölreserven und noch größerer nicht-konventioneller Ölressourcen sei eine Verknappung noch lange nicht in Sicht. Adelman referiert dazu Beispiele aus den USA[47]: 1930 war der Höhepunkt der Ölfunde in den USA. Die Reserven lagen damals bei geschätzten 13 Gb. In den folgenden 60 Jahren wurde (ohne Alaska) zehnmal so viel Öl gefördert und trotzdem lagen die Reserven um 1990 bei 17 Gb. Die wichtigste Ursache dafür liegt nach Adelman in der stark verbesserten Untersuchung und Ausbeutung bereits bekannter Ölfelder mit Hilfe neuer Technologien.

3. Der **technologische** Ausgangspunkt auf der **Nachfrageseite**: Ein geflügeltes Wort in der Energiebranche lautet, dass die Steinzeit nicht wegen der Knappheit an Steinen endete und auch das Ölzeitalter nicht durch Ölmangel sein Ende finden werde. Demnach werden kommende Generationen keine Ölknappheit erleben, da dieser Rohstoff aufgrund des technischen oder gesellschaftlichen Wandels (z.B. Klimaschutz) voraussichtlich gar nicht mehr in großen Mengen nachgefragt wird. Es sei also letztlich unwichtig, welchen Gesamtumfang die Reserven haben.

Für Adelman ist die Ölproduktion nichts anderes als eine Art Lagerabbau, wie er auch in anderen Branchen stattfindet. Geringe Lagerbestände lösen Investitionen aus. Der Preis des Öls steigt solange an, bis die notwendigen Investitionen vorgenommen werden. Wie viel sich tatsächlich im Boden befindet, sei irrelevant.

Nur die Investitionskosten sind demnach der Maßstab für den Ölpreis. Es sei nicht sinnvoll von geologischen Ölreserven auszugehen. Überspitzt argumentiert Adelman, dass man Ölreserven genauso wenig findet, wie man eine Fabrik „findet". Er nennt ein Beispiel für „produzierte" Reserven: Das kalifornische Schwerölfeld Kern River wurde 1899 entdeckt. Nach 43 Jahren Förderung hatte es offiziell noch 54 mb Reserven. Aber in den kommenden Jahren produzierte es weitere 736 mb und hatte 1986 noch immer Reserven von 970 mb. Neue Technologien und bessere geologische Kenntnisse hatten diese Entwicklung ermöglicht.

Wenn die Reserven quasi unerschöpflich sind, warum liegen dann die offiziellen Ölreserven nur bei dem 40fachen des Jahresverbrauchs? Auch hier werden ökonomische Argumente vorgebracht: Die Unternehmen investieren nur so lange in die Suche nach neuen Reserven, wie es für eine mittelfristig gesicherte Produktion erforderlich ist. Deshalb schwankt die Reichweite der Reserven nur wenig. Neue Felder werden auch deshalb kaum mehr entdeckt, weil die Investitionen dafür riskant sind und das Reservenwachstum in bereits bekannten Feldern leichter ist.

Aus dieser Sicht wäre es nicht mehr sinnvoll, von einer „Erschöpfung" von Ressourcen zu sprechen. Der Begriff „Verfügbarkeit" (availability) erscheint geeigneter.[48] Er verweist auf die Opportunitätskosten bzw. den Gegenwert an Gütern oder Dienstleistungen, die erbracht werden müssen, um einen Rohstoff oder sein Substitut zu produzieren. Knappheit wird nach dieser Definition nur an den steigenden Verfügbarkeitskosten gemessen. Die Knappheit kann also steigen, auch wenn Angebot und Nachfrage im Gleichgewicht sind. Verknappung von Rohstoffen heißt nicht, dass nichts mehr da ist, sondern dass die Ressourcen teurer werden.

Das Pyramidenmodell der USGS

Auch die USGS, die US-Behörde für geologische Fragen, hat ihrer letzten Studie aus dem Jahr 2000 ein ökonomisches Modell vorangestellt. Ein *Pyramidenmodell* kombiniert geologische Erkenntnisse mit ökonomischen Argumenten.

An der schmalen Spitze der Pyramide befinden sich die hochwertigen Ölvorkommen, die zu geringen Kosten gefördert werden können. Weiter unten finden wir, entsprechend dem Querschnitt der Pyramide, immer größere Vorkommen, die immer aufwendiger gefördert werden müssen. Die tiefer gelegenen Abschnitte der Pyramide können wir beim heutigen Stand der Technik und Geologie noch nicht erkennen. Hier befinden sich noch unbekannte Mengen von Öl und Gas.[49]

Je nach Stand der Technik und des Ölpreises können bestimmte Vorkommen in attraktive „Höhen„ steigen. Die USGS nennt das Beispiel der kanadischen Ölsande, wo die Produktionskosten in den letzten 30 Jahren dramatisch gefallen sind.

Solche „nicht-konventionellen", früher nur wissenschaftlich beachteten Vorkommen werden allmählich zu „konventionellen", ökonomisch verwertbaren Reserven. Umgekehrt können ehemals leicht zugängliche Felder bei zunehmender Erschöpfung in der Pyramidenhierarchie fallen, da ihre Produktionskosten steigen.

Die USGS belegt allerdings nicht, warum gerade diese Pyramidenform das angemessene Modell sei. Die Form suggeriert ständig wachsende Mengen in abnehmender Qualität (also steigenden Kosten), was nur für mineralische Rohstoffe ein belegtes Modell ist. Öl hat jedoch eine andere Entstehungsgeschichte, wodurch leicht zugängliche, große Ansammlungen das Reservenbild dominieren.

Reserven und Reservenwachstum nach Odell

Eine Verknappung ist auch nach Odell nicht zu befürchten. Odell schrieb schon Ende der 1970er gegen die befürchteten „Grenzen des Wachstums" an. Der inzwischen emeritierte Rotterdamer Professor blieb 40 Jahre lang der optimistischste aller bekannten Ölexperten. Er sieht Öl und Gas als dominante Energiequellen bis mindestens 2070.[50] Der Zeitpunkt des Peaks sei nicht relevant, da bis dahin nicht das Angebot, sondern die abnehmende Nachfrage nach Öl das Wachstum begrenzen werde. Insbesondere das reichlich vorhandene Erdgas werde an die Stelle von Öl treten.

Das URR konventionellen Öls liege bei etwa 3000 Gb – ähnlich den Schätzungen der USGS aus dem Jahr 2000. Pessimistische Schätzungen von unter 2200 Gb erscheinen Odell viel zu niedrig, da schon über 1900 Gb entdeckt worden sind.[51] Jede mögliche Versorgungslücke kann nach seiner Auffassung durch nicht-konventionelles Öl geschlossen werden. Hier schätzt Odell ein URR von ebenfalls etwa 3000 Gb aus einer erheblich größeren Ressourcenbasis, die jedoch nur zum kleinen Teil sinnvoll gefördert werden kann. Die Produktion wird nur langsam steigen und erst in 80 bis 90 Jahren ihren Peak bei nahezu 80 mb/d erklimmen.

Odell erwartet wie auch die USGS und die IHS vom Reservenwachstum in bekannten Feldern den entscheidenden Beitrag zur Aufstockung der Ölreserven. Er verweist auf die historische Entwicklung der Ölreserven:[52] Nachträgliche Höherbewertungen bekannter Felder steuerten zwischen 1950 und 1970 insgesamt 280 Gb bei. Im selben Zeitraum wurden 190 Gb konsumiert, so dass allein die Höherbewertungen die globalen Reserven auch ohne Neufunde vergrößerten.

In den darauf folgenden 25 Jahren bis 1995 zwangen steigende Ölpreise und fehlender Zugang zum Persischen Golf die westliche Ölindustrie, bereits bestehende Felder besser zu erschließen. Für Felder, die vor 1950 gefunden wurden, konnten die Reserven um weitere 40 Gb gesteigert werden; für Felder, die nach 1970 gefunden wurden, lag das Reservewachstum bei über 300 Gb. Odell erwartet bis 2020 ein Reservenwachstum der bekannten Felder um weitere 400 Gb. Hinzu kommen natürlich die Reserven der Felder, die erst nach 1995 entdeckt wurden. Odell geht davon aus, dass die Exploration noch lange beendet ist. Er unterstützt daher die Schätzung der USGS aus den 1990er Jahren, dass noch 600 Gb in bislang unentdeckten Feldern liegen. Zusammen mit den 2200–2300 Gb in bereits entdeckten Feldern läge das verbleibende globale URR dann bei mindestens 2850 Gb.

4.7   Die Gegenposition: Hubbert-Geologen (ASPO und EWG)

Seit etwa 2003 mehren sich die Stimmen, die eine Krise bei der Ölversorgung fürchten. Dabei vermischen sich geopolitische, ökonomische und geologische Argumente, angefacht durch mehrere, gleichzeitig auftretende Phänomene: Ein starker Anstieg des Ölpreises seit 2003, der Irak-Krieg 2003, die zahlreichen Publikationen der Hubbert-Geologen, die anhaltende Diskussion über die saudischen Reserven und der Reservenskandal bei Shell.

Die Hubbert-Geologen malen ein düsteres Bild der Ölversorgung:

▶ Die weltweiten Ölreserven sind deutlich kleiner als allgemein angenommen.

▶ Das Ölzeitalter wird schon bald enden und eine schwere globale Wirtschaftskrise verursachen.

▶ Die Reserven an nicht-konventionellem Öl sind keine Rettung, da seine Förderung nur langsam gesteigert werden kann und zudem an ökologische und technische Grenzen stößt.

▶ Schon im Jahr 2007 wurde der Peak (Scheitelpunkt) der Ölförderung erreicht. Seither sinkt die Ölförderung aus geologischen Gründen unaufhaltsam.[53] Dieser Scheitelpunkt wird erreicht, wenn etwa 50 % des förderbaren Öls verbraucht sind.

▶ Der Glaube an den technischen Fortschritt und die Lenkungskraft steigender Ölpreise wird an den harten Realitäten der Geologie scheitern.

Die Gefahren werden nach Auffassung dieser Wissenschaftler verdrängt, weil sie historisch neu sind. Bislang haben moderne Industriegesellschaften keine Erfahrung mit der endgültigen Erschöpfung lebenswichtiger Rohstoffe sammeln können.

4.7.1   Die Schule

Die Modelle haben ihren Ursprung in den 1950er Jahren. Im Jahr 1956 sagte der Shell-Geologe Hubbert voraus, dass die USA zwischen 1965 und 1970 ihren Peak erleben werden. Ein Peak beim damals wichtigsten Ölproduzenten der Welt schien undenkbar. Noch unwahrscheinlicher schien es, den Zeitpunkt vorhersagen zu können. Doch tatsächlich trat der Peak ungefähr wie prognostiziert ein. Hubbert wurde weltweit bekannt.

Hubberts Modelle wurden in den 1980er Jahren aufgegriffen und erweitert. Die Geologen Campbell und Laherrère können als seine Nachfolger angesehen werden. Ihre wichtigste Veröffentlichung erschien im März 1998 in *Scientific American* unter dem Titel: „*The End of Cheap Oil?*".[54] Darin wird der globale Peak für spätestens 2010 prognostiziert und eine andere Berechnungsmethode für Ölreserven gefordert.

Mit den Arbeiten Campbells und seiner Geologen-Kollegen Laherrère, Deffeyes, Ivanhoe, Youngquist u.a. wurde die Öffentlichkeit seither in einer Vielzahl von Publikationen vor einer unmittelbar bevorstehenden Produktionskrise gewarnt. In der Mehrzahl sind die Autoren, so wie Campbell und Laherrère, erfahrene Geologen, die in großen Ölfirmen oder bei der Beratungsfirma Petroconsultants (heute: IHS) gearbeitet haben. Petroconsultants verfügt über die weltweit größte Datenbank von Öl- und Gasfeldern.

In den letzten fünf Jahren gab es eine Reihe von eher populärwissenschaftlich geschriebenen Büchern in den USA und vereinzelt auch in Deutschland, die diese Thesen aufgegriffen und mit allgemeinen politischen oder ökonomischen Überlegungen verbunden haben. Auf der wissenschaftlichen Ebene haben in Deutschland insbesondere die BGR, die LB Systemtechnik (Energy Watch Group) und das DIW meist zustimmend, teils auch kritisch auf die Hubbert-Geologen reagiert.

Das Oil Depletion Analysis Centre (ODAC) in London und ein weltweites Netzwerk (The Association for the Study of Peak Oil – ASPO) dokumentieren das Interesse an ihren Thesen. Zu den Mitgliedern gehören zahlreiche Behörden, Unternehmen und Forschungseinrichtungen.

Der Ansatz hat in den letzten Jahren seinen Außenseiterstatus verloren und ist in der breiten Medienwelt, aber auch zunehmend in der Ölbranche selbst, zum neuen „Mainstream" geworden.

4.7.2   Der Ansatz

Die Glockenkurve von Hubbert

Hubbert baute seine intuitive Prognose auf einem simplen Modell auf. Demnach folgt die Produktion eines Ölfelds einer logistischen Funktion, die eine glockenförmige Kurve ergibt. Fünf Abschnitte lassen sich entlang dieser Kurve unterscheiden:

1. Die ersten Fördersonden beginnen mit der Arbeit: langsam steigen die Fördermengen.

2. Immer mehr Bohrlöcher und Fördersonden werden in Betrieb genommen. Das Wissen über das Ölfeld nimmt zu. Die Produktivität der Förderung steigt. Die Fördermengen steigen jetzt sehr schnell an.

3. Die Förderung erreicht ihren Höhepunkt – den Peak (Scheitelpunkt). Jetzt ist etwa die Hälfte des Öls gefördert worden.

4. Der Druck in der Lagerstätte geht nun immer mehr zurück, die Förderung muss gedrosselt werden, um das Feld nicht zu schädigen (Wasserkontakt). Der Anteil des Wassers im Fördergemisch nimmt stark zu. Technische Hilfsmaßnahmen müssen eingesetzt werden (z.b. Wasser- oder Gasinjektion), um den Druck vor Ort oder die Fließfähigkeit des Öls zu erhöhen.

5. Trotzdem sinkt die Förderung unaufhaltsam und immer schneller, um schließlich auf einem niedrigen Niveau langsam zu versiegen.

Dieser glockenförmige Verlauf der Fördermengen lässt sich nach Hubbert vom einzelnen Ölfeld auf ganze Regionen übertragen. So folgt auch der Produktionsverlauf der Summe aller Felder, also einer ganzen Ölprovinz oder der ganzen Erde, diesem Modell.

Eine Information ist zentral: Um den Verlauf dieser Kurve vorhersagen zu können, ist es entscheidend, dass der Geologe über eine zuverlässige Schätzung der *gesamten förderbaren Ölmenge* (URR) verfügt. Erst dann weiß er, wann 50 % gefördert sind und die Fördermengen deshalb fallen werden. Die Genauigkeit dieser Zahl entscheidet also über die Qualität der darauf beruhenden Prognosen.

Die Asymptoten-Kurven von Laherrère (Creaming Curves)

Das einfache Modell Hubberts wurde von seinen Nachfolgern ergänzt. Es ging vor allem um analytische Instrumente, eine Erschöpfung der Ölreserven in einer Region prognostizieren zu können. Die Methoden konzentrieren sich auf die Größe und Häufigkeit neu entdeckter Felder.[55]

Explorationserfolge: Hier wird untersucht, wieviel Öl je Explorationsbohrung gefunden wird. Als Normalverlauf wird angenommen, dass sich eine hyperbolische Kurve ergibt, wenn man auf der X-Achse die kumulierte Zahl der Bohrungen und auf der Y-Achse die kumulierten Funde abträgt. Das Ergebnis ist also eine Kurve, die steil ansteigt (wenige sehr ergiebige Funde) und dann abflacht (viele Bohrungen, die weniger ergiebig sind). Eine Fortführung der Kurve erlaube dann eine asymptotische Annäherung an die wahrscheinliche Gesamtmenge des Öls in einer Region.

Feldgrößenverteilung: Diese Kurven zeigen die Größenverteilung der Felder für einzelne Explorationsjahre und einzelne Regionen. Dabei wird deutlich, dass in den untersuchten Beispielen zunächst größere, dann immer kleinere Felder gefunden werden. Der Trend wird in die Zukunft fortgeschrieben. In vielen Beispielen nähert sich die Trendkurve asymptotisch einer Gesamtfundmenge. Die Größenverteilung wird auf diese Weise benutzt, um das URR einer Region zu bestimmen. Die Daten für die Bohrerfolge und Feldgrößen werden in erster Linie der IHS-Datenbank entnommen.

Korrelation von Entdeckungen und Produktionsmengen: Ein dritter Ansatz korreliert Entdeckungen mit der Produktion in der Zukunft. Der Peak bei den Neuentdeckungen geht einem Peak in der Produktion wenige Jahrzehnte später voraus. Es ist allerdings klar, dass viele Länder mehrere Entdeckungszyklen haben.

4.7.3   Kritik an den „amtlichen" Statistiken (OGJ, BP)

Die Hubbert-Geologen kritisieren die oft zitierten Reservenstatistiken des Oil & Gas Journal (OGJ) und der *Statistical Review of World Energy* von BP:

1.   Die Daten seien zum einen nicht zuverlässig, da sie ungeprüft von nationalen Behörden übernommen werden und über viele Jahre nicht aktualisiert werden.

     Besonders eklatant seien die Veränderungen in den 1980ern: Zwischen 1984 und 1988 meldeten die fünf großen Golfstaaten, dass ihre sicheren Reserven um 237 Gb (20 % der Weltreserven) gewachsen seien – ohne dass in diesem Zeitraum Entdeckungen gemeldet wurden, die einen solchen Anstieg rechtfertigen könnten (dazu später mehr).

2.   Statistischer Denkfehler: Nach Angaben von BP/OGJ werden sichere Reserven (P90) berichtet. P90 bedeutet jedoch, dass die Reserven mit großer Wahrscheinlichkeit (eben 90 %) größer sind. Die Addition von über 100 Länderdaten ergibt also mit Sicherheit eine zu kleine Summe.

3.   Am wichtigsten aber: Die amtlichen Zahlen vermitteln ein falsches Bild, wenn sie über Jahrzehnte steigende Reserven melden. Tatsächlich sind die Ölmengen in neu entdeckten Feldern schon seit den 1970er Jahren kleiner als der Verbrauch.

Der statistische Widerspruch erklärt sich daraus, dass ältere Felder scheinbar „wachsen", weil sie im Laufe der Jahre besser erforscht werden oder weil bilanztechnische Gründe nur die Buchung erschlossener Reserven erlauben. Bei einem Bohrerfolg wird der Hauptteil eines Feldes mit einer begrenzten Zahl von Bohrlöchern erschlossen. Die daraus erwartete Fördermenge gilt als „Proved Reserves". Wenn diese Lagerstätten sich der Entleerung nähern, werden Nebenreservoirs und schwerer zugängliche Teile der Hauptreservoirs angebohrt. Die dort zu erwartenden Mengen werden erst jetzt addiert.

Würde man die P90-Zahlen von Anfang an durch die realistischeren P50-Schätzungen ersetzen, dann würde sich das Reservenwachstum in Luft auslösen. Tatsächlich sei Reservenwachstum nichts anderes als die Differenz zwischen P90 und P50.[56] Erst bei

P50-Werten ist die Addition der Reserven sinnvoll: Einige P50-Werte wachsen unerwartet an, andere schrumpfen überraschend. Die Summe ergibt ein realistisches Bild.

Die Hubbert-Geologen argumentieren daher, dass alle nachträglichen Höherbewertungen eines Feldes auf das Entdeckungsjahr des Feldes zurückdatiert werden müssten. Wenn z.b. ein Nordseefeld bei seiner Entdeckung im Jahre 1980 auf 500 mb geschätzt worden war und sich erst 1990 herausstellt, dass sich mindestens 800 mb darin verbergen, dann würden BP/OGJ im Jahr 1990 300 mb „neue" Reserven melden. Die Hubbert-Geologen hingegen verbuchen nur solche Barrel als „neu", die in neu entdeckten Feldern gefunden wurden. Deshalb werden die zusätzlichen 300 mb dem Entdeckungsjahr 1980 zugeordnet.

Eine Zurückdatierung ergibt dann eine ganz andere historische Entwicklung der Reserven, wie Laherrère demonstriert[57]: Während die amtlichen Statistiken ständig steigende Reserven bis auf aktuell über 1200 Gb melden, zeigen die P50-Reserven (mit Zurückdatierung) einen Höhepunkt der verfügbaren Reserven um das Jahr 1980 bei etwa 1100 Gb. Danach sinken sie deutlich ab bis auf heute etwa 800 Gb. Die Lücke von 400 Gb gegenüber den aktuellen OGJ/BP-Statistiken sei auf überbewertete Reserven am Persischen Golf zurückzuführen.

Kritik am Technologieargument

Ein gängiges Argument der Optimisten lautet, dass Ölfelder durch neue Technologien vollständiger entleert werden können als bisher. Statt 30 % des vorhandenen Öls in einem Feld wären z.b. über 50 % Recovery Rate möglich. Dadurch könnten die förderbaren Ölreserven auf der Welt deutlich ansteigen, ohne dass neue Felder gefunden werden müssten.

Nach Laherrère ist der Prozentsatz des förderbaren Öls in einem Feld (Recovery Rate) jedoch kaum von der eingesetzten Technologie abhängig, sondern in erster Linie von den geologischen Bedingungen. Neue Techniken könnten die Entleerung lediglich beschleunigen oder die Kosten senken.[58]

Technische Eingriffe können zwar den Lagerstättendruck, die Temperatur oder die Eigenschaften der Flüssigkeiten, nicht aber – so Laherrère – die geologischen Eigenschaften des Gesteins verändern. Das sei nur in unmittelbarer Nachbarschaft des Bohrlochs durch Säuren oder Aufbrechen des Gesteins möglich.

Kritik an der IHS

Die Hubbert-Geologen Campbell und Laherrère hatten seit den 1980er Jahren auf die Datenbank ihres früheren Arbeitgebers, IHS Energy (ex Petroconsultants) zurückgegriffen, um ihre Thesen zu untermauern. Seit einigen Jahren zeigen sich jedoch Widersprüche. Jüngere IHS-Publikationen verweisen auf ein beträchtliches Reservenwachstum in bekannten Feldern, was nach Campbell/Laherrère nicht auftreten dürfte. Auch verwendet IHS einige Daten aus der USGS-Studie (2000), die von den Hubbert-Geologen heftig attackiert wird.

Seit 2005 nutzt Laherrère deshalb auch die Daten der großen Energieberatungsfirma Wood Mackenzie, die 79 Ländern abdeckt. Allerdings bleiben die sonstigen Unterschiede zwischen den Datenbanken etwas unklar. Die IHS erfasst 22.000 Feldern, Wood Mackenzie erfasst knapp 7.000 Feldergruppen. Die bei Wood Mackenzie nicht erfassten Staaten könnten, so Laherrère, wegen ihrer geringen Ölreserven vernachlässigt werden.

Die Ergebnisse unterscheiden sich sehr deutlich. Insgesamt klafft eine Lücke von 300 Gb zwischen Laherrères Auswertung der Wood Mackenzie-Datenbank und den IHS-Daten. Allein für Saudi-Arabien gibt Wood Mackenzie 120 Gb weniger Entdeckungen an als die IHS. Die Gründe bleiben unklar. Laherrère verweist ohne Details auf kommerzielle Verstrickungen der IHS. In der Vergangenheit lagen die beiden Datenbanken noch nahe beieinander. Die Schere öffnete sich zwischen 1960 und 1980 deutlich, danach langsamer.[59] Die Tabelle 4.10 zeigt die Bewertungsdifferenzen für die Staaten, die von beiden Datenbanken erfasst werden. Besonders starke Einzelabweichungen gibt es bei den in Tabelle 4.11 aufgeführten Staaten.

in Mrd. Barrel	Zahl der Länder	IHS	WoodMac
Afrika	26	200	177
Lateinamerika	9	230	187
Europa	11	75	76
Naher Osten	11	969	717
Asien	16	138	119
Ex-Sowjetunion	6	336	333
Alle Länder, die von beiden Datenbanken erfasst werden	79	1946	1609

Tabelle 4.10 Kumulierte Entdeckungen bei IHS und Wood Mackenzie[60]

Laherrère kommt schließlich (inkl. Nordamerika) auf ein URR von 2000 Gb, was impliziert, dass noch weniger als 200 Gb unentdeckt sind, da 2005 schon 1800 Gb entdeckt waren. Er geht allerdings nicht davon aus, dass die Produktionskurve symmetrisch verlaufen wird. Er rechnet damit, dass 2005 die Hälfte des konventionellen Öls verbraucht war. Der Peak werde aber erst 2012 eintreten.

in Mrd. Barrel	**IHS**	**WoodMac**
Vereinigte Arabische Emirate	83,4	42,7
Iran	193,1	127,4
Saudi-Arabien	401,6	282,3
Libyen	51,7	36,7
Venezuela	101,0	72,4
Brasilien	30,0	23,,2
Kuwait	93,4	72,6
Katar	40,5	64,2

Tabelle 4.11 Länderspezifische Abweichungen IHS und Wood Mackenzie[61]

Kritik an der USGS

Die Hubbert-Geologen kritisieren ebenfalls den dritten Pfeiler der Mainstream-Statistiken: Die große Studie der USGS aus dem Jahr 2000.[62] Sie machen eine ganze Reihe von Schwächen aus:

1. Abweichung von früheren Ergebnissen

    Die Studie von 2000 weicht in Ansatz und Aussage stark von früheren Schätzungen der USGS ab. Die Vorgängerstudie kam 1998 (auf der Basis von Daten aus dem Jahr 1994) zu deutlich anderen Resultaten. Das Welt-URR lag damals bei 2300 Gb, in der neuen Studie bei 3300 Gb.

2. Basisdaten zu beliebig

    Der Ansatz der USGS-Studie war im ersten Schritt abstrakt geologisch, um wahrscheinliche Ölregionen zu identifizieren. Dann wurde es Fachleuten überlassen, die Vorkommen in diesen Regionen mittels eines standardisierten Fragebogens zu taxieren. Die Ergebnisse wichen stark voneinander ab, so dass mit statistischen Verfahren maximale, minimale und durchschnittliche Werte für die Zahl und die Größenverteilung der Ölfelder errechnet wurden.

    Bei stark divergierenden Meinungen wurde der Mittelwert verwendet. Das wird kritisch gesehen, da dieser Wert durch die oft extrem hohen Maximalschätzungen nach oben gezogen wurde. Laherrère nennt ein Beispiel: Die Schätzungen für *Mexiko* zeigen eine extreme Spannbreite in den URR-Schätzungen von 7 Gb bis 158 Gb, was angesichts der langen Förderpraxis und der guten Datenlage nicht erklärbar sei. Interessanterweise stiegen nur die oberen Werte (P5) gegenüber der früheren USGS-Studie, während die sicheren Reserven (P95) schon zum zweiten Mal reduziert wurden, nachdem der mexikanische Staat einige frühere Daten zurückziehen musste. Der trotzdem leicht steigende Mittelwert sei also allein auf unerklärlich hohe Maximal-Schätzwerte (P5) zurückzuführen.[63]

3. Zu hohes Reservenwachstum in bekannten Feldern[64]

Die USGS-Studie erwartete ein sehr starkes Reservenwachstum, ermittelt auf der Basis amerikanischer Feldanalysen. Dagegen wird eingewandt, dass dieser Zuwachs auf die besonderen Bilanzvorschriften der USA zurückzuführen ist.

Zweitens sei ein dermaßen starkes Wachstum nur bei großen Feldern zu beobachten. Es werden aber fast nur noch kleinere Felder gefunden, deren Gesamtpotenzial schon früh vollständig erkennbar ist.

Drittens seien die von der USGS als Beispiele angeführten Felder schon vor langer Zeit entdeckt worden, als moderne seismische Methoden noch nicht bekannt waren. Daher wurde ihr Potenzial damals fast zwangsläufig unterschätzt.

Selbst die IHS distanziert sich von den optimistischen Annahmen der USGS und verwendet bei ihren eigenen Untersuchungen nur etwa halb so große Werte.[65]

Den Statistiken zum Reservenwachstum (P50) von Klett (2004, 2005) und Harper (2004) hält Laherrère entgegen, dass nicht die Reserven dieser Felder gewachsen sei, sondern dass die Zahl der in der Datenbank erfassten Felder im Zeitverlauf gestiegen sei. Allerdings verweist Stark[66] darauf, dass dies nur einmal, nämlich 1996, geschehen sei, als 150 zusätzliche Felder berücksichtigt wurden.

4. Unrealistischer Optimismus bei Neuentdeckungen

Der Mittelwert für mögliche Neuentdeckungen liegt laut USGS bei 24 Gb pro Jahr, also insgesamt 732 Gb für die Untersuchungsperiode 1995–2025. Die Praxis seit 1995 spreche dagegen, denn die tatsächlichen Neufunde erreichten bisher nicht einmal die Hälfte dieses Wertes.

5. Skepsis bei neuen Ölprovinzen

In der USGS-Studie wird die Entdeckung bislang völlig unbekannter Ölprovinzen erwartet. Für Ostgrönland, wo bislang noch nie Öl in nennenswerten Mengen gefunden wurde, werden enorme Funde von 47 Gb erwartet, was etwa den ursprünglichen Ölvorkommen der Nordsee entspricht.

Die 47 Gb ergibt sich[67] aus dem Mittelwert von zwei Wahrscheinlichkeitswerten: Mit 95 %iger Wahrscheinlichkeit befindet sich dort Öl (und sei es nur 1 Barrel) und mit 5 %iger Wahrscheinlichkeit sind es 112 Gb. Der Mittelwert liegt bei

47 Gb. Laherrère kritisiert, dass bei einer so vagen Datenlage keine aussagekräftigen Mittelwerte gewonnen werden können. Die reagierte in der Zwischenzeit auf die Kritik und reduzierte die Schätzung.

4.7.4   Die Reservenschätzungen der Hubbert-Geologen

In den 1970er Jahren überwog in Ölindustrie und Wissenschaft die Meinung, dass die Ölreserven bald zur Neige gehen werden und dass die Scheitelproduktion (Peak) um das Jahr 2000 zu erwarten sei. Diese These stützte sich auf die Annahmen, dass das URR bei 2000 Gb liegt und dass – bei den Wachstumsraten der 1970er Jahre – die Hälfte davon um das Jahr 2000 verbraucht sein werde. Danach werde die Produktion – gemäß der Hubbertschen Glockenkurve – unaufhaltsam zurückgehen.[68] Die heutigen Schätzungen der Hubbert-Geologen modifizieren diese Grundannahmen nur leicht: Die Wachstumsraten in der Ölproduktion haben sich abgeflacht und das URR ist vermutlich nur unwesentlich höher als 2000 Gb. Daraus ergibt sich eine nur leichte Verschiebung des Scheiteljahrs von 2000 auf 2005–2012.

Definitionen

Bei allen Schätzungen der Hubbert-Geologen (Campbell, ASPO) ist es wichtig zu berücksichtigen, dass die verwendeten Definitionen stark von den üblichen Begriffsbestimmungen abweichen. Das *regular oil*, auf das sich ihre Schätzungen normalerweise bezieht, schließt folgende Vorkommen aus:[69]

▸   Polaröl, das nördlich des Polarkreises gewonnen wird.

▸   Tiefwasservorkommen aus mehr als 500m Wassertiefe.

▸   Lange Zeit hat Campbell auch Kondensate aus Ölfeldern ausgeschlossen, dies aber 2001 revidiert.[70]

▸   Bitumen, Schweröl und Schwerstöl bereits unter einer Dichte von 17,5° API.

Die wichtigsten Einschränkungen gegenüber fast allen anderen Statistiken sind also der Ausschluss der sehr großen Mengen an Natural Gas Liquids (NGL) aus Erdgasfeldern, Öl aus Polarregionen, Tiefwasservorkommen und ein Teil der schweren Ölsorten. Diese Einschränkungen hält Campbell für vertretbar, da die ausgeschlossenen Bereiche entweder nur ein begrenztes Potenzial (Tiefwasser, Arktis) oder ein nur langsam erschließbares Potenzial bieten (Ölsand, Schwerstöl) oder anderen Gesetzmäßigkeiten unterliegen (NGL aus Erdgasfeldern):

▸ Schweröl und Ölsande werden bis 2020 einen Peak von höchstens 4,5 mb/d erreichen.[71]

▸ Tiefwasservorkommen seien wahrscheinlich auf den Golf von Mexiko (GOM) und
   die Küsten des Südatlantiks (Brasilien, Westafrika) beschränkt. Die Tiefwasserproduktion wird Anfang des kommenden Jahrzehnts einen Peak von maximal 8 mb/d
   erreichen, um dann bis 2020 auf 3 mb/d zu fallen.[72]

▸ Arktische Regionen (z.b. nördliches Alaska, Barentsee) werden eher Gas als Öl
   zum Vorschein bringen, weil die Eiskappen die Kohlenwasserstoffe tiefer gedrückt
   haben.

▸ Die NGL-Produktion wird parallel zur Erdgasförderung steigen, aber dann auch
   wieder fallen.

Bei den Prognosen der ASPO ist also stets vorab zu klären, ob es sich um *regular oil*
oder die übliche Definition handelt.

Reservenschätzung der ASPO[73]

Anstelle des URR wird seit kurzem nur die Produktion bis zum Jahr 2100 geschätzt.
Dadurch soll das Problem deutlich werden, dass bestimmte nichtkonventionelle Ölvorkommen wie z.b. Ölsand zwar in sehr großen Mengen vorhanden sind, aber nach der –
nicht unumstrittenen – Einschätzung der ASPO-Wissenschaftler nur langsam erschlossen werden können. Reserven, die sowieso erst in vielen Jahrzehnten für die Produktion
relevant werden, haben keinen Einfluss auf die aktuelle Reserven- und Peak-Diskussion
und könnten daher vernachlässigt werden.

Im April 2008 wurden die Schätzungen gegenüber der letzten Prognose vom September 2007 leicht nach unten revidiert und der Peak (All Liquids) von 2010 auf 2007 vorverlegt. Zur Begründung werden die technisch bedingten Verzögerungen bei vielen
Tiefwasserprojekten angeführt. Die Tiefwasserreserven wurden ohne nähere Erläuterung von 66 Gb um ein Viertel auf 85 Gb nach oben korrigiert, was vermutlich eine
Folge der jüngsten Entdeckungen vor Brasilien ist. Ebenfalls ohne nähere Erläuterung
wurden die NGL-Reserven (im Sinne einer möglichen Produktion bis 2100) und die
Schwerstöl/Ölsandreserven um 20 % bzw. 10 % gekürzt.

Die beiden Tabellen 4.12 und 4.13 geben einen Überblick über die aktuellen Schätzwer-
te, zunächst global, dann nach Typ und Region gegliedert.

Stand Mai 2008	All liquids	Regular Oil (ohne Ölsand, Schwerstöl, Ölschiefer, ohne Polaröl, ohne Deepwater, ohne NGL)
URR	2450 Gb	1875 Gb
Bisherige Förderung	1159 Gb	1008 Gb
Verbleibende Reserven	1291 Gb	867 Gb

Tabelle 4.12 Ölreserven laut ASPO[74]

	URR	PEAK-JAHR
Insgesamt	2450 Gb	2007
davon:		
- Schwerstöl/Ölsand	184 Gb	2030
- Tiefwasseröl	85 Gb	2013
- Polaröl	52 Gb	2030
- Gas Liquids (NGL)	203 Gb	2035
- USA (o. Alaska) (nur regular oil)	200 Gb	1970
- Europa (nur regular oil)	76 Gb	2000
- Russland (nur regular oil)	230 Gb	1987
- Persischer Golf (nur regular oil)	663 Gb	2015
- Andere (nur regular oil)	706 Gb	2005

Tabelle 4.13 Reserven bis 2100[75]

Energy Watch Group: Die deutschen „Hubbertianer"

Die deutsche Forschungsgruppe Energy Watch Group[76] kommt auf noch geringere Reservenzahlen als ASPO. Der Ansatz, der eine Mischung aus Hubbert-Methoden und anderen Methoden darstellt, wird in Kapitel 5 näher vorgestellt. Daher werden hier nur summarisch die Reservenzahlen präsentiert. Ähnlich wie bei der ASPO zeigen sich auch hier die größten Abweichungen gegenüber den Mainstream-Analysen bei den Reserven des Persischen Golfs, Russlands und Venezuelas (vgl. Tab. 4.14).

in Mrd. Barrel	EWG	ASPO	IHS	OGJ
Russland	105	-	128	60
Kasachstan	33	-	39	30
Brasilien	13	-	24	12
Venezuela	22	-	89	87
Kuwait	35	54	51	102
Iran	44	69	134	138
Irak	41	61	99	115
Saudi-Arabien	181	159	286	264
Welt	854 Gb	1196 Gb	1255 Gb	1161 Gb

Tabelle 4.14 Vergleich der Schätzungen (verbleibendes URR)[77]

4.8 Kritik an den Ansätzen der Hubbert-Geologen

Die alarmierenden Thesen der Hubbert-Geologen haben vielfach Zustimmung, aber auch Kritik ausgelöst. Von einigen Autoren wird das Konzept grundsätzlich als hilfreich betrachtet, auch wenn der Höhepunkt der Ölgewinnung erst später erwartet wird. Von anderen wird der Ansatz in seiner Gesamtheit abgelehnt. Kritikpunkte sind insbesondere:

Geologismus

Die Hubbert-Geologen haben nach eigener Darstellung einen rein geologisch-technischen Ansatz. Ökonomische und politische Faktoren werden explizit nicht berücksichtigt oder implizit integriert, aber nicht näher begründet.

Diese Beschränkung mag für die Berechnung von Reserven und Ressourcen legitim sein, aber nicht – so die Kritik – für Produktionsprognosen. Jede Art von zeitlicher Festlegung müsste daran scheitern, dass politische und ökonomische Faktoren ausgeklammert werden.

In der Praxis scheinen die Prognosen der ASPO eine Mischung aus Hubbert-Methoden und Common Sense zu sein, der sich aus der Erfahrung der Experten speist. Das erhöht einerseits die Qualität der Analysen, weil sie ein Korrektiv zum in der Tat oft unverständlichen Optimismus anderer Ansätze bietet, andererseits fließen jedoch unausgesprochen viele Annahmen mit ein, die einer offenen Diskussion würdig wären.

Die Ausnahme ist die Regel

Die zentralen Annahmen des Hubbert-Ansatzes beziehen sich nur auf konventionelle Ölfelder, die ungehindert ausgebeutet werden können. Aus ihrem Produktionsverlauf werden Höhe und Zeitpunkt eines lokalen und schließlich auch globalen Peaks abgeleitet. In der Praxis überwiegen jedoch die Sonderfälle:

▸ Der Zusammenbruch der Sowjetunion behinderte die russische Ölproduktion, jahrzehntelange Sanktionen und Kriege stoppten immer wieder die irakische und iranische Förderung, Produktionsquoten der OPEC beeinflussten nicht selten die saudische Förderpolitik. In zahlreichen Staaten wurde die Ölförderung immer wieder von politischen oder ökonomischen Faktoren behindert.

▸ Hinzu kommt die wachsende Bedeutung von Flüssiggasen (NGL) aus Erdgasfeldern, deren Entwicklung anderen Gesetzmäßigkeiten unterliegt.

▸ Schließlich nimmt auch das Gewicht nichtkonventionellen Öls aus Ölsand oder Biomasse zu. Deren Entwicklung kann nicht mit den Hubbert-Methoden erfasst werden.

Das URR ist kein Fixum

Lynch gibt zu bedenken, dass die Grundannahme einer *fixen* förderbaren Ölmenge (URR) falsch sei. Zwar gebe es eine geologisch fixe Menge Öl in der Erde, die von oberflächennahen Riesenfeldern bis zu kleinsten Mengen in großer Tiefe reichen. Das URR bezieht sich jedoch immer auf die förderbaren Mengen bei gegebener Technologie und aktuellen Preisen. Daher ist das URR variabel. Die Menge des *förderbaren* Öls hängt von dynamischen Variablen wie Preis, Technologie und Infrastruktur ab.[78]

Die IHS verweist darauf, dass auch die P50-Mengen des Weltöls in den letzten Jahrzehnten deutlich angestiegen seien.[79] Wenn die P50-Reserven steigen, dann ist eine Peak-Schätzung aber nicht mehr möglich, weil sich dann auch das URR sich laufend verändert. Aus dem Peak wird dann eine Wanderdüne.

Pauschale Abwertung von technologischen Innovationen

Die Wirkung neuer Technologien gilt bei den Hubbertianern als sehr begrenzt und wird nicht weiter untersucht. Die meisten Anwendungsgebiete für neue Technologien werden ausgeklammert oder nur pauschal als wenig relevant beurteilt.

Es ist jedoch unbestritten, dass z.B. kleinere Offshore-Felder oder Tiefwasservorkommen nur aufgrund technologischer Innovationen zu förderbaren Reserven werden konnten. Lynch weist im Fall britischer Nordseefelder darauf hin, dass schon vor 1980 entdeckte, kleinere Felder erst in den 1990ern erschlossen werden konnten, als die geeignete Meeresbodentechnologie zur Verfügung stand. 1995 produzierten diese Nordsee-Felder immerhin 0,4 mb/d.[80]

Meling kritisiert, dass eine konstante Produktionseffizienz (Outtake) unterstellt wird, also dass die Fördergeschwindigkeit auch durch neue Technologien nicht gesteigert werden kann, ohne die Felder nachhaltig zu schädigen.[81] Meling hält das für empirisch falsch. Zudem hätte diese Annahme zur Folge, dass die Größe der Reserven auf die Fördermengen in einem gegebenen Zeitraum (mb/d) keinen Einfluss hat. Auch das sei sehr zweifelhaft.

Nicht-konventionelles Öl bleibt Unbekannte

Bei *non-regular oil* sind es laut ASPO technische und ökologische Grenzen, die die Fördermengen stark limitieren. Dem wird entgegengehalten, dass sehr hohe Ölpreise die notwendigen Investitionen auslösen werden und damit Ressourcen in förderwürdige Reserven verwandeln.

Auch lässt sich argumentieren, dass ökologische oder ökonomische Argumente nicht vom Kern des Hubbert-Ansatzes erfasst werden können und daher näher begründet werden müssten.

Reservenwachstum in bekannten Feldern

IHS-Forscher schätzen das Reservenwachstum auf mehrere hundert Milliarden Barrel bei einem URR von 3000 Gb. Campbell und Laherrère kamen auf weitaus niedrigere Werte, obwohl sie sich 1998 auf dieselbe Datenbank stützten.

Campbell/Laherrère halten ihre URR-Schätzung für akkurat und stabil, insbesondere wegen der abnehmenden Größe neu entdeckter Felder, was auf eine Asymptote für das URR hinweist. Dem wird entgegengehalten, dass auch die Reservenschätzungen neuerer Felder im Laufe der Zeit wachsen können, wenn mehr Daten vorliegen und bessere Fördermethoden eingesetzt werden. Daraus folge, so Lynch, dass die Größe neuer Felder unterschätzt und damit die Asymptote fragwürdig wird. Lynch vergleicht dies (etwas zu gewagt) mit einer Baumschule, in der jüngere Bäume naturgemäß kleiner seien. Daraus auf eine kommende Holzknappheit zu schließen, sei falsch.

Campbell und Laherrère wenden gegen dieses Argument wie oben bereits erwähnt ein, dass das offizielle Reservenwachstum in bekannten Feldern überwiegend auf bilanztechnische oder statistische Gründe zurückzuführen sei. Da sie eine Datenbank verwendet haben, die diese Verzerrung berücksichtigen sollte, seien auch ihre Schätzungen für neue kleine Felder bereits heute verlässlich.

Dagegen führt Lynch wiederum an, dass die USGS-Studie dieselbe Datenbank verwendet habe und zu einem weitaus optimistischeren Ergebnis von 612 Gb Reservenwachstum in bekannten Feldern gekommen sei.

Hubberts Glockenkurve

Auf der empirischen Ebene wenden Kritiker ein, dass die Entwicklung der Ölförderung nur in wenigen Ländern einer Glockenkurve ähnelt, wie es Hubbert postuliert. Nach Lynch trifft das unter 51 betrachteten Ländern außerhalb der OPEC nur in 8 Fällen zu. Bei den OPEC-Staaten trifft es in keinem einzigen Fall zu.[82]

Die Anwendung der Hubbert-Glockenkurve setzt eine zügige Ausbeutung aller entdeckten Felder und ideale Marktbedingungen voraus – Bedingungen also, die höchstens für die USA in bestimmten Perioden galten, aber nicht für die meisten anderen ölexportierenden Länder. Die BGR zeigt dies z.B. auch für Deutschland: Der Peak war 1968, der Rückgang verlief zunächst sehr allmählich und wurde von einem *Produktionsanstieg* 2001 vorerst gestoppt.[83]

Konkurrierende Modelle zu Hubberts Modell sind z.B. das 1996 von Chen Yuanqian entwickelte „Generalized Weng Model" oder das von mehreren chinesischen Ölexperten entworfene „HCZ-Modell" aus dem Jahr 1995.[84] Diese Konkurrenzmodelle scheinen insbesondere den zweiten Teil der Produktionskurve, also den absteigenden Ast, besser zu erfassen. In vielen Ländern, darunter China, verläuft dieser Rückgang (*decline*) weitaus langsamer und weniger steil als bei Hubbert prognostiziert.

Die Prognosen für das Peak-Jahr in China sind je nach Modell unterschiedlich, obwohl die maximale Produktionsmenge nur wenig differiert:

▶ Hubbert-Modell: Peak im Jahr 2005 bei 172 Mio. t Öl Jahresproduktion.

▶ Generalized-Weng-Modell: Peak im Jahr 2026 bei 194 Mio. t.

▶ HCZ-Modell: Peak im Jahr 2012 bei 188 Mio. t.

Kritik an den Asymptoten/Creaming Curves

Die Kurven von Laherrère ergeben – so die Kritiker[85] - nur durch die eigenwillige Wahl der Variablen die scheinbare Möglichkeit, durch die Verlängerung einer flacher werdenden Asymptote das URR schätzen zu können. Statt die Entdeckungen wie Laherrère nach Feldgrößen zu ordnen, was bei einer normalen Feldgrößenverteilung automatisch eine Asymptote ergibt, sollten die Entdeckungen nach ihrer zeitlichen Reihenfolge eingetragen werden. Dann ergebe sich ein weitaus weniger klares Bild, so z.B. in Großbritannien, China, Frankreich und Norwegen.

Die Hubbert-Geologen setzen bei ihrer Methode voraus, dass zwangsläufig zuerst die großen und dann die kleinen Felder gefunden werden. Dies müsse jedoch nicht so sein (Beispiel Kashagan), da die Territorien z.b. aus klimatischen oder politischen Gründen nicht gleichmäßig erforscht werden. Oder neue technische Möglichkeiten machen neue Territorien zugänglich, deren Ölhöffigkeit bislang bezweifelt wurde, wie z.b. die erheblichen Tiefstwasserfunde im Golf von Mexiko, vor Brasilien und vor China. Schon bei kleineren Abweichungen wird die Schätzung des URR – und damit die ganze Methode – hinfällig.

Entdeckungen und Peak

Die Hubbertianer gehen natürlich zu Recht davon aus, dass der Höhepunkt der Produktion normalerweise nach einem Höhepunkt der Entdeckungen kommt. Da jedoch keine Methode angegeben wird, den Zeitraum zwischen den beiden Scheitelpunkten im Voraus zu berechnen, ergeben sich dadurch keine neuen Einsichten.

Trend bei Neuentdeckungen

Campbell konstatiert, dass seit den 1970ern in der Summe immer weniger Öl in neuen Ölfeldern entdeckt wird. Das gelte auch für den Nahen Osten. Nach Laherrère reichten 1920–1980 wenige Bohrungen aus, um 723 Gb zu finden; 1980–2000 haben 1760 Explorationsbohrungen nur 32 Gb gefunden. Daraus schließt Laherrère, dass im Nahen Osten kaum noch Öl zu finden ist.[86] Dagegen gibt es drei Argumente:

1. Wie bei den alten Feldern können auch die Schätzungen für die Reserven in den neu entdeckten Feldern noch deutlich ansteigen, wenn sie besser untersucht sind.

2. Nach 1980 wurde die Bohrtätigkeit in den aussichtsreichsten Ölregionen, nämlich Irak und Iran, aufgrund von Kriegen und Sanktionen stark reduziert. Dagegen nahmen die Aktivitäten in den Randregionen (Oman, Syrien, Jemen) deutlich zu. Es hat also auch politische Gründe, dass weniger Öl gefunden wurde.

3. In den letzten Jahren wurde mehr Öl gefunden, als es die Prognosen von Campbell/Laherrère erwarten ließen. Allein die Kashagan (Kasachstan) und Azadegan (Iran) machen 10 % der verbliebenen Neureserven aus.

Empirische Überraschungen

Überprüft man ältere Prognosen (2000) der Hubbert-Geologen aus heutiger Sicht, lassen sich einige unerwartete Entwicklungen feststellen:[87]

▸ Für Russland wurden „keine großen Produktionszuwächse" erwartet. Etwa 50 % der Reserven seien verbraucht. Tatsächlich stieg die Förderung sehr deutlich von 6,5 mb/d (2000) auf 9,8 mb/d (2007) an.

▸ In China wurde ein Förderrückgang erwartet. Tatsächlich stieg die Produktion von 3,2 (2000) auf 3,7 mb/d (2007) an.

▸ Libyen: Auch hier stieg die Produktion entgegen den Prognosen von 1,5 auf 1,8 mb/d an.

▸ Auch dem OPEC-Land Nigeria wurden keine Chancen auf einen anhaltenden Produktionsanstieg eingeräumt. Tatsächlich stieg die Förderung trotz innenpolitischer Konflikte von 2,1 auf 2,5 mb/d an. Die Förderkapazität liegt sogar über 3 mb/d.

▸ Der Peak der Staaten außerhalb der OPEC wurde um das Jahr 2000 erwartet. Tatsächlich wuchs die Produktion seither von 43,5 auf 47,5 mb/d (46 mb/d ohne Ölsand/Schwerstöl).

4.9 Die Reserven am Persischen Golf

Der Streit um den Reservensprung in den 1980er Jahren[88]

Der Persische Golf weist sehr günstige geologische Bedingungen für die Entstehung von Öl auf. Die Arabische Platte – bestehend aus der arabischen Halbinsel, Irak und Iran – war für lange geologische Zeiträume ein flaches Meer, was zu großen Sedimentmengen aus unterschiedlichen geologischen Epochen führte. Die Produktion kommt heute aus einer kleinen Zahl sehr großer Felder. So können allein aus dem Feld Ghawar in Saudi-Arabien – dem größten Ölfeld der Welt – über 4 mb/d aus nur 1000 Bohrlöchern gewonnen werden.

Die OPEC-Staaten besitzen etwa zwei Drittel der bekannten konventionellen Ölreserven. Die dominierenden Staatsunternehmen sind keiner Börsenaufsicht und auch keiner Kontrolle durch Dritte unterworfen. Die tatsächliche Höhe der Reserven ist daher immer wieder umstritten.

Nach der Verstaatlichungswelle in den 1970er Jahren übernahmen die Staatskonzerne zunächst die technischen Daten und Reservenschätzungen ihrer Vorgänger. Zwischen 1984 und 1988, als die OPEC-Produktionsquoten neu verteilt wurden, sprangen die gemeldeten Reserven jedoch plötzlich nach oben. Insgesamt wurden 290 Gb zusätzlich verbucht – fast ein Drittel der damals bekannten Weltölreserven!

Zum Beispiel meldete Kuwait 1985 über Nacht eine Erhöhung seiner Reserven um 50 %, obwohl nur wenig über Explorationserfolge bekannt geworden war. Drei Jahre später verdoppelte auch Venezuela seine Reserven, indem es schon lange bekannte Schwerölvorkommen berücksichtigte. Irak, Iran und Saudi-Arabien antworteten ihrerseits mit höheren Zahlen.

Die Hubbert-Geologen (ASPO) sehen darin künstlich aufgeblähte Reserven. Der Sprung sei entweder völlig willkürlich oder Ergebnis eines stillschweigend geänderten Reservebegriffs. Es wäre z.b. möglich, dass statt der sicheren Reserven (1P) nun wahrscheinliche oder nur mögliche Vorkommen gemeldet werden. Campbell mutmaßt, dass die Länder die ursprünglich vorhandenen Reserven melden, nicht aber die verbleibenden Reserven. Daher blieben die Meldungen auf konstanter Höhe.[89]

Abu Dhabi	+61 Gb
Iran	+42 Gb
Irak	+57 Gb
Kuwait	+27 Gb
Saudi-Arabien	+89 Gb
Andere Staaten im Nahen Osten	+11 Gb
Summe	+290 Gb

Tabelle 4.15 Der Reservensprung in den 1980ern[90]

Allerdings war eine moderate Anhebung vermutlich gerechtfertigt, da die Daten aus den 1960er Jahren veraltet waren:

1. Es wird argumentiert, dass es seit den 1950ern im Interesse der westlichen Ölkonzerne lag, die Produktion am Persischen Golf zu begrenzen, um eine Überproduktion auf dem Weltmarkt zu verhindern. Aus diesem Grund hätten die Konzerne zu niedrige Reservenschätzungen publiziert, um den Druck der Landesherrscher zu verringern, die an einer Ausweitung der Produktion – und damit steigenden Einnahmen – interessiert waren. Eine Höherbewertung der Reserven sei also überfällig gewesen.[91]

2. Auch Strahan hält zumindest die Revision in Saudi-Arabien für gerechtfertigt, da die amerikanischen Konzerne keinen Anreiz für Exploration und höheren Reserven hatten. Zudem deutet vieles darauf hin, dass die Saudis Anfang der 1980er – im Gegensatz zu den anderen Golfstaaten – tatsächlich eine große Untersuchung ihrer Reservenlage durchgeführt haben.[92]

3. Der gegenüber den 1960ern stark gestiegene Ölpreis (von 2 $/b auf 20 $/b) rechtfertige eine Höherbewertung der Reserven, da nun auch schwierigere Lagerstätten profitabel ausgebeutet werden konnten.

4. Robelius schätzt das Reservenwachstum für den Zeitraum 1981–1996 in den 1981 bereits bekannten Giants der OPEC-Staaten auf maximal 108 Gb. Neu entdeckte Felder kommen noch hinzu.[93]

5. Takin hält mindestens 200 Gb der 290 Gb für gerechtfertigt, insbesondere was Saudi-Arabien und Irak betrifft. Im Fall von Abu Dhabi und Kuwait seien größere Zweifel angebracht.

6. Optimisten meinen, dass der Persische Golf noch nicht ausreichend untersucht sei und ein enormes Potenzial bislang unentdeckter Reserven berge. Trotz der Unzuverlässigkeit der gemeldeten Daten könne unterstellt werden, dass die Reserven in der angegebenen Größenordnung oder sogar noch weit darüber liegen.

1995–2004 gab es weniger als 100 Bohrungen, die am Persischen Golf nach neuen Feldern suchten. Zum Vergleich: In den USA waren es 15.700 Bohrungen. In Saudi-Arabien gab es in den fast 70 Jahren von 1936 bis 2004 gerade einmal 300 Wildcat-Bohrungen.[94]

Diese Fakten lassen manche Ölexperten vermuten, dass die Schätzungen aus den 1960er Jahren zu niedrig angesetzt waren. Zwar war die Erhöhung in den 1980ern willkürlich und ruckartig, aber es ist dennoch möglich, dass sie zu großen Teilen nur eine überfällige Höherbewertung der Reserven nachgeholt hat.

Reservenschätzungen

Der Reservenstreit spiegelt sich in sehr unterschiedlichen Schätzungen für den Persischen Golf wider. Sie sind für einen großen Teil der Differenzen in den Globalschätzungen der Experten verantwortlich. Die Tabelle 4.16 stellt vier Schätzungen für das Jahr 2005 gegenüber. In der Summe liegen die Zahlen von BP/IHS fast doppelt so hoch wie Campbell/ASPO.

in Mrd. Barrel	BP Statistical Review	IHS (2P)	Campbell (2P)	ASPO (2P)
Kuwait	102	52	51	44
Abu Dhabi	98	54	39	40
Iran	138	135	69	68
Irak	115	99	61	72
Saudi Arabien	264	289	159	156
Persischer Golf	717	629	379	384

Tabelle 4.16 Ölreserven am Persischen Golf[95]

Der optimistische Blick: IEA und andere

Die IEA hat im Jahr 2005 eine Sonderuntersuchung über die Reserven in der Region *Middle East – North Africa (MENA)* veröffentlicht.[96] Sie stützte sich dabei auf die weit verbreiteten, jedoch umstrittenen Daten des Oil & Gas Journal (OGJ) und der USGS. Zusätzlich sind verschiedenste Quellen, darunter Ölserviceunternehmen, Ölkonzerne, Behörden, Beratungsfirmen und Experten befragt worden.

Von den ursprünglich vorhandenen, förderbaren Ölreserven in Höhe von 1541 Gb der Region sind demnach 334 Gb verbraucht. Weitere 784 Gb sind bekannte Reserven, die voraussichtlich noch um 109 Gb wachsen werden. Auf 313 Gb werden die (2004) noch nicht entdeckten Reserven geschätzt.

Der pessimistische Blick: ASPO

ASPO ist für den Persischen Golf ähnlich zurückhaltend wie Petroconsultants/IHS bis Mitte der 1990er Jahre. Die ursprünglich vorhandenen förderbaren Reserven werden in der letzten Schätzung (April 2008) bei 663 Gb vermutet. Dabei ist allerdings NGL aus Erdgasfeldern, Schweröl und Tieferwasseröl nicht berücksichtigt.[97]

Die Höhe der offiziell gemeldeten Reserven liegt nach ihrer Einschätzung viel zu hoch. Den gemeldeten 717 Gb stehen bei ASPO nur 384 Gb Reserven in bekannten plus 49 Gb in vermuteten neuen Feldern gegenüber.

Trend bei neu entdeckten Feldern

Bis in die 1970er Jahre wurden am Persischen Golf zahlreiche große Felder entdeckt, darunter das größte Ölfeld (Ghawar) und das größte Gasfeld der Welt (North Field/South Pars). Nach den 1970ern brach der Trend ab. Was sind die Ursachen? Mehrere Erklärungen werden angeboten.

1. *Geringe Exploration: Es wurde nicht gesucht.* Maugeri und IEA verweisen auf die geringen Explorationsinvestitionen nach den 1970er Jahren (siehe oben). Das gelte besonders für den Irak. Auch weite Teile des Irans, Libyens und Saudi-Arabiens seien noch nicht gründlich untersucht worden.[98]

   Aufgrund der hohen Reserven hatten Länder wie Saudi-Arabien in den 1970ern und 1980ern keine Motivation, weitere Vorkommen zu suchen oder zu erschließen. Niedrige Ölpreise und knappe Finanzmittel behinderten große Investitionen bis Ende der 1990er. Erst nach 2004 wurden die Investitionen erhöht. Tatsächlich wurden seither einige sehr große Ölfelder entdeckt, vor allem im Iran.[99]

2. *Es gibt fast nichts mehr zu finden*: Die Hubbert-Geologen halten dem entgegen, dass die Ölvorkommen am Persischen Golf aus geologischen Gründen auf wenige Felder konzentriert sind.[100] Über einen langen Zeitraum konnten sich nahezu alle Vorkommen in großen Feldern ansammeln. So liegt beispielsweise die Hälfte des bekannten saudischen Öls in nur zwei Feldern. Das Öl ist also in Giants oder Supergiants vorhanden – oder gar nicht. Es sei sehr unwahrscheinlich, dass solche Felder bis heute unentdeckt bleiben konnten.

Recovery Rates[101]

Am Persischen Golf liegen die Recovery Rates, also der Anteil des vorhandenen Öls (OOIP), der förderwürdig ist, bei durchschnittlich 30–35 % und damit – nach Einschätzung der IEA – niedriger als in vergleichbaren Regionen. Viele große Felder seien noch in der primären Produktion (Eigendruck) oder erst seit kurzem in der sekundären Förderung mit Wasser- oder Gasflutung.

Die IEA sieht hier noch erhebliches Potenzial, wenn neue Technologien verstärkt zum Einsatz kommen. Schon eine minimale Steigerung der Förderrate um einen Prozentpunkt hätte große Auswirkungen.

Allerdings liegen viele Felder in Kalkgesteinen, die oft komplexe Strukturen aufweisen und „*oil wet*" sein können, d.h. das Öl kann nur schwer vom dem Gestein gelöst werden. Das könnte die Recovery Rate begrenzen.[102] Eine Studie zu vergleichbaren Vorkommen kam zu dem Ergebnis, dass der Ausbeutungsgrad (Recovery Rate) bei etwa 35 % liegt; in der Spitze werden bei sehr leichtem Öl oder Kondensaten 72 % erreicht. Bei schwerem Öl kann hingegen weniger als 30 % gefördert werden.

4.10   Neue Felder, neue Ölprovinzen

4.10.1   Neue Felder

Im 19. Jahrhundert veränderte jede Erschließung einer neuen Ölprovinz den gesamten, noch relativ kleinen Ölmarkt. Das Angebot erhöhte sich dadurch drastisch und die Preise brachen ein. Zum Beispiel verdoppelte die Entdeckung des Spindletop-Felds 1901 die Weltproduktion auf einen Schlag.

Heute müssen pausenlos neue Felder gefunden und erschlossen werden, um auch nur den Rückgang in älteren Feldern ausgleichen zu können. Seit Anfang der 1980er Jahre übersteigt der jährliche Ölkonsum die Ölmengen, die in neuen Feldern gefunden werden. Nur die Höherbewertung bereits bekannter Felder verringert bislang einen Rückgang in den offiziellen Reservestatistiken.

Wie wird dieser Wettlauf weitergehen? Wie kann der negative Trend bei den Funden eingeordnet werden? Zwei Positionen stehen sich gegenüber.

Auf der einen Seite finden wir die **Mainstream**-Analysen von IEA, EIA und IHS, die sich bei ihren Prognosen ausnahmslos auf die USGS-Studie aus dem Jahr 2000 stützen.[103] Dort wurde auf abstrakt-geologischer Grundlage geschätzt, dass noch 939 Gb Öl in neuen Feldern entdeckt werden könnten (wenn intensiv danach gesucht wird). Das entspräche etwa 31 Gb pro Jahr für den Zeitraum 1995–2025.

Die tatsächlichen Zahlen liegen bislang weit darunter. Das wird damit erklärt, dass der Rückgang vor allem den Persischen Golf und Russland betrifft – also zwei Regionen, zu denen private Ölkonzerne keinen oder nur beschränkten Zugang haben und die starken politischen Turbulenzen ausgesetzt waren.

Der Schwerpunkt der Explorationstätigkeit muss sich also auf kleinere und oftmals reife Ölprovinzen beschränken, in denen die „niedrig hängenden Früchte" bereits abgeerntet sind.

Tatsächlich betrug der Rückgang der Neufunde 1993–2002 gegenüber 1963–72 am Persischen Golf und in den Staaten der früheren Sowjetunion an die 90 %. Demgegenüber lag der Rückgang in der übrigen Welt nur bei einem Drittel.[104]

Ein zweites Argument, das seiner Bestätigung allerdings noch harrt, lautet, dass die massiv gestiegenen Ölpreise erst seit kurzem eine verstärkte Suche nach Öl ausgelöst haben. Sobald die Kapazitäten für die Ölsuche ausgebaut sind, werden auch die Neufunde wieder zunehmen. Dies werde allerdings noch einige Jahr dauern.

Ein drittes Argument lautet, dass ölreiche Länder kein Interesse an einer Aufstockung der Ölreserven haben, da sie von den Knappheitspreisen auf den Weltmärkten direkt profitieren.

Die **Hubbert-Geologen** halten dagegen, dass der Trend abnehmender Neufunde zu eindeutig ist, um mit politischen Sonderfaktoren erklärbar zu sein. Da die Welt weitestgehend exploriert sei, sind auch in Zukunft nur noch wenige Neufunde zu erwarten.[105] Als besonders deutliches Zeichen gilt das nahezu völlige Ausbleiben neuer Supergiants (mit mehr als 5 Gb Reserven), die das Rückgrat der Weltförderung bilden.

Campbell erwartet, dass ab 2007 nur noch 119 Gb *regular oil* (ohne Tiefwasser, Polaröl, NGL) gefunden werden können. Die ASPO hält 143 Gb für plausibel. Indirekt lässt sich schließen, dass die ASPO weniger als 250 Gb an konventionellem Öl nach der üblichen Definition (aber ohne NGL) für wahrscheinlich hält.[106]

Die Unterschiede sind also enorm: Die USGS erwartet dreimal so viel neues Öl wie die ASPO.

Der empirische Trend

In der Tat wird seit Mitte der 1960er Jahre immer weniger Öl in neuen Feldern entdeckt.[107] Die Mengen schrumpften von etwa 60 Mrd. Barrel pro Jahr (Gb/a) in den 1960ern, auf 35 Gb/a in den 1970ern, 20 Gb/a in den 1980ern und etwa 15 Gb/a in den 1990ern – bei einem Verbrauch, der mittlerweile auf über 30 Gb/a gestiegen ist. Seit den 1980ern halten die Neufunde mit dem Verbrauch nicht mehr Schritt.

Ende der 1990er machte sich für kurze Zeit wieder Optimismus breit. Eine Welle großer Funde, angeführt von den Feldern Kashagan (Kasachstan), dem größten Ölfund seit 30 Jahren, Azadegan (Iran) oder auch im Golf von Mexiko (Crazy Horse), schien die Pessimisten der 1990er Jahre zu widerlegen. Aber schon nach zwei guten Jahren (1999 und 2000) kehrte Ernüchterung ein. Der Abwärtstrend setzte sich fort.

Vor allem auf dem Festland wird immer weniger gefunden. In den letzten fünf Jahren wurde 41 % des Öls in neuen Feldern in tiefem Wasser gefunden, 31 % in Küstengewässern und nur 28 % auf dem Festland. Die Ölsuche wird also immer mehr zu einer maritimen Branche. Geografisch ragte kein Land in den letzten fünf Jahren besonders heraus. Die größten Erfolge gab es in Kasachstan, Iran, Brasilien, Angola, China, Nigeria und im Golf von Mexiko.[108]

In diesem Jahrzehnt ist bislang nur ein einziger herausragender Fund zu verzeichnen: der Supergiant Kashagan in Kasachstan. Auch Azadegan (Iran) ist bedeutsam, während die großen Tiefwasserfunde Tupi und Carioca (beide Brasilien), Nanpu (China) und Jack 2 (US Golf) noch näher untersucht werden müssen, um ihre Ausmaße genauer bestimmen zu können. Dennoch ist schon jetzt klar, dass das Tiefwasser aussichtsreicher ist, als von den meisten Experten bislang angenommen wurde.

Über jüngste Funde gibt es noch keine verlässlichen Daten, da anfangs nur grob geschätzt werden kann und erst im Laufe der Erschließung belastbare Schätzungen möglich sind. Deshalb kann es sein, dass z.B. die Funde im Jahr 2005 zunächst auf 9 Gb, aber in fünf Jahren vielleicht auf 20 Gb oder nur auf 5 Gb taxiert werden.

1940–1949	26 Gb
1950–1959	32 Gb
1960–1969	55 Gb
1970–1979	39 Gb
1981–1985	17 Gb
1986–1990	14 Gb
1991–1995	11 Gb
1996–2005	15 Gb

Tabelle 4.17: Öl in neu entdeckten Feldern laut IHS 1940-2006[109]

Neue Ölprovinzen?

Es gibt weltweit noch eine ganze Reihe unerforschter Regionen, wie die Tabelle 4.18 zeigt. Es ist jedoch sehr umstritten, ob sich dort nennenswerte Ölmengen befinden.[110]

Halbouty schätzte 2001, dass von allen aussichtsreichen Sedimentbecken der Welt nur etwa 29 % durch Ölförderung erschlossen worden sind, weitere 39 % waren nur teilweise exploriert und lieferten nur geringe Mengen Öl, die restlichen 32 % sind kaum oder noch gar nicht exploriert.[111] Insbesondere die Erforschung großer Offshore-Sedimentbecken werde noch Jahrzehnte in Anspruch nehmen. Einige Funde in den letzten Jahren bestätigen das Überraschungspotenzial.

Region / Ressourcentyp	Ort
Nord- und Südamerika	Orphan Basin, Tiefwasser Golf von Mexiko (mexikanischer Teil), Chaco, Campos, Santos Basin
Europa	Voring Basin
Russland/ehemalige Sowjetrepubliken	Kaspisches Meer, Ostsibirien, Ochotskisches Meer
Persischer Golf (Middle East)	Irak, Iran, Saudi-Arabien, v.a. Rub al' Khali
Afrika	Libyen, Cretaceous Rift (Niger, Tschad, Sudan), Tiefwasser Nigeria & Angola
Ferner Osten	China (Tarim, Junggar, Sichuan, Ordos), Baram Delta, Krishna-Godavari
Arktis Offshore	Chukchi, Beaufort Sea, Ostgrönlandbecken, Barentssee, Karasee, Laptewsee
Australien	Bonaparte, Browse, North Carnarvon
Deep Formations	Weltweit, aber vor allem im Nahen Osten
Tiefstwasser / Polarregionen	Weitestgehend unerforscht sind Meeresregionen mit sehr tiefem Wasser und die meisten Polarregionen
Gegenbeispiel: Ozeanboden	Fortschritte in Geochemie und Geophysik machen es möglich, viele Gebiete mit einiger Sicherheit als aussichtslos auszuschließen. Dazu gehört der größte Teil des Ozeanbodens.

Tabelle 4.18 Neue Explorationsregionen für Öl und Gas[112]

4.10.2 Tiefwasseröl

In der Literatur gibt es keine einheitliche Definition für Tiefwasser (*Deepwater*). In den meisten Publikationen beginnt es ab einer Wassertiefe von 500m, gelegentlich schon ab 500 Fuß. Sinnvoll ist auch die Einteilung nach technischen Gesichtspunkten geurteilt: normales Offshore ist mit konventioneller Technik erschließbar; Deepwater ist technisch anspruchsvoll; Ultra-Deepwater erfordert die neuesten Technologien oder betritt technisches Neuland. Eine vierte Einteilung ist geologisch: Als Tiefwasserregion gilt die Meeresregion, die jenseits des Kontinentalschelfs beginnt. [113]

Unbestritten ist jedoch, dass Tiefwasserregionen für die nächsten ein bis zwei Jahrzehnte die wichtigste Stütze der konventionellen Ölförderung sein werden, wie die bereits genannten Funde von Tupi, Carioca und Jack-2 verdeutlichen.

Bisher wurden die Explorateure vor allem im Golf von Mexiko und zu beiden Seiten des Südatlantiks fündig, also vor Brasilien und vor Westafrika. Hier handelt es sich um auseinanderdriftende Kontinentalplatten, wo Sedimente aus großen Flussdeltas (Mississippi, Kongo, Niger, Amazonas) lawinenartig von der Küste ins tiefere Meer stürzten. Bei konvergierenden Kontinentalplatten, wie sie in der östlichen Hemisphäre vorherrschen, wurde bislang nur wenig gefunden. Auch in den alten ozeanischen Gesteinen wird kein Öl vermutet. Vier ölreiche Tiefwasserprovinzen wurden bislang erschlossen:[114] Der Golf von Mexiko, die Region vor der Mündung des Kongo, das Campos-Becken vor Brasilien und das Niger Delta. Einige Aussichten auf Öl/Gas-Funde bestehen auch im Südchinesischen Meer, vor Indien und Pakistan, vor Mauretanien, Ägypten, Malaysia und Mexiko.

Der Anteil dieser Vorkommen an den gesamten Neuentdeckungen wächst schon seit 1994, ohne dass eine Abflachung der Erfolgskurve bislang erkennbar wäre. Das deutet darauf hin, dass auch in den kommenden Jahren neue Felder entdeckt werden.

Studien erwarten, dass in den nächsten fünf Jahren etwa die Hälfte des neuen Öls im Tiefwasser gefunden wird, ein Viertel in seichten Küstengewässern (Offshore) und nur ein Viertel auf dem Festland. Durch Kostensenkungen und neue Technologien werden auch kleinere Vorkommen interessant. In der Nordsee konnte die kommerzielle Minimalgröße von Ölfeldern von 10 auf 2 Mio. Barrel Reserven gesenkt werden.[115]

Tupi, Carioca und *Jack-2* sind Hinweise darauf, dass größere Ölmengen in Schichten existieren, die bislang als wenig aussichtsreich galten. Nach gängiger Auffassung weisen Sedimenttiefen über 4000 m nur geringe Chancen für Ölvorkommen auf. Das könnte aber nach Einschätzung der IEA eher am Mangel an Exploration liegen als an fundamentalen Gründen. Es gebe – so die IEA – keinen bekannten Grund, warum sehr dicke Sedimentschichten – solange Druck- und Temperaturgrenzen nicht überschritten werden – keine Öl- oder Gasressourcen enthalten sollten. Das „Ölfenster" reicht normalerweise von 500m bis maximal 7500m Tiefe, aber es gibt wie im Golf von Mexiko auch Regionen mit nicht-linearer Temperaturzunahme, was Öl in größerer Tiefe ermöglichen würde.[116] Auch das Nordseefeld Elgin-Franklin liegt etwa 6000 Meter unter dem Meeresboden.

Die Unterwasser-Seismik für solche Vorkommen steht erst seit den späten 1990ern zur Verfügung. Jetzt ist es möglich, die dicken Salzschichten unter dem Meeresboden zu durchleuchten. Trotzdem bleiben Probebohrungen unerlässlich.[117]

Tupi und Carioca

Ende 2006 wurde vor der brasilianischen Küste im Santos-Becken der vermutlich größte Fund seit Kashagan im Jahr 2000 gemacht: das Feld **Tupi**. Wood Mackenzie und Petrobras schätzen nach Probebohrungen aus dem Jahr 2007 die förderbaren Reserven auf 5–8 Gb leichtes, schwefelarmes Öl – so viel wie in ganz Norwegen zu finden sind. Das wäre der größte Tiefwasserfund aller Zeiten. Die Temperaturen in den Lagerstätten sind niedriger als erwartet, was Öl gegenüber Gas begünstigen sollte.[118]

Die Testförderung soll 2009 beginnen und bis Ende 2010 auf 100.000 b/d ausgebaut werden. Langfristig sind sogar 1 mb/d möglich.

Darüber hinaus verweist der Fund auf das Potenzial einer ganzen Gruppe von Vorkommen unterhalb einer mehrere Tausend Meter dicken Salzschicht unter dem Meeresboden (*pre-salt play*). Insgesamt 16 Bohrungen wurden bislang in dieser geologischen Formation durchgeführt, so dass nun erste Schlussfolgerungen möglich sind. Vorkommen in dieser Lage – 7100m unter dem Meeresboden – wurden bislang für unwahrscheinlich gehalten.[119] Die technischen Anforderungen sind allerdings enorm, auch weil die Bohrung und die seismische Suche durch die dicke Salzschicht erschwert wird.

Tatsächlich wurde kurz darauf die Entdeckung des Feldes **Carioca** gemeldet, nicht weit von Tupi entfernt. Eine erste Testbohrung führte zu Spekulationen, dass es bis 33 Gb OOIP enthalten könnte – also bedeutend mehr als Tupi, aber Petrobras will weitere Testbohrungen abwarten, bevor die Schätzung bestätigt werden kann.[120]

Jack-2

Auch in den tiefen Schichten des Golfs von Mexiko waren die Ölsucher unerwartet erfolgreich. Chevron meldete 2007 eine erfolgreiche Bohrung (Jack-2) in einer alten Sandsteinschicht südlich der Küste von Louisiana. Aus dem Testbohrloch fließen 6000 b/d leichtes, schwefelarmes Rohöl.

Im Frühjahr 2007 hatten 19 Explorationsbohrungen in diesem Gebiet in 12 Fällen Öl oder Gas gefunden. Für den *Wilcox Trend* liegen die (allerdings vagen) Schätzungen bei 3 bis 15 Gb förderbaren Ölreserven. Mindestens vier der entdeckten Vorkommen sollen, so Konsortialführer Devon, mehr als 300 Mio. Barrel Öl enthalten. Damit würden sie zu den größten Entdeckungen der letzten Jahre gehören.

Diese Funde verändern das geologische Paradigma, das bisher für diese Region galt. Bislang galt es als unwahrscheinlich, dass so weit vom Kontinentalshelf entfernt größere Öl- und Gasvorkommen lagern können.[121]

Die Bohrung verläuft zunächst durch eine Meile Ozean, dann durch 4 Meilen Gestein. Sie dauert wegen des harten Gesteins etwa ein Jahr. Technisch ist das erst seit wenigen Jahren möglich, wobei die Kosten von etwa 80–120 Mio. $ pro Bohrung ungewöhnlich hoch sind. Weitere 1,3–1,5 Mrd. $ sind für diverse Anlagen auf dem Meeresboden nötig, wenn die Förderung beginnt.

Produktionsbeginn und Produktionsmengen sind noch unklar. CERA hält bis 2014 eine Kapazität von etwa 800.000 b/d für möglich.[122] Andere Schätzungen liegen bei unter 500.000 b/d.

Mengenschätzungen[123]

Vermutlich wurden bisher 65 Gb im Tiefwasser gefunden (ohne Tupi, Carioca, Jack-2). Im Jahr 2007 lag die Produktion bei 6 mb/d.[124]

ASPO nahm bislang auf der Grundlage einer Extrapolierung des bisherigen Trends an, dass nur noch weitere 5–15 Gb gefunden werden könnten. Campbell hält als es für nahezu undenkbar, dass es noch eine Tiefwasserölprovinz gibt, die noch unentdeckt ist. Die Exploration ist durch den Einsatz von Schiffen preiswert und von hoher technischer Qualität. Deshalb sei anzunehmen, dass die meisten Felder bereits gefunden worden sind.

Sie erwartete bislang einen Peak der Tiefwasser-Ölförderung im Jahr 2011 bei 12,5 mb/d, gefolgt von einem sehr steilen Förderrückgang. Um 2020 können nur noch mit etwa 7 mb/d, 2030 nur noch mit weniger als 1 mb/d gerechnet werden. Im April 2008 hat ASPO ihre Schätzungen für die Maximalförderung von 12,5 auf 9 mb/d reduziert, da der Aufbau der Förderinfrastruktur langsamer laufe als geplant. Gleichzeitig hat sie aber die Reserven für das Tiefwasser um ein Viertel angehoben.[125]

Eine Modellierung der Funde deutet nach Robelius[126] auf einen Peak bei 9 mb/d um das Jahr 2012. Nach 2013 wäre mit einem steilen Decline zu rechnen, der um 2019 wieder auf das heutige Niveau zurückführt, um dann bis 2025 auf etwa 1,5 mb/d abzu-sacken.

Technische Probleme

Bis in das kommende Jahrzehnt hinein ist mit Engpässen bei Material und Personal zu rechnen. Allein im Golf von Mexiko (Tiefwasser) sind 18 Operator mit 118 Projekten aktiv.[127] Zurzeit entstehen dort ganze Produktionslandschaften auf dem Meeresgrund. Immer wieder kommt es zu Projektverzögerungen aufgrund technischer Probleme, langen Lieferzeiten bei der Ausrüstung oder durch Wirbelstürme.

4.10.3   Arktisches Öl

Arktische Lagerstätten (die Antarktis ist für die Öl- und Gasexploration gesperrt) erfor-dern einen erheblich größeren finanziellen und technischen Aufwand als Projekte in gemäßigten Klimazonen.[128] Dafür sind die extremen Temperaturen, Stürme, Eisdrift und große Entfernungen für die Logistik der Projekte, den Transport der Energieres-sourcen ebenso wie die extremen Belastungen für die Arbeitskräfte verantwortlich. Alles zusammen erhöht das Projektrisiko und damit die Finanzierungskosten.

Bis heute gibt es daher nur eine Handvoll von Großprojekten nördlich des Polarkreises, wobei die Förderung in Nordalaska (Prudhoe Bay) heraussticht. Die meisten aussichts-reichen Vorkommen der Zukunft liegen im Norden und Osten Russlands auf dem Festland oder in den flachen Gewässern des Kontinentalschelfs. Investitionshemmnisse für ausländische Konzerne sowie leichter zugängliche Alternativen in gemäßigteren russischen Regionen werden wohl über die nächsten zwei Jahrzehnte einen arktischen Ölboom in Russland verhindern oder zumindest bremsen.

Trotzdem hat der politische Wettlauf schon begonnen. Im August 2007 hissten russi-sche Forscher in einem Mini-Unterseeboot ihre Nationalflagge im Polarmeer, um nati-onale Ansprüche auf das arktische Schelf zu demonstrieren. Alle Anrainerstaaten mel-den ihr Interesse an: USA, Kanada, Norwegen, Dänemark (Grönland) und Russland.

Die Reservenschätzungen gehen noch sehr weit auseinander.[129] CERA taxiert die Öl-vorkommen in der Arktis auf 118 Gb. IHS 2005 kam auf 47 Gboe für alle Basins, in denen bereits gesucht wird.

Eine detailliertere Einschätzung der bisherigen Ergebnisse wagt Smith. Bislang gab es 1853 Explorationsbohrungen nach Öl und Gas. Dabei wurden 401 Lagerstätten ent-deckt mit wahrscheinlichen (2P) Reserven von 241 Gboe Gas und Öl, davon drei Vier-tel in Russland. Hier ist vor allem das riesige Shtokman-Gasfeld zu nennen. Die meisten fossilen Ressourcen waren Gas, während *Öl nur etwa 10 %* ausmachte. Auch hier sind die meisten Vorkommen in Russland und ein kleiner Teil in Alaska zu finden. Die bislang entdeckten Ölreserven (2P) liegen also bei *etwa 24 Gb.*

In einer großen Studie, deren erste Ergebnisse im Juli 2008 veröffentlicht wurden[130], schätzte die USGS die förderfähigen, noch unbekannten Vorkommen auf 90 Gb Öl und 44 Gb NGL-Flüssiggase aus Erdgasfeldern.

Das wären etwa 13 % der laut USGS noch unentdeckten Ölreserven. Damit reduziert die Behörde ihre alten Schätzungen aus dem Jahr 2000 um fast die Hälfte. Auch bei der neuen Studie handelt es sich allerdings nur um eine abstrakte geologische Schätzung, die aus Ähnlichkeiten mit besser bekannten Ölprovinzen Analogieschlüsse zieht.

Empirisch fällt jedenfalls auf, dass bislang in ganz Kanada trotz intensiver Suche kein großes Feld gefunden werden konnte.

Produktionsaussichten

Wood Mackenzie ist angesichts der nicht allzu hohen Reserven und der schwierigen Förderbedingungen vorsichtig und erwartet höchstens 3 mb/d als Peak-Förderung.

Vor allem die Förderung schweren Öls ist unter arktischen Bedingungen problematisch, da es kaum zum Fließen gebracht werden kann.[131] Die Ölressourcen am North Slope in Alaska liegen bei 20 bis 36 Gb Schweröl (OOIP). Aber davon sind wohl nur 4 bis 9 Gb förderbar, da das Öl zu schwer ist, um es beim aktuellen Stand der Technik fördern zu können.

4.11   Zusammenfassung

Die Schätzungen über die Ölreserven der Welt unterscheiden sich auf den ersten Blick erheblich: Die Spannbreite reicht von 850 Mrd. Barrel (Gb) für die bekannten konventionellen Ölreserven bis zu 14.000 Gb für alle konventionellen und nichtkonventionellen Ressourcen, die auf der Erde vermutet werden. Die Rundumschau zeigt, dass es neben Definitionsproblemen zahlreiche Unsicherheiten bei der Datenerhebung und der Dateninterpretation gibt. Viele Daten sind schlicht verfügbar oder nicht belastbar und müssen daher geschätzt werden.

Zentrale Kriterien einer Definition sollten sein:

▸   Die Art des Vorkommens: konventionelles („normales") Erdöl, nichtkonventionelles Bitumen im Ölsand, synthetisches Öl aus Kohle, Erdgas oder Biomasse.

▸ Die Wahrscheinlichkeit des Vorkommens (mögliche, wahrscheinliche, sichere Reserven): Nur die Höhe der *wahrscheinlichen* Reserven (P50, 2P) gibt eine realistische Einschätzung, während *sichere* Ölreserven zwangsläufig zu niedrig und *mögliche* Reserven zu hoch angesetzt werden.

▸ Die *technische Förderfähigkeit* der Vorkommen. Diese Grenze hat sich in den letzten Jahren mit neuen technischen Möglichkeiten verschoben, z.B. bei Tiefwasserbohrungen oder Horizontalbohrungen. Allerdings werden in der absehbaren Zukunft keine großen Durchbrüche erwartet.

▸ Die *ökonomische Förderwürdigkeit* der Reserven. Dieses Kriterium war bis zum Jahr 2004 von großer Bedeutung, da viele Vorkommen eine Preiserwartung von über 20 $/b erforderten. Heute spielt dies kaum noch eine Rolle, da fast jedes konventionelle und nichtkonventionelle Vorkommen bei Ölpreisen von über 120 $/b profitabel ausgebeutet werden kann.

Die Höhe der *heute bekannten* konventionellen Ölreserven liegt nach aktuellem Forschungsstand zwischen 850 Gb (ASPO, EWG) und 1200 Gb (IHS, BP/OGJ). Die Differenz von 350 Gb entspricht dem weltweiten Ölverbrauch von 11 Jahren.

Die Höhe der *vermuteten* konventionellen Ölreserven ist weitaus stärker umstritten: Sie liegt zwischen 1050 Gb (ASPO) und 2300 Gb (IHS). Diese Differenz entspricht dem 40fachen jährlichen Ölverbrauch.

Die Unterschiede konzentrieren sich auf zwei Kategorien: **das Reservenwachstum in bekannten Feldern (nachträgliche Höherbewertung)** und **die Entdeckung neuer Felder**. Diese beiden Kategorien spielen bei den Hubbert-Geologen (ASPO, EWG) keine oder nur eine geringe Rolle, während sie bei den großen etablierten Forschungsinstituten (IHS, IEA, EIA) von zentraler Bedeutung sind.

Die Differenzen haben auch deutliche geografische Schwerpunkte. Es herrscht weitgehend Einigkeit darüber, dass Europa, Australien und Nordamerika relativ gut erforscht sind und nur noch wenige Funde erwarten lassen. Auch Süd- und Ostasien gelten aus wenig aussichtsreich. Was Lateinamerika und Afrika betrifft, sind die Abweichungen etwas größer, besonders für die noch zu erwartenden Offshore-Vorkommen. Im Zentrum der Dispute stehen jedoch der Persische Golf, Russland und die bislang weitgehend unerforschten Frontier-Regionen wie die Arktis und sehr tiefe Offshore-Vorkommen.

4.11.1 Reservenwachstum in bekannten Feldern

Die Unterschiede zeigen sich vor allem beim erwarteten Reservenwachstum, also der allmählichen Höherbewertung bereits entdeckter Felder. USGS und IHS haben in mehreren Studien den Effekt untersucht und halten ihn für einen wesentlichen Beitrag für die zukünftige Ölversorgung. Er übertreffe sogar die Ölmengen in neuentdeckten Feldern.

IHS erwartet eine nachträgliche Höherbewertung von über 300 Gb und liegt damit deutlich unter den doppelt so hohen Werten der USGS-Studie aus dem Jahr 2000. Laut IHS kann die Schätzung der bislang entdeckten Reserven hingegen laufend nach oben korrigiert werden. Dieser Trend hebele die zentrale Grundannahme des Hubbert-Modells aus, nach der das URR, also die Gesamtheit der förderbaren Reserven, eine fixe Größe sei. ASPO und die Hubbert-Geologen lehnen diese Kategorie völlig ab, da sie ein statistisches Artefakt sei.

Allerdings ist noch nicht klar, ob dieser Trend anhält. Seit 2004 reicht auch das Reservenwachstum nicht mehr aus, um den Verbrauch vollständig zu kompensieren.[132] Es bleibt unklar, wie stark bilanzielle Verzerrungen, nachträgliche Erfassung oder ungeprüfte Höherbewertungen für das *Reserve Growth* verantwortlich sind.

Zweifellos ist das Reservenwachstum im engeren Sinn ein wichtiger Faktor gewesen. Die URR-Schätzungen für die bereits bekannten Felder wachsen. Allerdings nimmt das Wachstum ab: Die bilanziell bedingten Höherbewertungen verlieren an Bedeutung, da die betroffenen Regionen an Bedeutung verlieren. Der Effekt der nachträglichen Erfassung verliert automatisch an Bedeutung, wenn nur noch die „mageren" Jahre korrigiert werden können. Ungeprüfte Höherbewertungen, wie sie in den 1980ern stattfanden, sind ein historischer Einmaleffekt.

Es bleibt also nur der Effekt der „wirklichen" nachträglichen Höherbewertung aufgrund geologischer Überraschungen und neuer Daten. Er wird wahrscheinlich zu einer ständig steigenden Höherbewertung des URR führen, aber – wie der Trend der letzten Jahre zeigt – nur noch einen kleinen Teil des Ölkonsums bilanziell kompensieren können.

4.11.2 Neue Felder

IHS/USGS erwarten etwa 750 Gb konventionelles Öl, die noch in neuen Feldern entdeckt werden können. ASPO geht nur von 200–250 Gb aus.

Der übergeordnete Trend der Entdeckungen zeigt seit den 1960er Jahren nach unten. Seit der Nordsee wurde keine größere Ölprovinz entdeckt. Seit den 1990er Jahren ist aber eine Stabilisierung der Entdeckungen auf niedrigem Niveau von 5–15 Gb pro Jahr zu beobachten. Das entspricht im Schnitt einem Drittel des jährlichen Ölkonsums.

Auf dem Festland wurde in den letzten Jahren nur noch wenig gefunden. Allerdings könnten aus dem Irak und dem Iran noch einige Überraschungen kommen. Die meisten Funde sind Offshore. Die größten Unbekannten sind Deepwater und Ultra-Deepwater sowie die Arktis. Die möglicherweise sehr großen Pre-Salt Plays vor Brasilien und im Golf von Mexiko zeigen, dass die Welt noch nicht vollständig kartographiert ist.

4.11.3 Regionale Differenzen

Arktis: Die Reservenschätzungen gehen vor allem für wenig explorierte Regionen sehr weit auseinander. CERA taxiert die unbekannten Ölvorkommen in der Arktis auf 118 Gb, ASPO nur auf 52 Gb, die USGS schätzt 90 Gb Öl und 44 Gb NGL-Flüssiggase. Bislang wurden je nach Abgrenzung 24–40 Gb (2P) gefunden. Das entspricht dem globalen Ölverbrauch eines Jahres.

Persischer Golf: In den 1980ern erhöhten die Staaten am Persischen Golf ihre Reservenschätzungen sprunghaft um 290 Gb, was mehr als einem Viertel der heutigen Reservemeldungen entspricht.

Nach aktuellem Kenntnisstand war der größte Teil der Anhebungen vermutlich gerechtfertigt, da die Daten aus den 1960er Jahren veraltet waren, der gestiegene Ölpreis mehr Vorkommen förderwürdig machte und die Reserven bis dahin aus ölpolitischen Gründen zu niedrig ausgewiesen wurden. Die diversen Untersuchungen legen nahe, dass wohl ein großer Teil der Aufstufungen in Saudi-Arabien und Irak begründet war, während die Situation in Kuwait und Abu Dhabi zurückhaltender eingeschätzt werden muss.

Bis heute sind die Reserven der Golfstaaten schwer einzuschätzen, da viele Teilregionen erst oberflächlich untersucht worden sind. Aufgrund ihrer hohen Reserven hatten Länder wie Saudi-Arabien in den 1970ern und 80ern keine Motivation, weitere Vorkommen zu suchen oder zu erschließen. Niedrige Ölpreise und knappe Finanzmittel behinderten in den 1990ern große Investitionen. Erst nach 2004 wurden die Investitionen erhöht.

Die Hubbert-Geologen halten dem entgegen, dass die Ölvorkommen am Persischen Golf aus geologischen Gründen auf wenige große Felder konzentriert sind, die schon weitestgehend entdeckt worden sein müssten.

Eine zweite Unsicherheit betrifft den Anteil der förderwürdigen Reserven am insgesamt vorhandenen Öl (OOIP). Hier halten IEA und Saudi Aramco noch beträchtliche Steigerungen gegenüber den jetzt geschätzten 30–35 % Recovery Rate für möglich.

Auch im Irak ist vieles unklar. Seit den 1970er Jahren hatte Bagdad entweder keinen Anreiz oder nicht die Möglichkeiten, seine Vorkommen systematisch zu untersuchen und zu erschließen. Erst seit zwei Jahren aktualisieren Ölfirmen im Auftrag der irakischen Regierung die Datenbestände. Die Recovery Rate liegt im internationalen Vergleich sehr niedrig.

Russland: Die Reserven Russlands könnten noch erhebliches Aufwärtspotenzial haben, wenn es gelingt, die Recovery Rate in den großen bekannten Feldern weiter zu steigern. Hinzu kommt eine schwer zu taxierende Ölmenge in noch unbekannten Feldern, die in Ostsibirien, in Nordsibirien und der Arktis (Offshore) vermutet werden.

4.11.4 Zusammenfassende Tabellen

Die folgenden Tabellen geben einen Überblick über die wichtigsten Divergenzen zwischen den Schätzungen. Wo es möglich ist, wird zwischen sicheren, wahrscheinlichen und möglichen Reserven unterschieden (1P, 2P, 3P). Dabei sollte beachtet werden, dass die viel zitierten Daten von OGJ und BP die unklarsten sind. Obwohl hier nur 1P-Daten verwendet werden sollten, ist es in der Praxis eher eine Mischung unterschiedlicher Kategorien.

Die Tabelle 4.19 zeigt sehr deutliche Unterschiede für einzelne Länder am Persischen Golf. So meldet beispielsweise Kuwait Reserven in Höhe von 101,5 Gb, während sich die Forschungsinstitute einig sind, dass nur mit 35–56 Gb gerechnet werden kann. Ähnlich verhält es sich mit Abu Dhabi.

in Mrd. Barrel	OGJ BP	IHS	EIG	ASPO (regular oil)	EWG	Andere
Kuwait	101,5	52	56	44	35	48 Gb (KNOC – Insiderpapier)
Abu Dhabi	92	54	59	40	39	
Iran	138	135	133	68	44	
Irak	115	99	99	72	41	150 Gb (2P), 110 Gb (1P), 325 Gb (3P) laut Rabia; 110 Gb nach Laherrère
Saudi-Arabien	264	289	289	156	181	292 laut CGES
Russland	60 (OGJ) 79,5 (BP)	120 170 (3P)	125	100	105	120 (russ. Regierung); 127 Gb (3P) laut EIA; 140–200 Gb (3P) laut DeGolyer & McNaughton

Tabelle 4.19: Umstrittene Schätzungen für Einzelstaaten[133]

Auch bei den noch wichtigeren Ländern Iran, Irak und Saudi-Arabien gibt es zwischen den Experten große Meinungsunterschiede. Während IHS und EIG/PIW ähnliche Daten wie die Staaten selbst liefern, liegen ASPO und EWG deutlich darunter.

Noch einmal anders liegt der Fall Russland. Hier liegen die Institute einhellig über den Schätzungen, die in den „amtlichen" Statistiken veröffentlicht werden.

Die Tabelle 4.20 gibt einen abschließenden Überblick über wichtige Kategorien der Ölreserven. Wie bereits erläutert wurde, muss zwischen OOIP (also dem gesamten vorhandenen Öl), URR (dem aus heutiger Sicht förderwürdigen Öl) sowie zwischen konventionellem und nichtkonventionellem Öl unterschieden werden. Letztere werden in späteren Kapiteln noch einmal gesondert untersucht.

Besonders wichtig bei der Beurteilung der Reservenhöhe ist der Effekt der beiden Kategorien, die das Reservenwachstum durch die Höherbewertung bekannter Felder bzw. die erwarteten Ölmengen in noch zu entdeckenden Feldern betreffen.

Kategorie	Erläuterung	Schätzung der „Mainstream"-Institute (IEA, EIA, IHS, USGS, EIG)	Schätzung der Hubbert-Geologen (ASPO, EWG, Laherrère)
OOIP	Alle konventionellen Ressourcen	7000–8000 Gb	
URR	förderwürdiger Anteil des OOIP	3300 Gb	2000 Gb
Kumulierte Produktion	Was bisher verbraucht wurde	1050 Gb	1050 Gb
URR verbleibend	Bekannte förderwürdige Reserven	2300 Gb	1050 Gb
davon:			
bekannte Reserven		1150–1300 Gb	800–850 Gb
Reservenwachstum in bekannten Feldern	nachträgliche Höherbewertungen	300–500 Gb	0 Gb
Noch nicht entdeckte Ölfelder		750 Gb	200–250 Gb

Tabelle 4.20: Schätzungen der wahrscheinlichen konventionellen Weltölreserven (gerundete Zahlen; 2P)[134]

5 Ölstand: Die Peak-Debatte

5.1 Einleitung und Debatte

Im vorigen Kapitel über die Ölreserven ging es um die Frage, wie viel Öl noch vorhanden ist. In diesem Kapitel geht es um die etwas praktischere Frage, wie lange die tägliche Ölförderung noch gesteigert werden kann und wann sie ihren Scheitelpunkt (*Peak*) erreichen wird – oder schon erreicht hat.[1] Der Begriff des *Peaks* wurde von M. King Hubbert in den 1960er Jahren geprägt, als er einen drohenden, für viele damals unvorstellbaren Peak in den USA korrekt prognostizierte.

Ähnlich wie bei der Klimadebatte reicht es auch hier nicht aus, auf einen Konsens unter den Wissenschaftlern oder auf unabweisbare statistische Belege zu warten, dass der Peak bereits hinter uns liegt.

Denn es ist unbestreitbar, dass eine plötzlich irreversibel fallende Ölförderung ein großes und komplexes Problem für ein globales Krisenmanagement darstellt. Die energiepolitische Aufklärung und Debatte sollte also möglichst früh beginnen, um nicht von den Ereignissen oder Befürchtungen überrollt zu werden.

5.1.1 Peak- und Klimadebatte

Zwischen den Konzepten des Peak Oil und des Klimawandels gibt es vielfältige argumentative Beziehungen, die sich zum Teil ergänzen, zum Teil aber auch gegeneinander arbeiten.[2] Die Peak-Debatte wird von Klimaschützern oft als Nebenschauplatz und Ablenkung von wichtigeren Themen empfunden. Umgekehrt verweisen „Peak Oiler" darauf, dass die Gefährdung der Ölversorgung unmittelbar bevorstehe und daher Vorrang habe. Eine Reihe von Argumenten wird von beiden Seiten vorgebracht, um Prioritäten zu begründen:

Der Rückgang in der Ölproduktion werde so gravierende ökonomische und geopolitische Krisen erzeugen, dass eine langfristig angelegte Klimapolitik nicht mehr verfolgt werden kann. Das gelte eventuell auch für Verfahren, bei denen CO_2 abgeschieden und gespeichert wird (CCS Carbon Capture and Storage). Es könnte sein, dass in einer Energiekrise die alten, billigeren Verfahren eingesetzt werden.

▸ Ölknappheit berge die Gefahr, dass statt Öl verstärkt Kohle (CTL) oder Ölsand zum Einsatz kommen, deren CO_2-Bilanz deutlich schlechter ist.

▸ Eine politische Fokussierung auf einen angeblich bevorstehenden Peak könnte klimapolitische Fragen in den Hintergrund schieben.

▸ Ein starker Reservenpessimismus suggeriere fälschlicherweise, dass die Erschöpfung der fossilen Ressourcen den anthropogenen Klimawandel automatisch stoppen wird.

▸ Eine schnelle und engagierte Klimapolitik könnte den Ölkonsum so weit dämpfen, dass es in absehbarer Zukunft zu keinem Peak kommen wird.

Die Peak-Debatte ist auch deshalb so brisant, weil weltweit mit einer weiterhin kräftig steigenden Ölnachfrage gerechnet wird. Das Wachstum der Weltwirtschaft ist strukturell immer noch sehr eng mit dem Ölkonsum verbunden. Das gilt zurzeit besonders in den prosperierenden Industrieregionen in China, Indien, Südostasien, Mittel- und Osteuropa und Lateinamerika, aber auch in den Ölstaaten am Persischen Golf, die einen wachsenden Eigenbedarf haben.

Die reifen Industrieländer in Europa und Japan können ihr wirtschaftliches Wachstum hingegen schon heute vom Wachstum des Ölkonsums abkoppeln. Das ist in den USA bislang nur zum Teil gelungen, wobei der amerikanische Ölbedarf wegen des Importüberschusses energieintensiv produzierter Waren eher noch unterschätzt wird.

In den Jahren seit 2003 hat die Peak-Debatte die Schlagzeilen nicht nur der Fachzeitschriften, sondern auch der allgemeinen Wirtschaftspresse erreicht, wenn auch meist aus den falschen Gründen. Der Energiehunger Chinas, die Yukos-Affäre, Hurrikan-Katastrophen in den USA, der Klimawandel und natürlich der auf über 100 \$/b steigende Ölpreis bildeten eine Gemengelage, die den Befürchtungen der Peak-Pessimisten Recht zu geben scheint.

5.1.2 Missverständnisse

Viele energiepolitische Debatten leiden darunter, dass Zusammenhänge konstruiert werden, wo keine sind:

1. Immer wieder hört man in diesen Zusammenhängen Beschreibungen wie „Deckungslücke" oder „das Angebot kann die Nachfrage nicht decken". Das sind jedoch sehr problematische Beschreibungen, da sie geologische und ökonomische Kategorien vermischen.

    Es ist wohl unstrittig, dass bei einem angenommenen Ölpreis von 2 \$/b (wo er in den 1960er Jahren lag) die Nachfrage nach Öl heute bedeutend höher wäre. Auch können wir beobachten, dass bei den sehr niedrigen subventionierten Preisen in einigen Ölstaaten das Öl für die Verstromung oder sehr ineffiziente Fahrzeuge verwendet wird, was bei einem Barrelpreis von 100 $ ausgeschlossen wäre.

Insofern wird bereits heute durch den vergleichsweise hohen Ölpreis Nachfrage unterdrückt und dauerhaft zerstört. Das gilt auch für ein Peak-Szenario. Der Peak in der Weltölförderung ist kein „live" beobachtbares Ereignis wie eine Sonnenfinsternis, sondern kann erst im Rückblick aus Statistiken abgeleitet werden. In den Jahren unmittelbar vor und nach einem Peak werden also vermutlich „nur" die Preise steigen. Das Ölangebot wird dann die Nachfrage decken, die bereit ist, die höheren Preise zu zahlen.

Entscheidend sind die *Geschwindigkeit* des Förderrückgangs nach einem Peak und die *Form* der Allokation, also über einen funktionierenden Weltmarkt oder durch starke (geo-)politische Eingriffe.

2. Häufig wird ein steigender Ölpreis unbesehen als Ausdruck eines bevorstehenden Peaks oder zur Neige gehender Ölreserven gewertet. Dabei wird übersehen, dass Ölpreise anderen Gesetzmäßigkeiten folgen, die nicht einmal mit der *aktuellen* Angebots-/Nachfragesituation korrelieren müssen, geschweige denn mit langfristigen Reservefragen. Trotzdem entsteht ein Interpretationskreis, in dem steigende Ölpreise aus Knappheitsfurcht entstehen, und Knappheitssorgen, die sich auf steigende Ölpreise berufen.

3. Ein weiteres Problem entsteht durch die Verwechslung von Peak (Scheitelpunkt der globalen Fördermenge) und Reservenlage. Dabei hat das eine nicht unbedingt etwas mit dem anderen zu tun. Auch bei reichlich vorhandenen Reserven ist ein Peak möglich, wenn z.B. bestimmte Länder längere Zeit nicht für die Exploration zugänglich sind (Beispiel Irak) oder finanzielle Streitereien große Projekte verzögern (Beispiel Kashagan).

4. Der Peak wird weit unter der technisch möglichen Förderkapazität liegen, also unter der Fördermenge, die bei optimaler Förderung in allen wichtigen Ölfeldern in der Summe produziert werden könnte. Er wird also nicht „zwangsläufig" aus geologischen Gründen stattfinden, sondern auch eine Folge politischer und ökonomischer Entscheidungen oder Konflikte sein.

5.1.3   Spannbreite der Schätzungen

Die Spannbreite der Schätzungen für den Zeitpunkt des globalen Peak ist groß. Sie reicht von 2005 (er liegt also bereits hinter uns) über 2030 bis zu einem vagen „noch lange nicht in Sicht".

Um 1980 wurde eine größere Zahl von Schätzungen veröffentlicht, die von einem deutlichen Pessimismus geprägt waren. Ein Bericht der BP von 1979 rechnete wie andere Studien mit einem Peak um das Jahr 1985.[3] Eine krasse Fehleinschätzung, die durch neue Entdeckungen, Reservenwachstum in bekannten Feldern, aber vor allem durch die schwache Nachfrage in den 1980er und 90er Jahren widerlegt wurde.

Zurzeit gibt es zwei größere Gruppen von Schätzungen: Die Ressourcenpessimisten erwarten den Peak zwischen 2005 und 2012. Er sei unvermeidlich, da es aus geologischen und technischen nicht möglich sei, die Förderung noch weiter zu steigern. Die Ressourcen- und Technikoptimisten, die das Peak-Thema bis vor kurzem nur am Rande wahrgenommen hatten. Ein Peak wird um das Jahr 2030 oder noch später erwartet. Die Gründe seien erst in zweiter Linie geologischer Natur. Noch wichtiger sei ein möglicher Mangel an Investitionen oder eine fallende Nachfrage.

Auch der amerikanische National Petroleum Council und der US-Rechnungshof[4] haben sich mit dem Thema beschäftigt und Ergebnisse diverser Peak-Studien zusammengetragen: Die meisten Studien erwarten den Peak zwischen heute und 2040. Im Auftrag des US-Energieministeriums hat auch Hirsch[5] eine Liste aktueller und historischer Vorhersagen zusammengefasst. Sie reichen von 2005 bis „deutlich nach 2030" bzw. „unmöglich zu prognostizieren". Die Mehrzahl der Studien nennt aber ein Datum zwischen 2010 und 2015.

Auch innerhalb der Ölbranche herrscht keine Einigkeit darüber, wie weit die Ölförderung noch steigen kann:[6]

▸   Total hält die langfristigen Erwartungen der IEA und EIA für unrealistisch und meint, dass selbst 100 mb/d bis 2030 „schwierig" sein werden (die aktuelle Ölproduktion liegt bei 85 mb/d).

▸   ConocoPhillips erwartet nicht, dass 100 mb/d erreicht werden können.

▸   ExxonMobil wiederum hält die Erwartungen der IEA von 116 mb/d im Jahr 2030 für machbar, wenn die wichtigen Länder ausländische Investitionen zulassen.

▸   Lokale und regionale Peaks sind seit langem eine Realität in der Öl- und Gasbranche. Die meisten kommen wie erwartet, einige unerwartet und plötzlich.

Beispiel USA: Der Öl-Peak der 1970er Jahre kam für die meisten Beobachter unerwartet und ohne Vorwarnung.[7] Er markiert den ölgeschichtlich bislang wichtigsten Förderhöhepunkt und war besonders einschneidend, weil die USA seit dem 19. Jahrhundert die größte ölproduzierende Region der Welt waren. Auch die Erschließung von Teilen Alaskas und der Offshore-Vorkommen im Golf von Mexiko waren nicht in der Lage, den Trend umzudrehen.

Beispiel Nordseeöl: Die Ölprovinz Nordsee zeigt, dass auch modernste Technik, hohe Ölpreise und steuerliche Anreize nicht ausreichen, um den Produktionsrückgang aufzuhalten.

Großbritannien wurde 2007 vom Ölexporteur zum Importeur. Norwegen – der drittgrößte Ölexporteur der Welt – hat seinen Peak schon 2001 bei einer Förderhöhe von 3,4 mb/d gesehen. Zwar gab es immer wieder Überraschungen, wie das Buzzard-Feld, das 2001 entdeckt wurde und vermutlich 400 Millionen Barrel (mb) förderbares Öl enthält, aber beide Länder haben ihr Fördermaximum zweifellos überschritten. Große Hoffnungen wurden in den russischen und europäischen Teil der Barentsee gesetzt. Aber im unwirtlichen Norden konnten außer dem Erdgasfeld Snoehvit trotz 60 Probebohrungen keine größeren Ölvorkommen entdeckt werden.

Der Produktionsrückgang fiel in den letzten Jahren weitaus schärfer aus als erwartet. Die IEA[8] erwartete Anfang des Jahrzehnts den Peak für Großbritannien für das Jahr 2001 bei 3,1 mb/d, die EIA[9] erst 2005 bei 3,1 mb/d. Tatsächlich hatte der Peak schon 1999 stattgefunden und die Produktion lag 2001 bei nur 2,5 mb/d und 2007 sogar nur noch bei 1,6 mb/d – also ein Produktionsrückgang um fast 50 % gegenüber den Höchstwerten von 2,9 mb/d (1999) in nur acht Jahren.

5.2   Definitionen: Was ist ein Peak?

Ein Peak bezeichnet den Höhepunkt (Scheitelpunkt, Maximum, Zenith) der Ölförderung in einer bestimmten Region, also die *„Höchstgeschwindigkeit"* der Branche. Es geht also nicht um die Größe der verfügbaren Ölmengen, sondern darum, wie schnell sie gefördert werden können. Da die Diskussionen vor allem im angelsächsischen Raum stattfinden und der englische Begriff griffiger ist als seine deutschen Übersetzungen, hat er sich auch hierzulande eingebürgert.

Die Debatte entzündet sich vor allem an den zwei Fragen, wann und in welcher Höhe die Erde ihren Peak erreichen wird. Der pessimistische Ansatz behauptet, dass wir ihn schon erreicht haben oder in wenigen Jahren erreichen werden. Die Optimisten sehen den Scheitelpunkt erst in einigen Jahrzehnten und rechnen im günstigsten Fall damit, dass er dann aufgrund geringer Nachfrage nach Öl ohnedies niemanden mehr interessieren werde.

Einige Widersprüche lösen sich bereits auf, wenn geklärt wird, was denn unter „Öl" verstanden wird. Die Definitionen sind zum Teil sehr eng, wenn sie nur *easy oil* oder *regular oil* erfassen, also Rohöl, das an Land oder in seichtem Wasser ohne größere Schwierigkeiten an die Oberfläche gelangt. Breitere Definitionen schließen Tiefseevorkommen und Felder in arktischen Regionen ebenso ein wie Öl aus Ölsand und Ölschiefer, oder auch synthetisches Öl aus Erdgas, Kohle oder Biomasse.

Die zweite Frage betrifft die Gestalt der Förderkurve. Sie kann zum Beispiel in Form einer symmetrischen Glockenkurve eine einmalige Spitze aufweisen, wie es die Hubbert-Geologen vermuten. Oder sie kann eine wellenförmige Hochebene (*undulating plateau*) sein, wie z.B. CERA/IHS annehmen.

Die größte analytische Verwirrung entsteht jedoch durch die Definition des Peak. Das Fördermaximum kann sich z.b. auf die höchste *tatsächlich* erreichte Fördermenge beziehen, die im gegebenen historischen Kontext mit seinen ökonomischen und politischen Rahmenbedingungen *möglich* wäre, oder auf ein geologisch-technisches Fördermaximum, das *theoretisch* möglich ist, ungeachtet ökonomischer oder politischer Hindernisse. In der Debatte werden diese Konzepte oft durcheinander geworfen.

Beispielsweise argumentieren die Hubbert-Geologen/ASPO mit geologisch-technischen Argumenten und verweisen darauf, dass der Peak des *regular oil* schon 2005 stattgefunden habe. Nun ist aber unbestritten, dass der Irak 2005 weit unter seinen Möglichkeiten produzierte, ebenso Nigeria und eine Reihe anderer Staaten – von der Reservekapazität Saudi-Arabiens ganz zu schweigen. *Politische* Gründe hätten also zu einem historischen Peak geführt. Dann kann aber nicht mehr mit der Hubbert-Kurve argumentiert werden, die ja rein geologisch-technisch begründet ist. Der Förderrückgang seit 2005 wäre kontingent und nicht zwangsläufig.

Drei Definitionen eines Peaks müssen also sorgfältig unterschieden werden:

▸ Der **geologisch-technische** Peak (Peak-Potenzial)

▸ Der **ökonomisch-technische** Peak (Peak-Kapazität)

▸ Der **historische** Peak (empirischer Peak)

1. Die *empirische* Peak-Förderung: Wie hoch ist das tatsächlich erreichte globale Fördermaximum? Die Ursachen für einen historischen Peak können, müssen aber nicht auf ein geologisch verursachtes Fördermaximum zurückzuführen sein. Ebenso ist denkbar, dass die Nachfrage aufgrund billigerer Alternativen oder regulativer Verbrauchsbeschränkungen abnimmt, oder dass politisch verhängte Produktionsquoten die Förderung begrenzen.

2. Die *Peak-Kapazität*: Hier werden zusätzlich die zur Verfügung stehenden, aber nicht genutzten Förderkapazitäten (Reservekapazität) addiert.

3. Das *Peak-Potenzial*: Zusätzlich zur vorhandenen Förderkapazität wird hier berücksichtigt, welche geologisch-technischen Potenziale vorhanden sind, die nicht erschlossen wurden. Beispielsweise bleibt die Ölförderung im Irak, dem Land mit den vermutlich drittgrößten Ölreserven der Welt, schon seit Jahrzehnten weit unter ihren Möglichkeiten.

Aus der Höhe der Reserven kann also nicht ohne weiteres auf die maximale Förderhöhe geschlossen werden. Es ist kein simples arithmetisches Problem, bei dem die Reservenmenge einfach durch die tägliche Nachfrage dividiert oder unter einer Glockenkurve (Normalverteilungskurve) subsummiert wird. Tatsächlich gibt es nur eine indirekte Beziehung zwischen Reserven und Fördermenge. Mehrere Variablen schieben sich dazwischen:

▸ Geologisch: Die Förderung in einem Ölfeld kann nicht beliebig gesteigert werden, selbst wenn die Feldreserven groß sind. Um z.b. Wassereinbrüche oder plötzlichen Druckverlust an der Fördersonde zu vermeiden, müssen die jeweiligen geologischen Besonderheiten jedes Vorkommens beachtet werden.

▸ Technisch: Engpässe bei Personal oder Ausrüstung, die oft über Tausende von Kilometern herangeschafft werden müssen oder ausgebucht sind, begrenzen die Geschwindigkeit, mit der Reserven ausgebeutet werden können. Das gilt besonders für schwierige Standorte in tiefem Wasser oder in arktischen Regionen.

▸ Ökonomisch: Je nach Abgabenlast in einem Land ist es mehr oder weniger attraktiv für einen privaten Ölkonzern, ein Vorkommen zu erschließen. Staatliche Ölkonzerne wiederum leiden immer wieder an mangelnder Kapitalausstattung, da sie ihre Gewinne an den Staatshaushalt abführen müssen.

▸ Politisch: Der größte Teil der weltweiten Ölreserven liegt in den OPEC-Staaten. Diese Staaten haben zwei Strategien zur Verfügung, um ihre Einnahmen zu steigern: Durch eine Ausweitung der Produktion mittels hoher Investitionen, oder eben mit dem Gegenteil davon: nämlich geringen Investitionen in der Erwartung, dass eine globale Verknappung des Ölangebots zu steigenden Preisen führt.

Hubbert-Glockenkurve oder Plateau

Viele Peak-Prognosen gehen von einem simplen historischen Muster der Ölproduktion aus. Die Produktion steigt mehr oder weniger stetig (in einer Region oder der ganzen Welt) bis auf ein Maximum (Peak) und fällt dann mehr oder weniger stetig wieder ab.

Davon unterscheiden sich Ansätze, die eine über längere Zeit konstante Produktion vermuten (Plateau).

Etwas spezifischer sind die Analysen, die von einem glockenförmigen Förderverlauf ausgehen (Hubbert Bell, Gauß-Normalverteilung). Dieser Verlauf, der geologisch und technisch für Einzelfelder begründet werden kann, wird von der ASPO, aber auch zunehmend von der IEA und der EIA als Referenzmodell verwendet. Geht man von diesem Modell aus, lässt sich der zukünftige Produktionsverlauf vorhersagen, sobald der Peak erreicht oder überschritten ist. Die ASPO geht noch einen Schritt weiter und schließt von einem Peak bei Neuentdeckungen auf einen zeitlich verschobenen Peak bei der Produktion. So lasse sich der Produktionsverlauf sogar schon vor dem Förder-Peak vorhersagen. Diese Auffassung ist allerdings umstritten: IHS, CERA, IEA und andere argumentieren, dass Neuentdeckungen nur den kleineren Teil der wachsenden Reserven ausmachen. Wichtiger seien die laufenden Höherbewertungen für bereits entdeckte Felder, das bereits besprochene *Reserve Growth*.

Ein geologisch-technisch begründetes Glockenmodell setzt voraus, dass die Förderung nicht übermäßig stark durch Sonderfaktoren verzerrt wird. Drei Bedingungen müssen erfüllt sein:

▶   Es muss eine größere Ölregion sein.

▶   Die Region ist umfassend untersucht worden.

▶   Es wird eine maximale Produktion angestrebt.

Mit anderen Worten: Ölregionen wie die OPEC-Staaten oder Russland eignen sich nicht für das Hubbert-Glockenmodell, da hier die Produktion entweder künstlich (OPEC seit den 1970ern) oder durch politische Turbulenzen (Russland in den 1990ern) beschränkt worden ist. Nur in wenigen Fällen finden sich geeignete Konstellationen, so z.B. in Großbritannien und Norwegen. Auch mehrere kleinere Ölregionen zeigen einen modellhaften Verlauf, so z.B. Argentinien, Kolumbien und Ägypten.

In den USA (ohne Alaska) zeigt sich hingegen keine Glockenform mit steilem Abfall, sondern eher ein flaches Dreieck, das nach dem Peak nur etwa 2 % p.a. abfällt.[10] Die Produktion lag hier etwa 10 Jahre lang über 98 % der Maximalförderung, so dass man eher von einem Plateau sprechen kann. Auch in den USA ist die Förderung über lange Zeiträume durch politische oder ökonomische Faktoren verzerrt worden: Von 1945–1970 regelte die Texas Railroad Commission, eine Art OPEC für die Bundesstaaten, die Förderung je nach Marktlage. Nach 1970 bremste billiges Öl vom Persischen Golf die heimische Produktion und zwischen 1970 und 2000 erlebte die US-Wirtschaft vier Rezessionen.

5.3 Zentrale Variablen der Ölförderung

5.3.1 Die Recovery Rate: Was ist förderfähig?

Die *Recovery Rate*[11] (Recovery Factor, Entleerungsgrad, Förderrate) gibt an, welcher Anteil des insgesamt vorhandenen Öls (OOIP) gefördert werden kann, also zu Reserven wird (URR). Die globale Recovery Rate kann nur geschätzt werden, da Daten fehlen oder nicht publiziert werden. Gutes Datenmaterial gibt es nur für die USA, Großbritannien und Norwegen. In der Literatur schwanken die Schätzungen der aktuellen weltweiten Recovery Rate zwischen 27 % und 35 %.

▶ In einer Studie auf der Grundlage von 11.242 Feldern kommt Lahèrrere auf 27 %.

▶ Harper kommt auf der Basis von 9000 Feldern auf 25–35 %.

▶ Die Recovery Rate für die USA lag 1979 bei 22 % und dürfte heute bei 39 % liegen. Prudhoe Bay, das größte amerikanische Ölfeld, dürfte auf 47 % kommen.

▶ Für die Nordsee liegt der Wert bei 46 % mit Spitzen bis 66 % (Statfjord-Feld).

Nach einer statistischen Erhebung von Harper auf der Basis von 9000 Feldern liegt die durchschnittliche Recovery Rate gerechnet nach der *Zahl* der Felder, also ungewichtet, bei etwa 25 %; gerechnet nach der Ölmenge in den Feldern, also nach Feldgröße gewichtet, bei 35 %. Nur wenige Felder erreichen mehr als 60 %.

Diese 9000 Felder enthalten nach Harper wirtschaftlich förderbare Reserven von 1950–2200 Gb aus einem OOIP von 5500–7000 Gb. Gelänge es also, den weltweiten Recovery Factor um nur einen Prozentpunkt zu erhöhen, stünden rechnerisch zusätzlich 55–70 Gb zur Verfügung. Das deckt den Weltölbedarf für zwei Jahre. Saudi Aramco hält weitaus höhere Raten als 35 % für möglich und peilt in seinen großen Feldern bis zu 70 % an. So wurde z.B. im Supergiant Abqaiq eine Rate von 74 % erreicht.[12]

Sollten die Schätzungen für ein saudisches OOIP von 700 Gb annähernd korrekt sein, dann könnte das Land in der Tat hohe Förderraten erreichen. In der Vergangenheit wurden bereits 120 Gb gefördert, hinzu kommen 2P-Reserven von 180 (ASPO) bis 290 Gb (IHS). Das ergäbe eine Recovery Rate zwischen 43 % und 59 %.

5.3.2   EOR: Verbesserte Fördermethoden

Bei der Frage, wie viel des vorhandenen Öls (OOIP) tatsächlich förderbar ist (URR), sind drei Variablen entscheidend:[13]

▸   die Druckverhältnisse in der Lagerstätte

▸   die Eigenschaften des Gesteins (vor allem die Durchlässigkeit)

▸   die Eigenschaften des Öls in den Poren des Gesteins (vor allem die Fließeigenschaften)

In der **ersten Förderphase** ist normalerweise der Druck in der Lagerstätte so hoch, dass das Öl ohne weiteres Zutun über die Fördersonde an die Oberfläche gedrückt wird (*primary recovery*). Bis zu 20 % können im Schnitt so gefördert werden.

In der **zweiten Phase** reicht der Druck in der Lagerstätte dazu nicht mehr aus. Er muss deshalb durch die Injektion von Wasser oder Gas künstlich erhöht werden. In dieser sekundären Förderung sind theoretisch bis zu 70 % Recovery Rate möglich, aber Werte über 60 % sind selten. Etwa 45–50 % sind möglich, wenn die Bedingungen einigermaßen günstig sind.

Diese Methoden kommen seit den 1960ern in vielen großen Feldern zum Einsatz. Das machte, so King, die enorme Menge von 400–500 Gb zugänglich. Seit den 1990er Jahren können insbesondere horizontale Bohrungen bislang vernachlässigte Vorkommen förderfähig machen.

In der **dritten Phase** (*Enhanced Oil Recovery* EOR, oder *tertiary recovery*), um die sich viele neue Anwendungen der letzten dreißig Jahre drehen, versucht man nun, die Durchlässigkeit des Gesteins (z.B. durch Aufbrechen des Gesteins) oder die Fließeigenschaften des Öls (z.B. durch massenhaften Einsatz von Chemikalien) zu ändern. Zusätzliche 7–15 % des OOIP werden unter günstigen Bedingungen förderfähig, wobei der Erfolg allerdings sehr stark vom Einzelfall abhängt.[14]

Zurzeit dominieren thermische Methoden, vor allem der Einsatz von Dampf für die Förderung von Schweröl, und die Gasinjektion. Daneben kommen auch chemische Methoden zum Einsatz. Alle haben ihre Nachteile:

▸   Bei der Dampfinjektion wird etwa ein Viertel der im geförderten Öl enthaltenen Energie für die Erzeugung des Dampfes verbraucht.

▸ CO_2-Injektionen erfordern eine nahe gelegener Quelle für CO_2, z.B. chemische Anlagen oder Kraftwerke. Sie könnten aber durch die Klimaschutzpolitik Auftrieb bekommen.

▸   Chemische Methoden (z.B. Wasser gemischt mit Polymeren) sind teuer und aufwendig.

EOR wird zurzeit nur bei 3 % der Ölförderung eingesetzt und kann einen nahen Peak nicht aufhalten. Aber EOR könnte einen Beitrag leisten, um ein Produktionsplateau einigermaßen stabil zu halten. Spitzenreiter ist die USA, wo schon bei 14 % der Ölproduktion (650.000 b/d) EOR eingesetzt wird. Daneben kommt EOR vor allem in China zum Einsatz. Allerdings ist weltweit (noch) kein klarer Trend zum vermehrten Einsatz dieser Methoden erkennbar. Einige Beispiele:

▶ Die größten EOR-Projekte sind das Feld Duri auf Sumatra und Daqing in China.

▶ Chevron nutzt seit vielen Jahren die Dampfinjektion für Schwerölfelder in hartem Sandstein und Schiefer.[15] Seit 2006 wird diese Technik in Wafra getestet, also erstmals in den porösen Gesteinen des Persischen Golfs. In den riesigen Vorkommen, die bislang nicht zu den offiziellen Reserven Saudi-Arabiens gezählt werden, könnte die Recovery Rate dadurch von 3 % auf möglicherweise bis zu 40 % erhöht werden. Noch ist unklar, ob der Dampf im porösen Gestein die notwendigen Temperaturen erzeugen kann, um das Schweröl zu verdünnen und zum Fließen zu bringen.

▶ Ein ähnliches Projekt plant Occidental Petroleum in Oman für das 1 Gb große Mukhaizna-Feld. Auch Kuwait könnte diese Technik für seine nördlichen Schwerölfelder nutzen.

▶ Neue Methoden und hohe Ölpreise machen auch in Europa alte Felder wieder interessant. Shell und ExxonMobil sind dabei, das alte holländische Ölfeld Schoonebek wieder anzubohren, das 1996 aufgegeben wurde, weil das restliche, zähflüssige Öl damals nicht förderwürdig war. Aber neue Methoden wie horizontale Bohrungen und Niederdruck-Dampfinjektionen sollen 120 mb zugänglich machen. Das entspräche dem holländischen Ölverbrauch für vier Monate.

▶ Ein weiteres Beispiel ist die *Bakken Formation* in North Dakota (USA). In einer dünnen Schicht, eingeschlossen von sehr hartem Gestein (Dolomit) in drei Kilometer Tiefe, befinden sich dort nach Angaben der USGS 4,3 Gb förderbaren Öls, insgesamt möglicherweise mehrere Hundert Mrd. Barrel OOIP. Die Vorkommen sind nur sehr schwer zugänglich. Dennoch gilt die Formation angesichts der hohen Ölpreise und moderner horizontaler Bohranlagen mittlerweile als aussichtsreich.[16]

Erhöhung der förderbaren Reserven durch EOR?

Die Potenziale aufwendiger EOR-Fördermethoden sind umstritten. Einige vermuten, dass dadurch nur die Entleerung der Vorkommen beschleunigt wird, während die insgesamt förderbare Menge konstant bleibt.

Andere verweisen darauf, dass EOR auch die förderbaren Mengen (URR) steigert. Dieser Effekt ist bei Vorkommen, die sich nahe des Bohrlochs finden, am deutlichsten und lässt sich durch eine größere Zahl von Bohrungen und horizontalen Verzweigungen steigern.

Der National Petroleum Council in den USA hat die Effekte einiger bereits in den 1970er und 80er Jahren vorhandenen EOR-Techniken untersucht. Die Hoffnungen hatten sich damals nicht erfüllt. Die EOR-gestützte Ölförderung in den USA erreichte 1992 mit 761.000 b/d ihren Höhepunkt und fiel auf mittlerweile 680.000 b/d. Eine ganze Palette von Technologien wurde ohne Erfolg getestet. Bislang haben sich vor allem CO_2- und Dampfflutung bewährt.

Nicht alle technischen Entwicklungslinien waren von Erfolg gekrönt: Erfolgen bei der 3D-Seismik und bei horizontalen und multilateralen Bohrungen stehen jahrzehntelange Misserfolge bei der durch Chemikalien unterstützten tertiären Förderung und bei der Förderung von Ölschiefer gegenüber.

Dennoch gibt es unbestreitbare Fortschritte, die nicht nur die Kosten senken und die Geschwindigkeit der Förderung steigern, sondern auch mehr Öl zugänglich machen – also die förderbaren Reserven vergrößern.[17]

Ein zentraler Parameter ist dabei der „*Productivity Index*". Er misst den Druckabfall bei der Förderung. Idealerweise sollte der Wasserspiegel (das schwerere Wasser befindet sich unter dem leichteren Öl) langsam und gleichmäßig in der gesamten Lagerstätte ansteigen, den Druck stabilisieren und das Öl Richtung Fördersonde treiben.

Wenn die Förderung beschleunigt wird, fällt der lokale Druck rund um die Fördersonde schneller ab. Bei einer riskanten Überproduktion könnte der Druck rasch und unkontrolliert fallen, so dass die Ölförderung nachhaltig unterbrochen wird, weil das Wasser rund um die Fördersonde ansteigt (coning), das Öl überholt und den Zugang zum Bohrloch versperrt.

Diese Probleme bestehen vor allem bei vertikalen Bohrungen. Bei horizontalen Bohrungen mit multilateralen Nebenbohrungen können die Risiken minimiert werden. Der Productivity Index steigt dann um das Vielfache. Da das Öl nicht punktuell wie bei der vertikalen Bohrung, sondern an vielen Stellen und verteilt über eine große Fläche gefördert wird, fällt der Druck nur sehr langsam. Die Grenzschicht des Wasser-Öl-Kontaktes bleibt flach. Die Fördermengen sind bedeutend höher und der Förderrückgang wird verlangsamt. Auch können kleinere Lagerstätten, für die eine vertikale Bohrung zu aufwendig wäre, in der horizontalen Nebenbohrung angezapft werden.

Eine optimistische Studie von Advanced Resources International im Auftrag des US-Energieministeriums kommt zu dem Ergebnis, dass mit verbesserten Fördermethoden selbst in den USA noch erhebliche zusätzliche Ölmengen förderfähig werden.[18] Es wurden sechs große Becken untersucht, deren Ergebnisse dann auf die USA übertragen wurden. Von den 582 Gb OOIP sind in diesen US-Ölprovinzen 186 Gb bereits gefördert worden, weitere 22 Gb gelten als sichere Reserven. Damit verbleiben 374 Gb OIP ungenutzt im Boden. Es gilt also nur ein Drittel des vorhandenen, entdeckten Öls als förderbar. Von diesen 374 Gb lassen sich nach Einschätzung der Forscher weitere Ölmengen durch EOR, insbesondere durch CO_2-Flutungen, gewinnen:

▸ Schweröl: Die USA verfügen über etwa 100 Gb Schweröl, vor allem in Kalifornien und Alaska. Bei starkem EOR-Einsatz könnten zumindest aus oberflächennahen Feldern zwei Drittel des OOIP gewonnen werden, statt den üblichen 9 % bei konventionellen Fördermethoden.

▸ Residual Oil: Konventionelle Fördermethoden sehen Öl, das unter der Öl-Wasser-Kontaktlinie liegt, als nicht förderbar an (residual oil). Neuere Ansätze betrachten dies jedoch als eine möglicherweise aussichtsreiche Übergangszone, wenn die geologischen Bedingungen vorteilhaft sind. Das Institut nennt eine Größenordnung von 100 Gb, die sich in diesen Zonen befinden und die durch eine Kombination von horizontalen Bohrungen und CO_2-Flutung möglicherweise doch förderbar sind.

Die Recovery Rate könnte in diesen sechs Provinzen von 30 % auf etwa 50 % steigen. Erheblich bescheidener nehmen sich die EOR-Potenziale allerdings aus, wenn man nicht nur die technische Machbarkeit, sondern auch die Wirtschaftlichkeit der CO_2-Anwendung berücksichtigt. Vieles wird davon abhängen, ob die langfristige Speicherung von CO_2 in Öl- und Gasfeldern zu einer machbaren und politisch unterstützten klimapolitischen Strategie wird.

Kritik

Unbestritten scheint, dass horizontale und multilaterale Bohrungen mit maximalem Kontakt zu den Vorkommen (*Maximum Reservoir Contact*), verbunden mit einem sorgfältigen Management der Lagerstätte, dauerhaft hohe Förderraten bei geringem Risiko ermöglichen. Auch scheint unumstritten, dass das Aufbrechen des Gesteins (Fracs) und chemische Zusatzstoffe zumindest in der Nähe der Bohrlöcher höhere Entleerungsraten ermöglichen. Das bis auf wenige Zentimeter genaue Anbohren kleinerer Vorkommen kann ebenfalls die Entleerungsrate erhöhen, wenn der Aufwand dafür gerechtfertigt ist.

Die Kritik an der Technik-Euphorie setzt vor allem an den folgenden Punkten an: Es sei zwar klar, dass Innovationen die Kosten gesenkt haben, aber damit seien – so die

Kritik – die Felder nur *schneller* und effizienter geleert worden. Es werde also langfristig nicht mehr Öl erschlossen, sondern nur in einem kürzeren Zeitraum.

Der Optimismus wird von Kritikern nicht geteilt.[19] Die Entleerungsrate hänge in erster Linie von den geologischen Bedingungen der Lagerstätte ab, die sich kaum beeinflussen lassen. Verbesserte Verfahren beschleunigen lediglich die Förderung der letzten förderbaren 10 oder 20 % eines Vorkommens. Wenn ein Feld seinen Förderhöhepunkt überschritten hat (Peak), dann könne nur der Rückgang vorübergehend verlangsamt, aber nicht aufgehalten werden.

Die meisten Texte über Innovationen in der Ölbranche beziehen sich auf Techniken der sekundären und tertiären Fördermethoden, die bereits seit 20 Jahren im Einsatz sind. Grundlegende neue Innovationen für die Exploration und Förderung von Öl sind nicht in Sicht.

5.3.3   Die Decline Rate: Der Förderrückgang in alten Feldern

Die Decline Rate, also der jährliche Rückgang der Ölförderung in einem Feld oder einer Region, ist von herausragender Bedeutung für jede Schätzung der zukünftigen Ölversorgung. Auch hier gilt es verschiedene Begriffe auseinander zu halten:

▶   Es gibt einerseits die *natürliche Decline Rate*, also der Förderrückgang, der eintritt, wenn keine Maßnahmen zur Stabilisierung der Fördermenge ergriffen werden.

▶   Die *tatsächliche Decline Rate*, also der Produktionsrückgang, der trotz der Investitionen stattfindet, die täglich unternommen werden, um die Fördermengen durch Wasserflutung, zusätzliche Bohrungen etc. zu stabilisieren. Die Decline Rate ist also das Ergebnis von zwei Faktoren: den Eigenschaften der Lagerstätten und der Höhe der Investitionen.

Die Decline Rate hat eine enorme Auswirkung auf die Höhe der notwendigen Investitionen. Nehmen wir beispielsweise an, dass der Output bei zwei Dritteln der Felder mit 5 % pro Jahr schrumpft, dann müssten die Fördermengen im restlichen Drittel um 10 % p.a. steigen, nur um die Fördermengen konstant zu halten. Sie müssten sogar um 16 % steigen, um 2 % Wachstum zu ermöglichen. Die IEA errechnete, dass für einen möglichen Anstieg der weltweiten Ölproduktion von 77 mb/d (2002) auf 120 mb/d (2030) insgesamt *200 mb/d neuer Kapazitäten* geschaffen werden müssten, um Decline plus Nachfragewachstum aufzufangen.[20]

Die IEA schätzte 2006 die Spannbreite der *natürlichen* Decline Rate auf 2 % bis 11 %, mit einem Durchschnitt von 8 % pro Jahr. Für die OPEC-Felder werden 2–7 %, für die reiferen Ölregionen im Schnitt 11 % ermittelt.[21]

Ein Jahr später vermutete sie, dass *jährlich etwa 3,2 mb/d* nötig sind, um die weltweite Erschöpfung der Felder zu kompensieren. Die *tatsächliche globale Decline Rate liegt also bei 4,0 %.* Sie beträgt durchschnittlich 4,6 % für Non-OPEC und 3,2 % p.a. für OPEC-Ölfelder. Weitaus höhere Decline Rates von 15–20 % sind in sehr reifen Ölregionen und in zahlreichen neuen Tiefwasser-Feldern anzutreffen.[22]

Diese Schätzungen hat die IEA 2008 in einer neuen Untersuchung revidiert und detailliert.[23] Insgesamt schätzt sie den jährlichen Förderrückgang in allen aktiven Feldern nun auf 5,2 %. Im Vorjahr hatte sie noch mit 4,0 % kalkuliert. Mangelnde Konsistenz in den Daten macht es allerdings nicht möglich festzustellen, ob sich der Decline im Laufe der letzten 10 Jahre beschleunigt hat. Die IEA vermutet, dass es höchstens eine leichte Beschleunigung gegeben hat. Sie führt das auf verbesserte Fördermethoden zurück, die durch den hohen Ölpreis rentabel geworden sind. Ein weltweiter Mangel an Gerät und Personal verhindert derzeit eine noch stärkere Investitionsoffensive.

Jedes Jahr müssen also zurzeit 3,7 mb/d neu erschlossen werden, selbst wenn die Nachfrage konstant bleibt.

Allerdings wird die Decline Rate indirekt erfasst, d.h. sie ergibt sich aus der Differenz zwischen Bruttoerweiterungen und tatsächlichem Produktionszuwachs. Kommt es also – aus welchen Gründen auch immer – zu Verzögerungen oder technischen Störungen beim Betrieb eines bereits aktiven Feldes, z.B. durch den Hurrikan Katrina im Jahr 2005, fließt auch dieser Förderverlust in die Decline Rate ein.

IHS/Cera ermittelten die Decline Rate in einer neueren Studie mit 4,5 % p.a. in ähnlicher Höhe.[24] Es sei nicht erkennbar, dass der Förderrückgang sich beschleunige. Das Ergebnis wurde auf der Grundlage der Analyse von 811 Feldern gewonnen, die für zwei Drittel der Produktion und die Hälfte der Ölreserven stehen. Etwa 41 % dieser Felder sind im Decline, haben also ihr Fördermaximum schon überschritten.

Das bedeutet, dass die Herausforderung durch den Förderrückgang in alten Feldern um ein Mehrfaches größer ist als die Herausforderung durch den jährlichen Nachfragezuwachs.

Lynch zieht daraus umgekehrt den ermutigenden Schluss, dass ein plötzlicher Nachfrageschub die Branche nicht übermäßig belastet, wenn statt 5 mb/d (3,5 mb/d durch Decline, 1,5 mb/d durch zusätzliche Nachfrage) plötzlich 6 mb/d (3,5 mb/d Depletion, z.B. 2,5 mb/d Nachfrageschub) bereitgestellt werden müssen. Die Belastung nimmt nur um 20 % zu, obwohl sich das Nachfragewachstum um 66 % beschleunigt hat. Tatsächlich ist es der Ölindustrie gelungen, in den letzten 10 Jahren den Produktionsrückgang in alten Feldern nicht nur aufzuhalten, sondern die Fördermengen sogar noch um 15 mb/d netto zu steigern.[25] Insgesamt wurden also neue Kapazitäten von 35 mb/d in einem Jahrzehnt geschaffen – das ist alle 3 Jahre „ein neues Saudi-Arabien".

Bedenklich wäre allerdings, wenn die Decline Rate steigen würde, also die Anstrengungen jedes Jahr wachsen müssten. Das scheint jedoch laut CERA und IEA nicht der Fall zu sein.

5.3.4 Der Outtake: Das „Tempolimit" der Ölförderung

Die Produktionseffizienz oder *Outtake* ist ein Indikator, der in vielen Peak-Analysen vernachlässigt wird. Damit ist der Anteil der erschlossenen Reserven gemeint, der jährlich gefördert werden kann, *ohne* das Feld langfristig zu schädigen. *Outtake* bezeichnet also gewissermaßen das Tempolimit bzw. die „gefahrlose Höchstgeschwindigkeit" der Förderung.

Durch eine Optimierung der Fördermethoden kann der Outtake gesteigert werden, d.h. die Produktion kann ohne „Nebenwirkungen" gesteigert werden. Das ist besonders in den Feldern und Regionen relevant, die über hohe, aber für traditionelle Methoden nur schwer zugängliche Reserven verfügen. So ist z.b. der jährliche Outtake in manchen Sandsteinvorkommen 15 % (der erschlossenen Reserven), während in komplexen Karbonatgesteinen nur 2–5 % erreicht werden. Die OPEC-Staaten produzieren derzeit mit einem Outtake von etwa 2 %, Großbritannien und Norwegen von 10–15 %.

Zurzeit steigt dieser Outtake ungefähr 2,4 % pro Jahr, also etwas schneller als die Nachfrage. Das hat es der Ölbranche ermöglicht, mehr Öl zu fördern als sie neu erschlossen hat. Dieser Trend könnte sich sogar beschleunigen. Meling erwartet eine Zunahme des Outtake-Wachstums von 2,4 % auf 3 %.

5.4 Fördern oder Fordern: Investitionen und Win-win-Situationen

5.4.1 Investitionen privater Ölkonzerne[26]

Anfang der 1980er Jahre schwammen die Ölkonzerne im Geld. In Erwartung weiter steigender Preise wurden die Such- und Bohraktivitäten ausgebaut. Die Zahl der Bohrtürme verdoppelte sich 1981 gegenüber 1976. Aber 1985 begann die Krise: Der Einbruch bei der Ölnachfrage und der gleichzeitige Ausbau der Kapazitäten erzeugten eine Überkapazität von 11 mb/d, also fast 20 % der Weltproduktion. Die Ölpreise brachen ein und mit ihnen der Umfang der Investitionen. Rationalisierung wurde zum Leitmotiv der gesamten Ölbranche. Krisenstimmung machte sich breit. Ein neuer Aufschwung in den 1990ern wurde durch die Asien-Krise und den erneuten Kollaps der Ölpreise nach 1998 jäh abgebrochen. Die Folge waren wiederum scharfe Kürzungen bei den Budgets.[27]

Der Ölpreis fiel 1998 in lange nicht mehr gesehene Tiefen unter 10 $/b. Viele Ölstaaten türmten Defizite auf, Investitionskapital war knapp, Ölmajors retteten sich in Fusionen. Damals verbesserten zahlreiche Staaten die finanziellen und rechtlichen Anreize für ausländische Investoren (Venezuela, Kanada, Großbritannien, Russland, Kaspische Region). Diese Projekte sind heute Gegenstand harter Auseinandersetzungen, in denen die Gastländer versuchen, die Projektbedingungen auf das heute übliche Maß zu verschärfen oder die Kontrolle gleich ganz zu übernehmen.

Die Ölpreiserwartungen waren Ende der 1990er sehr niedrig. Entsprechend restriktiv wurden Projekte geplant. Sie sollten sich z.B. bei Shell oder Exxon schon bei einem Weltmarktpreis von 10–15 $/b rechnen.[28] Auch die OPEC-Staaten hielten sich zurück, um eine Überschusskapazität wie Mitte der 1980er zu vermeiden.

In der Tat waren die Margen in manchen Branchen extrem niedrig. Die ganzen 1990er Jahre hindurch erwirtschaftete die amerikanische Raffineriebranche eine Rendite von gerade einmal 1 %. Entsprechend bescheiden blieben auch hier die Investitionen, was Mitte des folgenden Jahrzehnts zu einer Raffineriekrise führte.

Da nur wenig in Ausrüstung und Personal investiert worden war, wurden die Engpässe Ende der 1990er immer deutlicher: bei der Förderung, in den Raffinerien, bei der Bohrtätigkeit, bei speziellen Dienstleistungen, beim technischen Management, bei Geologen und Ingenieuren. Das wurde im Boomjahr 2000 erstmals sichtbar, aber die anschließende Wirtschaftsflaute verdeckte die Mängel bis 2003.

Stattdessen wurden „Erfolge" auf dem Börsenparkett gesucht. Ölunternehmen schlossen sich reihenweise zusammen oder wurden samt ihrer Reserven aufgekauft. Gleichzeitig verlangten Finanzinvestoren von der ungeliebten Ölbranche immer höhere Renditen und ein niedriges Risikoprofil. Leitbild wurde ExxonMobil mit seinem Fokus auf *capital discipline*.

Immer lauter stellte die IEA nun die Frage nach dem Niveau der Investitionen, den Investitionsmöglichkeiten und der Investitionsbereitschaft.[29]

Öl- und Gasindustrie haben zusammen 2005 etwa 340 Mrd. Dollar investiert, das sind nominal 70 % mehr als im Jahr 2000. Der Anstieg reflektiert allerdings fast ausschließlich nur die steigenden Kosten. Rechnet man ihn heraus, bleiben magere 5 % Investitionswachstum übrig.[30] Mit anderen Worten: Der steile Anstieg der Öl- und Gaspreise hat bis 2005 zu keiner nennenswerten Ausweitung der Investitionstätigkeit geführt. Die Investitionspläne für die zweite Hälfte des Jahrzehnts deuten eine weitere Ausweitung bis auf 470 Mrd. Dollar an. Es bleibt jedoch abzuwarten, inwieweit die Knappheit an Material und Personal oder auch politische Stolpersteine den Investitionsboom ausbremsen werden.

Die privaten Ölkonzerne haben jedenfalls bis einschließlich 2007 einen großen Teil ihrer Gewinne an die Aktionäre ausgeschüttet statt zu investieren. Die Nettoprofite von fünf großen Ölmajors (ExxonMobil, Shell, BP, ConocoPhillips, Chevron) haben sich von 2003 bis 2006 auf eine Rekordhöhe von 120 Mrd. $ verdoppelt. Die Investitionen für Exploration und Produktion sind demgegenüber nur von 40 auf 65 Mrd. $ gewachsen.

Der größte private Ölkonzern ExxonMobil investierte 2007 etwa 20,9 Mrd. $ in die Exploration/Erschließung von Öl- und Gasvorkommen, gab aber 31,8 Mrd. $ für Aktienrückkäufe aus.[31] Dieses Verhalten könnte nicht nur die langfristigen Profite des Konzerns angesichts boomender Ölpreise schmälern, sondern relativiert auch die Befürchtungen, dass durch die verstärkte staatliche Kontrolle über Ölvorkommen („Ressourcennationalismus") das Investitionsniveau niedriger liegen wird als bei einem Engagement privater Ölkonzerne.

5.4.2   Investitionen der OPEC-Staaten

Die OPEC ist eine auf Öl spezialisierte Wirtschaftsgemeinschaft, die von Südostasien über den Persischen Golf, Nord- und Westafrika bis nach Lateinamerika reicht. Abgesehen von ihrer kolonialen Vergangenheit und ihrem erfolgreichen Widerstand gegen westliche Konzerne haben die Mitglieder keine gemeinsamen kulturellen Wurzeln, so dass die OPEC nicht zur Keimzelle einer tiefer gehenden Kooperation werden konnte.[32]

Die OPEC ist das einzige Rohstoffkartell, das sich über Jahrzehnte stabil halten konnte und heute international akzeptiert wird. Nach dem Verständnis der OPEC brauchen die internationalen Ölmärkte Regulierung, da sie zu Krisen neigen. Das Kartell soll für Stabilität sorgen, indem es seine Produktion immer wieder anpasst und Reservekapazitäten vorhält. Der saudische Ölminister Ali Naimi hatte es in den letzten Jahren geschafft, die OPEC nach einer langen Krise Ende der 1990er wiederzubeleben und auf ökonomische Fragen zu fokussieren.

Die 11 Mitglieder zählende OPEC (Algerien, Indonesien, Iran, Kuwait, Libyen, Nigeria, Katar, Saudi-Arabien, Vereinigte Arabische Emirate, Venezuela and Irak) wurde 2007 um Angola und Ekuador erweitert. Auch Sudan ist an einer Mitgliedschaft interessiert.

Brasilien könnte eine Mitgliedschaft erwägen, wenn sich die jüngsten Tiefwasserfunde bestätigen.

Indonesien plant hingegen den Austritt aus der Gemeinschaft, da es zum Nettoimporteur geworden ist und daher eher an niedrigen als an hohen Ölpreisen interessiert sein dürfte.

Das ölpolitische Gewicht der OPEC wächst vor allem durch Angola, dessen Ölförderung stark expandiert. Andererseits könnten Mitglieder mit steigender Produktion die inneren Spannungen erhöhen, wenn dauerhafte Kürzungen beschlossen werden sollten, insbesondere wenn die irakische Förderung ausgebaut werden sollte.

Konflikte innerhalb der OPEC haben mannigfaltige Gründe: Es handelt sich um keine Wertegemeinschaft und keine geografische Gemeinschaft. Länder wie Venezuela, Nigeria und Saudi-Arabien haben weder Geschichte noch Kultur gemeinsam. Es gibt es über Ölfragen hinaus keine gemeinsamen Ziele, nachdem die kämpferische Unterstützung der Dritten Welt nach 1974 allmählich von der Agenda verschwand. Hinzu kommen Interessenunterschiede auch in Ölfragen:

▶ Länder mit hohen Reserven (Saudi-Arabien) können anders planen als solche mit niedrigen (Libyen).

▶ Länder mit einer kleinen Bevölkerung (Kuwait) sind gelegentlich in Preisfragen flexibler als solche mit einer großen, rasch wachsenden Population (Iran).

▶ Reine Ölförderländer haben gelegentlich andere Interessen als z.B. Kuwait und Venezuela, die auch große Raffinerien und Tankstellennetze betreiben.

Während die einen die OPEC als Mittel zur Durchsetzung permanenter Preisanhebungen verstanden, waren andere eher an einer Stabilisierung des Ölpreises und steigender Produktion interessiert. Saudi-Arabien argumentierte schon früh, dass auch die Ölförderländer von der Stabilität und dem Wirtschaftswachstum der Industriestaaten abhingen.

Dennoch: Nur mit Hilfe des organisatorischen Rahmens der OPEC konnte es gelingen, eine gemeinsame Sicht des Ölmarktes zu entwickeln, Regeln für Produktionsquoten festzulegen, ihre Einhaltung zu beobachten und einen Standpunkt gegenüber anderen Produzenten einzunehmen. Eine Art kollektiver Identität gibt es jenseits aller Unterschiede also durchaus.[33]

Ursprüngliches Ziel der OPEC-Staaten war es, ihre ölpolitischen Interessen gegenüber der internationalen Ölindustrie besser durchzusetzen. Eine Regulierung der Produktionsmengen stand erst an zweiter Stelle. Nach der Verstaatlichungswelle trat aber der

Kartellcharakter in den Vordergrund. Preisziele und Produktionsquoten beherrschten die Agenda. In der westlichen Presse wird die OPEC häufig als „Kartell" bezeichnet – also ähnlich einer Gruppe von Unternehmen, die den Markt über die Festlegung von Produktionsquoten und Preisen kontrolliert. Allerdings gab es bislang keinen einzigen WTO-Prozess gegen Ölexportländer. Denn bei der OPEC kollaborieren keine Unternehmen, sondern souveräne Staaten – also ähnlich der EU-Agrarpolitik oder der US-Stahlpolitik, wo ebenfalls Produktion und Preise gesteuert werden. Hier käme man allerdings kaum auf die Idee, von Kartellen zu reden, da der Souverän handelt und nicht ein Unternehmen. Dasselbe ist auch bei der OPEC der Fall.

Auch wird von Ölexporteuren kritisch angemerkt, dass in vielen Industrieländern Ölprodukte im Vergleich zur heimischen Kohle oder erneuerbaren Energien besonders stark besteuert werden, was aus ihrer Sicht dem Grundsatz der Gleichbehandlung konkurrierender Energieträger widerspricht und eine Wettbewerbsverzerrung darstellt.[34]

Die Entwicklung der OPEC lässt sich in vier Perioden unterteilen: [35]

▶   Ab dem Teheran-Tripoli Abkommen von 1971 bis zum Ende des zweiten Ölschocks 1981: In diesem Jahrzehnt konzentrierten sich die OPEC-Staaten auf die Preispolitik, die sie aufgrund der starken Nachfrage und geopolitischer Krisen problemlos durchsetzen konnten.

▶   Einrichtung der Produktionsquoten 1982/83 und die erfolglose saudische Swing-Producer-Politik bis 1985: Der Versuch der OPEC, einen „schwierigen" Markt zu steuern, misslingt.

▶   1986 bis 1999 Management des Quotensystems und Preisbandpolitik: Die OPEC konzentriert sich mit wechselndem Erfolg darauf, Mindestpreise durchzusetzen.

▶   2000–2008: Die starke Nachfrage und der anziehende Ölpreis machen eine Marktsteuerung überflüssig. Wieder einmal brechen „Goldene Zeiten" an.

Im Jahr 2007 nahmen die OPEC-Staaten durch ihre Ölexporte 675 Mrd. $ ein.[36] Das sind pro Kopf 1147 $. Die Golfstaaten erreichten Pro-Kopf Einnahmen, die von 876 $ (Iran) und 1372 $ (Irak) über 7012 $ (Saudi-Arabien) bis 21.619 $ (Kuwait) und 29.235 $ (Katar) reichen.

Zwei Abbildungen verdeutlichen die Einnahmeentwicklung der OPEC-Staaten aus Ölexporten. Aus Abb. 5.1 wird klar, dass die (nominellen) Einnahmen in den 1970ern zunächst einen rasanten Aufschwung nahmen und von 1970 bis 1980 um das 20fache stiegen. Danach sanken die Erlöse. Erst nach dem Jahr 2000 wurde ein neuer Höchstwert erreicht. Von 2000 bis 2007 konnten die Einnahmen fast verdreifacht werden. In 2008 ist ein weiterer Sprung auf über 1000 Milliarden Dollar zu erwarten.

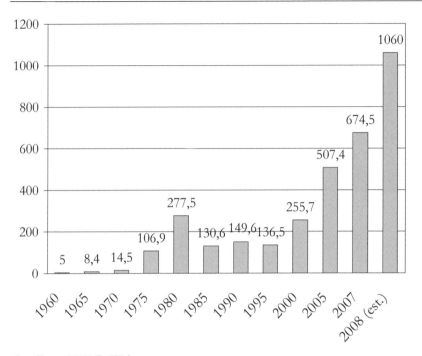

Quellen: OPEC, EIA;
Schätzung für 2008 auf Basis der Daten Januar bis Juli.

Abb. 5.1 Einnahmen der OPEC-Staaten durch Ölexporte seit 1960 (in Mrd. Dollar)

Die mit Abstand höchsten Einnahmen kann Saudi-Arabien erzielen, wie Abb. 5.2 zeigt. Fast ein Drittel der OPEC-Einnahmen entfallen auf den Wüstenstaat. Die meisten anderen OPEC-Mitglieder erzielen um die 50 Mrd. Dollar, wobei Indonesien mittlerweile mehr Öl importiert als exportiert.

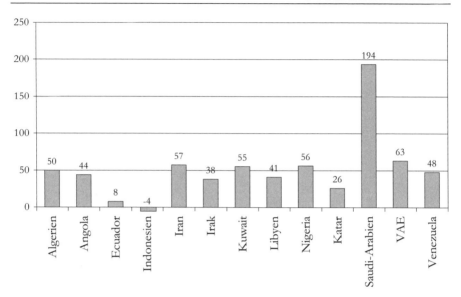

Quelle: EIA; Indonesien mit -4 Mrd. Dollar, weil die Ölimporte höher sind als die Ölexporte

Abb. 5.2 Einnahmen einzelner OPEC-Staaten durch Ölexporte 2007 (Mrd. Dollar)

Die Investitionen in den OPEC-Staaten wurden in den letzten Jahrzehnten immer wieder durch politische Krisen gestoppt: Nationalisierungswellen mit starker Abwanderung von Fachkräften ins Ausland, Iran-Revolution, Iran-Irak-Krieg, Kuwait-Krieg, Irak-Sanktionen, Irak-Krieg 2003 und die Sanktionen gegen Libyen und Iran. Venezuela, Nigeria, Angola und Kuwait wurden wiederholt durch innenpolitische Krisen gelähmt.

Immer wieder stellte sich die Frage, in welchem Umfang und in welcher Form ausländisches Kapital zugelassen werden soll. Endlose Verhandlungen führten nur selten zu konkreten Ergebnissen, weil die Entscheidung stark in das kulturelle Selbstverständnis der Gesellschaften eingreift und die öl- sowie haushaltspolitischen Spielräume erst einmal einschränkt. Schließlich sind die Erinnerungen an (quasi-)koloniale Zustände in allen OPEC-Staaten noch lebendig.

Unsichere Prognosen über die zukünftige Ölnachfrage stellen für die Produzenten ein großes Investitionsrisiko dar. Die Nachfrage nach OPEC-Öl im Jahr 2020 wird je nach Autor auf 32–41 mb/d geschätzt, für 2030 auf 36–49 mb/d.[37]

Gerade wenn die Grenzen für ausländische Ölkonzerne geöffnet werden, wie es im Westen oft gefordert wird, könnten diese Investitionen die Golfstaaten rasch vor das Problem der Überproduktion stellen und damit die OPEC in ihrem Bestand gefährden, so wie es Venezuela in den 1990ern erlebt hat. Das Land hatte für vermeintlich ölarme Gegenden Konzessionen vergeben, aber die privaten Ölfirmen waren weitaus erfolgreicher als erwartet. Venezuela förderte 1998 eine Million Barrel pro Tag über seiner Quote. Das Land war in einer Zwickmühle. Die Regierung konnte die privaten Firmen nicht zu Kürzungen zwingen, brauchte umgekehrt aber die Einnahmen aus der staatlichen Förderung. Venezuela entschied sich daher, seine OPEC-Quoten zu ignorieren und trug damit zum Ölpreiskollaps bei.

Irrationale Erwartungen

Die Investitionszurückhaltung der OPEC hat die Erschließung ihrer Reserven verzögert, was die Ölbranche dazu zwang, weitaus teurere Vorkommen in anderen Weltregionen zu erschließen.

Alle Mainstream-Prognosen erwarten eine steigende Ölnachfrage. Hinter den Zahlen verbirgt sich eine enorme Investitionsanstrengung von mehreren Hundert Milliarden Dollar, die weltweit, insbesondere aber von den Staaten am Persischen Golf, erwartet wird. Das wirft für die Zukunft der Ölversorgung entscheidende Fragen auf:

▶ Sind die Staaten und Ölunternehmen *in der Lage*, ausreichend zu investieren? Reichen die finanziellen und technischen Ressourcen aus? Sind die ölpolitischen Rahmenbedingungen stabil genug?

▶ Sind diese Staaten und Unternehmen überhaupt *willens*, ausreichend zu investieren? Liegt es überhaupt in ihrem Interesse, das Angebot massiv auszuweiten, wenn doch auch eine Verknappung des Angebots wegen der steigenden Ölpreise die Einnahmen maximieren könnte?

Die OPEC-Staaten haben keinen Anreiz, ihre Produktion wie erwartet massiv zu erhöhen, wenn die Nachfrage trotz Preiserhöhungen weiter wächst und die Konkurrenz ihr Angebot nicht ausweiten kann. Der Westen erwartet von der OPEC ein irrationales Investitionsverhalten.

Daher erscheint es plausibler, nur eine sehr moderate Expansionsstrategie anzunehmen. Angesichts der ernüchternden Tatsache, dass die OPEC in den letzten 25 Jahren ihre Produktionskapazitäten kaum ausgeweitet hat, erscheint es *unrealistisch, eine Verdopplung in den nächsten zwei Jahrzehnten anzunehmen*, wie es die Referenzszenarien von IEA und EIA vorsehen. Dies gilt umso mehr, wenn im Laufe der nächsten Jahrzehnte die Hauptlast der Expansion – und damit auch die Preismacht – immer stärker bei der OPEC liegen wird.

Der Mangel an attraktiven Investitionsmöglichkeiten außerhalb der OPEC-Welt erleichtert der OPEC die Arbeit, da sie nicht mehr wie in den 1980ern ihre Produktion kürzen müsste, um ein Marktgleichgewicht bei stagnierender oder fallender Nachfrage zu gewährleisten. Der Förderrückgang etwa in der Nordsee oder in den USA sorgt bereits für ein immer knapperes Angebot.

Damit stellt sich die Frage, ob entweder die „amtlichen" Prognosen und Szenarien von IEA oder EIA unrealistisch sind oder ob von den OPEC-Staaten ein Verhalten erwartet werden darf, das nicht in ihrem eigenen ökonomischen Interesse liegt.[38]

Die OPEC gibt sich in ihren Statements das Image eines passiven Marktmitglieds, das den Markt nicht kontrolliert, sondern mit Quotenentscheidungen lediglich Ungleichgewichte auf dem Ölmarkt dämpfen will. Dennoch kann man feststellen, dass die Produktionszurückhaltung der letzten Jahre – die nach eigener Darstellung keinesfalls auf mangelnde Ölreserven oder Investitionsmöglichkeiten zurückzuführen ist – den Trend zu immer höheren Ölpreisen unterstützt hat.

Diese Stagnation des eigenen Angebots bei weltweit steigender Nachfrage erhöht die Marktmacht der OPEC, da die Reservekapazitäten gering bleiben.[39]

5.5   Kostenexplosion und Engpässe

Die Kosten für die Ölsuche, die Erschließung der Ölfelder (Development) und die Ölförderung unterschieden sich stark von Projekt zu Projekt. Zum einen gibt es große **regionale** Unterschiede zwischen einem Bohrloch in einer gut erschlossenen Ölregion und einem „Frontier"-Projekt in arktischen Regionen oder mitten auf dem Meer, wo die Beschaffung jeder Schraube zur logistischen Herausforderung wird.

Zum zweiten gibt es große Unterschiede in der **Kostenstruktur** zwischen der Ölförderung an Land (*onshore*) und in tiefen Gewässern (*deepwater offshore*), wo die *Fixkosten* gegenüber den *operativen Kosten* sehr stark dominieren. Auch ein sehr niedriger Ölpreis würde hier also nicht zur Einstellung der Produktion führen. Umgekehrt überwiegen bei einer von Zeit zu Zeit aktivierten kleinen Ölquelle in den USA die vergleichsweise hohen operativen Kosten, während die Fixkosten eher gering sind. Ein dritter Kostentyp herrscht am Persischen Golf vor: Vergleichsweise niedrige operative Kosten *und* niedrige Fixkosten.

Ebenso muss bei den Kostenanalysen zwischen Durchschnittskosten pro Barrel und den marginalen Kosten, also den Kosten für die Förderung eines zusätzlichen Barrel Öl, unterschieden werden. Die Kapitalkosten sind bei Öl/Gas-Projekten der größte

Einzelposten mit typischerweise 60 % der Gesamtkosten. Die marginalen Produktionskosten sind dagegen eher gering, wenn auch mit großer Spannbreite.[40] Schließlich gibt es eine Reihe schwer schätzbarer Sonderbelastungen, so z.b. die Abwrackkosten von Bohrinseln. Hunderte von Anlagen in der Nordsee werden in den kommenden Jahrzehnten außer Betrieb gehen. Die Kosten dafür könnten leicht in den Bereich zweistelliger Milliardenbeträge gehen.

Es gibt keine völlig befriedigende Methode, die Kosten derart langfristiger Projekte zu berechnen. Das Förderverhalten des Feldes, die zukünftigen Zinssätze, die Entwicklung der Kosten für die Förderanlagen, Pipelines etc. sind zu Projektbeginn nicht klar. Hinzu kommen kaum kalkulierbare Abgaben an das Gastland. In den letzten Jahren wurden die Abgaben in vielen Ölstaaten drastisch erhöht, nachdem sie in den 1990ern gesenkt worden waren.

Die Berechnung der Rentabilität hängt zudem von der Diskontierungstechnik ab. Jedes Investment hat ein ausgeprägtes Zeitprofil mit hohen Investitionskosten zu Beginn und dann – bei stabilen operativen Kosten und hoher Förderung – fallenden Kosten pro gefördertem Barrel. Eine Änderung im Diskontierungsverfahren kann die berechneten Kosten deutlich verändern.

Ebenso wichtig sind die Annahmen über den Förderverlauf. Wird das Feld 3 Jahre oder 13 Jahre die Plateauproduktion aufrechterhalten können? Zu Beginn der Felderschließung müssen viele Parameter geschätzt werden, die erst im Laufe der Jahre genauer bekannt werden. Angaben über Kosten und Renditen von Ölprojekten sind daher nur schwer miteinander vergleichbar. [41]

Nach Simmons liegen die realistischen Investitionskosten für die Kapazität, täglich einen Barrel fördern zu können, schon seit längerem bei deutlich über 20.000 US-Dollar.[42]

Die IEA schätzt die Kapitalkosten für einen Barrel/Tag Förderkapazität in den laufenden Projekten auf 31.000 Dollar. Das ist allerdings ein Durchschnittswert, hinter dem sich eine beträchtliche Bandbreite verbirgt. Für einen Barrel Kapazität in Ölsandvorkommen, GTL-Anlagen oder in arktischen Regionen müssen über 60.000 Dollar veranschlagt werden. Demgegenüber liegen die Kosten im Nahen Osten nur bei etwas über 10.000 Dollar. Die Upstream-Investitionskosten liegen für einen Barrel Öl (oder Gas) täglicher Förderkapazität 2005/2006 bei den folgenden Schätzwerten:[43]

▸   Naher Osten: 10–15.000 $/b

▸   Sibirien: 20.000 $/b

▸ Nordsee: 20–30.000 $/b

▸ Offshore Golf von Mexiko und vor Westafrika: 30.000 $/b

▸ Kaspische Region 30–35.000 $/b

▸ Ölsand 60.000 $/b

▸ Sachalin-Insel 80–85.000 $/b

▸ GTL-Öl (Gas-to-Liquids) 85.000 $/b

Die Kosten und Renditen sind wie erwähnt wegen der langen Projektdauer und der Vielzahl von Annahmen auf sehr unterschiedliche Weisen kalkulierbar. Das vorausgeschickt, kommt Wade[44] auf folgende Ergebnisse für Öl und Gas: Die höchsten Kosten herrschen derzeit im Tiefwasser des Golfs von Mexiko, die niedrigsten in den Nachfolgestaaten der früheren Sowjetunion. Trotzdem sind im Golf von Mexiko im Schnitt die höchsten Renditen erreichbar, weil die Abgaben niedrig sind, während die niedrigsten Renditen privater Ölkonzerne im Nahen Osten beobachtet werden, da dort die Investitionskosten niedrig, aber die Abgabenquote am höchsten sind.

Die Upstream-Kosten waren in den 1980er und 1990er Jahren um etwa 50 % gefallen. Der technische Fortschritt erhöhte die Produktivität von Ausrüstung und Personal. Die Überkapazitäten in der Ölserviceindustrie drückten die Einkaufspreise. Projekte mit sehr hohen Kosten waren damals nur Randerscheinungen. Nach Skinner[45] wurde 2005 etwa *80 % des konventionellen Öls zu operativen Kosten von weniger als 10 $/b gefördert.* Die restlichen 20 % lagen im Schnitt bei 10–14 $/b. Im Jahr 2003 wurden mehr als 40 % des Weltöls sogar für nur 2 $/b operativer Kosten produziert.

Allerdings haben die aktuellen Engpässe bei Stahl, Fachleuten etc. zu erheblichen Kostensteigerungen geführt. Ein stärkerer Förderrückgang in alten Feldern und der Druck, angesichts hoher Weltölpreise die Förderung zu maximieren, haben bei manchen Feldern die Produktivität verringert.

Seit 2005 sind die Kosten für die Erschließung und Förderung von Öl drastisch gestiegen. Die Renditen nach Steuern haben sich daher seit 2003 trotz der höheren Ölpreise kaum geändert. Sie sind sogar dort gefallen, wo sich die fiskalischen Bedingungen verschlechtert haben. So stieg z.B. die Abgabenlast in Libyen auf 92 %.[46]

Die Kapitalkosten für ein neues Nordseeprojekt stiegen laut Branchenverband Oil & Gas UK 2005 bis 2007 von 8 $/b auf 15 $/b. Die operativen Kosten stiegen von 7 $/b auf 10 $/b.[47] Der *Upstream Capital Costs Index* (UCCI), der neun Kostengruppen erfasst, stieg in den letzten beiden Jahren um 53 %.[48] Beispielsweise hatten sich die Tagesraten für technisch anspruchsvolle Bohrplattformen in kurzer Zeit von 200.000 auf 600.000 $ verdreifacht. Ein Rückgang der Knappheitspreise wird erst nach 2009 erwartet, wenn neue Bohrtürme auf den Markt kommen. Die Investitionssummen sind hoch: Eine neue Tiefwasser-Bohrplattform kostet um die 600 Mio. $. Weltweit sind über 600 solcher Plattformen im Einsatz.

Der Mangel an Bohr- und Förderplattformen wird die Förderung von Öl noch über mehrere Jahre hinweg verzögern. Er ist einer der Schlüsselfaktoren für die zukünftige Ölproduktion.

Mangel an Fachkräften

Nach 20 Jahren Rezession und Schrumpfung war die Ölserviceindustrie nicht in der Lage, die plötzliche steigende Nachfrage nach Ausrüstung und Fachkräften zu befriedigen.

Die Öl- und Gasindustrie hat seit 1981 mehr als 1,1 Millionen Arbeitsplätze abgebaut, davon mehr als eine halbe Million in der amerikanischen Ölindustrie. Dort hat die Branche seit den 1990ern einen denkbar schlechten Ruf unter Nachwuchskräften. Die Zahl der Studierenden im Fach *Petroleum Engineering* ging in den letzten 20 Jahren um 85 % zurück.[49]

Noch einschneidender war die Abwanderung von Fachkräften in krisengeschüttelten Ölstaaten. Davon waren der Irak und besonders auch Venezuela betroffen, wo 2002/2003 die Hälfte der Angestellten des staatlichen Ölkonzerns wegen eines Streiks entlassen worden waren. Bis heute hat Venezuela das alte Produktionsniveau nicht mehr erreichen können.

Im Irak verloren seit 2003 etwa zwei Drittel der Spitzenkräfte der Ölbranche ihren Job – oder ihr Leben. Im Iran flohen viele Techniker nach dem Regimewechsel 1979 und während des langen Krieges gegen den Irak in den 1980ern. Die Produktion konnte auch hier das Niveau der 1970er nicht mehr erreichen.

Projektverzögerungen

Höhere Kosten und Engpässe bei Material und Personal führen zu Verzögerungen bei wichtigen Projekten. Sie sind 2008 im Schnitt 15 Monate hinter den ursprünglichen Plänen und kosten mindestens doppelt so viel wie erwartet.[50] Im Einzelfall betragen die Verzögerungen drei Monate bis sieben Jahre, wobei die Großprojekte Kashagan und Thunder Horse besonders negativ auffallen. Die Kostenüberschreitungen liegen bei 25 % bis 300 %.

Die Prognosen über das erwartete Ölangebot müssen aus diesen Gründen ständig nach unten revidiert werden.

Projektdauer

Zwischen Entdeckung und erster kommerzieller Ölförderung vergehen bei „normalen" Ölfeldern im Schnitt 6–7 Jahre. Es kann aber auch in Einzelfällen schneller gehen (Gofinho und Constitution mit je drei Jahren) oder langsamer (westafrikanische Projekte mit durchschnittlich 7–9 Jahren). Das große angolanische Offshore-Projekt Kizomba A hatte zum Beispiel den folgenden Zeitablauf:[51]

▶ 1991 Angola schreibt die Explorationsblöcke aus

▶ 1994 Vergabe der Lizenz

▶ 1994–1996 Seismische Untersuchungen

▶ 1997 Erste Explorationsbohrung

▶ 1998 Erster Ölfund

▶ 1999 Bestätigungsbohrung

▶ 2001 Beginn der Erschließung

▶ 2004 Beginn der Förderung von 200.000 b/d

Die langwierige Erschließung Kashagans, die später noch im Detail vorgestellt wird, macht ebenfalls deutlich, dass in politisch und geologisch schwierigen Regionen Jahrzehnte vergehen können, bevor große Felder nennenswerte Mengen produzieren.

Fazit

Die Entscheidung darüber, wie und wo das Öl der Zukunft gefördert wird, hat also enorme finanzielle Auswirkungen und sollte ein wichtiges wirtschaftspolitisches Thema sein.

Für etwa 5 mb/d Förderkapazität, die jedes Jahr ersetzt oder zusätzlich geschaffen werden müssen, liegt die Spannbreite der notwendigen Investitionen – wenn man sich an den IEA-Zahlen orientiert – bei 50 Mrd. Dollar in der kostengünstigsten Variante am Persischen Golf und über 400 Mrd. Dollar in der aufwendigsten Variante. Das sind Größenordnungen, die sich bereits auf den Zustand der Weltkonjunktur auswirken können.

In einem funktionierenden Markt sollte das billigste Öl zuerst gefördert werden. In der realen Ölwelt läuft es allerdings andersherum, weil die Förderländer mit den geringsten Kosten und den höchsten Reserven aus ölpolitischen Gründen ihre Produktionsmengen begrenzen (OPEC). Das führt zu dem paradoxen Ergebnis, dass die durchschnittlichen Förderkosten in den kommenden Jahrzehnten vorübergehend sogar fallen könnten, weil der Anteil der OPEC-Staaten an der Weltförderung zunehmen wird. Allerdings wird dieser entlastende Trend bis auf weiteres von der Kostenspirale in der Öl-branche überlagert bleiben.

5.6 Ressourcennationalismus und höhere Abgaben

Ein neuer Ressourcennationalismus macht sich seit 10 Jahren von Lateinamerika bis Russland bemerkbar. In mancherlei Hinsicht ist er die Folge einer Erschöpfung der Globalisierungs- und Liberalisierungswelle der 1980er und 90er Jahre, die in vielen Ländern Lateinamerikas und in Russland die Erwartungen nicht erfüllt hat.

Die erste Nationalisierungswelle in den 1970ern (Mexiko war ein früher Vorläufer) war Folge einer politischen Schwäche des Westens in einer Situation, in der Öl billig und im Überfluss vorhanden war. Die 1970er scheinen sich also einerseits zu wiederholen: Steigende Preise, Verkäufermarkt und Machtverschiebung zu den Ölexportstaaten. Aber es gibt auch Unterschiede: Es fehlen die Verstaatlichungswellen und es fehlt die koordinierte Wirtschaftspolitik der Produzenten.

Die neue Welle seit dem Jahr 2000 profitiert erneut von einer Schwäche der Industrie-länder, diesmal aber in einer Situation, in der Öl zunehmend knapp wird. Die Schwel-lenländer mit ihren kapitalstarken staatlichen Ölkonzernen bilden eine zusätzliche Ak-teursgruppe, die den Exportstaaten mehr Optionen eröffnet.

Der aktuelle Trend ist auch eine Reaktion auf die 1990er Jahre. Niedrige Ölpreise führ-ten zu einem Einbruch bei den Investitionen. Die meisten Ölstaaten erhöhten darauf-hin die Attraktivität der Ölindustrie für privates Kapital und räumten großzügige Pro-jektbedingungen ein. Steigenden Erschließungskosten und höhere potenzielle Einnah-men führten dann immer häufiger zu Konflikten zwischen ausländischen Ölkonzernen und den Gastländern.

Heute ist die Welle des Ressourcennationalismus vor allem der Versuch, bei hohen Ölpreisen einen größeren Teil der Firmenprofite abzuschöpfen. Starke nationale Öl-konzerne geben den Staaten die Mittel in die Hand, bei einem möglichen Abzug westli-cher Ölkonzerne die Aufgaben selbst zu übernehmen oder auf asiatische Ölkonzerne auszuweichen.

Dieser neue Trend hat verschiedene Gesichter, die von rein finanziellen bis zu geopoli-tischen Zielen reichen:

▸ „Putinism" in Russland

▸ „Chavezism" in Venezuela, Bolivien und Ekuador

▸   Regionale Aufstände in Nigeria und Tschad

▸   Höhere Abgabenquoten weltweit

Die IEA sieht in der wachsenden Kontrolle der Ölressourcen durch die Staaten eine Investitionsbremse und daher eine Gefahr für die Ölversorgung.

Alhajij bezieht eine Gegenposition: Höhere Einnahmen seien nötig, um die innenpolitische Stabilität zu erhalten. Das Investitionsniveau sei dadurch nicht gefährdet, sondern werde gesichert. In der Tat gibt es wenig Belege dafür, dass private Ölkonzerne mehr investieren als staatliche.[52]

Abgabenquoten

Mitchell schätzte 2006 die Produktionsabgaben weltweit auf durchschnittlich 65 % mit Spitzen von 90 % in Malaysia und Venezuela. Bei einer vergleichenden Untersuchung von sechs Staaten (Großbritannien, Libyen, Ekuador, Angola, Nigeria, Venezuela) erhöhte sich laut IHS der Staatsanteil von 55 % im Jahr 2005 auf 77 % im Jahr 2007.[53] Beispiele für einen Anstieg der staatlichen Abgabenquote 2006 gegenüber 2004 sind (Näherungswerte):

▸   Großbritannien von 30 % auf 50 %

▸   Libyen von 30 % auf 60–90 %[54]

▸   Ekuador von 50 % auf 70 %

▸   Nigeria von 60 % auf 85 %

▸   Angola von 85 % auf 90 %

▸   Argentinien von 45 % auf 90 %

▸   Venezuela von 85 % auf 90 %

▸   zum Vergleich – USA im Golf von Mexiko 42 %

Allerdings sollte man dabei nicht vergessen, dass staatliche Firmen schon heute den größten Teil der Ölreserven und der Ölproduktion kontrollieren und die hohe Abgabenquote daher nur einen Teil der Weltölförderung betrifft, wie die folgende Übersicht zeigt:

▸   77 % der Ölreserven werden von staatlichen Ölkonzernen kontrolliert

▸   10 % werden gemeinsam von staatlichen und privaten Ölkonzernen kontrolliert

▸   7 % werden von privaten Ölkonzernen kontrolliert

▸   6 % sind unter russischer Kontrolle

Dabei gibt es deutliche regionale Unterschiede, wie die Tabelle 5.1 zeigt. Staatliche Kontrolle gibt es in den ölreichen Regionen am Persischen Golf und in Russland. Nur in Nordamerika und Europa überwiegen private Unternehmen, aber dort sind die Ölreserven gering.

	Sehr große private Ölkonzerne (Majors)	Mittelständische oder große Ölkonzerne (Independents)	Staaten oder staatliche Unternehmen
Nordamerika	57 %	43 %	0 %
Europa	73 %	6 %	21 %
Ex-Sowjetunion	12 %	6 %	82 %
Golfregion	15 %	1 %	84 %
Asien	47 %	8 %	45 %
Lateinamerika	45 %	4 %	51 %
Afrika	35 %	5 %	60 %

Tabelle 5.1 Eigentumsverteilung der Ölreserven[55]

5.7 Globale Peak-Prognosen: Gipfel, Plateau und Wanderdüne

5.7.1 Hubbert-Ansätze

a) ASPO und die Hubbert-Geologen[56]

Der Zeitpunkt des Fördermaximums wird bei den Hubert-Geologen direkt aus den Annahmen über das ursprüngliche URR für *Regular Oil* (1875 Gb) bzw. „All Liquids" (2450 Gb) abgeleitet. Da diese Mengen erheblich unter den Schätzungen der meisten anderen Institute liegen, wird der Peak bei einem symmetrischen, glockenförmigen Förderverlauf entsprechend früher erreicht.

Bei den Peak-Schätzungen handelt es sich um *Obergrenzen*, die aus geologischen und technischen Annahmen abgeleitet werden. Bei einem Einbruch der Nachfrage, bei geringen Investitionen oder größeren Störungen in der Ölversorgung liegen die produzierenden Mengen natürlich darunter und der Zeitpunkt des Peak könnte je nach Verlauf früher oder später erfolgen.

Die Peak-Schätzungen von Campbell, Laherrère und anderen blieben über die letzten 10 Jahre bemerkenswert konstant.[57]

Der Peak des *Regular Oil* (konventionelles Öl ohne Tiefwasser, Arktis, NGL) wurde stets zwischen 2000 und 2010 gesehen, in der letzten Schätzung im Jahr 2005. Der Peak für das gesamte Ölangebot (*All liquids*, also konventionelles Öl, NGL-Flüssiggase und nicht-konventionelles Öl, aber ohne Biokraftstoff) wurde stets zwischen 2005 und 2015 erwartet.

In der aktuellen Schätzung wird 2008 als globaler Peak genannt, bei einer Höhe von 85,3 mb/d. Dieses Volumen kann über 2010 hinaus gehalten werden, um dann bis 2015 deutlich auf 80 mb/d abzufallen. Im Jahr 2020 stehen dann nur noch 70 mb/d zur Verfügung, im Jahr 2030 nur noch 55 mb/d. [58]

Laherrère ist etwas optimistischer als Campbell/ASPO, aber auch er sieht in den nicht-konventionellen Ölreserven nicht die Rettung, da hier aus produktionstechnischen Gründen die Fördermenge nur langsam gesteigert werden könne. Er erwartet den Peak für *All Liquids* bei etwas über 90 mb/d für das Jahr 2015. Ein Schaubild legt nahe, dass ein Plateau von etwa 90–92 mb/d von 2015 bis 2025 gehalten werden kann.[59]

Variablen: Die größte Schwankung in den ASPO-Prognosen geht auf die immer wieder veränderte Bewertung von *NGL-Reserven* aus Erdgasfeldern zurück. Campbell rechnete Anfang des Jahrzehnts[60] mit einem NGL-Potenzial von nur 160 Gb. Die Überlegung war, dass bei einem Erdgas-URR von 10.000 Tcf (Terakubikfuß) und bei 16 mb NGL pro Tcf diese Menge zu erwarten wäre.

In der Schätzung Anfang 2007[61] wurde dann mit einem fast doppelt so hohen Potenzial von 355 Gb bis 2100 gerechnet. Ein Peak bei NGL sei nicht 2015, sondern erst 2035 zu erwarten. Im Herbst 2007 wurden dann 261 Gb geschätzt, fast 100 Gb weniger als ein Jahr zuvor, im April 2008 nur noch 203 Gb, im Juni wieder 228 Gb. Das Peak-Jahr 2035 wurde zuletzt auf 2027 vorverlegt.

Eine zweite Korrektur betrifft *Russland*. Campbell ging Ende der 1990er noch von einem typischen Peak-Verlauf in der früheren Sowjetunion aus. Auf den Peak von 1987 werde ein deutlicher und unaufhaltsamer Rückgang der Produktion erfolgen, so die damalige Erwartung.[62] Das war für die 1990er zunächst korrekt, hatte aber eher politische Gründe. Nach der turbulenten Privatisierung der Ölindustrie stieg auch die Produktion wieder deutlich an, was sich nun auch in den Prognosen niederschlägt.

mb/d	2007	2010	2015	2020	2030	Peak-Jahr	Förderung bis 2100 in Gb
Welt (nur *regular oil*)	66	62	55	48	36	2005	1875
USA (o. Alaska)	3,7	3,1	2,4	1,8	1,0	1970	200
Europa	4,3	3,5	2,5	1,7	0,9	2000	76
Russland	9,7	9,7	7,8	6,2	3,9	1987	230
Pers. Golf	19	19	20	20	17	2015	663
Andere	29	27	22	19	13	2005	706
Welt (non-regular oil)							
Ölsand, Schwerst-öl	3,9	4,6	5,2	5,5	6,2	2030	184
Tiefwasseröl	6,7	8,8	9,1	7,5	3,6	2013	85
Polaröl	1,2	1,3	1,7	2,2	3,0	2030	52
NGL aus Gasplants (Flüssiggase)	7,7	7,7	8,0	8,4	8,2	2027	228
WELT All Liquids (ohne Biofuels)	85	85	80	70	55	2008	2450

Tabelle 5.2: Peak-Schätzung der Hubbert-Geologen (ASPO)[63]

Die Vorräte an *nicht-konventionellem Öl* sind nach Meinung der Hubbert-Geologen keine Rettung, da ihre Förderung nur langsam gesteigert werden kann und zudem an ökologische und technische Grenzen stößt. Nach Campbell ist nur ein begrenztes Potenzial zu erwarten:[64]

▶ Schweröl und Ölsande werden ihren Output stetig, aber nur langsam steigern können und sorgen 2050 nur für 10 % der Ölproduktion.

▶ Tiefwasservorkommen sind wahrscheinlich auf den Golf von Mexiko und die Küsten des Südatlantiks (Brasilien, Westafrika) beschränkt. Die Tiefwasserproduktion wird ihren Peak in wenigen Jahren erreichen und dann rapide fallen.

▶ Arktische Regionen, also Vorkommen nördlich des Wendekreises (z.B. nördliches Alaska, Barentsee) werden eher Gas als Öl zum Vorschein bringen, weil die Eiskappen die Kohlenwasserstoffe tiefer gedrückt haben.

Die grundsätzlichen Einwände gegen den Ansatz der Hubbert-Geologen wurden bereits in Kapitel 4 vorgestellt, da die Peak-Prognose direkt aus dem Reservenmodell abgeleitet wird.

b) Energy Watch Group

Auch die Autoren der deutschen Energy Watch Group[65] zählen seit längerem zu den Hubbert-Geologen, folgen jedoch einem etwas anderen Ansatz. Um die zukünftige Ölförderung zu prognostizieren, gehen sie weniger stark als APSO von den nur schwer schätzbaren Reserven aus. Vielmehr versuchen sie ähnlich wie Laherrère auch aus dem Trend der Neuentdeckungen und aus den Produktionsprofilen von Feldern die relevanten Daten abzuleiten: Wie viel Öl wird noch entdeckt? Wie viel Öl werden die bekannten Felder in der Zukunft liefern?

Als Basisdaten nutzen sie die bekannte IHS-Felddatenbank sowie Regierungs- und Unternehmensstatistiken. Allerdings werden diese Daten zum großen Teil massiv revidiert. Das gilt insbesondere für den Persischen Golf, USA, Kanada, Mexiko und Russland.

Unter konventionellem Öl wird wie üblich Rohöl und NGL verstanden. Nichtkonventionelles Öl umfasst synthetisches Öl und Bitumen aus Ölsand. **Weitere Annahmen sind insbesondere:**

▶ Wenn in einer Region die Ölförderung zurückgeht, lässt sich aus dem bisherigen Produktionsverlauf der zukünftige Produktionsverlauf ableiten.

▶ Der Ölpreis hat keine nennenswerte Lenkungswirkung.

▶ Die Welt ist weitgehend erforscht. Es ist mit keinen großen Überraschungen zu rechnen.

Die Studie kommt zu dem überraschenden Ergebnis, dass der *Peak der Weltölproduktion* (Rohöl inkl. NGL und Ölsand) *bereits hinter aus liegt und 2006 bei 81 mb/d* stattgefunden hat. Die Produktion fällt bereits steil und wird 2020 nur noch bei 58 mb/d liegen, 2030 nur noch bei 39 mb/d. Zum Vergleich: Die IEA erwartet 2030 die dreifache Menge!

Die Weltproduktion wird sich in 25 Jahren halbieren. Das entspricht einem Förderrückgang von 3 % pro Jahr, wie er auch auf dem US-Festland zu beobachten war. Damit ist die Studie in zwei Punkten noch pessimistischer als ASPO, Campbell oder Skrebowski:

▶ Der Peak findet früher statt: 2006 gegenüber 2008 bei der ASPO.

▶ Der Rückgang der Förderung wird erheblich steiler sein, als es die ASPO erwartet.

Die Gründe dafür werden insbesondere in der langsamen Realisierung von Projekten und in der geringen Reservenbasis in den Golfstaaten gesehen. Dort befinden sich demnach weitaus weniger Ölreserven als weithin angenommen.

Weltweit liegen die bekannten konventionellen Reserven (2P) laut IHS bei 1255 Gb. Demgegenüber geht die EWG nur von 854 Gb aus.

Reserve Growth: Zu diesem für die Diskussion kritischen Punkt gibt die EWG-Studie zwei unterschiedliche Bewertungen ab:

Die besonders von IHS und USGS in den Vordergrund gerückte ständige Höherbewertung bekannter Felder (Reserve Growth) sei lediglich die Bewegung von P90-Reserven zu den realistischeren P50-Reserven. Dort, wo P50-Schätzungen vorliegen, gebe es per Saldo keine Höherbewertung im Laufe der Zeit.[66]

Eine zweite Stellungnahme ist etwas optimistischer. Die Höherbewertung finde tatsächlich statt, auch wenn P50-Reserven geschätzt werden.[67] Aber dies sei aus zwei Gründen nicht relevant: Die Zahl der noch unentdeckten Felder wird dadurch nicht verändert. Und noch wichtiger: Das Förderprofil der bekannten Felder werde dadurch nicht stark beeinflusst. Das gelte besonders für Felder, die ihren Peak bereits hinter sich haben. Hier wird der Rückgang durch die Höherbewertung nicht aufgehalten.

Das ist auch am Beispiel der USA erkennbar: Hier wurden die Reservenzahlen immer wieder nachträglich erhöht, so dass das Niveau der verbleibenden Reserven konstant blieb. Aber trotzdem ging die Förderung zurück.

Der Zeitpunkt des Peaks wird also, so die EWG, durch den Effekt der Höherbewertung nicht oder kaum beeinflusst.

Politik der Golfstaaten: Das EWG-Szenario betrachtet – anders als das Szenario der ASPO – nicht nur die geologischen und technischen Faktoren. Es werden auch Annahmen über politische und wirtschaftliche Ziele der Golfstaaten gemacht.

Insbesondere wird angenommen, dass die Golfstaaten kein Interesse daran haben, ihre Produktion auszuweiten. Da weiterhin angenommen wird, dass die großen Felder in dieser Region am Fördermaximum produzieren oder den Peak schon überschritten haben, ist in Zukunft mit einem Rückgang der Förderung zu rechnen.

Nach 24,3 mb/d (2006) wird die Förderung in der Golfregion auf 19 mb/d (2020) und 13,8 mb/d (2030) fallen.

c) Robelius

Das Modell, das Robelius[68] verwendet hat, basiert auf einer Analyse großer Felder (IHS-Datenbank) und URR-Schätzungen mit den Methoden von Laherrère. Robelius geht von folgenden Annahmen aus:

▶ Die laufenden großen Projekte werden wie geplant realisiert.

▶ Das venezolanische Orinoco-Schwerstöl wird stärker als bisher erschlossen.

▶ NGL, Feldkondensate und Processing Gains in Raffinerien erreichen 2011 zusammen ein Plateau und bleiben dann auf diesem Niveau.

▶ Der Irak erreicht bis 2011 eine Förderung von 2,5 mb/d.

Ergebnisse: Im schlechtesten Szenario sei bereits 2008 mit einem Peak bei 83 mb/d zu rechnen. Im besten Szenario wird der Peak erst 2013 bei 94 mb/d erreicht. Wenn die Nachfrage schwächer als erwartet steigt, könnte er bis 2018 bei dann 93 mb/d verzögert werden. Der globale Öl-Peak wird also zwischen 2008 und 2018 stattfinden. Im Jahr 2050 können nur noch etwa 35 mb/d gefördert werden.

d) BGR

Die BGR schätzt[69], dass 47 % aller bislang nachgewiesenen Reserven an konventionellem Erdöl gefördert sind, bzw. 37 %, wenn man die noch zu erwartenden Reserven addiert. Die 50 %-Marke des Reservenverbrauchs, ab der nach dem Hubbert-Modell mit einem unaufhaltsamen Produktionsrückgang zu rechnen ist, wird zwischen 2017 und 2027 erwartet.

Eine ausreichende Versorgung sei für die nächsten 10 bis 15 Jahre gewährleistet. Danach sei eine Deckungslücke zu befürchten. Die BGR hält die optimistisch stimmenden Argumente, die vor allem von IHS, EIA, IEA und USGS angeführt werden, nicht für stichhaltig:

▶ Nicht-konventionelles Öl wird zwar an Bedeutung gewinnen, aber selbst 2020 nur 5–10 % der Gesamtförderung bestreiten können.

▶ Dem Reservenwachstum durch die Neubewertung bekannter Felder gesteht die BGR nur ein begrenztes, kurzfristig wirkendes Potenzial zu und verweist als Beleg auf den Förderrückgang in den USA.

▶ Auch Polar- und Tiefwasserregionen haben nur ein geringes Potenzial. Die Polarregionen seien weitgehend unbekannt und die arktischen Regionen Russlands eher erdgas- als ölhöffig. Tiefwasserpotenziale seien auf die Kontinentalränder im Atlantik begrenzt.[70]

Damit bezieht die BGR eine warnende Haltung, die sich in vielen Aspekten mit den Positionen der ASPO und der Energy Watch Group deckt.

5.7.2   Mainstream-Ansätze

a) IHS / CERA

Als Gegenpol und sicherlich auch als Antwort auf die Peak-Analysen der Hubbert-Geologen erschien 2005/2006 eine Studie[71] von CERA (Cambridge Energy Research

Associates), einer Tochtergesellschaft des großen IHS-Beratungskonzerns. Sie kritisiert den Hubbert-Ansatz, der auf zu simple Weise Decline-Kurven und bekannte Reserven ins Verhältnis setze und alle anderen Faktoren außer Acht lasse.

Die IHS-Studie zog breite Kritik auf sich. Die Annahmen seien zu optimistisch, v.a. was die Erwartungen an die OPEC-Golfstaaten, Russland und Mexiko angeht. Die kurzfristige Prognose basiert auf der hauseigenen Feld-Datenbank und 360 neuen Projekten, deren Fertigstellung bis 2010 geplant ist. Die Definition von Öl umfasst wie üblich neben konventionellem Rohöl auch NGL, Feldkondensate und andere flüssige Kohlenwasserstoffe.

Es ist eine Kapazitätsanalyse, also eine Schätzung der maximal möglichen Produktion, nicht der tatsächlichen Förderung. Die Kapazität lag demnach 2006 bei 88,7 mb/d, was sich aus der Produktion (84,4 mb/d), Produktionsstörungen (2,3 mb/d) und der verfügbaren Reservekapazität (2,0 mb/d) zusammensetzte. Für Ende 2007 wurde die Produktionskapazität bereits auf 91 mb/d geschätzt. Sie soll bis 2017 auf 112 mb/d steigen.[72]

Es wird in der nahen Zukunft kein Peak erwartet. Ein welliges Plateau („undulating plateau") soll erst in zwei bis vier Jahrzehnten erreicht werden. Die Schaubilder legen nahe, dass eine Art Peak (an den sich das Plateau anschließt) um 2035 bei einer Produktionshöhe von etwa 130 mb/d erreicht wird. Noch bis 2070 kann demnach eine Produktion von über 110 mb/d aufrechterhalten werden.

Die großen Risiken sind also „*not below ground, but above ground*" – also nicht geologischer oder technischer, sondern politischer und ökonomischer Art. Ein Peak wäre also möglich, aber nicht aus Ressourcenmangel, sondern aus anderen Gründen:

▸ Eine steiler Nachfragetrend könnte „irgendwann" (ein Schaubild deutet auf kurz nach 2030) das konventionelle Ölangebot übertreffen. Dann müssen Ölsand, Ultradeepwater etc. die Lücke schließen.

▸ Politische oder ökonomische Verwerfungen könnten Investitionen bremsen und so einen Peak verursachen.

▸ Ein technologischer Wandel, der fossiles Öl im Verkehr ersetzt, könnte einen Peak in der Ölproduktion verursachen, weil die Nachfrage abnimmt.

Die Bedeutung des Rohöls im engeren Sinn nimmt immer weiter ab. Seine Förderung kann nach 2005 kaum noch gesteigert werden und wird daher vor allem durch Kondensate/NGL, Tiefwasseröl und Schwerstöl (Orinoco, Kanada) ergänzt. Sie stellten 2005 schon 22 % der Kapazitäten (vgl. Tab. 5.3). In 2010 sollen es bereits 30 % sein.

in mb/d	1990	2000	2005	2010	2020
Gesamtes Ölange-bot	70,0	78,6	87,9	101,5	109,6
Rohöl im engeren Sinne	63,1	65,7	68,6	71,4	72,3
Sonstiges: davon	6,9	12,9	19,3	30,1	37,3
- Feldkondensate	2,3	4,3	6,3	8,5	10,0
- NGL	4,4	6,1	7,7	9,6	12,0
- Tiefwasseröl	0	1,6	3,5	9,0	7,5
- Schwerstöl	0,2	0,9	1,8	3,0	7,8

Tabelle 5.3 Produktionsprognose der IHS[73]

b) Wood Mackenzie

Die große Öldienstleistungs- und Beratungsfirma Wood Mackenzie erwartet bis mindestens 2025 ausreichende Steigerungen in der Förderkapazität. Grundlage der Analyse ist eine eigene Felder-Datenbank.

Die weltweite Förder*kapazität* wird von 88,4 mb/d (2007) auf 96,7 mb/d (2010) und dann 103,3 mb/d (2015) steigen können. Im Jahr 2025 seien sogar 110,2 mb/d Kapazität zu erwarten. Allerdings werde es um 2020 zu Spannungen im Ölmarkt kommen, wenn die Reservekapazität der OPEC schrumpft und die Preise deutlich steigen.[74]

▶ Außerhalb der OPEC werden die Fördermengen nur bis 2015 steigen können. Die Produktion wird von heute 47 auf bis zu 52 mb/d steigen, um dann bis 2025 wieder auf das heutige Niveau zu fallen.

▶ Die OPEC hat demgegenüber größere Wachstumsmöglichkeiten. Saudi-Arabien könnte seine Förderung bis 2025 auf 16 mb/d steigern.

▶ Unsicherheiten gibt es vor allem im Irak, dessen Aussichten unklar bleiben, und in den übrigen OPEC-Staaten, deren Fähigkeit und Bereitschaft zu Investitionen schwer einzuschätzen ist.

Nach 2015 wird es allerdings immer schwieriger, eine weiter wachsende Nachfrage zu befriedigen. Auch neue Techniken und nicht-konventionelles Öl werden wohl nicht ausreichen, um mit einem steigenden Verbrauch Schritt halten zu können.

Der Beitrag von Biokraftstoffen, GTL, CTL und Ölschiefer bleibt gering und wird 2025 nur etwa 7 % beitragen können. Aussichtsreicher sind hingegen die noch nicht erschlossenen Ölfelder in Russland, der kanadische Ölsand, brasilianische Tiefwasserfelder sowie kaspische Ölfelder.

c) IEA

Die Internationale Energieagentur IEA setzt bei ihren Produktionsprognosen mehrere analytische Instrumente ein: Ein komplexes hauseigenes makroökonomische Modell leitet die Ölnachfrage aus der allgemeinen wirtschaftlichen Entwicklung und den erwarteten Ölpreisen ab. Das Ölangebot folgt der Nachfrage, wobei angenommen wird, dass die OPEC die Nachfragelücke schließt, die von den Non-OPEC-Förderländern nicht gedeckt werden kann. Die meisten Daten über die Produktionsmöglichkeiten und Reserven werden aus den Studien der IHS und der USGS übernommen.

Ähnlich wie bei anderen Wirtschaftsforschungsinstituten haben sich auch bei der IEA die makroökonomischen Modelle als wenig hilfreich herausgestellt. Die Preissprünge bei Rohöl waren ebenso „modellwidrig" wie die unbeirrt steigende Nachfrage.

Beim Thema Peak-Öl war die IEA zunächst ähnlich optimistisch wie IHS (Cera) und EIA. Der Weltenergieausblick resümierte 2004, dass bei konventionellem Öl vor 2030 kein Peak befürchtet werden müsse.[75] Das Hauptszenario erwartete den Peak für konventionelles Öl erst bei einer Produktion von über 121 mb/d.[76]

Ein Jahr später konstatierte die IEA in ihrer Sonderpublikation zum Thema Energieressourcen einen Überfluss an Öl und Gas, der die Welt ohne Schwierigkeiten während des Übergangs zu einer nachhaltigen Energiezukunft versorgen könne.[77] Die IEA orientierte sich an den optimistischen Szenarien der USGS, wonach von den 3300 Gb förderbaren Öls erst ein Drittel verbraucht ist.[78] Hinzu kommen 1000 bis 3000 Gb nicht-konventioneller Ölressourcen. Entscheidend für die langfristig sichere Öl- und Gasversorgung seien andere Faktoren: Der technologische Fortschritt, die Preise und günstige Rahmenbedingungen für Investitionen.[79]

Der WEO 2005 zeigte sich ebenfalls bis mindestens 2030 optimistisch: „Die weltweiten Energiereserven sind ausreichend, um den im Referenzszenario projizierten Verbrauchsanstieg zu decken….Die Exploration neuer Ölfelder wird sich zweifellos beschleunigen, um dies sicherzustellen."[80]

Der Ausblick im Jahr 2006 wurde differenzierter und etwas vorsichtiger. Das Referenzszenario geht davon aus, dass die Ölförderung außerhalb der OPEC nach 2010 stagniert. Nur Russland, die Kaspische Region und Lateinamerika können noch zulegen, aber den Rückgang in anderen Non-OPEC-Regionen nicht mehr lange kompensieren. Dennoch bleibt das Gesamtbild optimistisch.[81] Zentrale Daten dieses Szenarios sind:

▶ Vor 2030 gibt es keinen Peak im Ölangebot. Bis dahin ist ein Angebot von 116 mb/d erreichbar. Das liegt 40 % über der aktuellen Förderung.

▶ Auch außerhalb der OPEC ist bis 2030 kein Peak zu erwarten, da der Peak bei konventionellem Öl durch nicht-konventionelle Angebote aufgefangen wird.

▶ Die Förderung konventionellen Öls außerhalb der OPEC-Länder wird zunächst steigen und sich bis 2015 bei etwa 45 mb/d stabilisieren. Der Rückgang in den darauf folgenden 15 Jahren sollte mit nur etwa 2 mb/d sehr moderat ausfallen. Es kann also von einem Plateau gesprochen werden, das sich 2005 bis 2030 erstreckt.

Natürlich ist dies, wie die IEA betont, nur ein Szenario, aber die zentrale Stellung dieser Daten im WEO-Bericht und die plausible Annahme, dass die IEA kein Szenario konstruiert und hervorhebt, das sie selber für unrealistisch hält (zumal ein abweichendes Krisenszenario nicht ausgearbeitet wird), führt dazu, dass die Daten wie Prognosen interpretiert werden. Faktisch werden die Daten auf diese Weise interpretiert und zur Grundlage energiepolitischer Planungen gemacht.

Seit 2007 verdüstert sich der Ton der IEA-Berichte. Der mittelfristige Ausblick 2007–201282 ist bis 2010 zuversichtlich, schließt dann aber unvermittelt mit der Warnung, dass es in fünf Jahren zu einer Verknappung kommen könnte. Die Probleme in Iran, Irak, Nigeria und Venezuela werden anhalten und die Versorgung der weiter steigenden Ölnachfrage gefährden.

mb/d	2007	2012
Globale Nachfrage	86,1	95,9
Globale Förderkapazität	89,3	98,1
Förderkapazität der OPEC (12) – Rohöl	34,4	38,4
- davon Irak	2,4	2,4
- davon Venezuela	2,6	2,6
- davon Nigeria	2,5	2,8
OPEC-NGL	4,9	7,1
Förderung außerhalb der OPEC	50,0	52,6
- davon Öl, NGL, Ölsand	47,7	49,8
- davon Processing Gains	1,9	2,1
- davon Biokraftstoffe	0,4	0,8

Tabelle 5.4: IEA-Prognose für 2012[83]

Der Bericht geht von einem Anstieg der Nachfrage 2007–2012 von 9,8 mb/d aus. Außerhalb der OPEC kann die Förderung um nur 2,6 mb/d gesteigert werden, so dass über zwei Drittel des Zuwachses von der OPEC geliefert werden müssen, v.a. von Saudi-Arabien, VAE und Angola. Dabei nimmt die Bedeutung der NGL-Flüssiggase immer mehr zu.

Klammert man nicht-konventionelles Öl aus, dann wird deutlich, dass die Ölförderung außerhalb der OPEC bereits ein Plateau erreicht hat, das nicht mehr deutlich überschritten werden kann.

World Energy Outlook 2007: Auch in ihrem nächsten Weltenergieausblick (WEO 2007) erwartet die IEA keinen Peak vor 2030:[84]

▶ Selbst konventionelles Öl (inkl. NGL) werde erst nach 2030 das Fördermaximum erreichen.

▶ Allerdings wird konventionelles Öl in Nicht-OPEC Staaten zwischen 2015 und 2030 den Höhepunkt überschreiten, aber nur sehr leicht zurückgehen.

▶ Den Löwenanteil des Zuwachses tragen die OPEC-Staaten. Die Höhe ihrer Investitionen und die Ausrichtung ihrer Förderpolitik sind entscheidende Variablen.

Dem langfristigen Optimismus stehen mittelfristige Bedenken gegenüber, wenn die jetzt laufenden Projekte abgeschlossen sind. Der Umfang neuer Projekte ist unklar und könnte zu gering sein. Wenn sich herausstellen sollte, dass die Nachfrage insbesondere aus China schneller wächst als erwartet, könnte es schon vor 2015 zu einem Versorgungsengpass kommen, der zu einem abrupten Preisschub führt.

In der Periode 2006 bis 2012 könnten die Projekte in der OPEC 11,4 mb/d und die Projekte außerhalb der OPEC weitere 13,6 mb/d neuer Kapazität bereitstellen. Aber ein großer Teil davon wird gebraucht, um den Förderrückgang in bestehenden Feldern kompensieren zu können.

Eine zentrale Variable ist also der beobachtbare Förderrückgang (Decline Rate) in produzierenden Feldern. Liegt sie bei durchschnittlich 3,7 % pro Jahr, wären Angebot und Nachfrage 2012 ungefähr im Gleichgewicht. Zwischen 2012 und 2015 werden 12,5 mb/d neuer Kapazitäten benötigt, um die erwartete zusätzliche Nachfrage von 4,2 mb/d und den Decline von 8,4 mb/d decken zu können. Schon ein leichter Irrtum bei der nur grob schätzbaren Decline Rate könnte das Gleichgewicht stören. Wenn sie statt bei 3,7 % nur etwas höher bei 4,2 % liegen sollte, wäre die Kapazität bis 2015 um 2,6 mb/d niedriger. Fast die gesamten freien Kapazitäten müssten dann eingesetzt werden, um die erwartete Nachfrage zu decken.

Produzent	1980	2000	2006	2010	2015	2030	Wachstum p.a. 2006 bis 2030
Non-OPEC	35,5	43,5	47,0	48,6	50,3	53,2	0,5 %
- Westeuropa	2,6	6,8	5,2	4,1	3,4	2,5	-3,0 %
- USA	10,3	8,0	7,1	7,1	6,7	6,3	-0,5 %
- Russland	10,8	6,5	9,7	10,6	10,8	11,2	0,6 %
- Kaspische Region	1,3	1,8	2,7	3,4	4,1	6,0	5,1 %
- übrige Non-OPEC	6,1	13,4	14,9	15,8	17,1	17,8	0,7 %
OPEC	28,1	31,7	35,8	40,6	46,0	60,6	2,2 %
- Saudi-Arabien	10,1	9,1	10,5	12,0	13,2	17,5	2,2 %
Processing Gains	1,7	1,7	1,9	2,0	2,2	2,6	1,3 %
WELT	65,2	76,8	84,6	91,1	98,5	116,3	1,3 %
- konv. Öl	63,1	73,9	80,9	86,6	92,1	105,2	1,1 %
- nicht konv. Öl	0,4	1,3	1,8	2,5	4,2	8,5	6,7 %
- davon Kanada	0,2	0,6	1,2	1,8	2,8	4,9	6,2 %
Non-OPEC konvent.	35,1	42,4	45,3	46,3	46,7	45,8	0,05 %

Tabelle 5.5 Produktionsprognose der IEA bis 2030 (Referenzszenario)[85]

Da Angebot und Nachfrage nur schwach auf Preisänderungen reagieren, könnte es Mitte des kommenden Jahrzehnts zu einem massiven Preisschub kommen.

Meling kritisiert, dass das Modell der IEA nicht genau analysierbar ist, da die Beziehungen zwischen den verwendeten Variablen (Reserven, Ressourcen, Preise, Technologie, Nachfrage) nicht explizit gemacht werden. Die Höhe der Nicht-OPEC Produktion scheint vom Ölpreis abhängig zu sein. Die Höhe der OPEC-Produktion von der Nachfrage. Meling hält diese Annahmen für sehr fraglich.[86]

In der letzten Analyse der IEA[87] über die langfristige Entwicklung der Energieversorgung (ETP 2008) tauchen wieder optimistische Zahlen auf, die in einem Gegensatz zum fast gleichzeitig publizierten mittelfristigen Ausblick stehen.[88]

Langfristig wird im Basisszenario ein Ölangebot (All Liquids) von 155 mb/d im Jahr 2050 angesetzt, falls bis dahin keine entschneidenden Maßnahmen zur Verringerung der CO_2-Emissionen ergriffen werden. Von diesen 155 mb/d[89] werden :

▶ 92 mb/d aus konventionellem Öl gewonnen. Die Förderung wäre also 2050 höher als heute.

▶ 40 mb/d aus nichtkonventionellem Öl (Ölsand, Schweröl, Ölschiefer, Polaröl)

▶ 20 mb/d aus synthetischem Öl, das aus Kohle und Gas erzeugt wird

▶ ein kleiner Beitrag aus Biokraftstoffen.

Im Moment vertritt die IEA also zwei unterschiedliche Positionen, die verschiedene methodische Ansätze verwenden:

1. In den mittelfristigen Prognosen warnt sie vor einer kurz nach 2010 erwarteten Verknappung der Ölversorgung. Das wird vor allem mit Projektverzögerungen und zu geringen Investitionen begründet.

2. In den langfristigen Prognosen herrscht dagegen Optimismus vor. Sie erwartet einen deutlichen Anstieg der Nachfrage bis 2030 bzw. 2050 und eine entsprechende Steigerung des Ölangebots. Dies wird aus dem Makromodell der IEA und dem Hinweis auf eine reiche geologische Ressourcenbasis abgeleitet.

d) EIA

Die amerikanische Energiebehörde EIA nimmt in ihren Berichten[90] ähnlich wie die IEA ein deutliches Wachstum des Ölmarktes bis auf mindestens 118 mb/d im Jahr 2030 an. Bei der Reserven- und Ressourcenschätzung greift die EIA auf die bereits vorgestellte Schätzung der USGS aus dem Jahr 2000 zurück. In keinem Szenario ist demnach mit einem Peak vor 2030 zu rechnen. Der Non-OPEC-Welt werde es gelingen, 62 % der zusätzlichen Nachfrage zu stillen.

Dieser anhaltende Optimismus der EIA[91], der mittlerweile im Gegensatz zu den mittelfristigen Warnungen der IEA steht, stützt sich auf eine Reihe von Annahmen. Es wird u.a. angenommen, dass nach 2015 Entscheidungen allein nach ökonomischen Gesichtspunkten getroffen werden. Politische Hindernisse der Ölförderung treten in den Hintergrund.

Die EIA fällt daher immer wieder durch die branchenweit optimistischsten Prognosen auf. Dies ist, so die Kritik, nicht zuletzt auf die Annahme zurückzuführen, dass es weltweit gelingt, die Fördereffizienz (Outtake) genauso schnell zu steigern wie es unter den sehr speziellen Bedingungen der USA der Fall ist. Dort liegt die Outtake-Rate bei 10 % der entwickelten Reserven pro Jahr. Das ist dreimal so hoch wie der globale Durchschnitt von 3 %.

	2005	2010	2015	2020	2025	2030	% p.a. 2004–30
Konv. Öl							
OPEC	**34,7**	**36,8**	**40,7**	**44,8**	**49,0**	**54,1**	**1,9**
- Iran	4,2	4,2	4,3	4,5	4,8	5,0	0,8
- Irak	1,9	2,5	3,3	4,2	4,8	5,3	3,8
- Kuwait	2,7	2,8	3,2	3,9	4,0	4,1	1,9
- Saudi-A.	10,7	8,9	9,4	10,4	12,9	16,4	1,8
- VAE	2,8	3,3	3,8	4,5	4,7	4,9	2,2
- Libyen	1,7	1,9	2,0	2,0	2,0	1,9	0,7
- Angola	1,3	2,7	3,1	3,3	3,6	4,0	5,3
- Nigeria	2,8	3,6	4,5	4,8	5,0	5,2	3,1
- Venez.	2,2	2,0	1,8	1,8	1,7	1,7	-1,1
Non-OPEC	**47,3**	**49,4**	**50,9**	**51,7**	**52,4**	**53,1**	**0,5**
- USA	8,0	9,0	9,5	9,5	9,2	9,1	0,4
- Mexiko	3,8	3,2	3,0	3,2	3,3	3,5	-0,3
- Norwegen	3,0	2,5	2,3	1,9	1,6	1,4	-3,1
- Großbrit.	1,9	1,5	1,1	0,8	0,6	0,5	-5,4
- Aserbeid.	0,4	1,1	1,0	1,0	1,1	1,1	4,8
- Kasachs.	1,3	1,9	2,7	3,1	3,4	3,7	4,4
- Brasilien	1,7	2,4	2,8	3,2	3,5	3,9	3,5
WELT	**81,9**	**86,2**	**91,6**	**96,5**	**101,4**	**107,2**	**1,1**
Nicht-konv. Öl							
Welt	**2,4**	**4,5**	**5,8**	**7,3**	**9,0**	**10,5**	**5,6**
- Biofuels	0,6	1,3	1,4	1,5	1,6	1,7	6,2
- Ölsand Bitumen	1,1	1,9	2,3	2,7	3,2	3,6	4,7
- Schwerstöl	0,6	0,9	1,0	1,1	1,4	1,7	4,2
- CTL	0,1	0,3	0,6	1,1	1,8	2,4	13,7
- GTL	0,0	0,2	0,5	0,8	0,9	1,2	5,4
- Ölschiefer	0,0	0,0	0,0	0,0	0,0	0,0	-
WELT	**84,3**	**90,7**	**97,4**	**103,8**	**110,4**	**117,7**	**1,4**

Tabelle 5.6 Produktionsprognose der EIA bis 203092

Im IEO 2007 wird zwischen 2003 und 2030 ein Anstieg der OPEC-Produktion (ohne Angola) von 22 mb/d erwartet. Das ist bedeutend mehr als im Vorjahresbericht, da nun ein geringerer Förderanstieg außerhalb der OPEC veranschlagt wird. Die Schätzungen über die OPEC-Produktion wurden damit drastisch nach oben korrigiert. Ähnlich wie bei den WEO-Modellen der IEA wird auch hier die OPEC-Produktion als Restgröße definiert, die quasi automatisch Versorgungslücken deckt.

Im Annual Energy Outlook aus dem Jahr 2008 wird die EIA etwas vorsichtiger.[93] Sie präsentiert drei völlig unterschiedliche Szenarien, nach denen der Ölpreis (inflationsbereinigt) im Jahr 2030 bei 42, 70 oder 119 Dollar liegen könnte. Die globale Fördermenge könnte irgendwo zwischen 113 und 132 mb/d liegen.

Diese Beliebigkeit der Szenarien ergibt sich daraus, dass die entscheidenden Variablen der EIA-Analyse strategischer und geologischer Natur sind und somit nicht mehr in einem makroökonomischen Modell erfasst werden können. Entscheidend sind nun die Investitions- und Förderstrategien der ölreichen Länder sowie die (unbekannten) geologischen Ressourcen in den Regionen außerhalb der OPEC-Staaten.

e) OPEC

Auch die OPEC erwartet in der näheren Zukunft keinen Peak. Die konventionelle Förderung außerhalb der OPEC sollte allerdings nur bis 2015 auf 50,5 mb/d steigen und dann bis 2030 leicht auf 48,6 mb/d zurückgehen. Ein Plateau zeichnet sich hier schon 2010 ab. Aber addiert man nicht-konventionelles Öl hinzu, wird es vor 2030 auch außerhalb der OPEC-Staaten zu keinem Peak kommen. Die Studie erwartet insgesamt einen Anstieg von 49 mb/d (2005) bis auf 58,8 mb/d (2030).[94]

Das OPEC-Öl wird die Lücken schließen: Die Förderung wird aus der Nachfrage abgeleitet und steigt demnach von 35,1 mb/d (2005) bis auf 59,1 mb/d (2030). Im Jahr 2030 ist also mit einer globalen Produktion von 117,9 mb/d zu rechnen. Das entspricht ziemlich genau den Schätzungen von EIA und IEA.

f) USGS

Die USGS berechnete auf Grundlage ihrer Ressourcenanalyse aus dem Jahr 2000 und verschiedener Nachfrageszenarien eine Reihe möglicher Peak-Jahre.[95] Die Annahmen für die Jahre 2026 und 2037 entsprechen am ehesten den Szenarien der großen Forschungseinrichtungen. Der methodische Ansatz wurde im Kapitel über die Ölreserven bereits dargestellt.

PEAK-SZENARIEN 1996	Nachfrage wächst um 1 % pro Jahr	Nachfrage wächst um 2 % pro Jahr	Nachfrage wächst um 3 % pro Jahr
URR 2248 Gb	2033 bei 95 mb/d	2026 bei 117 mb/d	2021 bei 133 mb/d
URR 3003 Gb	2050 bei 113 mb/d	2037 bei 146 mb/d	2030 bei 173 mb/d
URR 3896 Gb	2067 bei 134 mb/d	2047 bei 178 mb/d	2037 bei 213 mb/d

Tabelle 5.7 Peak-Szenarien der USGS

5.7.3   Produktionstechnische und ökonomische Ansätze

a) Meling und der *Outtake*

Der Statoil-Wissenschaftler Meling betont mit dem Begriff des *Outtake* (mit dem er Produktionseffizienz meint) einen Indikator, der in vielen Peak-Analysen vernachlässigt wird.[96] Damit ist der Anteil der erschlossenen Reserven gemeint, der jährlich gefördert werden kann, ohne das Feld langfristig zu schädigen. *Outtake* bezeichnet also gewissermaßen die „gefahrlose Höchstgeschwindigkeit" der Förderung.

Meling erwartet eine Zunahme des Outtake-Wachstums von 2,4 % auf 3 %. Mit diesem analytischen Zugang vermeidet Meling die Reservendiskussion und konzentriert sich auf die Produktionsmöglichkeiten. Zwei Technologien werden hervorgehoben: Horizontalbohrungen und Tiefwassertechnologien.

Das Ölpreisniveau kann vernachlässigt werden. Nach seiner Einschätzung gibt es in der Literatur keine Belege für die These, dass höhere Ölpreise zu mehr Funden, mehr Reservenwachstum oder höherer Ölförderung führen.

Verbesserte Produktionsmöglichkeiten führen Meling zu seinem zweiten analytischen Element: Das Reservenwachstum bekannter Felder, das auch die IHS hervorhebt. Nach seiner Analyse der 70 größten Felder weltweit, in denen sich vermutlich 60 % aller bekannten Reserven befinden, können dort mit besseren Methoden an die 500 Gb Öl mehr gefördert werden als bislang angenommen.

Er hält es für machbar, dass die globale Recovery Rate (also der Anteil des förderbaren Öls am gesamten vorhandenen Öl) von 29 % auf 38 % steigt, wenn verbesserte und intensivere Fördermethoden zum Einsatz kommen. Diese 9 % entsprechen 700 Gb zusätzlichen Öls – was den aktuellen Ölbedarf rein rechnerisch für über 20 Jahre decken könnte.

Dennoch werden die kommenden Jahre seiner Meinung nach von einem Wettlauf zwischen Angebot und Nachfrage geprägt sein. Er stellt drei Szenarien auf:

1. Basis-Szenario: Die Nachfrage wächst weiterhin mit 1,6 % p.a. und die OPEC-Staaten erhöhen ihren Outtake nur marginal um 4 % p.a.. Außerhalb der OPEC nimmt die Fördermenge nach 2010 ab. Die Folge wäre, dass das Nachfragewachstum ab 2011 nicht mehr bedient werden könnte.

2. Optimistisches Szenario: Die Nachfrage wächst sehr schnell mit 2 % p.a. Die OPEC-Staaten investieren stark und erhöhen ihren Outtake jedes Jahr um 6 %. Der Peak wäre dann um 2030 bei 115 mb/d.

3. Pessimistisches Szenario: Die Nachfrage nimmt um 1,4 % pro Jahr zu. Die Zunahme des Outtake in den OPEC-Staaten wäre nur 4 % und die großen OPEC-Länder begrenzen ihre Produktion auf 35 mb/d. Dann könnte die Nachfrage bei einer Peak-Förderung von etwa 90 mb/d ab 2015 nicht mehr steigen.

b) Saleri – Technology matters

Auch Saleri, der frühere Leiter des Reservoirmanagement bei Saudi Aramco, betont die Bedeutung technischer Elemente.[97] Vier Faktoren seien für Höhe und Zeitpunkt des Peak entscheidend: OOIP, Recovery Rate, Nachfrage und der Grad der Lagerstätten-entleerung (Depletion) zum Zeitpunkt des Fördermaximums.

Ähnlich wie die eher pessimistischen Hubbert-Geologen geht Saleri also vor allem von Reserven und Lagerstättenmanagement aus. Jedoch betont er die geologischen und technischen Potenziale:

1. Er schätzt, dass etwa 6000–8000 Gb konventioneller und ebenfalls 6000–8000 Gb nichtkonventioneller Ressourcen vorhanden waren (OOIP), von denen erst 1000 Gb verbraucht sind.

   Die Recovery Rate, also der Anteil des förderwürdigen Öls, liegt aktuell bei etwa einem Drittel des OOIP (konventionelles Öl) oder erheblich darunter (nichtkonventionelles Öl). Weitere Fortschritte in Technik und Wissenschaft werden den Anteil weiter steigern.

   Zum Beispiel sind die saudischen Riesenfelder Abqaiq und Ghawar auf dem besten Weg, eine Recovery Rate von über 66 % zu erreichen. Auch in anderen Feldern werde das gelingen.

2. Die Modelle der Hubbert-Geologen (ASPO) gehen davon aus, dass die Ölproduktion eines Feldes unaufhaltsam sinkt, sobald 50 % des förderbaren Öls entnommen worden sind. Aus dieser Annahme wird dort ein naher Peak abgeleitet. Saleri hält dem entgegen, dass neue Technologien wie z.B. Horizontalbohrungen mit Maximum-Reservoir-Kontakt und intelligentes Fördermanagement diesen Prozentsatz immer weiter nach oben schieben. Selbst wenn man nur annimmt, dass der Peak bei 55 % Entleerung erreicht ist und nicht bei 50 %, verschiebe sich der Zeitpunkt des globalen Fördermaximums sehr deutlich.

3. Das Potenzial des Irak ist erst ansatzweise genutzt. Das Land könnte bis 2040 bei Reserven und Produktion ein ähnliches Niveau wie Saudi-Arabien erreichen.

Aus diesen Thesen leitet Saleri einen Peak zwischen 2045 und 2067 ab. Bezieht man jedoch Kapazitätsengpässe bei Personal und Material sowie politische Hindernisse mit ein, kann es bei weiter wachsender Nachfrage auch schon vorher zu Versorgungsproblemen kommen.

Die Ursachen liegen aber keinesfalls an einer Verknappung des förderbaren Öls. Es sei genug Öl vorhanden, um eine Förderung um die 100 mb/d bis zum Ende dieses Jahrhunderts zu gewährleisten.

c) Optimistische Ökonomen (Odell)

Der aus Rotterdam stammende Odell ist schon seit den 1970er Jahren wohl der optimistischste aller bekannten Ölexperten. Er argumentiert vor allem mit Preisargumenten auf Basis einer großen Ressourcenbasis nicht-konventionellen Öls.[98]

Odell sieht Öl und Gas als dominante Energiequellen bis mindestens 2070 und erwartet einen kontinuierlichen Anstieg der Ölproduktion von 76 mb/d (2000) über 89 mb/d (2010) auf 130 mb/d (2050). Nach diesem Peak werde die Produktion nur langsam bis auf etwa 90 mb/d im Jahr 2100 abnehmen.

Ein Peak im Jahr 2050 sei jedoch nicht relevant, da bis dahin nicht das Angebot, sondern die abnehmende Nachfrage nach Öl das Wachstum begrenzen werde.

Die Förderung konventionellen Öls werde von 66 mb/d (2000) bis auf etwa 88 mb/d (2030) steigen, um dann – nachdem etwa 58 % der Reserven verbraucht sind – langsam zu fallen. Das ursprüngliche URR konventionellen Öls liege bei etwa 3000 Gb – ähnlich den Schätzungen der USGS.

Jede mögliche Angebotslücke werde durch *nicht-konventionelles* Öl geschlossen. Hier schätzt Odell ein URR von ebenfalls etwa 3000 Gb aus einer erheblich größeren Ressourcenbasis, die jedoch nur zum kleinen Teil sinnvoll gefördert werden kann. Die Produktion wird nur langsam steigen und erst in 80 bis 90 Jahren ihren Peak erreichen. Bis 2030 wird es nur etwa 12 % zur Ölversorgung beitragen, ab 2060 bereits über 50 %. Im Jahre 2100 sind es dann bereits 90 %.

Odell erwartet angesichts des ausreichenden Angebots zunächst einen Ölpreis um die 20 $/b (inflationsbereinigt), von Zeiten künstlicher Verknappungen durch Kartelle oder politische Konflikte einmal abgesehen.

Nach 2010 könnten die Preise auf 21–25 $ steigen, da die Investitionen für Produktion und Exploration konventionellen Öls steigen werden und umfangreiche Investitionen in nicht-konventionelles Öl erfolgen müssen. Auf diesem Preisniveau wird die Konkurrenz durch alternative Energieträger gering bleiben.

Ab 2040 wird Erdgas der wichtigste Energieträger sein und die Preisführerschaft übernehmen. Erhebliche Investitionen in die Erdgasproduktion werde die Gaspreise erhöhen und die Ölpreise mit nach oben ziehen. Alternative Energien werden allmählich wettbewerbsfähig.

Nach 2060 wird es schwierig werden, die Erdgasproduktion auf einem konstanten Wachstumspfad zu halten. Unklar ist, ob es zu steigenden Gas- und Ölpreisen kommen wird, da alternative Energien und eventuell auch billige Kohle das Energiepreisniveau stabilisieren könnten.

Angesichts des technischen Fortschritts sei es wahrscheinlich, dass alternative Energien die realen Energiekosten senken werden. Öl und Gas wären dann immer weniger wettbewerbsfähig.

5.8 Statistischer Überblick: Ölproduktion und Peak-Debatte

5.8.1 Entwicklung der Ölproduktion 1865–2007

Die Tabelle 5.8 zeigt die frühe Entwicklung der Weltölproduktion. Alle 10 Jahre verdoppelte sich die Förderung. Die USA waren von Anfang an der dominierende Produzent und wurden nur kurz durch den Boom im zaristischen Russland überflügelt. Noch im Jahr 1945 wurden zwei Drittel des globalen Ölangebots in den USA an die Oberfläche gebracht.

Das Ölangebot hatte auch in der Nachkriegszeit keine Mühe, mit der rasant wachsenden Nachfrage Schritt zu halten. Von 1948 bis 1972 verdoppelten die USA ihre Förderung von 5,5 auf 9,5 mb/d. Trotzdem fiel ihr Weltmarktanteil von 64 % auf 22 %, weil die Produktion in den übrigen Weltregionen noch rascher anstieg.

Das gilt vor allem für den Persischen Golf, wo sie von 1,1 mb/d (1948) auf 18,2 mb/d (1972) emporschoss. Die riesigen Felder, die dort entdeckt wurden, sorgten auch für einen Anstieg der bekannten Weltreserven. Die Ölindustrie hatte bis 1950 Reserven für 19 Jahre der damaligen Nachfrage. Im Jahr 1972 war der Wert auf 35 Jahre angewachsen.

	USA	Mexiko	Venez.	Russl. UdSSR	Rumän.	East Indies Indones.	Persien Iran	Rest der Welt	Welt
1865	6,8			0,2	0,1			0,3	7
1875	32,8			1,9	0,3			1,1	36
1885	59,9			38,2	0,5			2,2	101
1895	144,9			126,4	1,6	3,3		7,9	284
1905	369,1	0,7		150,6	12,1	21,5		35,3	589
1915	770,1	90,2		187,8	33,0	33,7	9,9	58,9	1.184
1925	2092,4	316,5	53,9	143,7	45,6	70,4	93,3	112,8	2.929
1935	2730,4	110,2	406,2	499,7	169,2	144,4	156,9	317,0	4.534
1945	4684,9	119,3	885,4	408,1	95,3	26,6	357,6	521,6	7.109

Tabelle 5.8 Weltölproduktion 1865–1945 in 1000 b/d[99]

Tabelle 5.9 zeigt ausgewählte Daten zum weiteren Verlauf der Ölproduktion. Die Produktion der USA fiel seit Anfang der 1970er, während der Persische Golf seine Förderung bis heute nahezu verdoppeln konnte. Rohöl im engeren Sinn wurde immer stärker durch NGL-Flüssiggase aus Erdöl- und zunehmend auch Erdgasfeldern ergänzt. Sie liefern knapp 10 % der Weltölversorgung. Auch die Refinery Gains, die bei der Umwandlung des Rohöls in leichtere Ölprodukte erzielt werden (Volumengewinn), sind in der Tabelle aufgeführt, da dieser Faktor für viele Ungereimtheiten zwischen Ölstatistiken verantwortlich ist.

	USA	Persischer Golf	Refinery Gains	NGL	Welt
1970	11.673	13.541	-	2.383	48.986
1975	10.505	19.223	-	2.790	56.511
1980	10.809	18.541	895	3.446	63.987
1985	11.192	10.320	969	3.948	59.172
1990	9.677	16.178	953	4.640	66.426
1995	9.400	18.630	1.423	5.654	70.272
2000	9.058	21.520	1.844	6.466	77.762
2005	8.322	23.892	2.084	7.654	84.631
2007	8.481	23.117	2.100 (est.)	7.913	84.635

Tabelle 5.9 Ölproduktion 1970–2007[100]

5.8.2   Große Förderländer und Ölexporteure

Die folgenden beiden Schaubilder zeigen die größten Ölförderländer der Welt und die größten Ölexporteure. Abb. 5.3 vergleicht die 19 größten Rohölförderer. Sie vereinen knapp 80 % der Weltproduktion auf sich. Russland und Saudi-Arabien stehen mit Abstand an der Spitze, gefolgt von den mittelgroßen Produzenten USA, Iran, China und Mexiko.

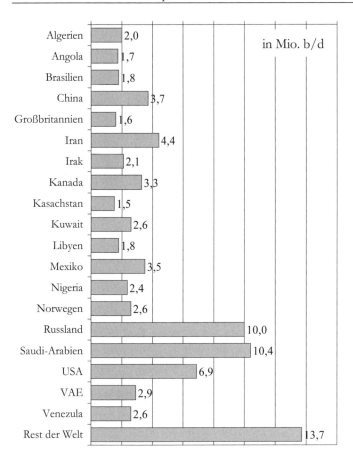

Quelle: BP Statistical Review of World Energy 2008;
Rohöl inkl. NGL und Ölsand, ohne Biokraftstoffe; Welt: 81,5 mb/d

Abb. 5.3 Große Ölproduzenten – tägliche Fördermenge 2007

Das Gewicht der Staaten am Persischen Golf steigt, wenn man nur die Exporte betrachtet (Abb. 5.4). Sie werden für 4 Stichjahre abgebildet. Wiederum stehen Saudi-Arabien und die frühere Sowjetunion (Russland, Kasachstan und Aserbeidschan) an der Spitze. Dahinter gruppieren sich etwa 12 mittelgroße Exporteure, von denen vier am Persischen Golf liegen. Im Zeitverlauf wird der rasante Exportboom in Russland und Kasachstan deutlich.

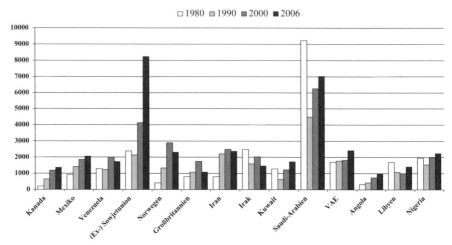

Quelle: OPEC; Angaben in 1000 b/d Export; die frühere Sowjetunion umfasst v.a. Russland, Kasachstan und Aserbeidschan

Abb. 5.4 Große Erdölexporteure – Ölausfuhr in 1000 b/d

5.8.3   Statistische Daten zur Peak-Debatte

Die folgenden Schaubilder sollen anhand der jüngeren Produktionsentwicklung die These näher beleuchten, nach der ein globaler Peak der Ölproduktion bereits sichtbar oder absehbar ist. Es sollte dabei berücksichtigt werden, dass es nur um Argumente für oder wider einen *empirischen* Peak gehen kann – also die Frage, wie viel produziert wird, und nicht, wie viel produziert werden *könnte*.

Die Abbildung 5.5 und die dazu gehörende Tabelle 5.10 betrachten nur Rohöl (inkl. Feldkondensate) im engeren Sinn. Die Jahressäulen zeigen den enormen und stetigen Förderzuwachs in Russland, während in der Welt ohne OPEC und ohne Russland zunächst eine Stagnation und dann sogar ein leichter Rückgang zu beobachten ist.

	OPEC	Russland	Welt ohne OPEC, ohne Russland	Welt ohne OPEC	WELT
1997	28.424	5.920	31.400	37.320	65.744
1998	29.509	5.854	31.603	37.457	66.966
1999	28.324	6.079	31.519	37.598	65.922
2000	30.013	6.479	32.003	38.482	68.495
2001	29.087	6.917	32.097	39.014	68.101
2002	27.249	7.408	32.511	39.919	67.168
2003	28.725	8.132	32.591	40.723	69.448
2004	30.975	8.805	32.732	41.537	72.512
2005	32.406	9.043	32.358	41.401	73.807
2006	32.075	9.247	32.217	41.464	73.539
2007	31.673	9437	32.200	41.637	73.310

Tabelle 5.10 (zu Abb. 5.5): Rohölproduktion 1997–2007 in 1000 b/d[101]

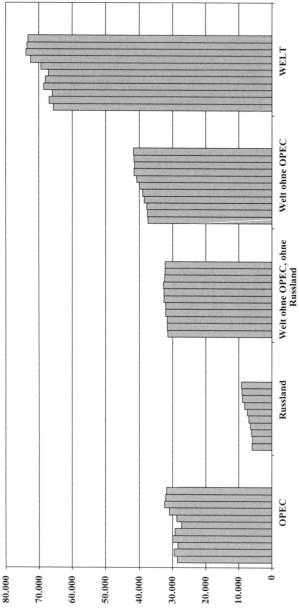

Abb. 5.5 Peakdebatte: Rohölförderung 1997–2007 (in 1000 b/d)

Wie konnte die wachsende Nachfrage trotzdem gedeckt werden?

Das zeigt Abb. 5.6 In den Jahren 1997–2007 wurde das Ölangebot (All Liquids, also nicht nur Rohöl) um 10,46 mb/d erweitert. Davon wurden knapp 7 mb/d von Russland und der OPEC bereitgestellt. Weitere 2 mb/d kamen von NGL-Flüssiggasen. Kleinere Beiträge lieferten Biokraftstoffe, kanadische Ölsande und der Raffineriebetrieb (Refinery Gains).

Mit anderen Worten: Die Welt außerhalb der OPEC und Russlands konnte ihre *Rohöl*-produktion nicht ausweiten. Andere Quellen wie die zum Teil aus Erdgasfeldern stammenden **NGL-Flüssiggase, Biokraftstoffe und Ölsand deckten fast ein Drittel der zusätzlichen Nachfrage** der letzten 10 Jahre.

Die Abb. 5.7 verengt den Zeitraum auf 2003 bis 2008. Die Produktion von Rohöl und All Liquids wird auf Monatsbasis gezeigt. Der Abstand zwischen den beiden Kurven ist im Lauf der letzten fünf Jahre deutlich von 9,6 mb/d (Januar 2003) auf 11,3 mb/d (Januar 2008) gewachsen. Das spiegelt das Wachstum bei NGL, Biokraftstoffen etc. wider.

Die Kurven zeigen auch, dass die Produktionsmengen seit 2005 fast unverändert geblieben sind. Weder die Rohöl- noch die Gesamtproduktion ist nennenswert gestiegen.

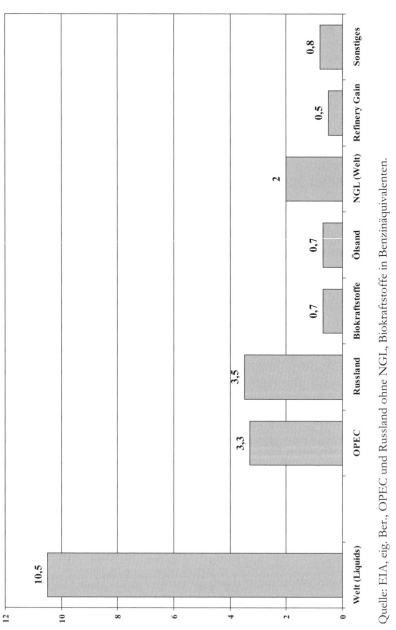

Quelle: EIA, eig. Ber., OPEC und Russland ohne NGL, Biokraftstoffe in Benzinäquivalenten.

Abb. 5.6 Zusätzliches Ölangebot 1997–2007 (in Mio. b/d)

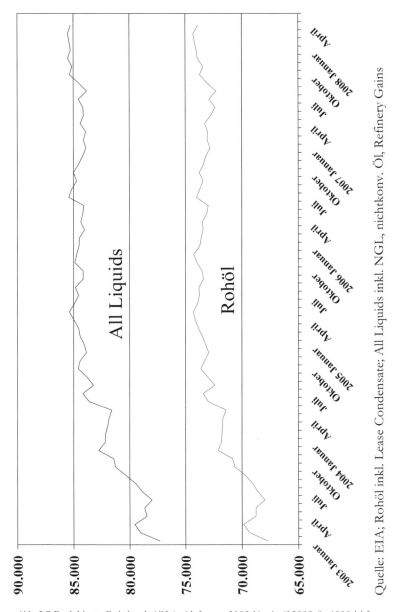

Abb. 5.7 Peakdebatte: Rohöl und All Liquids Januar 2003 bis April 2008 (in 1000 b/d)

Abb. 5.8 verdeutlicht die Stagnation der Rohölförderung außerhalb der OPEC. Bereits seit Ende 2003 konnte der Output nicht mehr ausgeweitet werden. Allerdings ist er auch nicht merklich zurückgegangen.

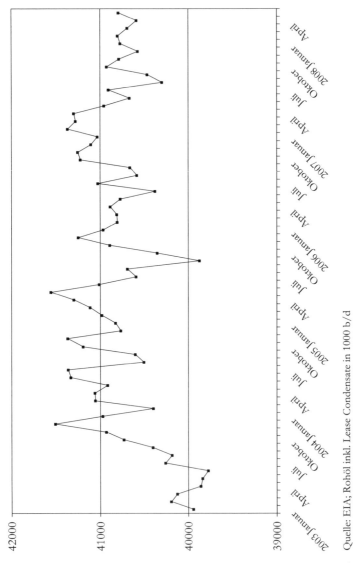

Abb. 5.8 Peakdebatte: Rohölförderung außerhalb der OPEC 2003–2008 (in 1000 b/d)

Insgesamt machen die Schaubilder drei Entwicklungen klar:

1. *Die Rohölproduktion der Welt stagniert seit vier Jahren. Außerhalb der OPEC würde sie sogar fallen, wenn die russische Förderung nicht so deutlich gewachsen wäre.*

2. *Die wachsende Nachfrage ist immer stärker auf Quellen jenseits des Rohöls angewiesen: NGL-Flüssiggase, Ölsand und Biokraftstoffe tragen bereits zu einem Drittel dazu dabei, den Nachfragezuwachs aufzufangen.*

3. *Ein Peak im Sinne einer klaren Produktionsspitze ist nicht deutlich erkennbar. Die Tendenz der letzten Jahre zeigt eine Stagnation bzw. ein Produktionsplateau.*

5.8.4 Mittelfristiger Ausblick 2008–2013

Die IEA rechnet damit, dass die Rohölproduktion in den nächsten fünf Jahren unter 39 mb/d bleiben wird. Die Förderung wird sogar voraussichtlich von 39 mb/d auf 38 mb/d fallen, weil sich die Realisierung neuer Projekte verzögert. [102]

Die Stabilisierung der weltweiten Ölversorgung gelingt nur durch andere Quellen:

▶ zusätzliche 1,4 mb/d durch NGL und nichtkonventionelles Öl (v.a. Ölsand) aus Nicht-OPEC-Staaten

▶ zusätzliche 0,6 mb/d durch Biokraftstoffe

▶ zusätzliche 2,1 mb/d durch NGL aus OPEC-Staaten

▶ zusätzliche 2,5 mb/d durch Rohöl aus OPEC-Staaten

In diesem Fünf-Jahres-Zeitraum werden in 250 größeren Projekten neue Felder erschlossen oder bestehende Felder ausgebaut. Sie bringen brutto zusätzliche 16 mb/d Öl, Kondensate und NGL auf den Markt. Der Produktionsrückgang in bestehenden Feldern (Decline) wird diesen Zuwachs aber bis auf einen kleinen Rest von 1,2 mb/d aufzehren.

Positive Beiträge werden vor allem aus Kanada, Brasilien, USA (nur Golf von Mexiko), Kasachstan, Aserbeidschan sowie Bioethanol und NGL erwartet. Mit Rückgangen wird vor allem in Mexiko, Großbritannien, den USA (außerhalb des Golfs von Mexiko) und Norwegen gerechnet.

Das Nettowachstum der Ölförderung außerhalb der OPEC liegt 2008–2013 damit niedriger als in den vorangegangenen Perioden, als 2,1 mb/d (2003–2008) bzw. 4,5 mb/d (1998–2003) erreicht wurden.

6 Fallstudien: Große Ölproduzenten

6.1 Saudi-Arabien

Saudi-Arabien ist das größte Land des Nahen Ostens mit der drittgrößten Bevölkerung nach Iran und Irak. Das Königreich verfügt über die größten Ölreserven und die viertgrößten Erdgasreserven der Welt. Es ist der größte Ölexporteur und der größte Ölproduzent.

Die Saudis nehmen eine Führungsrolle in der OPEC ein und können wie kein anderes Land mit ihrer Reservekapazität und ihrer guten Exportinfrastruktur die Ölmärkte beeinflussen. Sie sind damit gewissermaßen die Zentralbank, die „Federal Reserve" der Ölwelt, die bei Krisen kurzfristig mit zusätzlichen Ölmengen eingreifen kann.

Diese ölpolitische Rolle hat zu einer ökonomisch paradoxen Entwicklung geführt: Ausgerechnet das Land mit den größten Reserven und den geringsten Produktionskosten reagiert am stärksten auf Schwankungen in der Marktbalance, indem es seine Förderung immer wieder anpasst und zum marginalen Anbieter wird, der Angebots- oder Nachfragespitzen ausgleicht.

In den letzten Jahren entwickelte sich eine kontroverse Diskussion über die Zukunft der saudischen Produktion. Manche bezweifeln die Fähigkeit des Landes, seine Förderung langfristig steigern oder auch nur stabilisieren zu können. Die Antworten auf diese kritischen Fragen sind ein zentrales Thema der westlichen Versorgungssicherheit.

6.1.1 Saudi-Arabien als Moderator der Ölmärkte

Saudi-Arabien errang seine Unabhängigkeit 1932 aus eigener Kraft, gegen den Einfluss kolonialer Mächte und trotz innerer politischer Zersplitterung. Mit dieser Leistung steht das Land in der Region einzigartig da.[1]

Die Ölindustrie wurde von den amerikanischen Konzernen Exxon, Mobil, Chevron und Texaco beherrscht, die sich in der Aramco-Produktionsgesellschaft zusammengeschlossen hatten. Riad übernahm die Firma in den 1970ern. Die Kombination aus großen Reserven, niedrigen Produktionskosten und erfolgreicher Öldiplomatie führten das Land an die Spitze der internationalen Ölpolitik. Sicherheitspolitisch wurde dieser Weg

1974 durch formelle Abkommen mit den USA gekrönt: Das Land erhielt massive militärische Hilfen und Sicherheitsgarantien. Die Saudis versprachen im Gegenzug eine kooperative energiepolitische Haltung.

Innenpolitisch wurde der Druck dagegen größer. Im Oktober 1979 besetzten islamische Fundamentalisten eine Moschee in Mekka und prangerten die Machthaber an. Kurz darauf kam es zu einem Aufstand der schiitischen Minderheit im Osten des Landes. Riad akzeptierte nun vorübergehend die Forderungen der OPEC-Hardliner nach einem steilen Ölpreisanstieg, behielt aber seinen hohen Output bei.

Als die Ölnachfrage nach 1980 weltweit einbrach, musste Riad seine Produktion immer stärker drosseln, um den Preis stabil zu halten. Da die meisten anderen Ölproduzenten nicht mitzogen, war Saudi-Arabien überfordert. Der Kurs ging auf Kosten der saudischen Finanzstabilität und ermutigte immer mehr Anbieter in der Nordsee oder in Alaska ihre Produktion auszuweiten. 1985 zog Riad die Notbremse und verdoppelte die Produktion, die von 9 mb/d auf 2,6 mb/d gefallen war.

Im Golf-Krieg 1990/1991 übernahmen die Saudis wieder eine stabilisierende Rolle und sicherten die westliche Ölversorgung. Der Ölpreis war im Vorfeld des Krieges auf über 30 $/b gestiegen. Die Saudis glichen die Exportausfälle aus, gegen den Willen anderer OPEC-Mitglieder, die ihre Produktion nicht erhöhen konnten und daher lieber einen hohen Ölpreis gesehen hätten.

Ende der 1990er waren die Saudis wieder gefragt, aber diesmal wegen des Ölpreiseinbruchs im Gefolge der Asienkrise. Es gelang ihnen die Verständigung mit Venezuela und Mexiko. Der Ölpreis kletterte wieder von 10 auf 30 $/b.

Ungeachtet der Spannungen durch 9/11 und der Besetzung des Iraks durch die USA, blieb Riad in den Jahren danach bei seiner Rolle als Krisenmanager und erhöhte die Produktion nach dem Teilausfall der irakischen Förderung.

Ab 2003 stieg der Ölpreis, doch die Saudis und die OPEC blieben bei der These, dass der Markt überversorgt sei und kürzten trotz steigender Nachfrage die Produktion. Die Folge war der spektakulärste Preisanstieg seit 1973. Es fällt schwer, hier von einer den Preis moderierenden Strategie zu sprechen.

Nach 2004 hatte Saudi-Arabien leichtes Spiel: Die Ölnachfrage stieg trotz hoher Preise stark an. Ende 2006 beschlossen die OPEC-Staaten erneut eine Produktionskürzung, die im Sommer 2007 korrigiert wurde. Die Proteste der Konsumentenländer waren trotz der Rekordnotierungen zunächst nur verhalten, da sie die weltkonjunkturelle Entwicklung nicht zu gefährden schienen. Erst im Frühjahr 2008 erhöhten die Saudis ihre mittelfristigen Pläne für den Kapazitätsausbau und wirkten dadurch moderierend auf die schon bei über 140 $/b stehenden Ölpreise ein.

6.1.2   Produktion

Die saudische Produktion lag 2007 im Schnitt bei 10,4 mb/d Rohöl, Kondensaten und NGL-Flüssiggasen (1,5 mb/d). Sie kommt in erster Linie aus wenigen, sehr großen Feldern (*Supergiants*). Mehr als 80 % der bisherigen saudischen Ölproduktion ist nur drei Feldern zu verdanken: Ghawar, Abqaiq und Safaniyah. Insgesamt werden 25 Ölfelder ausgebeutet. Auffallend ist, dass sich die meisten Supergiants noch in den frühern Phasen der Erschließung befinden, wenn man sie mit Riesenfeldern aus anderen Ländern vergleicht, wie z.b. Samotlor, Cantarell oder Daqing.

2P-Reserven	Beginn der Förderung	Verbliebene Reserven in Gb	Förderung bis 2004 in Gb
Abqaiq	1946	5,5	13,0
Berri	1967	15,3	3,1
Ghawar	1951	86,3	60,7
Khurais	1963	16,8	0,2
Manifa	1966	22,8	0,3
Marjan	1973	9,3	0,7
Qatif	1946	9,2	0,8
Safaniyah	1957	39,6	15,4
Shaybah	1998	20,7	0,8
Zuluf	1973	18,2	1,8
Alle Felder		289,4	105,6
Alle Felder inkl. Anteil an Neutraler Zone		292,1	109,3

Tabelle 6.1 Große saudische Felder mit mehr als 10 Gb[2]

Die natürliche Decline Rate, also der Förderrückgang, der ohne Investitionen erfolgen würde, liegt bei etwa 6 %. Sie reicht von 1–2 % bei neuen oder großen Feldern bis zu 15–20 % bei älteren oder kleineren Feldern. Umfangreiche Investitionen sorgen aber dafür, dass die tatsächliche Decline Rate nahe Null ist. Jährlich werden etwa 2 % der bekannten Mengen in den aktiven Feldern verbraucht.[3]

Der *Water Cut*, also der Anteil des Wassers am Fördergemisch, ist mit 30–35 % im internationalen Vergleich eher niedrig. In reiferen Ölregionen in den USA oder der Nordsee liegt er über 90 %.

6.1.3   Produktionserwartungen

1. Die **IEA** erwartet einen Anstieg der Kapazität auf 12,6 mb/d im Jahr 2012.[4] Sie rechnet aber damit, dass ab Mitte des kommenden Jahrzehnts die Förderung in

den bereits erschlossenen Feldern fallen wird. Ab dann müssen neue Projekte das weitere Wachstum tragen. Derzeit sind etwa 70 Felder bekannt, die erschlossen werden könnten. Das letzte große Erschließungsprojekt, das Feld Shaybah, wurde 1998 beendet.

In diesem Zusammenhang ist auch der Ausbau der dazu passenden Raffinerien wichtig. Wenn in den nächsten Jahren ausreichend Konversions- und Entschwefelungsanlagen für schweres, schwefelreiches Öl bereitgestellt werden, dann könnten zusätzlich auch die großen Schwerölfelder erschlossen werden. Nach Aramco-Schätzungen könnten allein aus Manifa und Khurais in der Spitze 3 mb/d gefördert werden.

Einen wichtigen Beitrag liefert der wachsende NGL-Output aus Öl- und Erdgasfeldern, der von 1,4 mb/d (2006) auf 2,1 mb/d (2012) wachsen soll.

2. Während EIA und IEA langfristig bis zu 20 mb/d für möglich halten, ist **Simmons** weitaus pessimistischer. Es hält es für fast unmöglich, dass die Saudis solche Mengen erreichen können. Selbst eine Beibehaltung der aktuellen Förderung von knapp 11 mb/d über mehr als fünf oder zehn Jahre sei fraglich.[5]

3. **Saudi Aramco** plant einen Kapazitätsausbau auf 12,2 mb/d bis 2012. Das wäre der größte Expansionsschritt in der Geschichte des Landes. Im Juni 2008 veröffentlichte Saudi-Arabien noch weiter gehende Expansionspläne.[6] Demnach sollen die Kapazitäten von heute 11,4 mb/d bis 2018 auf 15 mb/d ausgebaut werden. Dieses Ziel soll vor allem durch eine umfangreiche Erschließung der Felder Zuluf, Safaniyah und Berri erreicht werden.

Die bereits laufenden Felderschließungen bieten eine neue Kapazität von insgesamt 3,6 mb/d und werden 31 Mrd. Dollar erfordern.[7] Einige dieser Felder wurden schon in den 1980er und 90er Jahren erschlossen, aber anschließend stillgelegt, da sie nicht benötigt wurden. Wichtige Projekte und ihre neuen Kapazitäten sind:

▶   Khursaniyah mit 500.000 b/d

▶   Haradh mit 300.000 b/d

▶   Nuayyim mit 100.000 b/d.

▶   Khurais mit 1.200.000 b/d bis 2010

▶   Shaybah I, II und III mit insgesamt 450.000 b/d bis 2010

▶   Die Neutrale Zone mit zusätzlichen 300.000 b/d Schweröl

▶   Manifa (Offshore) mit 900.000 b/d Schweröl

Weitere Felder stehen wenn nötig zur Verfügung: Rimthan, Juraybiat, Wafra oder neue Vorkommen bei Dammam. Zusätzlich sind etwa 50 kleinere Felder bekannt, die alle noch unerschlossen sind.

Das größte laufende Projekt ist die Erschließung von Khurais[8], das mit einer Peak-Produktion von 1,2 mb/d das größte Feld ist, das seit den 1970er Jahren die Förderung aufnimmt. Ebenso bedeutsam ist die weitere Erschließung der älteren großen Felder, vor allem ein sorgfältiges Management von Ghawar, dem Rückgrat der saudischen Produktion.

Die Exportinfrastruktur für die zusätzlichen Kapazitäten steht schon heute weitgehend bereit.[9] Der größte Teil der Exporte durchläuft die Abqaiq Processing Facility und wird über die Exportterminals von Ras Tanura und Ras Al Ju'aymah am Persischen Golf sowie Yanbu am Roten Meer in alle Welt verladen. Ras Tanura allein hat eine Kapazität von 6 mb/d, Ras Al Ju'aymah von 3 mb/d und Yanbu bis zu 5 mb/d. Insgesamt steht eine Exportkapazität von über 14 mb/d zur Verfügung. Das würde rechnerisch für eine Verdopplung der aktuellen Exporte ausreichen.

6.1.4 Saudische Ölreserven

Als Reaktion auf die von Simmons veröffentlichten Befürchtungen zur saudischen Reservenlage (siehe unten) hat Aramco einige detaillierte Felddaten veröffentlicht, die von IHS und Wood Mackenzie übernommen wurden. Sie bewirkten eine merkliche Aufwärtskorrektur bei den kumulierten Entdeckungen von 240 Gb auf 280 Gb bei Wood und von 320 auf 400 Gb bei IHS. Allerdings stieg wohl auch die Zahl der statistisch erfassten Felder.

Die verbliebenen bekannten Reserven (2P) liegen laut IHS bei 220 bis 300 Gb, was sich mit den amtlichen Statistiken deckt (BP, OGJ).[10]

Eine etwas andere Einschätzung präsentiert Robelius:[11] Wenn man nur die großen Felder betrachtet, die weit über 90 % der saudischen Reserven und Produktion darstellen, dann erhält man – so Robelius – ein URR zwischen 230 und 361 Gb. Davon muss die kumulierte Produktion von 103 Gb abgezogen werden. *So kommt man auf ein URR (verbleibend) von 127 bis 258 Gb.* Auch diese Kalkulation legt nahe, dass die offiziellen Daten nicht die sicheren (1P), sondern die wahrscheinlichen Reserven (2P) darstellen.

Das Ölberatungsinstitut CGES veröffentlichte mit Verweis auf Informationen von Saudi Aramco die folgenden optimistischeren Reservenzahlen:

	Milliarden Barrel Öl (Gb)	Anteil am ursprünglich vorhandenen Öl (OOIP)
bereits gefördert	99	14 %
sichere Reserven (1P)	260	37 %
+ wahrscheinliche Reserven	32	5 %
+ mögliche Reserven	71	10 %
nicht förderbar	238	34 %
OOIP	700	100 %
noch nicht entdeckt (YTF)	200	28,6 %
OOIP+YTF (Yet-to-find)	900	128,6 %

Tabelle 6.2 Saudische Ölreserven nach CGES[12]

Die offiziellen Angaben über die saudischen Reserven zeigten nach der Verstaatlichung der Ölindustrie immer wieder unerklärliche Sprünge:[13]

▶ 1970: 147 Gb

▶ 1973 149 Gb

▶ 1977 100 Gb

▶ 1979 110 Gb (1P/SEC-Richtlinien), 178 Gb (2P), 248 Gb (3P) (US-Senat)

▶ 1979 150 Gb (Saudische Regierung); bis 2004 werden keine neuen Felddaten veröffentlicht

▶ 1982 160 Gb

▶ 1985 171 Gb

▶ 1988–2007: 260–270 Gb (1P laut saudischer Regierung)

Bis 1982 hatten die OPEC-Staaten recht detaillierte Angaben über den Zustand der einzelnen Ölfelder publiziert. In offiziellen Anhörungen und Berichten des US-Rechnungshofes wurden die saudischen Reserven u.a. nach SEC-Richtlinien taxiert. In einem Bericht für den US-Senat von 1979 kam die Analyse auf ein OOIP von 530 Gb und die oben für das Jahr 1979 genannten Reserven.

Die 9,2 mb/d täglicher Produktion flossen 1978 aus nur 15 Feldern mit 800 Bohrlöchern. Bei keinem dieser Felder wurden größere technische Probleme diagnostiziert. Weitere 23 Felder waren bekannt, aber noch nicht erschlossen. Das Potenzial für weitere Entdeckungen galt als viel versprechend. Die Gründe für den Sprung von 1985 auf 1988 sind nicht offengelegt worden (vgl. Kap. 4). Ein politisch motivierter Zusammenhang wird von den einen vermutet, eine überfällige Höherbewertung von den anderen.

Die saudischen Reserven stellen ein Viertel der bekannten konventionellen Rohölreserven der Welt dar. Sie sind damit ein *Grundpfeiler der globalen Energieversorgung* und dennoch – so die Kritik von Simmons – *in keiner Weise überprüfbar.*

6.1.5 Die Kritik von Simmons

Eine kritische Studie des Investmentbankers und Energieexperten Simmons löste 2004 eine anhaltende Debatte über die Nachhaltigkeit der saudischen Produktion aus. Er stützt sich bei seiner Analyse auf eine große Zahl öffentlich zugänglicher, technischer Spezialstudien saudischer Ölexperten.

Aus diesen Mosaiksteinen leitet Simmons seine Argumente ab:[14]

▶ Die saudische Produktion ist *auf oder fast auf dem Produktionsmaximum (Peak)* und wird in absehbarer Zukunft schrumpfen. Demgegenüber erwarten IEA/EIA nahezu eine Verdopplung der saudischen Produktion bis 2030. Das hält Simmons für unmöglich. Saudi-Arabien kann seine Ölförderung nicht mehr nennenswert steigern.

▶ Das Potenzial für *Neuentdeckungen* ist gering, denn das Königreich ist weitgehend erforscht. Bekanntermaßen wurde nach dem Boom der 1960er Jahre erst 1998 wieder ein Supergiant erschlossen (Shaybah).

▶ Simmons ist überzeugt, dass Aramco mit seinen Hauptfeldern große Probleme hat, die jedoch der Öffentlichkeit verschwiegen werden.

▶ Die saudische *Energienachfrage* wird steil steigen: Immer mehr Meerwasserentsalzungsanlagen für Trinkwasser, petrochemische Anlagen und der Strom- und Benzinbedarf einer wachsenden Bevölkerung werden die Exportmengen begrenzen.

Geringes Potenzial für Neuentdeckungen[15]

Fast das gesamte saudische Öl wurde in der *Arab Formation* gefunden, die aus dem Jura stammt. Andere Regionen scheinen nicht sehr aussichtsreich zu sein. Eine Ausnahme ist Safaniya, das zweitgrößte Feld Saudi-Arabiens, das in den Sandsteinschichten der Wasia-Formation entdeckt wurde.

Simmons ist überzeugt, dass Aramco in den letzten Jahrzehnten – entgegen anders lautender Einschätzungen vieler Institute – intensiv mit großem Aufwand und modernsten Methoden exploriert hat. Seit den 1960er Jahren wurde jedoch neben einer Vielzahl kleinerer und mittelgroßer Felder nur ein großes Feld entdeckt: der Hawtah

Trend (1989). Er produziert bislang nur etwa 200.000 b/d, also weniger als 3 % des saudischen Öls.

In den 1990er Jahren wurde etwa ein Dutzend neuer Felder entdeckt, von denen bislang keines nennenswerte Mengen produziert. Simmons nimmt an, dass die Felder technisch zu komplex sind, um erschlossen zu werden.

Wachsender Aufwand[16]

Über viele Jahre war der Lagerstättendruck der meisten saudischen Felder hoch genug, um fast reines Öl ohne technischen Aufwand an die Oberfläche gelangen zu lassen. Mittlerweile muss das austretende Gemisch aus Öl, Salzwasser, Gas und Schwefel, zum Teil auch Schwermetallen, in großen und komplexen Anlagen nachbehandelt werden.

Der Aufwand, der nötig ist, um die Produktion stabil zu halten, ist immer weiter gewachsen. Vor allem die Wasserflutungen werden immer größer. Abqaiq und Ghawar benötigten 1998 12 mb/d Wasser – das sind 2 Millionen Tonnen Wasser pro Tag. Das Wasser wurde zunächst zwei salzigen Aquiferen entnommen (Wasia und Diyadh), die oberhalb der Ölfelder verlaufen. Als ihre Kapazität nicht mehr ausreichte, mussten Wasserpipelines 60 Meilen weit zum Persischen Golf verlegt werden (7 mb/d). Weitere Wassermassen wurden recycelt (3 mb/d) oder anderen Aquiferen entnommen (2 mb/d). Auch andere Herausforderungen wachsen: Für Shaybah mussten z.B. ganze Berge von Sanddünen weggeschaufelt werden, bevor überhaupt mit der Erschließung begonnen werden konnte.

Ghawar

Ghawar produziert seit einem halben Jahrhundert etwa 60 % der saudischen Ölmengen. Es ist auch für Simmons nicht klar, ob Ghawar seinen Peak überschritten hat.[17] Wenn primäre und sekundäre Fördermethoden eines Tages nicht mehr ausreichen sollten, wird es laut Simmons unmöglich sein, den dann unausweichlichen Produktionsrückgang durch andere Feldern aufzufangen, zumal diese Felder (Safaniya, Abqaiq, Berri, Zuluf, Marjan) dieselben Alterssymptome zeigen.

Immer wieder wurde die Produktion von Ghawar sprunghaft erhöht, sei es bei geopolitischen Krisen oder in den Jahren vor der Verstaatlichung. Simmons hält es für möglich, dass es dabei zu nachhaltigen Schäden gekommen ist.[18] Dabei besteht immer die Gefahr eines Druckabfalls in der Lagerstätte. Dann mischt sich das Wasser mit Öl, Erdgas steigt auf und bildet eine Sperre. Das Öl kann dann nicht mehr ohne weiteres zur Fördersonde fließen, sondern muss gepumpt werden, was aber noch mehr Wassereinbrüche und zusätzliches Gas provozieren kann. Simmons nimmt an, dass die Schäden Anfang der 1970er so groß waren, dass die Produktionskürzungen im Rahmen des

Ölembargos sehr willkommen waren. Auch die Produktionsrückgänge in der ersten Hälfte der 1980er seien erzwungen und nicht ölpolitisch motiviert gewesen, denn die Felder benötigten dringend eine Erholungsphase.

6.1.6 Reaktionen auf Simmons

Die Analyse von Simmons schlug so hohe Wellen, dass sich Saudi Aramco genötigt sah, erstmals seit über 20 Jahren detaillierte Daten zur Produktion einzelner Felder zu veröffentlichen. Sie zeigen, dass die Probleme beim größten saudischen Feld, Ghawar bei weitem nicht so groß sind wie in der Analyse vermutet wurde.[19]

Zu den Zweifeln an der Höhe der Reserven entgegneten saudische Experten und Ölpolitiker, dass die sicheren Reserven – wie gemeldet – bei 260 Gb liegen und mit weiteren 150–200 Gb zu rechnen sei.[20] Aramco verweist darauf, dass der technische Fortschritt und der höhere Ölpreis einen immer höheren Anteil am OOIP zugänglich und messbar machen. In verschiedenen Publikationen wird der Kritik von Simmons detailliert widersprochen und ein optimistisches Bild von den saudischen Reserven skizziert.[21]

Die wichtigsten Einwände gegen die Argumente von Simmons sind:

▶ Von den 260 Gb Reserven gelten bereits 50 % als „*proved developed*", also nachgewiesen *und* bereits erschlossen. Diese Klassifizierung lässt wenig Raum für Übertreibungen, aber viel Raum für spätere Höherbewertungen.

▶ Weitere Teile der Reserven, so z.B. die Felder Manifa und Khurais (41 Gb sichere Reserven), waren aus marktstrategischen Gründen eingemottet worden. Sie galten daher als „nicht erschlossen", obwohl sie in kurzer Zeit wieder fördern können.

▶ Die Rate des Förderrückgangs produzierender Felder beträgt durch den intensiven Einsatz von multilateralen Horizontalbohrungen nur 2 % pro Jahr. Es müssen also bei einer saudischen Gesamtförderung von 10 mb/d nur 0,2 mb/d pro Jahr neu erschlossen werden.

▶ Simmons zitiert Studien, nach denen die saudischen Vorkommen nur eine Recovery Rate von 35 % zulassen, da sie in Karbonatgestein liegen. 65 % des saudischen Öls sei also nicht förderbar. Diese Studie sei falsch zitiert. Tatsächlich liege der Schnitt bei 36 % einschließlich schwerer Ölsorten. Die dominierenden Sorten (Arab-D) sind aber leicht oder mittelschwer. Zudem liegen diese Vorkommen in Grainstone, also dem Karbonatgestein mit den höchsten Förderraten. Ein vergleichbares Feld in Florida erreichte 68 % Recovery Rate unter ungünstigeren geologischen Bedingungen.

▸ In den letzten 10 Jahren sind in Saudi-Arabien nur 69 Explorationsbohrungen durchgeführt worden. Das sei kein Zeichen für fehlende Potenziale, sondern Ausdruck einer komfortablen Reservensituation, in der nur ein Teil der bereits entdeckten Ölmengen erschlossen werden musste. Selbst nach Simmons sind größere Teile Saudi-Arabiens noch wenig erforscht. Dazu gehören große Teile des Empty Quarter, des Roten Meeres, große Landstreifen in der westlichen Wüste und das Grenzgebiet zu Irak. Allerdings – so lässt sich aus der Sicht des Jahres 2008 anfügen – spricht die enttäuschende Erdgasexploration im Empty Quarter eher gegen große unentdeckte Reserven.

▸ Bei den zentralen Fragen der Reservenhöhe kann Simmons wegen fehlender Daten nicht viel Neues sagen.

▸ Auch zur Frage der möglichen Beschädigung der Felder in den 1970er und 80er Jahren kann Simmons nichts belegen, sondern nur vage Vermutungen anstellen.

▸ Insgesamt verwundere angesichts der Öffentlichkeit der Quellen die geringe Zahl direkter Zitate aus den Technical Papers. Aramco weist darauf hin, dass diese Berichte naturgemäß einseitig sind und nur die saudischen Autoren, die sich mit der Problemlösung auseinandersetzen müssen, in gutem Licht zeigen sollen.

Niemand bestreitet allerdings den enormen technischen und finanziellen Aufwand, mit dem Öl selbst in Saudi-Arabien gefördert werden muss. Es kann keine Rede mehr davon sein, dass es „einfach aus der Erde sprudelt" und nur noch gewinnbringend auf Tanker verladen werden muss. Simmons beschreibt ausführlich die wachsenden technischen Herausforderungen. Gleichzeitig wachsen offensichtlich aber auch die technischen Möglichkeiten, diese Probleme zu lösen.

6.2 Kuwait

Immer wieder wird der Umfang der kuwaitischen Ölreserven in Frage gestellt.[22] Offiziell werden *101 Gb gesicherter Ölreserven* gemeldet. Aber das Fachorgan PIW meldete Anfang 2006 unter Berufung auf Insider-Papiere der Kuwait Oil Co. aus dem Jahr 2001, dass die Reserven *nur bei 48 Gb* liegen. Von diesen 48 Gb fallen nur 50 % in die Kategorie „Sicher" (1P). Die offiziellen Zahlen wären also um den Faktor zwei bis vier überhöht.

Auch die IHS kommt auf der Grundlage ihrer Felddatenbank *nur auf 52,3 Gb wahrscheinliche Reserven (2P)*, davon 31 Gb in der Region um das mit Abstand größte Feld Burgan.[23]

Die Tabelle 6.3 impliziert eine Recovery Rate von bislang 48 %, d.h. knapp die Hälfte des insgesamt vorhandenen Öls wird als förderbare Reserve betrachtet. Das ist ein im internationalen Vergleich hoher Wert.

Ursprüngliche Ölvorkommen (OOIP)	169 Gb
Ursprüngliche förderbare Reserven	81 Gb
Kumulierte Förderung bis 2001 (2008: 39 Gb)	33 Gb
Verbleibende förderbare Reserven	**48 Gb**
- davon „sicher"	24 Gb
- davon „wahrscheinlich" oder „möglich"	24 Gb
Offiziell gemeldete „sichere Reserven" (OGJ/BP)	**101,5 Gb**

Tabelle 6.3 Kuwaitische Ölreserven 2001[24]

Eine detaillierte Reaktion oder Widerlegung durch kuwaitische Behörden blieb bislang aus, obwohl die Veröffentlichung der vertraulichen Daten hohe Wellen geschlagen hatte. Die kuwaitische Regierung kündigte Anfang 2006 zwar umgehende Aufklärung an, doch bislang wurden keine Daten veröffentlicht, die die Vorwürfe entkräften könnten.

Das Land gilt laut IEA als relativ gut exploriert. Trotzdem wurden 2003 und 2006 größere Funde gemeldet. Kara al-Marou mit möglicherweise 1 Gb (OOIP), Sabriya/Umm Niqa mit möglicherweise 10–13 Gb (OOIP) und Arifjan mit bis zu 10 Gb (OOIP). Das relativiert aber nicht die o.g. Insider-Informationen, da schon lange vor dem Jahr 2000 um die 100 Gb gemeldet wurden. [25]

Burgan (Greater Burgan) ist das zweitgrößte Ölfeld der Welt und Rückgrat der kuwaitischen Produktion. Von 80 Gb OOIP waren 2001 bereits 26 Gb gefördert, weitere 20 Gb gelten als verbleibende förderbare Reserve. Auch hier liegt die Recovery Rate mit 46 Gb von 80 Gb als vergleichsweise hoch.

Die Produktion der wenig erschlossenen nördlichen Feldern kann vermutlich noch deutlich um etwa 500.000 b/d ausgedehnt werden. Schon seit 1998 wird darüber diskutiert, ob und unter welchen Bedingungen internationale Ölkonzerne beauftragt werden sollen. Die Entscheidungsfindung dauert auch heute noch an. Seit über 10 Jahren lähmen innenpolitische Konflikte größere Initiativen. [26]

6.3 Iran

Iran ist der zweitgrößte Ölexporteur der OPEC und der viertgrößte weltweit nach Saudi-Arabien, Russland und Norwegen. Das Land verfügt über die zweitgrößten Gasreserven und die drittgrößten konventionellen Ölreserven der Welt. [27]

Dieses Potenzial konnte bislang nur zum Teil erschlossen werden. Investitionen werden durch vergleichsweise unattraktive Projektbedingungen für ausländische Konzerne, durch innenpolitische Lähmungen und amerikanische Sanktionen behindert. Hinzu kommt die enorme Preissubventionierung im Inland, die eine niedrige Energieeffizienz und einen hohen Eigenbedarf zur Folge hat. Aus diesen Gründen ist Iran Netto-Gasimporteur und Netto-Benzinimporteur.

Die amerikanische Regierung droht allen Unternehmen mit Strafmaßnahmen, wenn sie größere Summen in die iranische Ölindustrie investieren (US-ILSA). Europäische und vor allem asiatische Ölfirmen ließen sich davon bislang kaum beeindrucken. Da sich die EU und Tokio hinter ihre Ölunternehmen stellen, schrecken die USA vor der Anwendung zurück. Drohungen Washingtons gegenüber westlichen Banken haben hingegen größere Wirkung gezeigt. Teheran scheint immer wieder Probleme zu haben, internationale Finanzierungen seiner Großprojekte zu organisieren.[28]

Auch wird das Land von amerikanischen Bemühungen betroffen, den Transport kaspischen Öls durch den Iran zu verhindern. Ein Erfolg der US-Politik ist der Bau der Baku-Tiflis-Ceyhan-Pipeline (BTC), die den kürzeren Weg durch Iran oder Russland vermeidet. Es gibt jedoch Swap-Geschäfte mit den kaspischen Staaten. Hier wird Öl im Norden Irans importiert und konsumiert. Zur Kompensation wird iranisches Öl vom Persischen Golf aus exportiert.

Investitionen

Die Verfassung des Landes verbietet ohne Einschränkung die Konzessionierung von Bodenschätzen an Ausländer. Daher werden nur Serviceverträge geschlossen. Die ausländischen Ölkonzerne werden nach den Explorations- oder Erschließungsarbeiten mit einem festen Betrag entlohnt, haben aber keine Rechte an den Ölfeldern. Mit diesen sog. Buy-Back-Abkommen war es zwar möglich, in den 1990ern eine Reihe größerer Investitionsvorhaben zu verwirklichen, aber in den letzten Jahren gab es immer wieder Rückschläge. Teheran erwägt nun, Buy-Back-Verträge durch attraktivere Vertragsformen zu ersetzen.[29]

Eine ausländische Finanzierung ist wegen der amerikanischen Sanktionen schwierig, während eigene Mittel aufgrund des chronischen Staatsdefizits, das wiederum Ergebnis staatlicher Subventionen für Energie- und Lebensmittelpreise ist, beschränkt sind. Unzureichende Investitionen und Projektverzögerungen führen immer wieder dazu, dass die Produktionsvorgaben reduziert werden müssen.

Die Recovery Rate der iranischen Felder, also der Anteil der als förderbar eingestuften Reserven an den gesamten Vorkommen, liegt nach Schätzungen der IEA mit 27 % vergleichsweise niedrig. Das wird auf unzureichende Investitionen und veraltete Technologien zurückgeführt. Bis 2005 sind nur etwa 100 moderne horizontale Bohrungen durchgeführt worden. Das Potenzial der aktiven Felder ist daher noch lange nicht ausgeschöpft.

Fesharaki erwartet keine Wendung zum Besseren, solange konservative Kräfte attraktivere Projektbedingungen für ausländische Konzerne verhindern. Er spricht von „selbst verhängten Sanktionen". Die Verträge müssen daher sehr häufig an iranische Firmen vergeben werden, die trotz ihrer großen Erfahrung Probleme haben, langfristig angelegte Megaprojekte technisch und finanziell zu bewältigen.

Reserven

Die offiziell gemeldeten Reserven des Landes lagen Ende 2007 bei 138,4 Gb. Die größten Vorkommen sind in der Region Khuzestan nahe der Grenze zum Irak zu finden. Über 60 % der sicheren Reserven sind in sechs Supergiants konzentriert.

Iran ist neben Kasachstan das einzige Land, in dem in den letzten 20 Jahren ein bestätigter Supergiant entdeckt wurde: Das Feld Azadegan, das bis zu 26 Gb Ölreserven enthalten soll, wovon mindestens 6 Gb zu heutigen Bedingungen förderbar sind. Iranische Quellen sprechen sogar von 42 Gb OOIP.[30] Ein weitere große Entdeckung an der Schwelle zum Supergiant ist das Darkhovin-Feld, das an die 5 Gb enthalten soll.

Immer wieder werden Entdeckungen gemeldet, so z.B. das von Norsk Hydro aufgespürte Anaran-Feld mit geschätzten 2 Gb. Auch im iranischen Teil des Kaspischen Meeres werden Ölvorkommen vermutet, die wegen der ungelösten Auseinandersetzungen über die Grenzziehung erst ansatzweise bekannt sind. Viele Regionen Irans gelten als gering exploriert, so dass noch mit einer Reihe von Neuentdeckungen zu rechnen ist.[31]

Produktionspotenzial[32]

Sechs Millionen Barrel pro Tag werden immer wieder als Produktionsziel genannt. Diese Menge wurde Mitte der 1970er mit einem westlichen Konsortium produziert, bevor die innenpolitischen Spannungen begannen, die zum Fall des Schahregimes führten. Daran schloss sich ein verlustreicher, acht Jahre dauernder Krieg mit dem Irak an, gefolgt von internationalen Sanktionen, die zusammen mit innenpolitischen Problemen das Engagement internationaler Ölkonzerne und die Entwicklung nationaler Firmen stark behinderten.

Trotz der sehr guten Reservenlage konnte Iran seine Förderung seit Mitte der 1990er Jahre nicht mehr steigern. Die Produktion lag 2007 bei 4,4 mb/d aus 40 Feldern, davon 3,9 mb/d Rohöl.

Das IEA-Referenzszenario aus dem Jahr 2005 erwartete einen zunächst sehr moderaten Anstieg der Produktion auf 4,5 mb/d (2010), dann jedoch eine steile Verbesserung auf 6,8 mb/d (2030). Aber schon im Jahr 2007 stufte die IEA das Potenzial deutlich niedriger ein. Die immer steileren Decline Rates bei den älteren Feldern werde die Kapazität von 4,0 mb/d (2007) auf 3,77 mb/d (2012) senken. Die beiden wichtigsten neuen Felder, Azadegan und Yadavaran, werden erst nach 2011 nennenswert zur Kompensation beitragen. Azadegan hat im Februar 2008 die Produktion mit bescheidenen 20.000 b/d aufgenommen.

Auch andere Projekte kommen nur langsam voran. Das gilt insbesondere für die NGL-Flüssiggase, die aus dem riesigen Gasfeld South Pars gewonnen werden. Bis 2011 erwartet die IEA einen Beitrag von etwa 600.000 b/d, setzt aber viele Fragezeichen.

CERA sieht nur moderate Wachstumschancen um 1 mb/d bis 2015. Skrebowski erwartet einen Stillstand, wenn nicht sogar einen Produktionsrückgang, da die Erhaltungsinvestitionen in bestehende Felder zu gering sind und die Erschließung neuer Felder zu langsam voran kommt.

Fesharaki erwartet einen Anstieg der Produktion bis auf 4,7 mb/d im Jahr 2012, ausschließlich getrieben von NGL aus South Pars. Die übrigen Felder werden ihre Produktion nur mit Mühe aufrechterhalten können.

Einzelne Projekte

Zusätzliches Öl könnte theoretisch aus dem Ölfeld **Azadegan** und große Mengen NGL aus dem Gasfeld **South Pars** kommen. South Pars ist als nördliche Fortsetzung des North Field in Katar das größte Gasfeld der Welt. Da mit dem Gas auch NGL gefördert wird, kommt die Erschließung des Feldes auch der Ölproduktion zugute.

	Produktionskapazität	Reserven in Mrd. Barrel
Awaz-Asmari	700.000 b/d	10,1 Gb
Marun	520.000 b/d	9,5 Gb
Gachsaran	480.000 b/d	8,5 Gb
Karanj-Parsi	250.000 b/d	4,65 Gb
Agha Jari	200.000 b/d	8,7 Gb
Die 12 größten Felder	3.258.000 b/d	59 Gb

Tabelle 6.4 Große iranische Felder in Produktion[33]

Die Erschließung von Azadegan bietet das größte Produktionspotenzial für iranisches Öl, auch wenn das Feld geologisch komplex ist und eine Reihe technischer Probleme aufwirft. Im Jahr 2004 übernahm die japanische Inpex im Auftrag Teherans die Erschließung des erst 1999 entdeckten Riesenfeldes. Von Anfang an gab es Verzögerungen, u.a. wegen der Kostenverteilung, da Tausende von Landminen aus dem irakisch-iranischen Krieg beseitigt werden mussten. Eine Einigung konnte nicht erzielt werden. Inpex reduzierte seinen Anteil von 70 auf 10 % und Teheran übergab die Projektleitung an das iranische Unternehmen Petroiran.[34]

Feld	Projektleiter	Angestrebte Produktion	Geplante Inbetriebnahme
Salman, Foroozan, Daroud	Total, Petro Iran	200.000	2007
Darkhovin (II+III)	ENI	100.000	2007
South Pars (Ahwaz)	NIOC (nationale Ölgesellschaft)	150.000	2008
Azadegan I (Süden)	NIOC	100.000	2009
Kushk-Hosseinieh	NIOC	300.000	2010
Yadavaran	NIOC / chinesische Firmen	300.000	2011
Azadegan II (Norden)	NIOC	110.000	2012
Insgesamt:		1,26 mb/d	

Tabelle 6.5 Große Upstream Projekte[35]

6.4   Irak

Die ölwirtschaftliche Entwicklung des Irak ist von weit reichender Bedeutung für die Ölmärkte. Das Land trägt derzeit nur 3 % zur globalen Ölversorgung bei, aber das geologische Potenzial ist weitaus höher. Ein zügiger Ausbau könnte die Förderung von derzeit 2,5 mb/d auf 4–6 mb/d verdoppeln.

Doch das ist Zukunftsmusik. Gemessen am kumulierten Förderausfall hat die Besetzung des Irak in den Jahren 2003–2008 die zweitgrößte Ölkrise seit dem Zweiten Weltkrieg ausgelöst. Eine durchgreifende Verbesserung der Lage ist noch nicht in Sicht, auch wenn sich die Lage seit dem Herbst 2007 verbessert hat. Eine Serie von Kriegen, Gewaltherrschaft, Sanktionen und Anschlägen haben aus dem vergleichsweise modernen Ölstaat der 1970er ein verarmtes und politisch zerrissenes Land gemacht.

6.4.1   Die Entwicklung bis 2008

Das Territorium war zunächst Teil des Osmanischen Reiches und anschließend unter britischem Mandat. Es wurde erst 1961 eine unabhängige Republik. Die Ölgeschichte war von Anfang an durch Krisen gekennzeichnet: Schon in den 1920ern war Öl entdeckt worden, aber langwierige Verhandlungen mit den Ölkonzernen der Kolonialmächte ließen die Quellen erst nach dem Zweiten Weltkrieg sprudeln. In den 1950ern und 60ern gab es erneut Auseinandersetzungen mit dem ausländischen IPC-Konsortium über das bis heute kaum erschlossene North-Rumaila-Feld. In den 1970ern wurde die Ölindustrie wie in den meisten OPEC-Staaten schrittweise verstaatlicht.

Bald darauf wurden neue Supergiants entdeckt. Die Förderkapazität stieg 1979 auf ein Allzeithoch von 3,8 mb/d. Die Aussichten waren hervorragend. Irak war ein Schwellenland, das ölpolitisch auf einer Stufe mit Saudi-Arabien stand.

Doch der endlose Krieg gegen den Iran (1980–88) zog die gesamte Ölinfrastruktur und die Staatsfinanzen schwer in Mitleidenschaft. Nach dem Krieg konnte für kurze Zeit fast wieder das Vorkriegsniveau erreicht werden, aber nach der Invasion Kuwaits und dem Golfkrieg gegen die Koalitionstruppen 1991 sank das Produktionsniveau auf nur noch 0,7 mb/d. Kriegsschäden und Sanktionen der UNO hielten die Produktion danach auf einem niedrigen Niveau. Erst nach der Lockerung der Sanktionen stieg sie wieder über 2 mb/d. Vermutlich ist es in diesen Jahren zu nachhaltigen Schäden an einigen Ölfeldern gekommen, als die Förderung rücksichtslos forciert wurde.

Unmittelbar vor der Invasion im Frühjahr 2003 wurde in den USA allgemein erwartet, dass das Vorkriegsniveau schon 2003 wieder erreicht werden kann. Für die Zeit danach wurde mit einem deutlichen Anstieg gerechnet. Weitblick bewies hingegen das Londoner Royal Institute of International Affairs (RIIA), das mit einer langen ölwirtschaftlichen Durststrecke rechnete.[36]

Über die ölrelevanten Motive des Krieges wurden Theorien jeder Couleur vorgebracht: In der einen Variante wurde vermutet, dass Saudi-Arabien und Russland mit einer irakischem Ölschwemme geschwächt werden sollten. In der zweiten Variante sollte US-Konzernen der Zugang zu den großen Ölreserven der Region verschafft werden. In der dritten Variante wurde das Gegenteil vermutet: Eine Krise sollte die Preise in die Höhe treiben und so der westlichen Ölbranche hohe Gewinne ermöglichen.[37] Tatsächlich blieb die irakische Förderung zunächst unter Vorkriegsniveau, große Erschließungsverträge stehen aus, Saudi-Arabien und Russland sind eher noch einflussreicher geworden. Wenn hier *post hoc ergo propter hoc* gelten soll, dann war die Motivsuche nicht sehr erfolgreich, denn selbst zum Anstieg des Ölpreises trug die Irakkrise nur am Rande bei. Westliche Ölkonzerne können frühestens 2009 auf größere Erschließungsaufträge hoffen, wobei schon heute relativ klar ist, dass die Ölvorkommen in staatlicher Hand bleiben.

Das Pentagon bezifferte seine monatlichen militärischen Kosten im Irak 2006 auf 5,9 Mrd. Dollar. Wenn man die Zahl ins Verhältnis zur Ölförderung des Landes setzen möchte, entspricht das etwa 100 $ für jeden geförderten Barrel Öl. Das war das Doppelte des damaligen Marktpreises bzw. das Zehnfache der Förderkosten.

Unbestritten ist nur, dass hohe Öleinnahmen einer Nachkriegsregierung für die Stabilität des Landes und eine Exit-Strategie der USA entscheidend waren.

Während des Feldzugs im Frühjahr 2003 wurden die Ölanlagen zunächst kaum in Mitleidenschaft gezogen.[38] Im Anschluss an die Hauptkämpfe wurden jedoch umfangreiche Plünderungen und Zerstörungen im Ölministerium und an den Ölanlagen nicht verhindert. Lediglich einige Raffinerien blieben dank des Widerstands der Beschäftigten vorerst verschont. Im Sommer 2003 war klar, dass der Wiederaufbau der irakischen Ölförderung länger als geplant dauern wird. Zwischenzeitlich schien sich die Lage im Laufe des Jahres 2004 zu entspannen, aber als dann Zahl und Schwere der Anschläge und Sabotageakte zunahm, ohne dass durch höhere Investitionen gegengesteuert wurde, blieb die Erholung der Ölförderung bei etwa 2 mb/d stecken.

Der Wiederaufbau der Ölindustrie ist auch nach fünf Jahren nicht gelungen. Der Infrastrukturausbau ist weitgehend gescheitert. Ein ganzes Bündel von Problemen behindert Fortschritte:

1. Rechtliche Situation: Noch immer fehlt ein Ölgesetz. Ohne rechtlichen Rahmen wird es aber zu keinen größeren Investitionen kommen. Im günstigsten Fall werden die kurdischen Provinzen im Alleingang weitere Erschließungs- und Förderverträge abschließen. Aber die größten Reserven liegen im Süden des Landes. Es ist nach wie vor unklar, wie die Aufgaben und Einnahmen zwischen Zentralregierung und Regionen verteilt werden und welche Rolle ausländische Ölfirmen spielen sollen. Die vor 2003 geschlossenen oder vorverhandelten Verträge mit russischen, französischen und chinesischen Firmen müssen neu aufgerollt werden. Diese rechtliche Unsicherheit ist für die großen Ölkonzerne ein noch größeres Hindernis als die prekäre Sicherheitslage, die auch in anderen Ländern wie z.B. Nigeria oder Sudan bewältigt werden muss.

2. Machtkämpfe innerhalb der irakischen Regierung und innerhalb des Ölministeriums lähmen die Auftragsvergabe und die Umsetzung einer kohärenten Strategie.

3. Die Sicherheitslage erschwert und verteuert jede Maßnahme. Ein Teil der irakischen Ölfachleute hat deshalb das Land verlassen.

4. Die Pipelines von den nördlichen Ölfeldern in die Türkei sind technisch in einem schlechten Zustand oder werden immer wieder durch Sabotageakte unterbrochen.

Die Exporte laufen daher fast ausschließlich über die südlichen Hafenterminals. Erst seit Ende 2007 kann häufiger über den Norden exportiert werden.

5. Die Stromversorgung ist immer noch nicht auf Vorkriegsniveau. Davon ist auch die Ölindustrie mit ihren stromintensiven Anlagen betroffen.

6.4.2   Reserven und Exploration

Die „amtlichen" Publikationen (OGJ, BP) schätzen die irakischen Reserven auf 115 Gb. Das wären die viertgrößten Reserven der Welt nach Saudi-Arabien, Kanada (inkl. Ölsand) und Iran.

Ein großer Teil der bekannten Reserven liegt in wenigen Giants und Supergiants, die erst zum Teil erschlossen sind. Die tieferen Schichten wurden bislang nicht angebohrt. Etwa vier Fünftel dieser bekannten Reserven liegen im Zentrum und Süden des Landes entlang eines Gürtels, der an der Ostgrenze des Landes entlangführt. Das restliche Fünftel wurde im Norden gefunden. Bislang wurden 73 Ölfelder entdeckt, darunter sechs Supergiants mit mehr als 5 Gb.[39] Die großen Ölfelder liegen vor allem im kurdisch dominierten Norden und im schiitischen Süden des Landes. In den eher sunnitisch bevölkerten zentralen und westlichen Landesteilen wird kaum Öl produziert.

Die Reservenzahlen wurden schon seit Jahrzehnten nicht mehr revidiert, weil es seit den 1970ern nur noch spärlich belastbare Daten gibt, die nicht völlig aus der Luft gegriffen wären. So verwundert es nicht, dass die Expertenmeinungen eine große Spannbreite zeigen. Seit den 1970er Jahren hatte Bagdad entweder keinen Anreiz oder nicht die Möglichkeiten, seine Vorkommen systematisch zu untersuchen und zu erschließen. Erst seit zwei Jahren aktualisieren westliche Ölfirmen im Auftrag der irakischen Regierung die Datenbestände. Es wurden, so Rabia, 1991 bis 2005 gerade einmal 248 Bohrungen durchgeführt.

Nur etwa 10 % des Landes, allerdings die aussichtsreichsten, sind gründlich exploriert worden. In den westlichen und nördlichen Wüstenregionen gibt es bislang nur wenige Untersuchungen. Auch in den südlichen Wüstengebieten gab es erst wenige Probebohrungen. Die kurdische Provinz wird erst seit 2007 mit modernen Methoden näher exploriert. Tatsächlich wurden schon mehrere mittelgroße Felder entdeckt. Im übrigen Irak gab es seit 15 Jahren keine Suchbohrung.

Cera geht davon aus, dass von den 526 geologischen Strukturen, die als potenzielle Prospekte gelten, erst 125 angebohrt worden sind. Ähnlich Rabia und irakische Behörden:[40] Von über 500 aussichtsreichen geologischen Strukturen sind erst 124 angebohrt worden. Dabei wurden 64 Supergiants und Giants entdeckt, von denen nur 23 erschlossen wurden. Selbst in diesen wenigen Feldern wird teilweise mit veralteter Technik gearbeitet. Ein Beispiel ist Halfaya im Süden des Landes: Das riesige Feld wurde vor über 25 Jahren entdeckt. Erst fünf Probebohrungen wurden durchgeführt.

Ein großer Unsicherheitsfaktor ist die Recovery Rate, also der Anteil des förderbaren Öls in einem Vorkommen. Sie ist im internationalen Vergleich sehr niedrig, wobei die Ursache umstritten ist: Wenn sie nur die Folge geringer Investitionen ist, dann könnte sie noch deutlich steigen. Die bekannten Reserven würden allein dadurch sehr deutlich wachsen. Wenn sie jedoch das Ergebnis extremer Überproduktion mit riskanten Methoden ist, dann könnten die Schäden an den Feldern irreparabel sein.

Schätzungen:[41]

1. Rabia hält 324,5 Gb Reserven für möglich:

   ▸ 110 Gb sichere Reserven

   ▸ 17,6 Gb sind entdeckt, aber noch nicht erschlossen (z.B. Halfaya)

   ▸ 11 Gb zusätzliche Reserven, die durch EOR-Maßnahmen zugänglich werden

   ▸ 10,9 Gb sind möglicherweise in Offshore-Feldern

   ▸ 100 Gb wahrscheinliche Reserven in Westirak

   ▸ 75 Gb mögliche Reserven

   Auch die irakische Regierung nennt mit 350 Gb eine ähnliche Größenordnung, ohne jedoch Details zu liefern.[42]

2. Laherrère berichtet hingegen, dass die Trends der drei Explorationszyklen in Irak (1905–49; 1949–74; 1975–2006) auf ein URR (verbleibend) von 140 Gb deuten. Auf dieser Basis wäre eine Produktion von 4 bis maximal 5 mb/d denkbar.

3. Petrolog und CGES schätzen die bekannten irakischen Reserven auf mindestens 128 Gb in 80 Feldern. Etwa 37 große Ölfelder können nur grob geschätzt werden, da sie noch nicht genauer untersucht wurden. Die Reserven könnten daher bis auf 216 Gb steigen.

4. Die USGS schätzt, dass noch 45 Gb über die offiziellen 115 Gb hinaus erschlossen werden können.

5. Die IHS schätzt auf der Grundlage ihrer Datenbank die bekannten 2P-Reserven auf 98,7 Gb und liegt damit unter den veröffentlichten Reservemeldungen.

Im April 2007 veröffentlichte die IHS die Ergebnisse einer Studie, nach der in den bislang wenig erforschten westlichen Landesteilen Iraks zusätzliche 100 Gb vermutet werden können, aber Al-Husseini hält das für abwegig hoch. In Nachbarländern wie

Jordanien, Ostsyrien und dem nordwestlichen Saudi Arabien ist dasselbe *Petroleum System* bereits gut untersucht worden. Bisher waren die Ergebnisse jedoch enttäuschend. Zwar gibt es viele Vorkommen, aber sie sind sehr klein und nur selten kommerziell förderbar. Auch im Irak ist in der fraglichen Region bislang nur ein kommerziell interessantes Feld entdeckt worden (Akkas).

6.4.3   Produktion

Schon seit 30 Jahren wird ein Produktionsanstieg auf über 5 mb/d angepeilt, aber drei Kriege, über 10 Jahre Sanktionen und das Chaos nach der Invasion machten die Pläne immer wieder zunichte. Die irakische Ölproduktion hatte trotz niedriger Kosten und hoher Reserven ihren vorläufigen Scheitelpunkt im Jahr 1979 bei 3,8 mb/d. In den letzten Jahren lag sie zunächst bei 2,0 mb/d und erholte sich bis zum Sommer 2008 auf 2,5 mb/d.[43]

Derzeit wird aus etwa 20 Feldern gefördert. Das bei weitem größte Feld ist Rumaila im Süden des Landes mit einer Produktion von mehr als 1 mb/d und 2P-Reserven von 15 Gb. Dahinter liegt Kirkuk im Norden an zweiter Stelle. Es gilt als wahrscheinlich, dass die beiden alten Supergiants Kirkuk und Rumaila ihren Zenith überschritten haben. Dafür bieten die vier anderen Supergiants noch großes Potenzial.[44] Majnoon ist das größte der noch nicht erschlossenen Felder mit Reserven von über 12 Gb. Die Peak-Förderkapazität könnte allein hier bei 2 mb/d liegen.

Was fehlt, sind Investitionen, die den natürlichen Förderrückgang der Lagerstätten aufhalten und neue Lagerstätten und Felder erschließen.

Einige Felder wurden vermutlich durch eine politisch erzwungene Überproduktion in den 1990ern und dann in den Jahren 2000–2003 geschädigt. Nach UN-Berichten könnten einige Vorkommen im Süden des Landes so stark beeinträchtigt worden sein, dass die Recovery Rate bei nur 15–25 % verharren wird. Aus dem Kirkuk-Feld wurden unmittelbar vor der amerikanischen Invasion trotz geringer Investitionen bis zu 680.000 b/d gefördert, was weit über der geschätzten nachhaltigen Produktionshöhe von 250.000 b/d liegt.[45] In mehreren Feldern wurde vermutlich eine zu starke Wasserflutung eingesetzt. Wegen der Sanktionen fehlte es an Ersatzteilen und operativen Möglichkeiten, schonendere Methoden einzusetzen. Umfang und Breite der Schäden sind jedoch nach wie vor unklar. Neuere Informationen, die mittlerweile vorliegen müssten, wurden noch nicht veröffentlicht.

6.4.4   Exportinfrastruktur

Der Irak verfügt theoretisch über große Exportkapazitäten. Über die Golfhäfen könnten bis zu 2,8 mb/d, über die nach Saudi-Arabien und das Rote Meer führende Pipeline könnten weitere 1,65 mb/d exportiert werden. Hinzu kommen die Pipelines von den nördlichen Feldern in die Türkei (Kirkuk-Ceyhan) mit 1,6 mb/d und derzeit ungenutzte Verbindungen über Jordanien und Syrien (0,3 mb/d, ausbaufähig auf 1 mb/d).

Das ergibt eine Kapazität von maximal 6 mb/d, was dem dreifachen aktuellen Exportvolumen entspricht. In der Praxis ist die Kapazität jedoch weitaus geringer. Während sie im Süden in etwa mit der aktuellen Produktion Schritt hält, sind die nördlichen Verbindungen immer wieder unterbrochen. Die Verbindung nach Saudi-Arabien (IPSA-Pipeline) wird zurzeit von den Saudis für inländischen Gastransport beansprucht. Die irakische Nord-Süd-Verbindung (Strategic Pipeline) mit einer Kapazität von 1,4 mb/d ist beschädigt und braucht milliardenschwere Investitionen.

6.4.5   Laufende Projekte

Erst 2006 gelang es, neue oder wieder aktivierte Bohrlöcher in nennenswerter Zahl in die Förderung zu bringen. Dadurch konnte der Output im Süden wachsen. Außerdem haben bereits Dutzende von Ölfirmen Vereinbarungen in den Bereichen Ausbildung, Beratung und Feldstudien unterzeichnet.

Die kurdische Provinz im Norden des Landes spielt eine Sonderrolle. Sie ist de facto schon seit 1991 nicht mehr unter Bagdader Kontrolle. Allerdings braucht sie eine Einigung mit Bagdad über die Exportbedingungen.[46] Dann könnten mittelfristig mehrere Hunderttausend Barrel pro Tag ausgeführt werden.

Einige neue Projekte sind hier schon in Angriff genommen worden, meist von mittelgroßen, risikobereiten Ölkonzernen. So haben z.B. die norwegische DNO und die amerikanische CBRE mit der kurdischen Regionalregierung Verträge über die Erschließung des Tawke-Feldes geschlossen und fördern dort seit März 2007. Das Feld soll 1 Gb Öl enthalten (OOIP).[47] Die Provinz nimmt für sich in Anspruch, auch ohne Genehmigung der Zentralregierung in Bagdad handeln zu können. Im August 2007 hat das Regionalparlament der kurdischen Provinz ein regionales Ölgesetz verabschiedet. Kurz danach wurde ein Explorationsvertrag mit dem amerikanischen Ölkonzern Hunt Oil geschlossen.[48]

Die großen Projekte auf den Feldern im Süden und Kirkuk im Norden kommen erst seit Mitte 2008 voran. West Qurna, Halfaya, Majnoon und Nahr Bin Umar könnten mittelfristig zusätzliche 2 mb/d produzieren.[49]

Sechs kurzfristige Erschließungsverträge sollen im Laufe des Jahres 2008 mit großen westlichen Ölkonzernen geschlossen werden, um in kurzer Zeit zusätzliche 0,5 mb/d fördern zu können (russische und chinesische Firmen kamen nicht zum Zug). Anschließend wird es längerfristige Verträge geben, die die irakische Förderung bis 2013 auf 4,5 mb/d erhöhen könnten.[50]

6.4.6   Ausblick

Die geologischen Bedingungen sind grundsätzlich sehr günstig. Nirgendwo sonst auf der Welt könnte zusätzliches Öl so leicht in so großen Mengen gefördert werden. Die Erschließungs- und Förderkosten gelten im Weltmaßstab als sehr gering.

Im Juni 2008 wurde erstmals das Vorkriegshoch von 2,5 mb/d erreicht. Die Internationale Energieagentur (IEA) rechnet mit einem deutlichen Anstieg der irakischen Ölförderung. Dabei wird angenommen, dass sich die Sicherheitslage weiter entspannt und dass ausreichend investiert wird.[51] Cera, EIA und die meisten anderen Institute sehen ein enormes Potenzial, das aber angesichts der politischen Lage nur langsam realisiert werden kann.

Unterstellt man eine verbesserte Sicherheitslage und einen stabilen politischen Rahmen, könnte die irakische Förderung in wenigen Jahren auf 4 mb/d, mittelfristig sogar auf über 6 mb/d ausgebaut werden. Der Irak könnte also einen erheblichen Beitrag zur Stabilisierung der Weltölversorgung leisten. Seine politische Entwicklung ist eine Schlüsselvariable für das globale Ölangebot.

6.5   Russland

Erschließung und Export der russischen Ölreserven sind zwei weitere zentrale Elemente der Ölversorgung im 21. Jahrhundert.

Russland ist außerordentlich gut mit Energieressourcen ausgestattet. Es hat weltweit die größten Erdgasreserven, die zweitgrößten Kohlereserven und die achtgrößten bekannten Ölreserven. In der Produktion steht das Land bei Gas an erster und bei Öl fast gleichauf mit Saudi-Arabien an zweiter Stelle. Zudem verfügt es über beträchtliche Uranreserven und ein großes Potenzial für Wasserkraftwerke.

Russland ist nach den USA und China der drittgrößte Energiekonsument der Welt und verbraucht doppelt so viel Primärenergie wie Deutschland. Das bedeutet umgekehrt große Einspar- und damit Exportpotenziale, vor allem beim stark subventionierten Erdgaskonsum. Russland deckt 55 % seines Energiebedarfs durch Erdgas, weitere 19 % durch Öl und 16 % durch Kohle.[52]

Ein weiterer Pluspunkt ist die geografische Lage, die Pipelines den direkten Zugang zu den großen Verbrauchszentren in Westeuropa und Fernost ermöglicht. Auch ist Russland der wichtigste Transitkorridor für kaspische und zentralasiatische Öl- und Gasexporte.

Energierohstoffe sind daher die mit Abstand wichtigsten strategischen und volkswirtschaftlichen Güter Russlands. Sie verhelfen dem Land außenpolitisch zu einem Einfluss, der in keinem Verhältnis zur Größe seiner Volkswirtschaft steht. Mit steigenden Energiepreisen, florierender Wirtschaft und innenpolitischer Stabilisierung tritt Russland seit dem Amtsantritt von Präsident Putin mit wachsendem Selbstbewusstsein auf. Es ist im Rückblick fraglich, ob die Sowjetunion kollabiert wäre, wenn die Öl- und Gaspreise schon damals so hoch wie heute notiert hätten.

6.5.1 Entwicklung vor 1990

Seit den 1950er Jahren unterstützte die sowjetische Führung den Einsatz von Öl und Gas zu Lasten der Kohle. Die großen Vorkommen in der Wolga-Ural-Region und viel versprechende Aussichten in Westsibirien waren dafür eine gute Basis. Ein Teil der Produktion wurde im Austausch gegen Lebensmittel und Technologie exportiert. Allerdings gelang es der zentralistischen Planwirtschaft nicht, ausreichend zu investieren oder die Effizienz stark zu steigern.

Trotz neuer Funde verließ sich Moskau allein auf die alten Felder westlich des Urals. Die sibirische Entwicklung wurde vernachlässigt. Bald stagnierte die Förderung. Mitte der 1970er litt die sowjetische Wirtschaft sogar an Energieknappheit. Erschwerend kam hinzu, dass Moskau die verbündeten Staaten weit unter Weltmarktpreis versorgte.

Ein Crash-Programm half vorübergehend. Arbeiter wurden per Flugzeug nach Westsibirien befördert, große Wassermengen in die Felder gepumpt – auch auf Kosten der langfristigen Stabilität. 1983 erreichte die sowjetische Förderung ihr historisches Fördermaximum bei 12,4 mb/d – das waren 20 % der weltweiten Förderung. Parallel dazu wurden mit europäischer Hilfe und gegen ein US-Embargo Gas-Pipelines von Westsibirien nach Westeuropa gelegt, die bis heute das Rückgrat der europäischen Erdgasversorgung bilden.

Initiativen unter Andropow und Gorbatschow, Energie zu sparen und die Effizienz der Ölindustrie zu steigern, blieben ohne durchschlagenden Erfolg. Auch die Dezentralisierung in der Gorbatschow-Ära funktionierte nicht: Hohe Kosten, staatlich festgelegte Preise, hohe Steuern und geringe Investitionsmittel ließen die Produktion Ende der 1980er immer weiter fallen. Zwar wurden nun Joint Ventures mit westlichen Firmen erlaubt, aber die bürokratische Komplexität und das hohe Risiko schreckten westliche Ölfirmen ab.

6.5.2 Die 1990er Jahre

In den 1970ern hatte die Sowjetunion ihre Importe von Investitionsgütern und neuen Technologien stark ausgeweitet. Später kamen umfangreiche Importe von Lebensmitteln und Medikamenten hinzu. Finanziert wurde dies vor allem durch Ölexporte und Kredite. Steigende Ölpreise und günstige Kreditkonditionen erleichterten diese Strategie.[53]

Allerdings wurde das Land damit immer stärker von den Weltmärkten abhängig. Jede Ölpreisänderung und jede Zinsänderung betraf von nun an direkt den innen- und außenpolitischen Spielraum Moskaus.

Mitte der 1980er schlugen die Ölpreiskrise und der sinkende Dollar voll auf den sowjetischen Staatshaushalt und die Handelsbilanz durch. Zusätzlich gingen auch noch die Fördermengen zurück, da zuwenig in neue Felder investiert worden war.

Die Ölpreiskrise wurde zum wohl wichtigsten ökonomischen Auslöser für die Krise der Sowjetunion in den späten 1980ern. Innenpolitisch lebenswichtige Importe mussten reduziert werden. Der Staat marschierte Richtung internationaler Zahlungsunfähigkeit. Die politische Macht Moskaus, die nicht zuletzt auf den großen Transferleistungen Russlands zugunsten ärmerer Sowjetrepubliken beruht hatte, implodierte ohne großen Knall.

Die UdSSR löste sich ungeordnet auf: Sowjetrepubliken und Regionen benahmen sich wie unabhängige Staaten und verabschiedeten eigene Gesetze. Staatsbetriebe erlebten eine „spontane Privatisierung"[54] zugunsten örtlicher Funktionäre und Manager. Nach 1989 konnten sich Energiekonzerne in Moskau als Joint Ventures registrieren lassen, was ihnen größere Freiheiten gab. Ab 1991 konnte jede Sowjetrepublik diese Registrierung vornehmen.

Im Graufeld „zwischen Deregulierung und Diebstahl"[55] wurden Tausende von Staatsbetrieben zu Privateigentum. Im Ölsektor waren die Einsätze besonders hoch. Die russischen Energieproduzenten wehrten sich gegen Niedrigstpreise und Zwangslieferungen von Gas und Öl, denn sie konnten auf den Weltmärkten erheblich höhere Einnahmen erzielen. Russische und ausländische Hasardeure alten Stils versuchten ihr Glück. Nach 1993 begannen die großen Privatisierungen und Zerschlagungen in der russischen Ölindustrie. Zunächst wurde die staatliche Ölfirma Rosneft gebildet. Es folgten mehrere vertikal von der Exploration bis zum Marketing integrierte Ölkonzerne: Lukoil, Yukos, Surgutneftegaz und andere. Elf Großkonzerne entstanden, teils mit nationaler, teils mit regionaler Basis, wie z.b. Tatneft in Tatarstan und Sibneft in Sibirien.

Gaidar und Chubais, die Hauptarchitekten der Privatisierungspolitik der 1990er, rechneten mit wachsendem Widerstand gegen die Reformen und beschleunigten daher den Verkauf der staatseigenen Betriebe. Im Auftrag des Staates sollten Banken die Unternehmen an die Meistbietenden versteigern. Doch mangelnde staatliche Kontrolle, unklare Rechtsvorschriften und zweifelhafte Manipulationen führten dazu, dass viele Unternehmen zu Schleuderpreisen in den Besitz der privaten Banken oder ihrer Strohmänner übergingen.

Im Laufe der turbulenten Privatisierung wurden fast über Nacht einige Dutzend „Oligarchen" oder „Oiligarchen" zu Milliardären. Die Oligarchen dominierten zwar die öffentliche Wahrnehmung, sind jedoch Neueinsteiger, in gewissem Sinn sogar Außenseiter in der russischen Ölindustrie, die auf eine 150jährige Tradition einer engen Verbundenheit mit dem Staatsapparat zurückblickt. Die engen Netzwerke und die längerfristigen Strategien wurden nach Meinung von Beobachtern auch in den 1990ern noch von den „Öl-Generälen" aus der Sowjetzeit entwickelt.[56]

Doch zunächst wuchs der Einfluss der neuen Unternehmen. Mit dem Kapital privater Banken und guten politischen Beziehungen konnten sie zu absurd niedrigen Preisen ganze Konzerne in undurchsichtigen Versteigerungen und Verkäufen erwerben. Oftmals gelang es auch, Steuerzahlungen zu vermeiden und Kapital im großen Stil ins Ausland zu transferieren. Es gab allerdings auch wenig Gründe, während dieser Jahre in die russische Ölindustrie zu investieren: Im operativen Betrieb waren Gewinne zunächst kaum möglich. Die Kosten waren hoch und die Preise durch den Staat künstlich niedrig gehalten. Zudem sank in Russland die Nachfrage um mehr als 40 % (1990–1995), was die Preise auch weltweit unter Druck setzte. Vergleichsweise lukrative Exporte waren durch die Kapazitäten der Exportpipelines und der Baltischen und Schwarzmeerhäfen begrenzt.

Die russische Ölproduktion fiel daher zwischen 1988 und 1998 um fast die Hälfte auf 6 mb/d. Die Investitionen näherten sich dem Nullpunkt. Die undurchsichtige politische und rechtliche Lage schreckte auch die meisten ausländischen Ölinvestoren ab.

6.5.3   Wiederaufstieg und ausländische Investitionen 1998–2002[57]

Die zeitweise chaotische Wirtschaftspolitik unter Jelzin endete 1998 in der Zahlungsunfähigkeit und einer massiven Abwertung des Rubels. Der Zusammenbruch des Weltölpreises Ende der 1990er wurde zu einem weiteren schweren Belastungsfaktor. Das
politische Establishment war sich weitgehend einig, dass jetzt – nach der Privatisierung
der Ölbranche – Stabilität erste Priorität hatte. Für diese Sicherheit stand ab 2000 der
neue Präsident Putin. Unmittelbar nach seiner Wahl liefen große Investitionsprojekte
wieder an, auch beflügelt vom wieder steigenden Ölpreis.

Die Profitabilität der russischen Ölindustrie verbesserte sich schlagartig. Der Cashflow
ermöglichte Investitionen aus der Portokasse. Produktion und Produktivität stiegen von
Jahr zu Jahr. Intern wurden die russischen Konzerne modernisiert und rationalisiert.
Unter Putin verbesserte und verstetigte sich außerdem der rechtliche und fiskalische
Rahmen.

Nun kamen auch ausländische Investoren zurück. BP erwarb Anteile an TNK, ExxonMobil verkündete Investitionen auf der Sachalin-Insel nördlich von Japan. Darüber
hinaus geschah jedoch zunächst nicht viel. Große Teile der russischen Ölindustrie und
die „Öl-Generäle" waren sich mit der Moskauer Führung einig, dass die Öl- und Gasreserven nicht in ausländischen Besitz übergehen durften. Ausländisches Kapital hatte
daher nur in Ausnahmefällen Zugang zu den interessanten Regionen, besonders dann,
wenn besondere technische Schwierigkeiten den Transfer von Kapital und Know-how
erforderten.

Zu Sowjetzeiten gab es für die Ölfeldmanager nur geringe Anreize, die Produktivität
ihrer Anlagen zu erhöhen. Die Entleerung der Vorkommen war auch zur Sicherung der
eigenen Arbeitsplätze über sehr lange Zeiträume von 50 Jahren oder mehr geplant. Der
Innovations- und Kapitalschub seit Mitte der 1990er Jahre konnte daher die Produktion
rasch erhöhen. Bestehende Vorkommen wurden schneller ausgebeutet und neue Lagerstätten schneller erschlossen. Bislang vernachlässigte Vorkommen konnten mit neuem
Equipment und höheren (Export-)Preisen gefördert werden, während unrentable Anlagen geschlossen wurden.

Das Land wurde im Wechsel mit Saudi-Arabien zum größten Ölproduzenten der Welt.
Da der Inlandsbedarf nach wie vor stagnierte, wurden immer größere Mengen für den
Export frei. Selbst während der Spitzenproduktion von 12 mb/d in den 1980ern konn-
te die UdSSR nur 2 mb/d exportieren, da der Eigenverbrauch sehr hoch war oder keine
Exportinfrastruktur zur Verfügung stand. Heute liegt die Produktion Russlands „nur"
bei 9,8 mb/d, aber die Exportmengen sind mehr als doppelt so hoch wie damals.

6.5.4   Nach 2003: Grundzüge der russischen Ölpolitik[58]

Die russische Ölindustrie hat in den letzten 25 Jahren zwei tief greifende Strukturver-
änderungen durchlebt: Den schlagartigen Wechsel von der sowjetischen Planwirtschaft
zur Privatisierung der Vermögenswerte in den 1990ern und die schrittweise Zurück-
drängung der russischen Oligarchen und ausländischer Ölkonzerne seit 2003.

Damit hat Russland im Zeitraffer eine Entwicklung durchlaufen, die für die meisten
Ölproduzenten typisch ist. Von Mexiko in den 1920er und 30er Jahren bis zu den
OPEC-Ländern in den 1960ern und 70ern sowie Westafrika und Lateinamerika in den
letzten zwei Jahrzehnten: Überall übt der Staat nach einer privatwirtschaftlichen Phase
einen dominierenden Einfluss auf die nationale Ölbranche aus. Nennenswerte Ausnahmen sind nur die USA, Kanada und Australien.

Für Moskau kommt als weiteres Motiv hinzu, dass der Status einer Großmacht nur
durch die strategische Kontrolle und Instrumentalisierung des Energiesektors möglich
wird und dass die Privatisierung nach westlichem Vorbild nach den Erfahrungen der
Jelzin-Ära ihre Anziehungskraft verloren hat.

Das Ziel ist die Integration in die Weltwirtschaft bei gleichzeitiger Kontrolle der strategisch wichtigen Branchen durch den Staat. Vor diesem Hintergrund sind der Beitritt zur
WTO und die Ablehnung der Europäischen Energiecharta zu sehen. Bei der Charta
(ECT) geht es um einen rechtlichen Rahmen für die Absicherung von Auslandsinvesti-
tionen und von Transitöl aus dem kaspischen Raum, das durch russische Pipelines
fließt.

Etwa 2003 begann die neue Phase in der Entwicklung der russischen Ölindustrie: Die
Renationalisierung oder doch zumindest die strategische Kontrolle der russischen Ölindustrie durch den Staat:[59]

▸ Die indirekte Kontrolle der Exporte durch den staatlichen Pipelinemonopolisten
   Transneft war der erste Schritt.

▸ Hinzu kamen in einem zweiten Schritt hohe Exportabgaben und die Einrichtung
   eines Stabilitätsfonds, der die abgeschöpften Öleinnahmen absorbieren konnte.

▸ Im dritten Schritt wurde der Aufbau starker russischer Ölkonzerne unterstützt,
   während ausländische Ölkonzerne aus strategisch wichtigen Projekten herausge-
   drängt wurden. Kernstück der Branche wurde Rosneft, das die wichtigsten Vermögenswerte von Yukos übernahm. Moskau riskierte bei der Zerschlagung von Yukos und den Konflikten mit Shell eine Verschlechterung des Investitionsklimas im

– bislang berechtigten – Vertrauen darauf, dass sich die politischen Wogen wieder glätten werden.

Der Stabilisierungsfonds

Die einseitige Dominanz der Energiebranche birgt für die Entwicklung des Landes große Chancen, aber auch Gefahren, wie die Erfahrungen mit dem „Ölfluch" in der arabischen Welt, Afrika und Lateinamerika gezeigt haben. Langfristig steht eine rohstoffbasierte Wirtschaft dem wirtschaftlichen Wachstum im Weg, weil sie den Aufbau differenzierter gesellschaftlicher, politischer und wirtschaftlicher Strukturen behindert. Verschiedene Wege sind möglich, die vom „Modell Kuwait" über das „Modell Venezuela" bis zum „Modell Kanada" reichen.

Nach dem Vorbild Norwegens und der Niederlande hat Russland einen Stabilisierungsfonds eingerichtet, der einen Teil der Petrodollar durch Exportabgaben bei Ölpreisen über (derzeit) 27 $ abschöpft. Dieses finanzielle Vehikel war Anfang 2008 bereits mit über 150 Mrd. $ gefüllt, was knapp 10 % des jährlichen Bruttoinlandprodukts entspricht.

Der Fonds soll Inflation verhindern und ein Sicherheitspolster in Phasen niedriger Rohstoffpreise bieten. Sollte er auch weiterhin rasch anwachsen, könnten seine Kapitalzinsen in zwei oder drei Jahrzehnten ähnlich wie beim norwegischen Pendant bereits die gesamten Staatsausgaben decken.

Russland und die OPEC

Der russische Exportboom lief den Interessen der OPEC entgegen, die nach 2000 versucht hatte, Produktionskürzungen durchzusetzen, um den damals niedrigen Ölpreis zu stabilisieren. Russland wurde als Störenfried betrachtet, der sich nicht in die Quotendisziplin der OPEC einbinden ließ.

Seit 1999 hat Russland seine Produktion kontinuierlich um etwa 0,5 mb/d pro Jahr ausgeweitet. Erst 2008 begann sie zu stagnieren. Da die Weltnachfrage Anfang des Jahrzehnts nur langsam wuchs, bedeutete dies für die OPEC, dass sie ihre Produktion reduzieren musste, um den Markt im Gleichgewicht zu halten – ohne dass Moskau Entgegenkommen signalisierte.

Aus arabischer Sicht drängten die Russen rücksichtslos auf den Ölmarkt und übernahmen angestammte Marktanteile der OPEC. Aus Moskauer Sicht gewann Russland nur die Marktanteile zurück, die es in der durch Saudi-Arabien verursachten Preiskrise Mitte der 1980er Jahre verloren hatte.

Russland und die USA[60]

Im Gegensatz zur OPEC begrüßten die USA die Entwicklung Russlands, schien sich doch – bei fallender heimischer Förderung – eine Alternative zur Abhängigkeit vom Persischen Golf zu eröffnen.

In dem Maße, wie die Spannungen zwischen den USA und der arabischen Welt nach den Terroranschlägen 2001 stiegen, erschien Russland für Washington in immer hellerem Licht. Zusammen mit der kaspischen Region und Westafrika sollte das sibirische Öl eine Alternative zu arabischem Öl werden.[61]

Eine neue Großpipeline zum eisfreien Hafen Murmansk hätte russisches Tankeröl für den amerikanischen Markt verfügbar machen können. Zusammen mit dem Öl von der Sachalin-Halbinsel an der Pazifikküste hätte Russland ein Viertel der US-Importe decken können. Eine enge Kooperation zwischen Yukos/Sibneft und ExxonMobil stand 2003 unmittelbar bevor. Zwei Energiegipfel mit Bush und Putin schienen die Energiepartnerschaft zu zementieren und den Boden für Investitionen in Russland zu ebnen. Tatsächlich versorgte im Juli 2003 der erste Tanker mit russischem Sachalin-Öl die amerikanische Westküste.

Aber die amerikanischen Hoffnungen zerplatzten schnell. Die Zerschlagung von Yukos machte deutlich, dass der russische Ölmarkt den US-Konzernen nur begrenzt geöffnet wird. Die Versorgung der USA mit russischem Öl hat für Moskau keine Priorität, da mit Europa und Ostasien bereits zwei große Absatzmärkte zur Verfügung stehen.

China und Ostsibirien

Russland scheint bislang noch keine langfristige Strategie gegenüber dem aufstrebenden und selbstbewussten Nachbarland China zu haben, während die chinesischen Ziele deutlich sind: Engere Kooperation im Energiesektor, Direktinvestitionen und Unternehmensbeteiligungen in Russland sowie vor allem große Öl- und Gaslieferungen durch neue Pipelines. Russland braucht China und Japan als Absatzmärkte und Financiers für seine ostsibirischen und pazifischen Gas- und Ölvorkommen, da sie zu weit von den westeuropäischen Märkten entfernt sind.

Zahlreiche Absichtserklärungen schmücken die regelmäßigen sino-russischen Gipfel, ohne dass bislang viel geschehen wäre. Seit 2005 wird China von Rosneft mit 200.000–300.000 b/d über Schienenverbindungen beliefert, aber Moskau und Peking sind seit Jahren in harte Preisverhandlungen über Öl- und Gaspreise und Fragen des gegenseitigen Marktzugangs verstrickt. Schon seit über 10 Jahren wird die große ESPO-Pipeline geplant, die Ostsibirien mit China und der Pazifikküste/Japan verbinden soll (*Eastern*

Siberia Pacific Ocean Pipeline).[62] Sie soll von Taishet über Skovorodino (nahe der chinesischen Grenze) bis zur Pazifikküste verlaufen. Während das Teilstück bis Skovorodino durchgeplant ist und gebaut wird, ist immer noch nicht völlig klar, ob China direkt über eine Pipeline ins chinesische Ölzentrum Daqing versorgt werden soll oder ob die Pipeline mit einer größeren Kapazität von bis zu 1,6 mb/d bis an die Pazifikküste weitergebaut wird.

Das erste Teilstück (Phase 1) von Taishet in der Region Irkutsk nach Skovorodino in der Region Amur soll Ende 2008 fertig gestellt werden. Von dort sollen 0,3 mb/d per Schiene nach China und weitere 0,3 mb/d per Schiene an die russische Pazifikküste (Kozmino) geschleust werden. In Phase 2 soll die Pipeline bis Skovorodino auf 1,6 mb/d ausgebaut und eine Rohrleitung von dort nach Kozmino für 1 mb/d gebaut werden. Es gilt als unwahrscheinlich, dass diese Teilstücke vor 2015 realisiert werden können.

Die Kosten der über 3000 Kilometer langen Leitung werden voraussichtlich über 20 Mrd. $ liegen. Das größte Risiko ist jedoch die schleppende Erschließung ostsibirischer Felder (s.u.).

Die Branche: Russische und ausländische Ölkonzerne

Die Ölindustrie der UdSSR war in 300 Betriebe aufgeteilt, die alle durch den zentralen Fünfjahresplan gelenkt wurden. Nach der Privatisierungswelle entstanden daraus in den 1990er Jahren 10 Ölkonzerne: Lukoil, Yukos, Surgutneftegas, Gazprom, Slavneft, Sidanko, Onako, Tjumen Oil (TNK), Sibneft und Rosneft. Alle großen Ölfirmen wurden Aktiengesellschaften oder Tochtergesellschaften von Aktiengesellschaften. Im Jahr 2000 waren nur noch der damals mittelgroße Ölkonzern Rosneft sowie das staatliche Pipelinemonopol Transneft unter staatlicher Kontrolle – anders als in der Erdgasindustrie, wo Gazprom bis heute die Branche beherrscht.

Sieben Jahre später war die Branche nicht wiederzuerkennen. Unter direkter staatlicher Kontrolle waren nun:[63]

▸ Rosneft: Die Assets von Yukos, v.a. die Yuganskneftegas (mit 0,9 mb/d Ölproduktion) landeten weit unter Wert bei Rosneft, die damit schrittweise zum Kernstück der russischen Ölbranche expandierte. Rosneft wurde beim Börsengang im Juli 2006 mit einem Marktwert von 80 Mrd. $ bewertet.

▸ Gazprom: Der marktbeherrschende Erdgaskonzern

▸ Gazpromneft: Die Gazprom-Tochtergesellschaft im Ölsektor (Ex-Sibneft)

▸ Transneft (staatlich): Das Ölpipeline-Monopolunternehmen

Große private Ölkonzerne sind:

▸ Lukoil: Lukoil entstand 1991, als Staatsfunktionäre drei große Ölunternehmen in Westsibirien zusammenführten: Langepas, Uraj, Kogalym – aus den Anfangsbuchstaben entstand LUKoil. Der amerikanische Ölkonzern Conoco-Phillips hält einen Anteil von 20 %.

▸ TNK-BP (seit 2003): Ein Joint Venture der russischen TNK mit BP. Im Sommer 2008 stand BP unter großem Druck, sich aus dem Joint Venture zurückzuziehen.

▸ Surgutneftegaz

Regionale, mittelgroße Ölkonzerne sind:

▸ Tatneft (kontrolliert durch regionale Behörden)

▸ Bashneft (kontrolliert durch regionale Behörden)

▸ Russneft (privat)

▸ Novatek (privat)

Der Staat kontrollierte 2008 ein Drittel der Ölproduktion direkt, gegenüber nur 7 % im Jahr 2003. Zählt man Bashneft und Tatneft sowie „kremlfreundliche" Produzenten hinzu (Surgutneftegaz) sind es sogar knapp 50 %.

Auf der Projektebene gibt es besonders bei den komplexen Vorhaben noch immer größere ausländische Beteiligungen: Sachalin 1 (Japanische Unternehmen, ExxonMobil, die indische ONGC); Sachalin 2 (Gazprom, japanische Unternehmen, Shell); Udmurtneft (u.a. die chinesische Sinopec); Ochotskisches Meer (u.a. die koreanische KNOC); Kamtchatka (u.a. die koreanische KNOC).

Konflikte um Vertragsrelikte aus den 1990ern

Die in den 1990ern vereinbarten drei PSA-Projekte Sachalin-1 und Sachalin-2 sowie Charjaga waren Auslöser für folgenreiche Konfrontationen zwischen dem russischen Staat und ausländischen Ölkonzernen.

Die Production-Sharing-Agreements (PSA) bieten Ölkonzernen attraktive Bedingungen. Sie finanzieren die Projekte und können so lange gefördertes Öl in Eigenregie verkaufen, bis die Investitionskosten plus einer marktüblichen Kapitalrendite erwirtschaftet worden sind. Erst danach werden die Gewinne besteuert. Oft wird ein stabiles Steuerregime über die gesamte Laufzeit des Projekts garantiert. Kommt es wie bei Shells Sachalin-2 Projekt zu Kostenüberschreitungen und Verzögerungen ist die Staatskasse direkt betroffen. Die Verträge für Charjaga (ein westsibirisches Ölfeld, das unter der Leitung von Total erschlossen wird), Sachalin-1 und Sachalin-2 gaben den Unternehmen Handlungsfreiheit beim Export und waren daher vom Exportmonopol der Gazprom und Transneft ausgenommen.

Die PSAs sind ein Relikt aus den 1990ern, als Russland ebenso wie z.b. Venezuela versuchte, mit günstigen Konditionen ausländisches Kapital anzuziehen. Es war nicht weiter überraschend, dass ein erstarktes Moskau versuchen würde, die Verträge neu zu verhandeln. Alle neueren Verträge fallen unter das normale Steuerregime.

Sachalin-2:[64] Sachalin hat umfangreiche Öl- und Gasvorkommen, die in sechs Projektstufen erschlossen werden sollen (Sachalin 1–6). Die Insel liegt vor der Ostküste Russlands, nördlich von Japan. Die Ölreserven werden auf insgesamt 14 Gb geschätzt.

Sachalin 2 ist ein gemischtes Gas- und Ölprojekt. Im Endausbau sollen hier 180.000 b/d gefördert werden. Im Juli 2005 hatte Shell der russischen Gazprom einen Anteil von 25 % im Tausch gegen einen 50 %-Anteil am großen Gasfeld Zapolyarnoye angeboten. Wenige Tage nach der Einigung meldete Shell, dass die Kostenschätzung für Sachalin-2 obsolet geworden sei. Die Kosten lägen nicht bei 10 Mrd. $, sondern eher bei 20 Mrd. $.

Es kam von nun an zu heftigen politischen und behördlichen Auseinandersetzungen zwischen Shell und der russischen Seite. Moskau drängte darauf, dass ein russisches Unternehmen das potenziell sehr profitable Projekt mehrheitlich übernimmt und drohte mit einschneidenden Maßnahmen bei der ökologischen und finanziellen Überprüfung durch russische Behörden. Auf Druck des Kremls übergab Shell schließlich 50,01 % des Projektes an Gazprom.

Die bisherigen Projektpartner (Shell, Mitsubishi, Mitsui) erhalten dafür 7,45 Mrd. $. Das ist ein Preis, der angesichts des fortgeschrittenen Stadiums des Projekts als niedrig angesehen wird. Der Vorteil für Shell und die japanischen Firmen liegt lediglich darin, dass nun nicht mehr mit rechtlichen oder politischen Hürden zu rechnen ist, wie der russische Präsident postwendend bestätigte, nachdem Gazprom die Kontrolle übernommen hatte.

Die finanziellen Bedingungen wurden verschlechtert. Formal wurde das PSA aufrechterhalten. Aber eine sog. „Prioritätsdividende", deren Höhe an den Ölpreis gekoppelt ist, muss bereits ab 2010 an den russischen Staat abgeführt werden.

Auf ähnliche Weise wurden in den letzten drei Jahren auch die anderen PSA-Projekte, Sachalin-1 und Charyaga sowie das Kovykta-Projekt (TNK-BP) unter Druck gesetzt.

Fazit

Im Rückblick kann man feststellen, dass es dem Kreml gelungen ist, die russischen Oligarchen aus dem Geschäft zu drängen und die Rolle ausländischer Konzerne auf weniger wichtige und weniger profitable Aktivitäten zu beschränken, ohne sich international zu isolieren.

Gleichzeitig wurde eine gewisse Vielfalt und Konkurrenz im Sektor aufrechterhalten, auch wenn Rosneft dominiert und in wenigen Jahren vielleicht eine ähnliche Rolle wie Gazprom für Erdgas einnehmen wird.

Kooperationen mit ausländischen Ölkonzernen sind weiterhin möglich und erwünscht, aber sie beschränken sich auf Minderheitsbeteiligungen oder strategisch weniger relevante Projekte.

6.5.5 Produktion

Russland hat sechs Ölprovinzen: Westsibirien, Timan-Pechora, Nordkaukasus, Wolga-Ural, Ostsibirien und Sachalin.[65] Die mit Abstand wichtigste Region war und ist Westsibirien mit einem Anteil von etwa 70 % an der Ölförderung von 9,7 mb/d sowie mit weitem Abstand die Wolga-Ural-Region mit einem Anteil von etwas über 20 %.

Der Produktionsaufschwung seit Ende der 1990er geht fast ausschließlich auf das Konto der westsibirischen Ölprovinz. Ende der 1980er wurden hier etwa 8 mb/d gefördert, wobei einige Felder vermutlich durch Überproduktion beschädigt wurden. In den 1990ern brach die Produktion auf 4 mb/d ein. Das Rückgrat der Provinz war das größte russische Feld Samotlor mit zeitweise über 3 mb/d. Heute können hier nur noch unter 1 mb/d gefördert werden. In der Wolga-Ural Region dominierte bis in die 1970er der Supergiant Romashkin. Sein Peak lag bei etwa 1,5 mb/d. Heute sind es weniger als 0,4 mb/d.

Beide Provinzen haben ihre besten Tage gesehen. Die Produktion der Riesenfelder muss mit steigendem Aufwand auf einem immer niedrigeren Niveau stabilisiert werden. Daneben sind es etwa 1000 kleine und mittlere Felder, die den Output der Provinzen zumindest vorläufig konstant halten können.

Neue Potenziale werden in anderen Regionen gesucht. Explorationsschwerpunkte sind in jüngster Zeit:[66]

▸ Das Kaspische Meer: Hier entdeckte Lukoil 2000–2006 sechs Felder im Severniy Block, darunter die größten russischen Neuentdeckungen der letzten 20 Jahre; die möglichen Reserven (3P) wurden auf 1,2 Gb geschätzt.

▸   Das Ochotskische Meer: Die koreanische KNOC hat hier größere Entdeckungen
    gemeldet, die aber noch nicht quantifiziert werden können.
▸   Ostsibirien (s.u.).

6.5.6   Investitionen und Steuern

Nachdem ausländische Konzerne zurückgedrängt worden sind, steht Moskau vor dem
Problem, die russischen Konzerne für hohe Investitionen zu motivieren. Zurzeit
schöpft der Staat 80–90 % der Gewinne durch Exportabgaben und Steuern ab. Aber
gleichzeitig steigen auch in Russland die Kosten, nicht zuletzt durch den starken Rubel.

Russische Ölfirmen zahlen drei verschiedene Steuern: Eine Abgabe auf die Ölproduktion (zurzeit 22 %), eine Unternehmenssteuer von etwa 24 % auf den Nettogewinn und
eine Exportabgabe, deren Höhe immer wieder angepasst wird und vom Marktpreis der
Ölsorte Ural abhängt. Diese Exportabgabe lag im Frühjahr 2008 bei 46,40 $/b und soll
ab 1. Juni 2008 *auf 54 $ für jeden Barrel Öl* angehoben werden, nachdem die Ölsorte Ural
auf über 100 $/b gestiegen war. Für raffinierte Produkte liegen die Abgaben zwischen
20 und 35 $/b, also deutlich darunter.

Im Februar 2008 kassierte die russische Regierung nach Schätzungen der IEA von
jedem verkauften Barrel 65 $/b. Integrierte russische Ölkonzerne berichteten einen
Nettogewinn von etwa 10 $/b. TNK-BP, die mit 1,3 mboe/d zu den großen Ölkon-
zernen gehört, hat nach eigenen Angaben in den letzten vier Jahren 50 Mrd. $ an Steu-
ern gezahlt.

Ein Ausweg ist die Weiterverarbeitung des Rohöls in russischen Raffinerien. Der Export der Ölprodukte ist weitaus profitabler und erklärt, warum die meisten Ölkonzerne
hohe Profite in ihren Jahresbilanzen ausweisen können. Besonders Lukoil und Rosneft
verfügen über große Raffineriekapazitäten. Im Upstream-Geschäft konzentrieren sich
die russischen Firmen daher auf zusätzliche Investitionen in den bekannten Feldern
und in Raffinerien, während die Ersterschließung neuer Felder in abgelegenen Regionen
betriebswirtschaftlich riskant erscheinen kann.

Seit 2006 versucht Moskau mit Steueranreizen für Ostsibirien und Offshore-Felder
gegenzusteuern. Immer wieder ist eine Reduzierung der Exportabgaben im Gespräch,
da die Fördermengen zum ersten Mal in diesem Jahrzehnt stagnieren, aber bislang ist
keine Trendwende in Sicht.[67]

6.5.7   Exportrouten

Russland exportiert Öl zu etwa zwei Dritteln in Form von Rohöl und zu einem Drittel als Ölprodukt (Fuel Oil, Diesel). Wichtige Exportwege sind:[68]

1. Die mehrfach verzweige Druschba-Pipeline mit einer Kapazität von 1,4 mb/d, deren nördlicher Strang von Russland über Weißrussland und Polen nach Deutschland führt. Über den südlichen Strang werden neben dem Transitland Ukraine die Slowakei, Tschechien und Ungarn beliefert.

2. Nach 2000 wurde das Baltische Pipelinesystem ausgebaut (BPS). Es exportiert Öl aus den russischen Ölprovinzen in Westsibirien und Timan-Pechora zum neuen russischen Ölhafen Primorsk an der Ostsee. Von dort werden etwa 1,8 mb/d exportiert. Primorsk verringert die Abhängigkeit Russlands von den Häfen der baltischen Staaten.[69]

3. Die Tankerexporte über das Schwarze Meer (ca. 2,2 mb/d), vor allem über Novorossiysk, in alle Welt.

4. Schienenverkehre (ca. 300.000 b/d). Die Schiene ist bislang die einzige direkte Transportmöglichkeit für russisches Öl nach China.

5. Zusätzliche Exportrouten sind in Planung: Der Ausbau der Exportmöglichkeiten über die baltischen Häfen; der Bau einer Pipeline von Ostsibirien an die Pazifikküste und nach China (ESPO); eine Umgehungspipeline für den Bosporus (Adria-Pipeline); direkte Tankerexporte von Sachalin und (in fernerer Zukunft) aus dem Ochotskischen Meer.

Das russische Pipelinenetz für Rohöl wird fast ausschließlich vom staatlichen Monopolunternehmen Transneft betrieben. Nach russischem Wettbewerbsrecht muss jedem Ölproduzenten Zugang gewährt werden. Wegen der knappen Kapazitäten ist dies jedoch immer wieder ein politischer Prozess.

Die einzige größere Pipeline, die nicht von Transneft betrieben wird, ist die CPC-Pipeline (Caspian Pipeline Consortium), die mit russischer Beteiligung 2001 eröffnet wurde und Tengiz (Kasachstan) mit den russischen Schwarzmeerhäfen verbindet.

6.5.8   Produktionspotenziale

Schon seit Anfang des Jahrzehnts unterschätzen Beobachter das Produktionspotenzial Russlands. Das Land hat wie kein anderes zur weltweiten Produktionsausweitung beitragen können. In den letzten 10 Jahren blieb die Ölproduktion außerhalb der OPEC und ohne Russland *fast unverändert bei etwa 35 mb/d.* In *Russland stieg sie hingegen um 3,5 mb/d.*

Skeptiker verweisen jedoch auf hohe Förderrückgänge (Decline Rates) bei den großen westsibirischen Feldern und auf geringe Investitionen in neue Felder nach der Yukos-Krise.

Die Mehrheit der Experten erwartet in den nächsten Jahren eine *Stagnation.* Die Exportmengen könnten zusätzlich vom wachsenden Eigenverbrauch durch die rasche Motorisierung beeinträchtigt werden.[70]

Auch der Klimawandel macht sich bereits bemerkbar: Höhere Temperaturen in Sibirien führen zu großen Verzögerungen bei Ölprojekten, da die Bohranlagen im weichen, aufgetauten Boden nicht mehr transportiert werden können.

Die IHS hält die laufenden Explorationsanstrengungen für unzureichend, um die Produktion langfristig aufrechterhalten oder gar steigern zu können.[71] Ab 2011 wird eine Stagnation der Förderung bei unter 11 mb/d erwartet. Aktuell sind es 9,8 mb/d. Das deckt sich mit den offiziellen Schätzungen der russischen Regierung. Der Energieminister erwartete 10,4 mb/d bis 2010, gestützt von neuen Projekten in Ostsibirien, Sachalin und arktischen Feldern.

Aber seit 2008 ist immer wieder von einem „Produktionsplateau" die Rede, das vorläufig nicht überschritten wird. Nur die EIA ist seit kurzem unerwartet optimistisch und erwartet 13,5 mb/d im Jahr 2030.

Die Hubbert-Geologen der ASPO sehen die Zukunft deutlich pessimistischer.[72] Sie erwarten keine Steigerung vom aktuellen Niveau aus und einen deutlichen Rückgang nach 2010, der die Fördermengen bis 2030 halbiert.

Die IEA geht zunächst von einer leichten Steigerung aus, gefolgt von einer längeren Stagnation der Förderung. Sie stellt die 20 wichtigsten Erschließungsprojekte bis 2012 dem Förderrückgang (3 % Decline Rate) bei alten Feldern gegenüber. Samotlor, Federov und Romashkino sind zu über zwei Dritteln entleert und der Wasseranteil im Fördergemisch liegt in vielen Bohrlöchern bei deutlich über 80 %. Demnach wären etwa 10,6 mb/d bis 2010 möglich. Anschließend sollte die Förderung leicht sinken. Die IEA unterstellt eine vergleichsweise moderate Decline Rate und eine zügige Realisierung neuer Projekte. Beide Annahmen sind unsicher.

Neue Felder werden nach Schätzung der EIA 1,2–1,5 mb/d zum russischen Ölangebot beitragen können. Wichtige Vorhaben sind: die Sachalin-Projekte, West Salymskoye (Shell), Timan-Pechora (Lukoil/ConocoPhillips), das Offshore-Projekt Prirazlomnoye (Rosneft/Gazprom), Vankorskoye (Rosneft) und Komsomolskoye (Rosneft).[73]

Die meisten offiziellen Branchenprognosen (IEA, EIA) sind trotz ihrer eher verhalte-
nen *kurzfristigen* Prognosen *langfristig* optimistisch und erwarten 11–13 mb/d für das
Jahr 2030.[74] ASPO sieht die Förderung bis dahin schon weit unter 6 mb/d, also nur
halb so hoch.

Nur eine verstärkte Investitionstätigkeit könnte die Förderung über 10 mb/d heben.
Die „niedrig hängenden Früchte" in Westsibirien sind gepflückt. Größere Anstrengungen russischer Konzerne werden vom starken Rubel und einer hohen Steuerlast gebremst, während ausländischen Konzernen der Zugang zu größeren Projekten weitgehend versperrt ist. Auch Moskau ist angesichts der steil steigenden Ölpreise besorgt,
wie die Einnahmen absorbiert werden können, ohne der russischen Volkswirtschaft zu
schaden, und hat daher wohl ebenfalls kein Interesse an einer Produktionsausweitung.[75]

Ostsibirien[76]

Vieles wird davon abhängen, in welchem Umfang die Erschließung neuer Ölprovinzen
gelingt: Der russisch-britische Ölkonzern TNK-BP schätzt die sicheren Ölreserven in
Ostsibirien auf 7 Gb. Allerdings seien erst 5 % der Region exploriert worden, so dass
insgesamt weitaus höhere Werte denkbar sind. Die Erschließung Ostsibiriens sieht sich
allerdings riesigen Entfernungen, extremen Temperaturen und einer unterentwickelten
Infrastruktur gegenüber. Das gilt für Straßen, Stromnetze und Pipelines. Die geplante
Ölpipeline zur Pazifikküste (ESPO) muss eine Distanz überwinden, die der Strecke von
New York nach Los Angeles entspricht. Das große Vankor-Ölfeld ist mit Fahrzeugen
nur erreichbar, wenn der Straßenuntergrund gefroren ist. Im Sommer sind Helikopter
die einzige Verbindung zur Außenwelt.

Bislang liegt die Produktion in Ostsibirien nur bei 20.000 b/d. Die Exploration kommt
nur schleppend voran:

▶   Das größte Projekt ist die Erschließung der *west*sibirischen Vankor-Feldergruppe.
    Die Förderung soll 2008 beginnen und bis 2012 auf 400.000 b/d steigen. Diese
    Mengen sollen Richtung Osten geleitet werden, um die ESPO zu füllen. Daher
    werden sie zum ostsibirischen Ölangebot gezählt.

▶   Verkhnechonsk (TNK-BP) peilt 200.000 b/d an.

▶   Das kleinere Talakan-Feld (Surgutneftegaz) soll eines Tages bis zu 140.000 b/d
    produzieren.

Die IEA schätzt[77], dass bis 2009 etwa 600.000 b/d gefördert werden müssten, um
zumindest die erste Ausbaustufe der ESPO-Pipeline zu rechtfertigen. Eine weitere
Steigerung sei jedoch nicht in Sicht.

Die Entwicklung in Ostsibirien ist derzeit unklar. Die Ölfirmen und China warten auf eine feste Zusage Moskaus, dass eine große Pipeline bis an die Pazifikküste gebaut wird. Transneft scheut vor den enormen Ausgaben zurück, solange die ostsibirischen Felder nicht erschlossen sind. Der Kreml hat mit der ESPO ein Faustpfand für Verhandlungen mit Japan und China. China wiederum ist sich seiner vorteilhaften geografischen Lage für ostsibirische Vorkommen bewusst und fordert attraktive Preise.[78]

6.5.9 Russische Ölreserven

Eine transparente Schätzung der russischen Reserven war lange Zeit nicht möglich. In der Sowjetunion waren alle genaueren, feldspezifischen Daten wohlbehütete Staatsgeheimnisse. Auch die damals oft zitierten Zahlen von CIA und EIA, die aus heutiger Sicht zu niedrig sind, waren in Zeiten des Kalten Krieges politisch eingefärbt.

Starke Schwankungen in der Ölproduktion der UdSSR machten die Schätzungen nicht leichter. Ende der 1980er erreichte sie einen Wert von 12 Millionen Barrel pro Tag (mb/d), was 20 % der Weltproduktion entsprach. Im Westen wurde gerätselt: Entweder waren die Reservenschätzungen der CIA viel zu niedrig oder es wurde ohne Rücksicht auf die langfristige Stabilität der Felder gefördert. Letzteres schien richtig, denn Anfang der 1990er brach die Ölförderung um 50 % ein. Jedoch erholte sie sich Ende der 1990er überraschend schnell.[79]

Russland und die früheren Sowjetrepubliken um das Kaspische Meer neigten zu hohen Schätzungen. Diese Methoden sind ein Erbe der sowjetischen Wirtschaftsweise, in der Exploration und Produktion wenig miteinander zu tun hatten. Die Geologen meldeten daher alle Vorkommen als Reserven, die technisch förderbar waren, unabhängig vom betriebswirtschaftlichen Aufwand.[80]

Börsennotierte russische Ölkonzerne haben in den letzten Jahren ihre Reserven nach westlichen Kriterien neu bewerten lassen. Die neuen Zahlen lagen bei den größten russischen Konzernen bei etwa 80 % der alten sowjetischen Schätzungen. Addiert man hierzu die NGL-Flüssiggase von Gazprom und die Reserven der übrigen Ölunternehmen, dann lagen die verbliebenen, wahrscheinlichen Reserven (2P) nach Leonard im Jahr 2002 bei etwa 80–90 Gb.[81] Die bessere Ausbeutung bereits bekannter Felder führte danach zu einer ständigen Aufwärtskorrektur der förderbaren Reserven.

Alle Schätzungen sind sich einig, dass der größte Teil der verbliebenen Reserven in Westsibirien liegt. Ebenfalls bedeutsam ist nach wie vor die Wolga-Ural-Region sowie Timan-Pechora. Bei der Schätzung der noch weitgehend unerschlossenen Vorkommen in Ostsibirien, im Fernen Osten (Sachalin, Ochotskisches Meer) und der Arktis gehen die Meinungen deutlich auseinander.

Einzelne Schätzungen:

1. Die in einem Audit geprüften Reserven der sechs größten Unternehmen im Jahr 2003 (Yukos, Lukoil, TNK-BP, Surgutneftegaz, Sibneft, Tatneft) betrugen 62 Gb. Hier wurden die großen NGL-Mengen aus den Gasfeldern nicht erfasst.[82]

2. DeGoyler & MacNaughton, weltweit führende Reservenauditors, schätzen Russlands mögliche Reserven (3P) auf 150 Gb, also fast die dreifache Menge der im OGJ genannten sicheren Reserven.[83]

3. Die Hubbert-Geologen kommen hingegen auf 225 Gb inklusive der bereits verbrauchten Reserven; da die bisherige Produktion bei etwa 125 Gb liegt, werden also 100 Gb Reserven vermutet.[84]

4. Die IHS zerlegte 2004 ihre Reservenschätzungen auf der Grundlage der Felddatenbank und anderer Daten in die folgenden Komponenten:[85]

   ▶ Die kumulierte bisherige Produktion liegt bei 120 Gb (2004).

   ▶ Die russische Regierung spricht von 120 Gb wahrscheinlicher Reserven (2P). Das wird auch von IHS als realistisch angesehen, da die zertifizierten 2P-Reserven allein von Lukoil, TNK-BP und Yukos Ende 2003 bei 60 Gb lagen.

   ▶ Das mögliche Reservenwachstum in bekannten Feldern wird auf 50 Gb geschätzt, davon 71 % in Westsibirien

   ▶ Noch nicht gefunden: Hier ist keine Schätzung möglich.

   Diese Ergebnisse wurden 2007 in einer IHS-Studie bestätigt, die 3P-Ölreserven von 170 Gb zitiert.[86]

Eine interessante Erkenntnis bietet die Auswertung der jährlichen Schätzungen der IHS (Petroconsultants) für die Reserven in der früheren Sowjetunion. Dort wird Jahr für Jahr geschätzt, wie hoch die *ursprünglichen* Ölreserven der Region vor Beginn der Förderung wohl gewesen waren. Ein Vergleich der Berichte 1995 bis 2003 zeigt, dass die Einschätzungen fast jedes Jahr nach oben revidiert worden sind. Im Jahr 1995 wurden die ursprünglich vorhandenen Reserven auf etwa 250 Gb geschätzt, im Jahr 2000 wurden sie rückblickend auf 300 Gb geschätzt und 2003 bereits auf 330 Gb.

	verbliebene Reserven in bekannten Feldern	Klassifizierung
Oil & Gas Journal	60 Gb	1P
BP Statistical Review	79,4 Gb	1P
EIA Country Reports	60 Gb	1P
	127 Gb	3P
DeGolyer & McNaughton	150 Gb	3P
Audit der 6 größten Ölkonzerne	62 Gb	2P
ASPO	100 Gb	3P
Russische Regierung	120 Gb	2P
IHS	120 Gb	2P
	170 Gb	3P
Zum Vergleich: die jährliche Ölproduktion Russlands liegt bei etwa 3,5 Gb		

Tabelle 6.6 Russische Ölreserven[87]

Zwei Fragen stehen bei der Bewertung zurzeit im Vordergrund:

▶ Wie viel kann noch aus den alten westsibirischen Feldern gepumpt werden? Samotlor ist das größte russische Ölfeld. Seine kumulierte Produktion lag 2004 bei 17 Gb. Laherrère vermutet ein URR von maximal 20 Gb. Aber BP-Experten schätzen, das dies einer Recovery Rate (Entleerungsgrad) von nur 25 % entspricht, d.h. 75 % des Öls sei noch vorhanden. Sie halten einen Entleerungsgrad von 45 % für durchaus möglich. Samotlor enthält viele isolierte Vorkommen, die bei entsprechendem technischem Aufwand förderbar wären. Viele dieser Vorkommen sind bislang als „nicht förderfähig" eingestuft worden.[88]

▶ Wie viel Öl wird noch gefunden? In aussichtsreichen Gegenden wie dem Ochotskischen Meer wurden von der koreanischen KNOC Funde gemeldet, die über 10 Gb liegen. Aber solange der extrem hohe Aufwand für Probebohrungen nicht finanziert wird, bleibt die genaue Größe der Reserven im Dunkeln. Russland bietet viele attraktive und leichter zugängliche Vorkommen, so dass vermutlich noch Jahrzehnte vergehen werden, bevor die Lagerstätten in den ostsibirischen Gewässern erschlossen und bewertet sind. Das gilt umso mehr, wenn ausländischen Ölkonzernen auch weiterhin der Zugang erschwert wird.

Die Herausforderungen wären enorm: Die Kosten für ein Großprojekt in einer infrastrukturell unerschlossenen Region liegen bei weit über 20 Mrd. $. Es gibt noch keine Förderplattformen, die vor treibenden Eisbergen sicher wären. Für die weit entfernten Absatzmärkte wären spezielle Eis brechende Tanker nötig. Und es gäbe enorme logistische und menschliche Belastungen (Temperaturen, Dunkelheit), wenn der Außenkontakt durch schlechte Wetterverhältnisse immer wieder unmöglich ist.[89]

6.6   Die Kaspische Region

Die Kaspische Region umfasst die Anrainerstaaten des Kaspischen Meeres: Kasachstan, Aserbeidschan, Turkmenistan sowie Teile von Russland und Iran. Gelegentlich wird auch Usbekistan dazugerechnet. Das Kaspische Meer ist mit 370.000 Quadratkilometer der größte Binnensee der Welt. Es verbindet den Kaukasus mit Zentralasien, Südwestasien und Russland.

Nach dem Zusammenbruch der UdSSR entstanden dort neue Staaten. Zur selben Zeit kursierten die ersten überraschend hohen Schätzungen über die Öl- und Gasreserven, vor allem für Kasachstan, aber auch für Aserbeidschan. Das Gebiet galt schnell als aussichtsreichste Explorationsregion der Welt. In den ersten optimistischen Schätzungen wurde sie auf eine Stufe mit dem Persischen Golf gestellt. Für amerikanische Ölkonzerne waren die Staaten besonders interessant, da sie weder im Irak noch im Iran aktiv werden konnten.

Diese Euphorie ist mittlerweile verflogen. Zudem sind die logistischen und technischen Probleme der Erschließung und des Ölexports immens. Aserbeidschan hat die geologischen Erwartungen nicht erfüllt, bietet aber relativ gute Investitionsbedingungen und seit 2006 ausreichende Exportkapazitäten. In Kasachstan ist es umgekehrt: Die geologischen Erwartungen wurden erfüllt, aber die politischen und technischen Hindernisse bleiben hoch.

Der Absatz kaspischen Öls könnte daher vorläufig auf Südosteuropa und die Schwarzmeerregion begrenzt bleiben, also eine Region, die insgesamt etwa 3 mb/d verbraucht. Die kaspische Region wäre dann kein globaler Swingproducer in Konkurrenz zum Persischen Golf, sondern eher eine zusätzliche Option für die europäische Ölversorgung.

6.6.1   Entwicklung der Rahmenbedingungen

Die Region um Baku im heutigen Aserbeidschan war die Geburtsstätte des russischen Öls im 19. Jahrhundert. An der Schwelle zum 20. Jahrhundert war Baku die größte Ölregion der Welt und blieb bis in die 1950er Jahre das Rückgrat der sowjetischen Ölindustrie. Doch dann schienen die aserbeidschanischen und tschetschenischen Vorkommen erschöpft zu sein. Der Investitionsschwerpunkt wurde in die Wolga- und Ural-Region sowie vor allem nach Westsibirien verschoben. Ende der 1980er produzierte Baku nur noch 2 % des sowjetischen Öls.[90]

Seit den 1990ern regen vor allem die kaum explorierten Gewässer des Kaspischen Meers die Fantasie der westlichen Ölkonzerne an. Geologische Untersuchungen hatten schon zur Sowjetzeit große, aber für die damalige Technik kaum förderbare Vorkommen vermuten lassen. Aber die Bonanza konnte erst nach der Unabhängigkeit der kaspischen Staaten beginnen. Noch vor dem Jahr 2000 wurden allein in Aserbeidschan Explorationsverträge über mehr als 10 Mrd. $ geschlossen. Meilensteine waren:[91]

▸ 1993: Vertrag zwischen Kasachstan und einem internationalen Konsortium (geführt von Chevron) zur Erschließung des Tengiz-Feldes

▸ 1994: Vertrag über die Erschließung des Feldes Karachaganak

▸ 1994: Aserbeidschan schließt mit einem internationalen Konsortium den sog. „Jahrhundertvertrag" über die Erschließung von drei Offshore-Feldern (ACG – Azeri, Chirag, Gunashly)

▸ 2000: Entdeckung des kasachischen Supergiant Kashagan.

6.6.2   Produktion

Die kaspischen Staaten[92] sind heute eine der wenigen großen Wachstumsregionen für konventionelles Öl. Im Jahr 2007 wurden bereits 2,6 mb/d (Rohöl/NGL) erreicht, davon 1,4 mb/d in Kasachstan und 0,9 mb/d in Aserbeidschan. Im kommenden Jahrzehnt wird deutlich mehr erwartet, vor allem aus Kasachstan, das die Produktion auch ohne das Feld Kashagan bis 2013 auf 1,9 mb/d ausweiten könnte.

Die Prognosen stehen und fallen mit Kasachstan. Es verfügt mit Kashagan, Tengiz, Kurmangazy und Karachaganak über die größten Ölfelder der Region. Es hat die größte Volkswirtschaft Zentralasiens und ist mit seinen 2,7 Millionen Quadratkilometern eines der größten Länder der Welt. Schon heute hängen über 50 % der Staatseinnahmen am Öl. Von den 1,4 mb/d Ölförderung werden 80 % exportiert. In einigen Jahren könnte Kasachstan zu einem der zehn größten Ölexporteure aufgestiegen sein.

Optimistischere Schätzungen gründen sich vor allem auf die zügige Erschließung von Kashagan. Hier gab und gibt es allerdings immer wieder Verzögerungen (siehe unten). Auch wird unterstellt, dass zusätzliche Exportkapazitäten rechtzeitig fertig gestellt werden, was ebenfalls nicht gesichert ist. Die Verzögerung beim Ausbau der CPC-Pipeline könnte auch das Förderwachstum bei den großen Feldern Tengiz und Karachaganak verzögern. Bis zum Sommer 2008 konnten sich die Betreiber der Pipeline mit Russland nicht über die Kostenverteilung einigen.[93]

In Aserbeidschan kann nach der Fertigstellung der Ölpipeline in die Türkei (2006) die Feldergruppe ACG weiter erschlossen und über die BTC-Pipeline Richtung Türkei problemlos exportiert werden. Daneben sind die Kondensate aus dem großen Gasfeld Shah Deniz von Bedeutung.

6.6.3   Reserven

Reservenschätzungen von bis zu 200 Gb, die Anfang der 1990er vom US-Außenministerium verbreitet wurden, haben viel zu der strategischen Aufmerksamkeit beigetragen, die die kaspische Region seit Anfang der 1990er Jahre erfahren hat. Diese Zahlen waren jedoch weitgehend aus der Luft gegriffen. Die gesicherten Reserven lagen damals (1999) bei gerade einmal 16 Gb und die in der Branche erwarteten Entdeckungen bewegten sich um die 10–20 Gb, also insgesamt wenig mehr als einem Zehntel der Regierungszahlen.

Heute sind die meisten Schätzungen[94] in der Gegend von 50 Gb förderbaren Reserven. BP gibt für Aserbeidschan und Kasachstan 7 Gb bzw. 39,8 Gb an. Das Oil & Gas Journal publiziert Zahlen von 7 bzw. 30 Gb.

Allerdings gilt damals wie heute, dass große Teile der kasachischen Vorkommen erst ansatzweise erschlossen sind und einige Regionen kaum exploriert wurden. Solange die bisherigen Großprojekte nur schleppend anlaufen, bleibt der Anreiz gering, mit großem Aufwand nach neuen Vorkommen zu suchen.

6.6.4   Fallbeispiel Kashagan

Kashagan ist eines der größten und komplexesten Ölfelder der Welt. Nach förderbaren Reserven ist es das fünftgrößte Feld der Welt und wurde erst im Jahr 2000 in den Küstengewässern des Kaspischen Meeres nicht weit von der Stadt Atyrau entdeckt. Das Betreiber-Konsortium schätzt die sicheren, förderbaren Reserven auf 7–9 Gb; mit größerem technischem Aufwand könnten wahrscheinlich 16–22 Gb gefördert werden (URR). Insgesamt sollen 38 Gb vorhanden sein (OOIP).

Ein näherer Blick auf die technischen und ölpolitischen Herausforderungen Kashagans gibt ein Gefühl dafür, welchen Herausforderungen sich die Ölversorgung im 21. Jahrhundert gegenübersieht, wenn sie in immer stärkerem Maße auf „Frontier"-Felder angewiesen ist.[95]

Technik

Die Ölfirmen sehen sich bei der Erschließung Kashagans großen technischen Problemen gegenüber: Das Gas steht unter extrem hohem Druck, das Öl hat – obwohl es leicht ist – einen hohen Schwefelgehalt und liegt unter hochkorrosiven Salzschichten. Ständig drohen Schwefelwasserstoffgase auszutreten. Schon H_2S-Anteile von 3 % gelten in der Branche als hoch – hier sind es 15 %. Die Arbeiter tragen Sauerstoffflaschen mit sich herum. Luftdichte, Eis brechende Schiffe stehen bereit, um sie rasch aus der Gefahrenzone bringen zu können. Die Anlagen ähneln dadurch eher einer Fabrik für gefährliche chemische Stoffe als einer Ölplattform.

Hinzu kommen die extremen Wetterbedingungen auf dem Kaspischen Meer und das Risiko einer Umweltverschmutzung in den fischreichen Gewässern. Eisschollen drohen im Winter konventionelle Plattformen zu zerstören.

Die Vorkommen liegen etwa 4000 Meter unter dem Meeresboden unter extremen Druckverhältnissen, die einem bis zu 500fachen atmosphärischen Druck entsprechen. Große Pumpanlagen und gehärtete Stahlrohre müssen dafür sorgen, dass das Öl sicher an die Oberfläche gelangt und dass gefährliche Gase zurückgepumpt werden. Dabei müssen die Anlagen einem Druck von 800 Bar standhalten, was ein neuer Rekord für die Ölindustrie ist.

Beim anderen großen kasachischen Feld Tengiz sind die Probleme nicht viel geringer.[96] Tengiz liegt unter den Sümpfen, die sich an der nordöstlichen Küste des Kaspischen Meeres entlang ziehen. Das Feld enthält 6–9 Gb Öl und wird zurzeit auf eine Kapazität von 460–550.000 b/d ausgebaut. Wie bei Kashagan gibt es auch hier durch den extremen Gasdruck große technische Risiken. Ein Blow-out in den 1980ern konnte von den sowjetischen Betreibern erst nach einem Jahr und mit amerikanischer Hilfe wieder unter Kontrolle gebracht werden.

Im Jahr 1997 schloss eine Gruppe westlicher Ölkonzerne mit der kasachischen Regierung einen Vertrag über die Erschließung von Ölreserven im Kaspischen Meer. Das Land war dazu nicht in der Lage, denn es fehlte an Kapital und Fachleuten, nachdem viele russische Experten abgewandert waren. Der Vertrag sah vergleichsweise günstige Bedingungen für die Ölkonzerne in einem PSA (Production Sharing Agreement) vor. Das bedeutete, dass Kasachstan erst dann Einnahmen haben würde, wenn die Firmen ihre Kosten durch die Förderung und den Verkauf von Öl wieder hereingeholt hatten.

Shell übernahm in der Explorationsphase die Führung. Eine große Bohrplattform wurde von Nigeria nach Louisiana transportiert und für kasachische Klimabedingungen umgebaut. Anschließend wurde sie in Einzelteile zerlegt und über den Atlantik, durch das Schwarze Meer und den Wolga-Don-Kanal zum Kaspischen Meer gezogen. Dort wurden die Einzelteile wieder zusammengebaut. Doch ein Feuer zerstörte Teile der Plattform. Andere Teile wurden gestohlen. Der Zeitplan musste um viele Monate verschoben werden. Kashagan, ursprünglich nach einem kasachischen Dichter benannt, erhielt bald den Spitznamen „cash all gone".

Mitte 2000 wurde schließlich sensationell viel Öl gefunden. Kashagan war die größte Entdeckung seit Alaskas Prudhoe Bay im Jahr 1968. Im Mai 2007 wurde ein Bohrloch erfolgreich getestet, das spontan 35.000 b/d produzierte. Das entspricht bereits der Förderung eines mittelgroßen Ölfeldes. Insgesamt werden 280 Fördersonden (also zur stetigen Förderung ausgebaute Bohrlöcher) geplant.

Aber die Konsortialpartner wollten Shell nicht mehr als Konsortialführer. Nach langen Disputen wurde die italienische Eni (Agip), der kleinste Partner, als Kompromisskandidat 2001 an die Spitze gewählt. Veränderungen im Konsortium und Auseinandersetzungen mit der kasachischen Regierung verzögerten die Erschließung immer wieder. Selten zuvor waren so viele rivalisierende Konzerne mit ähnlichem Gewicht in einem Projekt vertreten. Eni hielt ab 2001 als Konsortiumführer 18,5 % der Anteile, ebenso wie ExxonMobil, Shell und Total; ConocoPhillips hielt 9,3 %, während die japanische Inpex und die kasachische KMG über je 8,3 % verfügten. Zahlreiche Konflikte und endlose gegenseitige Schuldzuweisungen bestimmten das Tagesgeschäft.

Angesichts der extremen klimatischen Bedingungen wollte Eni künstliche Inseln aufschütten, um die Förderplattformen zu schützen. Die kasachische Regierung lehnte dies ab, da damit weitere Verzögerungen verbunden gewesen wären. Es kam zu 14 Monate langen Auseinandersetzungen. Die kurzen sommerlichen Bauphasen 2002 und 2003 wurden kaum genutzt.

Schließlich stimmte Kasachstan Anfang 2004 Enis Vorschlägen zu. Öl sollte erst ab 2008 statt wie ursprünglich geplant schon 2005 fließen. Die britische BG stieg 2003 aus dem Konsortium aus und die kasachische Staatsfirma KMG übernahm ihren Anteil. Zähe Verhandlungen folgten, da die anderen Konzerne bezweifelten, dass die kasachische Firma in der Lage sein würde, ihren Anteil an den steigenden Kosten zu finanzieren.

Mittlerweile wurden mehr als vier Millionen Tonnen Steine herangeschafft, um zwei künstliche Inseln in den flachen Gewässern anzulegen und zu befestigen. Immer wieder mussten die Pläne wegen der gefährlichen Gase angepasst werden.

Anfang 2007 teilte Eni mit, dass die Förderung nicht 2008, sondern erst später beginnen kann. Der Förderbeginn wird nun erst nach 2012 erwartet. Schon kurz danach sollen 500.000 b/d erreicht werden. Das Fördermaximum könnte bei 1,2–1,5 mb/d liegen. Das wäre etwa so viel wie die gesamte Ölproduktion Großbritanniens.

Die Kostenschätzungen für eine vollständige Erschließung waren mittlerweile von 57 Mrd. auf die enorme Summe von 136 Mrd. $ geklettert. Allerdings war von Anfang an klar gewesen, dass sich die Investitionen für ein dermaßen großes und komplexes Feld nicht zuverlässig schätzen ließen.

Eni verkündete Anfang 2007, dass die Kosten allein für die erste Phase nicht bei 10 Mrd., sondern bei 19 Mrd. $ liegen werden. Wichtige Gründe dafür seien der Mangel an Fachleuten, hohe Stahlpreise und hohe Mieten für Bohrplattformen. Die kasachische Regierung tobte, da ihre Einnahmen dadurch in immer weitere Ferne rückten. Sie wollte Eni als Konsortialführer absetzen und drohte dem Projekt mit dem Entzug der Lizenzen. Wieder einmal begannen langwierige Verhandlungen.

Kasachstan versucht nun – ähnlich wie Russland – die aus seiner Sicht unvorteilhaften PSA-Regelungen zu ändern. Die kasachische Regierung verlangt, dass die staatliche KMG zusammen mit Eni das Konsortium führen soll. Diese Forderung wurde mittlerweile abgemildert. Der Einfluss von KazMunaiGaz steigt jedoch und der Staat wird – so die vorläufige Einigung Anfang 2008 – einen höheren Anteil an den Gewinnen erhalten.

6.6.5   Pipelinekapazitäten

Die Verzögerungen bei Kashagan hatten immerhin den Vorteil, dass in der Zwischenzeit nach Lösungen gesucht werden konnte, das kaspische Öl auf die Weltmärkte zu bringen. Kasachstan hat keinen Zugang zu den Weltmeeren und ist auf den Transit durch Drittstaaten angewiesen.

Die Frage der Exportrouten steht seit den 1990er Jahren im Mittelpunkt der Entwicklungsprobleme des kaspischen Öls. Zu Zeiten der Sowjetunion wurde das kaspische Öl nach und durch Russland transportiert. Die Sowjetunion hatte ein riesiges Pipelinenetz für Gas und Öl von Sibirien bis Osteuropa errichtet, um das Territorium der Warschauer-Pakt-Staaten zu versorgen. Nach dem Zerfall der Sowjetunion zerfiel dieses zentralisierte System in die Zuständigkeit zahlreicher neuer autonomer Staaten.

Diese können nun die lokalen und regionalen Verbindungen nutzen, doch die internationalen Verbindungen sind immer noch stark auf Russland orientiert. Daher verfügte die Region in den 1990ern zunächst über keine Exportpipeline, die nicht über russisches Territorium lief.

In den 1990ern wurde eine Vielzahl von Pipelineplänen entwickelt, deren Verwirklichung zunächst unklar blieb. Russland, USA, China, Türkei, Iran und natürlich die kaspischen Staaten selbst verfolgten unterschiedliche und zum Teil konträre Interessen. Die Uneinigkeit behinderte schon bald die Entwicklung des kasachischen Supergiant Tengiz. Erst nach und nach wurden Exportrouten ausgebaut und das Monopol Russlands schrittweise aufgeweicht.

Zurzeit gibt es an der Westküste des Kaspischen Meeres zwei große Pipelines, die an die russische Schwarzmeerküste (CPC) bzw. zum türkischen Mittelmeerhafen Ceyhan führen (BTC). Zwei kleinere Leitungen verbinden Kasachstan mit China und einem russischen Raffineriezentrum (Samara).

Eine weitere Option wäre der Transport über das Kaspische Meer an die nordiranische Küste, was aber auf massiven Widerstand der USA stößt. Geografisch und ökonomisch liegt diese Route auf der Hand, denn sie ist vergleichsweise kurz und bietet Anschluss an die großen Ölexporthäfen am Persischen Golf. Von dort könnte Öl nach Ostasien transportiert werden. Zwei Optionen stehen zur Verfügung: Der direkte Pipeline-Transport zum Golf oder Swaps (Tausch). Dabei wird Nordiran mit kaspischem Öl versorgt (ca. 0,1 mb/d). Teheran exportiert im Gegenzug dieselbe Menge von seinen südlichen Feldern in alle Welt. Einige Unternehmen nutzen bereits diese Swap-Möglichkeiten. Kasachische Ölunternehmen transportieren die Mengen zu einem iranischen Hafen am Kaspischen Meer (Neka) im Austausch gegen Exporte von der iranischen Kharg Insel.

Aber diese beiden Rohrleitungen wären nicht in der Lage, die Mengen zu befördern, die Kashagan ab 2020 produzieren wird. Die CPC-Pipeline wird von einem privaten Konsortium betrieben, ist aber auf Moskaus Duldung angewiesen. Die Kapazitäten sollen von gegenwärtig 750.000 b/d auf 1,35 mb/d ausgebaut werden, um die wachsenden kasachischen Ölmengen exportieren zu können. Derzeit laufen die Verhandlungen mit Moskau über die Höhe der Transitgebühren.

Von den russischen Schwarzmeerhäfen könnte das Öl über den Bosporus ins Mittelmeer gelangen oder, wenn die von Moskau unterstützte Pipeline gebaut wird, über Bulgarien nach Griechenland gepumpt werden. Diese Burgas-Alexandroupolis-Pipeline könnte bis zu 1 mb/d russisches oder kasachisches Öl nach Europa bringen, ohne dass Moskau von der Türkei oder der Ukraine abhängig wäre.

Das westliche BTC-Konsortium hofft, dass kasachisches Öl auch seine Leitung nutzen wird, da die Pipeline wegen des enttäuschenden Ausbaus der aserbeidschanischen Ölförderung lange nicht ausgelastet war. Das Öl könnte per Tanker quer über das Kaspische Meer nach Baku gelangen. Insgesamt dürften die Transportkosten für kasachisches Öl zu einer Raffinerie im Mittelmeer bei deutlich über 5 $/b liegen.

Aber wenn der Ausbau der CPC-Pipeline wie geplant gelingt, ist der Export kaspischen Öls bis weit in das kommende Jahrzehnt gesichert. Danach könnte die weitere Erschließung Kashagans und anderer kasachischer Felder die bisherige Infrastruktur überlasten. Das gilt für die Pipelines und die russischen Schwarzmeerhäfen. Dort könnte es über kurz oder lang zu einer Konkurrenz zwischen kasachischen und russischen Anforderungen kommen.

Aus der Perspektive der Weltölmärkte stellt sich die Frage, ob die von den USA und Europa gewünschte Westorientierung des kaspischen Öls Richtung Mittelmeer die zukünftige Nachfragesituation reflektiert. Einerseits könnten damit die Mengen ausgeglichen werden, die in wenigen Jahren aus der Nordsee fehlen werden. Andererseits stagniert die europäische Ölnachfrage schon heute, während sie in Ostasien stark wächst. Für diese Verschiebung bieten sich nur zwei Routen an: entweder über den Iran oder über aufwendige Direktverbindungen nach China.

6.7   Sonstige Ölproduzenten

Auf den folgenden Seiten wird in knapper Form ein Blick auf die Perspektiven und Probleme anderer Ölproduzenten geworfen. [97]

Angola

Angola ist eines der wenigen Länder mit stetig steigender Förderung, nachdem der jahrzehntelange Bürgerkrieg 2003 beendet werden konnte. Die Exporte sind hoch, da der Eigenverbrauch sehr gering ist.

Die ehrgeizigen Ausbaupläne basieren immer noch auf einer relativ geringen Reservenbasis von 9 Gb. Neue Entdeckungen sind nötig, um die Produktion auch nach 2013 zu sichern.

Cera ist optimistisch: Die Kette von Tiefwasser-Funden sei ungebrochen. Auch das Festland scheint aussichtsreicher als noch vor wenigen Jahren angenommen. Es wird ein Anstieg von 1,2 mb/d (2005) auf 2,5 mb/d (2010) und 3,4 mb/d in späteren Jahren erwartet.

Die IEA ist zurückhaltender und erwartet nach einem Anstieg auf 2,1 mb/d im Jahr 2009 einen Rückgang auf 1,9–2,0 mb/d, da einige der älteren Tiefwasserprojekte ihren Peak überschritten haben.[98]

Bolivien

Der bolivianische Präsident Morales ordnete im Mai 2006 die Verstaatlichung der Öl- und Gasindustrie im ärmsten Land Südamerikas an. Nach langwierigen Verhandlungen wurde mit den ausländischen Konzernen ein Kompromiss vereinbart: Eine Kontrollmehrheit der Projektanteile wird auf den bolivianischen Staat übertragen. Die Steuern und Abgaben werden drastisch erhöht. Die innenpolitische Debatte hält an.

Brasilien

Die Aussichten im größten lateinamerikanischen Land sind weiterhin gut. Neue Tiefst-wasserfunde (Tupi, Carioca) dürften die Reservenbasis deutlich vergrößern. Die Pro-duktion könnte bis 2025 auch ohne Ethanol auf über 4 mb/d steigen. Brasilien wäre dann einer der fünf wichtigsten Ölproduzenten der Welt. Nach den jüngsten Tiefwas-serfunden (vgl. Kap. 4) werden auch schon höhere Zahlen genannt.[99]

China

Die IEA erwartet einen leichten Produktionsanstieg bei konventionellem Öl von der-zeit 3,6 mb/d auf 3,9 mb/d im nächsten Jahrzehnt, gefolgt von einem lang gestreckten Rückgang.

Nicht-konventionelles Öl in Form von Biokraftstoffen oder CTL aus Kohle könnte bis 2030 einen Beitrag von 0,7 mb/d leisten, aber dieser Ausblick ist höchst unsicher.[100]

Ein Rückgang bei den wichtigsten Feldern Daqing und Shengli könnte durch neue Erschließungen kompensiert werden. Die Offshore-Produktion und die Produktion in den abgelegenen nördlichen und westlichen Landesteilen hat noch Potenzial. Dies zeigte sich 2007 bei der Entdeckung des großen Nanpu-Feldes im Bohai-Becken (s.u.).

Pekings Reservenschätzungen liegen seit 20 Jahren in der Gegend von 16 Gb. Die wahrscheinlichen Reserven (2P) liegen deutlich höher bei etwa 29,4 Gb.[101] Da in der Vergangenheit etwa 28 Gb gefördert wurden, sind knapp 50 % der heute bekannten Reserven verbraucht worden. In dieser Rechnung sind zukünftige neue Funde und das mögliche Reservenwachstum in bekannten Feldern noch nicht enthalten.

Der Explorationsgrad des Landes unterscheidet sich stark von Region zu Region. Weite Gebiete in Zentral- und Westchina sind erst oberflächlich, die Offshore-Gebiete erst zum Teil und das Tiefwasser nur ansatzweise untersucht worden. Größere Funde sind also noch möglich und werden immer wieder gemeldet.

Dagegen haben die großen Felder in Ostchina ihr Produktionsmaximum überschritten. Das riesige Feld Daqing, eines der zehn größten aktiven Felder der Welt, lieferte mit 1,0 mb/d traditionell ein Drittel des chinesischen Outputs. Die Produktion fiel 2003 zum ersten Mal seit 1975 unter 1 mb/d. 2006 lag die Förderung nur noch bei 871.000 b/d[102], 2007 nur noch bei 820.000. Im laufenden Jahr (2008) sollen 800.000 b/d erreicht werden.

Nanpu:[103] Nanpu ist der größte Fund in China seit 30 Jahren. Der letzte Fund von mehr als 1 Gb in der asiatisch-pazifischen Region datiert aus dem Jahr 1974 (das vietnamesische Dai Hung Feld).

Im April 2007 meldete Petrochina diesen Fund im Bohai-Becken vor der ostchinesischen Küste. Das Nanpu-Ölfeld enthält – nach chinesischen Termini – „geologische Reserven" von 7,4 Gb (OOIP), davon 3 Gb „sicheres" OOIP. Das Feld liegt in sehr flachem Wasser und ist nicht weit von den Verbrauchszentren entfernt. Das macht das Feld sehr attraktiv für eine rasche Erschließung. Nanpu soll bis 2012 eine Förderung von 200.000 b/d erreichen, um einige Jahre später einen Peak von 500.000 b/d zu erreichen. Die IEA[104] ist vorsichtiger und geht von einem Peak bei 300.000 b/d aus.

IHS und Berman[105] schätzen, dass Nanpu ein URR von nur 650–870 mb hat. Das entspräche in etwa dem Penglai-Feld, das 1999 ebenfalls dort gefunden worden war. Auch offizielle chinesische Stellen sprechen von 630 mb URR, indem sie eine Recovery Rate von 20 % auf ein sicheres OOIP von 3 Gb ansetzen. Einigen Beobachtern erscheint es trotzdem unwahrscheinlich, dass das zweitgrößte Feld in dieser Region erst nach 50 Jahren Erschließungstätigkeit entdeckt wird. Allerdings wurde auch das große Buzzard-Feld in der Nordsee erst vor kurzem entdeckt.

Wenn Nanpu und die zahlreichen andere Funde der letzten Jahre die in sie gesteckten Hoffnungen erfüllen, könnte China seine Produktion entgegen den Erwartungen noch für viele Jahre stabilisieren, obwohl die alten Felder ihren Peak überschritten haben.

Indonesien

Die Ölproduktion fällt seit Beginn des Jahrzehnts unaufhörlich. Das OPEC-Mitglied ist zum Nettoimporteur geworden und plant den Austritt aus der Organisation, da es mehr an niedrigen als an hohen Ölpreisen interessiert ist.

Kanada

Die konventionelle Ölförderung nimmt seit Jahren deutlich ab. Der Rückgang wird aber von Ölsandprojekten überkompensiert (vgl. Kap. 9).

Libyen

Als Gadhafi 1970 die Macht übernahm, erreichte Libyen seine bislang höchste Förderung bei über 3 mb/d. Mit hohen Reserven und einer kleinen Bevölkerung ähnelt Libyen eher den reichen Golfstaaten als seinen nordafrikanischen Nachbarn.[106]

Verstaatlichungen und das Ende der Kooperation mit westlichen Firmen führten zu einem Rückgang bis auf 1 mb/d in den 1980ern. Es folgten internationale Isolierung,

Sanktionen und Mangel an Investitionen über mehr als 20 Jahre. Die Produktion erholte sich dennoch bis auf gegenwärtig 1,8 mb/d.

Die Produktionsbedingungen sind außerordentlich günstig: Das Öl ist hochwertig und kann mit geringem Aufwand gefördert und zu den nahen europäischen Märkten transportiert werden.

Die hauptsächlich von den USA getragenen Sanktionen begannen 1982 und wurden 1986 ausgeweitet. Sie führten dazu, dass sich amerikanische Ölunternehmen zurückzogen und Kanadier und Europäer (darunter Veba, Wintershall, Agip, OMW und Repsol) ihren Platz zu günstigeren Konditionen einnahmen. Ab 2003 wurden die Sanktionen schrittweise aufgehoben. Kurz darauf liefen die Explorationsinvestitionen wieder an. Die Öffnung des Ölsektors soll große Investitionssummen ins Land bringen und die Produktion wieder auf das Niveau der 1970er Jahre heben.

Libyen hat das Potenzial, seine Produktion erheblich auszuweiten. Das Land plant bis 2013 einen Anstieg der Förderung von 1,8 auf 3 mb/d. Die Chancen dafür werden von Beobachtern aber als gering eingestuft. Die EIA erwartet für das Zieljahr nur 2,0 mb/d. Die IEA erwartet einen Anstieg der Produktion auf 3,1 mb/d erst im Jahr 2030.

Die nötigen Ölreserven sind vorhanden. Das Land verfügt mit 39 Gb über die größten Vorkommen Afrikas, darunter 12 Felder mit mehr als 1 Gigabarrel. Die Vorkommen sind im Sirte-Becken konzentriert. Erst ein Viertel des Landes wurde bislang gründlich exploriert.

Laufend werden Funde mittelgroßer Ölfelder gemeldet. Zum Beispiel schätzt Repsol einen Fund im Murzuq-Becken Anfang 2007 auf 1,26 Gb OOIP und 474 mb URR. Das wäre eine der größten Entdeckungen weltweit in jenem Jahr.

Mexiko

Mexiko ist noch immer einer der großen Ölproduzenten mit über 3 mb/d Förderung. Die nachgewiesenen Reserven liegen allerdings nur noch bei 11,6 Gb, was rein rechnerisch der Produktion von 10 Jahren entspricht. [107]

Die mexikanische Regierung schöpft den größten Teil der Einnahmen des staatlichen Ölmonopols Pemex ab und finanziert damit knapp die Hälfte ihres Staatshaushalts. Der Kongress genehmigt das Budget auf jährlicher Basis, was dazu führt, dass Pemex Kredite aufnehmen muss, um längerfristige Projekte zu finanzieren. Auch deshalb konzentriert sich das Unternehmen auf risikoarme, kurzfristige Projekte und vernachlässigt die möglicherweise erheblichen Potenziale im mexikanischen Teil des Golfs von Mexiko.

Das Feld Cantarell ist die Hauptstütze der mexikanischen Ölproduktion mit einem Anteil von 60 % an der nationalen Förderung. Es ist eines der fünf größten Ölfelder der Welt mit einer einzigartig starken Konzentration von Öl. Zudem bietet es hervorragende Förderbedingungen bei minimalem organisatorischen Aufwand. Der Wasseranteil am Fördergemisch (Water Cut) liegt noch unter 10 %. Bislang wurde erst eine einzige Horizontalbohrung durchgeführt.

Die Produktion lag lange um die 2 mb/d, aber brach 2006 schnell, wenn auch nicht ganz unerwartet, auf 1,5 mb/d ein. Experten befürchten ein Eindringen von Seewasser in viele der Reservoirs, wenn die Produktion nicht deutlich zurückgefahren wird. Denn der Abstand zwischen der über dem Öl liegenden Gasschicht und dem unter dem Öl liegenden Wasser schrumpft rapide. Pemex erwartet für 2008 eine Produktion von nur noch 1,2–1,3 mb/d. Im Frühjahr 2008 lag sie nur noch bei 1,1 mb/d. Durch verstärkte Investitionen will Pemex den Decline verlangsamen, so dass die Produktion 2013 noch bei 600.000 b/d liegen könnte.

Neue Felder können den Rückgang nur zum kleinen Teil auffangen. In Kürze wird wohl auch die Feldergruppe KMZ ihren Peak überschreiten.

Die Prognosen für Mexiko gehen weit auseinander und werden zurzeit stark nach unten revidiert. Die EIA rechnete 2006 noch mit 5 mb/d für das Jahr 2030, reduzierte die Schätzung aber nur ein Jahr später auf 3,5 mb/d.

Die IEA erwartete eine zunächst stabile Förderung, aber spätestens Ende des kommenden Jahrzehnts einen scharfen Rückgang, vor allem wegen zu geringer Investitionen. Jüngst hat sie ihre Erwartungen noch einmal zurückgeschraubt und sieht schon bis 2012 einen Förderrückgang auf 2,7 mb/d voraus.

Das mexikanische Energieministerium hat im Dezember 2007 Prognosen veröffentlicht. Im besten Fall erreicht das Land demnach 2016 eine Fördermenge von 3,4 mb/d. Dafür müsste das Feld Chicontepec und das Tiefwasser im Golf von Mexiko erschlossen werden. Auch müsste der Ölsektor ausländischen Unternehmen geöffnet werden, was bislang nur im kleinen Rahmen erlaubt wird. Im schlechtesten Fall sind nur noch 2,1 mb/d möglich. Das würde die Exporte, die fast die Hälfte des Staatshaushalts finanzieren, fast auf Null reduzieren.

Seit Jahren wird eine Öffnung des Ölsektors und eine fiskalische Entlastung der staatlichen Ölgesellschaft Pemex diskutiert. Aber derzeit sieht es nicht nach einem Kurswechsel in der mexikanischen Ölpolitik aus.

Nigeria

Nigeria ist ein ölreiches Land mit vermutlich noch größeren Erdgasreserven, die erst ansatzweise erschlossen sind. Zurzeit wird ein großer Teil des bei der Ölförderung frei werdenden Erdgases abgefackelt.[108]

Die Produktionskapazität liegt bei etwa 3 mb/d, davon sind jedoch aufgrund der Sicherheitsprobleme im Nigerdelta 0,5–1 mb/d nur selten nutzbar. Immer mehr Ölserviceunternehmen ziehen sich zurück. Trotzdem wird wegen der Projekte im (sicheren) Tiefwasser mit einem Anstieg der Produktion gerechnet. Dort wurde in den letzten vier Jahren die Produktionskapazität auf knapp 1 mb/d verdreifacht. Bis 2012 sind sogar 1,6 mb/d denkbar.

Im kommenden Jahrzehnt ist fraglich, ob die Entwicklung der Tiefwasserfelder den Rückgang auf dem Festland kompensieren kann. Die notorische Kapitalknappheit der staatlichen Ölgesellschaft NNPC behindert Investitionen, da sie bei jedem Konsortium beteiligt werden muss.

Nordsee: Großbritannien und Norwegen

Die Ölförderung in der Nordsee schrumpft rapide. Die britische Förderung fiel von ihrem Peak bei 3,0 mb/d (1999) um die Hälfte auf 1,5 mb/d (2008). Schon in wenigen Jahren dürfte die Schwelle von 1 mb/d unterschritten werden.

In Norwegen ist die Lage etwas besser. Der Peak war 2001 bei 3,4 mb/d. Heute sind es 2,5 mb/d. Die Grenze von 2,0 mb/d dürfte im nächsten Jahrzehnt unterschritten werden. Die IEA erwartet 2012 nur noch 2,05 mb/d.[109]

Katar

Katar verfügt über einige aussichtsreiche Ölfelder. So soll das Al-Shaheen Feld von Maersk Oil von 130.000 b/d auf 525.000 b/d ausgebaut werden.[110]

Aber der größte Teil der Ölreserven liegt in Form von Kondensaten aus den riesigen Gasvorkommen des Landes vor. Derzeit werden in Katar 300.000 b/d Kondensate gefördert. Bis 2010 werden es voraussichtlich 700.000 b/d sein. Das kleine Land verfügt über die drittgrößten Gasreserven der Welt im North Field, dem größten eigenständigen Gasfeld der Welt. IHS schätzt die Ölreserven auf 33 Gb, davon 80 % in Form von Kondensaten aus Gasfeldern. Große Kondensatmengen können zusammen mit den Rohölfeldern und der GTL-Produktion die Ölproduktion von 1,0 auf 2,9 mb/d (2030) anheben.

Sudan

Das ostafrikaische Land, das schon bald der OPEC beitreten könnte, ist eines der neuen Ölländer. Die Produktion lag 2007 bei 500.000 b/d. Ein vorläufiges Maximum wird bei 700.000 b/d um 2010 erwartet, falls ein Rückgang im Norden von einem Produktionsanstieg im aussichtsreichen, aber bislang wenig erschlossenen Süden des Landes aufgefangen werden kann.

Politische Instabilität und Konflikte über die Profitverteilung machen trotz der guten Reservenbasis von derzeit 5–6 Gb und hohen chinesischen Investitionen einen kurzfristigen Anstieg unwahrscheinlich. Unter stabilen politischen Rahmenbedingungen wäre aber im kommenden Jahrzehnt ein Anstieg über die Grenze von 1 mb/d möglich.[111]

USA

Die USA sind immer noch der drittgrößte Ölproduzent der Welt nach Russland und Saudi-Arabien. Von den 6,9 mb/d sind 5,2 mb/d Rohöl, der Rest stammt überwiegend aus Flüssiggasen (NGL), die zum Teil in Erdgasfeldern gewonnen werden. Die Produktion der USA geht stetig zurück. Sie fiel in den letzten 10 Jahren um 1,4 mb/d.[112]

Im kommenden Jahrzehnt wird vieles davon abhängen, ob die Tiefswasserfunde im Golf von Mexiko so groß sind wie erhofft und ob sie rechtzeitig erschlossen werden können. Andernfalls ist mit einem schnellen Förderrückgang zu rechnen, da auch die NGL-Mengen aufgrund der nachlassenden konventionellen Erdgasproduktion schrumpfen werden.

Der größte Teil der amerikanischen Küstengewässer (Ostküste, Westküste, östlicher Teil des Golfs von Mexiko) ist aus Gründen des Umweltschutzes schon seit vielen Jahrzehnten für die Ölexploration gesperrt. Angesichts hoher Benzinpreise plädierten im Sommer 2008 immer mehr Politiker beider Parteien für eine Aufhebung der Verbote. Die USGS erwartet dort größere Vorkommen. Eine Bestätigung steht aber noch aus. Eine rasche Erschließung der neuen Vorkommen könnte aber wohl den Decline der amerikanischen Produktion über eine Reihe von Jahren verlangsamen oder sogar stoppen.

Der EIA erwartet auch ohne neue Küstengebiete eine annähernd stabile Rohölproduktion in den USA bis 2030, während die meisten anderen Schätzungen von einer fallenden Produktion ausgehen.

Vereinigte Arabische Emirate

Die Vereinigten Arabischen Emirate sind eine seit 1971 bestehende Förderation der Emirate Abu Dhabi, Dubai, Sharjah, Ajman, Fujairah, Ras Al Khaimah and Umm Al Qaiwain. Abu Dhabi verfügt über 90 % der Öl- und Gasressourcen, während Dubai das Finanz- und Handelszentrum ist.

Die VAE verfügt mit 98 Gb über 8 % der weltweiten Ölreserven und gehört damit zu den wichtigsten Ölstaaten der Welt. Etwa 30 Felder tragen zur Produktion bei, darunter der Supergiant Zakum, das drittgrößte Feld am Golf. Es ist ein Offshore-Feld mit einer Produktion von 770.000 b/d (2004) und geschätzten 66 Gb Reserven.[113]

Es werden derzeit etwa 2,9 mb/d produziert. Der Eigenverbrauch der 4,4 Millionen Einwohner liegt nur bei 0,4 mb/d.

Cera erwartet einen Anstieg der Kapazitäten von 2,9 auf 3,5 mb/d im Jahr 2015. Die IEA erwartet 3,1 mb/d im Jahr 2013.

Abu Dhabi will seine Produktion ausweiten, aber da die Konzessionen der ausländischen Ölkonzerne 2014 auslaufen, ist es angesichts hoher Abgaben und niedriger Profitraten fraglich, ob die notwendigen Investitionen rechtzeitig eingeleitet werden.

Venezuela

Venezuela ist langfristig einer der Schlüsselakteure für die Versorgung mit konventionellem und nicht-konventionellem Öl. Das Land verfügt mit 87 Gb über die größten konventionellen Ölreserven in der westlichen Hemisphäre und durch seine Schwerstölvorkommen über die – neben Kanada – größten förderbaren nicht-konventionellen Ölreserven.

Neben Kanada, Mexiko und Saudi-Arabien ist Venezuela trotz der außenpolitischen Gegensätze einer der wichtigsten Öllieferanten für die USA.

Die staatliche Ölgesellschaft PdVSA (Petróleos de Venezuela) war in den 1980ern und 1990ern als Staatskonzern eines OPEC-Landes außergewöhnlich selbständig und wurde im Westen als Vorbild für andere Ölexporteure gepriesen. Zwischen 1983 und 1998 führte das Management eine massive Internationalisierung der Geschäfte durch. Das Management setzte alles daran, Kapital zu investieren und möglichst wenig an die Staatskasse in Caracas abzuführen.[114]

Seit Anfang der 1990er wurde eine Politik der *Apertura Petrolera* verfolgt, die den Ölsektor für ausländische Konzerne öffnete und die PdVSA faktisch dem Zugriff der Regierung entzog. Dadurch verschob sich der Akzent der Ölpolitik: Statt hoher Preisen war das erste Ziel nun Mengensteigerung.

Damit war der Konflikt mit der OPEC vorprogrammiert. Das PdVSA-Management befürwortete den Austritt Venezuelas aus der Organisation, während das Land seit 1994 permanent seine Produktionsquote überschritt. Die Kritik im Land wuchs, als klar wurde, dass die einheimische Industrie von der *„Apertura"* nicht profitierte. 1998 brachen die Ölpreise weltweit ein und die PdVSA, die nicht unerheblich zum Preisverfall beigetragen hatte, einigte sich notgedrungen mit der OPEC auf substanzielle Produktionskürzungen.

Die Wahlen von 1998 veränderten die politische Landschaft grundlegend. Hugo Chavez wurde zum neuen Präsidenten gewählt. Er setzte sich damit gegen die Kandidaten der beiden abwechselnd regierenden Parteien des Landes durch, die es seit den 1970ern nicht geschafft hatten, die enormen Öleinnahmen in Wirtschaftswachstum und steigenden Lebensstandard umzusetzen. Als Reaktion darauf war die politische Opposition angewachsen.

Mit dem neuen Präsidenten ist Caracas wieder im Fahrwasser der OPEC und trägt deren Quotenkürzungen mit, übernimmt sogar zeitweise die Meinungsführerschaft der OPEC-„Falken". Mit steigenden Weltmarktpreisen konnten die Öleinnahmen des Staates vervielfacht werden.

Parallel dazu wurde die staatliche Kontrolle ausgebaut und die Abgabenquote der Ölfirmen erhöht. Diese neuen Arbeitsbedingungen wurden von den meisten ausländischen Ölkonzernen nolens volens akzeptiert – mit Ausnahme von ExxonMobil, das seit 2008 gegen Venezuela prozessiert. Eine Einigung steht im Raum, war aber im Sommer 2008 noch nicht unter Dach und Fach.

Damit vollzieht Venezuela eine Korrektur bisheriger Verträge, die den ausländischen Firmen bislang außerordentlich hohe Profite beschert hatte. Die Gewinne pro Barrel waren z.b. bei Conoco-Phillips mit 22 $ mehr als 50 % höher als bei den Aktivitäten im benachbarten Golf von Mexiko, der im internationalen Vergleich schon als recht profitabel gilt.[115] Insofern kann bei der Neuverteilung der Profite von einer „nachholenden" Entwicklung in Venezuela gesprochen werden, die ähnlich wie in Russland ein Ergebnis der Vertragsgestaltung der 1990er Jahre war.

Die Auseinandersetzung mit den USA bleibt an der Oberfläche hart, aber trotzdem gibt es bislang keine Anzeichen, dass Caracas seine Exporte an den nördlichen Nachbarn (1 mb/d) tatsächlich kürzt oder dass Washington einen Kaufboykott erwägt. Das liegt nicht zuletzt daran, dass nur an der US-Golfküste ausreichende Raffineriekapazitäten vorhanden sind, die die schweren venezolanischen Ölsorten verarbeiten können.

Eine gravierende Folge der innenpolitischen Turbulenzen der letzten Jahre war die Abwanderung vieler Fachkräfte ins Ausland. Im Jahr 2003 musste die Hälfte der Belegschaft nach einem Generalstreik die PdVSA verlassen, insgesamt 18.000 von 40.000 Arbeitskräften. Der Staatskonzern wird wohl noch viele Jahre benötigen, um die fehlenden Fachleute zu ersetzen.

Venezuela hat seither Probleme, das Produktionsniveau stabil zu halten. Das war von Beobachtern schon lange vermutet worden und wird mittlerweile auch vom OPEC-Sekretariat bestätigt. Die Produktion liegt demnach bei etwa 2,4 bis 2,5 mb/d und nicht bei 3,1 bis 3,2 mb/d, wie von offiziellen venezolanischen Stellen immer wieder zitiert worden war.

Trotz der großen Ressourcenbasis erwarten Cera und IEA angesichts der ölpolitischen Probleme nur einen geringen Anstieg der Produktion im kommenden Jahrzehnt bis auf 3–3,5 mb/d.[116]

6.8 Peak-Prognosen und Schlüsselvariablen

6.8.1 Drei Peak-Typen

Der Peak bezeichnet ein Fördermaximum, also die maximale Geschwindigkeit (b/d), mit der Öl gefördert wird. Der Peak ist dann relevant, wenn der *Trend der Nachfrage* höhere Mengen verlangt als angeboten werden.

Drei Definitionen eines Peaks müssen unterschieden werden, um Missverständnisse zu vermeiden:

▸ Der geologisch-technische Peak (*Peak-Potenzial*) – also die maximal mögliche Produktionsgeschwindigkeit beim heutigen Stand der Technik. Eine „Was-wäre-wenn„-Zahl, die politische Verwerfungen wie z.B. den Irakkrieg ausblendet.

▸ Der ökonomisch-technische Peak (*Peak-Kapazität*) – also die mögliche Produktion unter Berücksichtigung ökonomischer und politischer Faktoren. Sie berücksichtigt auch Reservekapazitäten und aktuelle Produktionsstörungen.

▸ Der *historische Peak* (*empirischer Peak*) – also die tatsächliche Produktion.

Die *Peak-Kapazität* liegt derzeit etwa 2 mb/d über der tatsächlichen Ölproduktion von geschätzten 84,6 mb/d Ölproduktion im Mai 2008 (ohne 2 mb/d Refinery Gains).

Das *Peak-Potenzial* dürfte deutlich darüber um die 95 mb/d liegen. Mit anderen Worten: Politische Verwerfungen im Irak, Nigeria, Russland und vielen anderen Staaten haben in den letzten Jahren dafür gesorgt, dass die aktuelle Produktion 10 mb/d unter dem geologisch-technischen Maximum liegt.

6.8.2   Empirisch: Ein globales Plateau seit vier Jahren

Die Ölförderung der Welt stagniert seit vier Jahren. Außerhalb der OPEC würde sie sogar fallen, wenn die russische Förderung nicht so deutlich gewachsen wäre. Ein Peak im Sinne einer klaren Produktionsspitze ist nicht erkennbar. Die Tendenz der letzten Jahre zeigt eine Stagnation bzw. ein Produktionsplateau.

Die wachsende Nachfrage ist immer stärker auf Quellen jenseits des konventionellen Rohöls angewiesen: *NGL-Flüssiggase aus Erdgasfeldern, Ölsand und Biokraftstoffe tragen bereits zu einem Drittel dazu dabei, den Nachfragezuwachs aufzufangen.* Auch die konventionelle Ölförderung hat sich stark verändert: Sie ist heute fast zur Hälfte eine maritime Branche.

6.8.3   Die Peak-Situation in einzelnen Ländern

Die Förderung in vielen Ölprovinzen hat ihren Höhepunkt (Peak) zweifellos überschritten und befindet sich im Decline. *Es ist unbestritten, dass von den etwa 100 Ländern, in denen Öl gefördert wird, mehr als 60 ihr Fördermaximum überschritten haben.* Dazu gehören u.a die USA, Mexiko, Großbritannien, Norwegen und Indonesien.

Einige Ölprovinzen haben ihre Peak-Förderung allerdings noch nicht erreicht und könnten ihre Produktion aus geologisch-technischer Sicht noch deutlich ausweiten, wenn ausreichend investiert wird. Dazu gehören vor allem der Irak, Iran und Brasilien, aber auch Saudi-Arabien, Angola, Libyen, Kanada (Ölsand), Katar (NGL), Venezuela (Schwerstöl) und wohl auch Russland. Politische Konflikte behindern die Ölförderung insbesondere im Irak, Iran, Bolivien, Ekuador, Mexiko, Nigeria und Venezuela.

Umstritten sind die Produktionsaussichten bislang wenig erforschter Regionen in sehr tiefem Wasser, in der Arktis und in wenig explorierten Landregionen. Aus heutiger Sicht ist es jedoch sehr unwahrscheinlich, dass dort vor dem Jahr 2020 eine nennenswerte Ölproduktion aufgebaut werden kann, eventuell mit der Ausnahme von Tupi und Carioca vor Brasilien und dem Golf von Mexiko.

Die Produktion von nichtkonventionellem Öl (Biokraftstoff, Ölsand, Schwerstöl, etc.) kann weiter steigen, wenn dies politisch erwünscht wird. Ein Peak aufgrund knapper Ressourcen ist in dieser Gruppe noch lange nicht in Sicht. Umstritten ist, ob der aufwendige Ausbau der Produktionsanlagen mit dem Rückgang der konventionellen Ölförderung Schritt halten *kann und soll* (vgl. Kap. 9).

6.8.4 Analytische Schlüsselvariablen: Geologisch-technische Faktoren

Neben den ölpolitischen und ökonomischen Faktoren gibt es eine Reihe von geologisch-technischen Variablen, die für die Peak-Debatte von großer Bedeutung sind:

Die Recovery Rate: Was ist förderfähig?

Die Recovery Rate (Förderrate, Entleerungsrate) gibt an, welcher Anteil des vorhandenen Öls (OOIP) gefördert werden kann, also zu Reserven wird (URR).

In der Literatur schwanken die Schätzungen der aktuellen weltweiten Recovery Rate zwischen 27 % und 35 %. Gelänge es also, den weltweiten Recovery Factor nur um einen Prozentpunkt zu erhöhen, stünden rechnerisch zusätzliche 55–70 Gb zur Verfügung. Das entspricht dem Weltbedarf von zwei Jahren. Viele große Felder erreichen Recovery Rates von über 45 % und bis zu 70 %. Hier ist nach Meinung vieler Experten Grund zum Optimismus, wenn ausreichend investiert wird.

EOR (Enhanced Oil Recovery): Aufwendige Fördermethoden

EOR wird zurzeit nur bei 3 % der Ölförderung eingesetzt und kann wegen der langen Implementierungszeiten einen nahen Peak nicht aufhalten können. Aber EOR könnte einen wichtigen Beitrag leisten, ein Produktionsplateau stabil zu halten. Die Potenziale aufwendiger EOR-Fördermethoden z.B. mit CO_2-Flutungen sind begrenzt, aber zweifellos vorhanden.

Dieser Effekt ist bei Vorkommen, die sich nahe des Bohrlochs finden, am deutlichsten (Frac-Verfahren, chemische Zusatzstoffe) und lässt sich durch eine größere Zahl von Bohrungen (z.B. horizontale Fächerbohrungen) steigern. Die letztgenannten Verfahren können auch die Fördergeschwindigkeit steigern, ohne das Feld zu schädigen. Weiterhin könnte die Entleerungsrate von Schwerölfeldern durch Dampfflutungen erhöht werden.

Unklar ist noch, inwiefern durch EOR-Verfahren die großen Vorkommen zugänglich werden, die unter der Öl-Wasser-Kontaktlinie liegen. Sie gelten bislang als nicht förderbar und werden nicht zu den Ölreserven gezählt.

Die Decline Rate: Der Förderrückgang in alten Feldern

Die Decline Rate, also der jährliche Rückgang der Ölförderung in einem Feld oder einer Region, ist von herausragender Bedeutung für jede Schätzung der zukünftigen Ölversorgung hat eine enorme Auswirkung auf die Höhe der notwendigen Investitionen. Etwa jedes zweite Feld dürfte bereits sein Fördermaximum überschritten haben.

Die tatsächliche globale Decline Ratewird auf etwa 5 % geschätzt. Jedes Jahr müssen also über 4 mb/d neu erschlossen werden, nur um die Ölförderung stabil zu halten. Das Nachfragewachstum liegt demgegenüber zurzeit nur bei etwa 1 mb/d pro Jahr.

Das bedeutet, dass die Herausforderungen durch den Förderrückgang in alten Feldern um ein Vielfaches größer sind als die Probleme durch den jährlichen Nachfragezuwachs. Entsprechend sollte auch der analytische Fokus der Ölexperten ausgerichtet werden.

Der Outtake: Das „Tempolimit" der Ölförderung

Outtake bezeichnet den Anteil der erschlossenen Reserven, der jährlich gefördert werden kann, *ohne* das Feld langfristig zu schädigen, also die „gefahrlose Höchstgeschwindigkeit" der Förderung.

Durch eine Optimierung der Fördermethoden kann der Outtake gesteigert werden. Er steigt schneller als die Nachfrage. Dadurch ist es für einen gewissen Zeitraum möglich, mehr zu fördern als neu erschlossen wird. Dieser Trend könnte sich sogar beschleunigen und so trotz geringer Neufunde den Peak verschieben oder den Förderrückgang abflachen.

Kapazitäten der Branche

Die personellen und technischen Engpässe der Ölbranche stellen eine der wichtigsten Gefährdungen der zukünftigen Ölversorgung dar. Die Krise bahnte sich bereits in den 1990er Jahren an, als die privaten Ölkonzerne massiv Kapazitäten abbauten, die heute dringend benötigt werden. Engpässe sind heute entlang der gesamten Verwertungskette zu beobachten, insbesondere bei qualifiziertem Personal für Exploration und Produktion, bei Offshore-Plattformen, modernen Bohranlagen und Raffineriekapazitäten.

Diese schleichende Krise ist zurzeit weitaus relevanter und hartnäckiger als die medial stärker beachteten geopolitischen Krisen. Hier ist keine kurzfristige Lösung in Sicht, denn auch politische Fördermaßnahmen können den Ausbau der Kapazitäten nur begrenzt beschleunigen.

Eine gewisse Entlastung wäre nur dann möglich, wenn leicht erschließbare Regionen zugänglich werden, die bislang unter ihrem Potenzial fördern.

6.8.5 Analytische Schlüsselvariablen: Ökonomische und politische Faktoren

Nicht-konventionelles Öl

Nichtkonventionelles Öl ist eine der großen Unbekannten in der Ölgleichung des 21. Jahrhunderts (vgl. ausführlich Kapitel 8 und 9). Der Ausbau der Produktionskapazitäten ist kaum prognostizierbar: Die Ethanolproduktion in den USA und die Biodieselherstellung in Deutschland expandierten zunächst bedeutend schneller als erwartet und haben in wenigen Jahren relevante Marktanteile erobert, um dann ebenso unerwartet schnell in die Krise zu geraten.

Ähnlich unklar ist die Entwicklung von Schwerstöl, Ölsand, Ölschiefer, GTL (Öl aus Erdgas) und CTL (Öl aus Kohle). Der Ausbau der Kapazitäten und die Bewertung der ökologischen Belastbarkeit werden politisch entschieden und können durch die Peak-Modelle der IEA oder der ASPO nicht erfasst werden.

Die Rolle des Ölpreises

Bis vor wenigen Jahren galt, dass ein hoher Ölpreis zu einem steigenden Ölangebot führt, weil er einen Anreiz für Investitionen darstellt. Diese Annahme kann mittlerweile als widerlegt gelten. Seit 2004 steigt der Ölpreis fast ungebrochen, ohne dass deshalb eine deutliche Ausweitung des Angebots sichtbar geworden wäre. Dafür gibt es eine Reihe von Gründen, die später im Detail untersucht werden.

Die Entwicklung der Nachfrage

Ebenfalls war bis vor wenigen Jahren Konsens, dass ein sehr starker Ölpreisanstieg zu einem Einbruch der Nachfrage führen wird. Auch diese Annahme kann bislang nicht bestätigt werden.

Trotzdem wäre eine plötzliche Trendwende denkbar, wenn der Ölpreis in Regionen vorstößt, in denen die Preisreaktion der Nachfrage zunimmt. In den Industrieländern könnten außerdem klima- und energiepolitische Programme die Nachfrage dämpfen, in den Schwellen- und Entwicklungsländern der Abbau von Energiesubventionen.

Die Kostenentwicklung

Die Kapitalkosten für eine Förderkapazität von einem Barrel pro Tag liegen im Schnitt bci etwa 30.000 Dollar, wobei die Werte je nach Projekttyp von 10.000 und

100.000 Dollar reichen können. Die operativen Kosten liegen durchschnittlich bei 10–15 Dollar pro Barrel.

Die Kosten für die Exploration und Erschließung von Ölvorkommen sind vor allem in den letzten drei Jahren sehr stark gestiegen. Dennoch ist nicht erkennbar, dass dadurch Investitionen gebremst worden sind, da auch die Ölpreise gestiegen sind.

Für etwa 5 mb/d Förderkapazität, die jedes Jahr ersetzt oder zusätzlich geschaffen werden müssen, liegt die Spannbreite der notwendigen Investitionen bei 50 Mrd. Dollar in der kostengünstigsten Variante (meist am Persischen Golf) und 500 Mrd. Dollar in der aufwendigsten Variante. Das sind Größenordnungen, die sich bereits auf den Zustand der Weltkonjunktur auswirken können und ölpolitische Beachtung verdienen.

Gleichzeitig ist es energiepolitisch sinnvoll, diese Summen mit den Investitionen zu vergleichen, die einen Barrel pro Tag dauerhaft *einsparen*. Aus globaler volkswirtschaftlicher Sicht werden dann sehr viele Effizienz- und Einsparmaßnahmen sinnvoll, die aus betriebswirtschaftlicher Perspektive vielleicht zu riskant erscheinen.

Investitionen privater Ölkonzerne

Der steile Anstieg der Ölpreise hat bislang zu keiner deutlichen Ausweitung der Investitionstätigkeit privater Ölkonzerne geführt, wenn man die Kostensteigerungen herausrechnet. Noch immer werden große Teile der Gewinne an die Aktionäre ausgeschüttet oder für Aktienrückkaufprogramme verwendet. Eine Privatisierung der Ölbranche ist also kein Garant für ein hohes Investitionsniveau.

Allerdings sollte man dabei nicht vergessen, dass *staatliche* Firmen den größten Teil der Ölreserven und der Ölproduktion kontrollieren: Etwa 77 % der Ölreserven werden von staatlichen Ölkonzernen kontrolliert und nur etwa 7 % von privaten Konzernen. Die restlichen 16 % können wie z.B. in Russland nicht klar zugeordnet werden.

Die Reservenverteilung macht deutlich, dass *ölpolitische* Kalküle und nicht betriebswirtschaftliche Strategien über die zukünftige Ölversorgung entscheiden werden.

Investitionen der OPEC-Staaten: Eine Kernfrage der Ölversorgung

Der hohe Ölpreis verursacht einen Vermögenstransfer von historischem Ausmaß. Von 2000 bis 2007 konnten die OPEC-Staaten ihre jährlichen Einnahmen auf 674 Mrd. Dollar fast verdreifachen (in Euro gerechnet: verdoppeln). Für 2008 ist ein weiterer Sprung auf über 1000 Milliarden Dollar absehbar.

Da die konventionelle Ölproduktion außerhalb der OPEC seit Jahren stagniert, ist die Investitionspolitik der OPEC-Staaten eine entscheidende Stellschraube für die Ölversorgung. Die Unsicherheiten sind groß:

1. Konflikte und Sanktionen, die zum Teil vom Westen initiiert wurden, haben wichtige Investitionsvorhaben in den letzten 30 Jahren immer wieder behindert. Das gilt vor allem für den Irak, der weit unter seinen Möglichkeiten produziert, und den Iran. Hinzu kommen langwierige innenpolitische Konflikte in Nigeria und Venezuela.

   Der Irak spielt eine Schlüsselrolle bei konventionellem Öl: Es ist aus heutiger Sicht völlig unklar, ob er mittelfristig 2 mb/d oder 6 mb/d produzieren wird.

2. Auch die zukünftige Nachfrage ist schwer prognostizierbar. Die Nachfrage nach OPEC-Öl im Jahr 2020 wird je nach Autor auf 32–41 mb/d geschätzt, für 2030 auf 36–49 mb/d. Die Nachfragesicherheit stellt aus Sicht der Produzenten ein ebenso wichtiges Thema dar wie die Versorgungssicherheit aus Sicht der Konsumenten.

3. Noch schwerer wiegt allerdings das ölpolitische Kalkül: Liegt es überhaupt im Interesse der ölreichen Staaten, massiv in die Erschließung neuer Felder zu investieren? Es scheint plausibler, nur eine moderate Expansionsstrategie zu vermuten, die einen allmählichen Anstieg der Ölpreise erzwingt, ohne massive Gegenreaktionen auf der Nachfrageseite zu provozieren. Eine nur leichte Erweiterung des Angebots bei weltweit steigender Nachfrage würde die Marktmacht der OPEC erhöhen, da die Reservekapazitäten gering bleiben müssen.

Es ist daher anzunehmen, dass die optimistischen Prognosen und Szenarien von IEA oder EIA unrealistisch sind, da sie von den OPEC-Staaten ein Verhalten erwarten, das nicht in ihrem eigenen Interesse liegt.

Ressourcennationalismus und höhere Abgaben

Die zweite Welle des Ressourcennationalismus nach den Verstaatlichungen der 1970er Jahre hat zwei Gesichter. Beide sind Ausdruck des abnehmenden ölpolitischen Gewichts der westlichen Industriestaaten:

1. Zahlreiche Ölexportländer sichern sich die Kontrolle über die einheimische Ölbranche und einen größeren Anteil an den Profiten. Dieser Trend ist eine Art Rollback der westlichen Ölkonzerne, denen in den 1990er Jahren günstige Projektbedingungen eingeräumt wurden.

2. Die weltweite Expansion nationaler Ölkonzerne aus den neuen Schwellenländern
    Asiens und Lateinamerikas: Hier handelt es sich einerseits um eine Globalisierung
    der Ölbranche, wie sie auch in anderen Wirtschaftszweigen zu beobachten ist. An-
    dererseits zeigt dies, in welchem Umfang Staaten wie China oder Indien der Ölver-
    sorgung eine strategische Bedeutung beimessen.

Die IEA sieht in der wachsenden Kontrolle der Ölressourcen durch die Förderstaaten
eine Investitionsbremse. Es gibt jedoch wenig Belege dafür, dass private Ölkonzerne
mehr investieren als staatliche. Insofern *könnte der wachsende staatliche Einfluss auf die Ölförderung aus der Sicht der Verbraucher ohne Folgen* bleiben.

Die Abgabenquoten sind seit 2004 weltweit stark gestiegen. Vielerorts landen 90 % der
Profite aus dem Ölverkauf im Staatshaushalt. Die steigenden Ölpreise kommen also in
erster Linie den Förderstaaten und erst in zweiter Linie den privaten Ölkonzernen
zugute. Das bedeutet aus Sicht der Ölkonzerne, dass ein höherer Ölpreis nicht unbedingt ein Anreiz zu höheren Investitionen ist. Allerdings kontrollieren private Ölfirmen
nur einen kleinen Teil der Ölreserven. Steigende Abgabenquoten können daher auch
nur einen kleinen Teil der Ölversorgung beeinträchtigen.

6.8.6   Einzelne Peak-Prognosen

Die förderwürdigen Ölvorkommen der Erde sind begrenzt. Kaum jemand bestreitet,
dass die Förderung konventionellen Öls bald an ihre Grenzen stoßen wird, während die
nicht-konventionellen Quellen nur langsam ausgebaut werden. Sie sind daher weniger
für die Zeit vor dem Peak als für die Angebotshöhe danach relevant.

Die Spannbreite der Peak-Schätzungen ist groß: Sie reicht von der unmittelbaren Vergangenheit (2006/2008 bei EWG und ASPO) bis nach 2030 (EIA, IEA, Odell). Die
Mehrzahl der Studien nennt allerdings ein Datum um das Jahr 2010. Für konventionelles Öl außerhalb der OPEC-Staaten erwarten alle wichtigen Institute außer der EIA
(US-Energiebehörde) einen Peak in diesem Jahrzehnt, wobei viele davon ausgehen, dass
er bereits um 2005 stattgefunden hat.

Auch die analytischen Ansätze unterscheiden sich deutlich. In den letzten Jahren wurden fünf Grundpositionen sichtbar, die vier unterschiedliche Ansätze verfolgen:

Positionen	Institute / Forscher
1) geologisch-technischer Pessimismus	ASPO
2) geologisch-technischer Optimismus aber Pessimismus bzgl. Investitionsniveau	IEA
3) geologisch-technischer Optimismus und Optimismus bei Investitionsniveau	EIA
4) ökonomisch-technischer Optimismus	Odell, Adelman
5) geologisch-technischer Optimismus	IHS, Saleri, Meling
Ansätze	
1) Hubbert-Ansätze (fixe Reservenschätzung)	ASPO, Campbell, Robelius, BGR, EWG
2) Felddatenbank (Mainstream)	IHS/Cera, Wood Mackenzie
3) Makroökonomische Modelle (Mainstream)	IEA, EIA, OPEC
4) Produktionstechnik	Meling, Saleri

Tabelle 6.7: Die Peak-Debatte: Positionen und Ansätze

Die IEA schwenkte in den letzten Jahren aus dem Lager der uneingeschränkten Optimisten ins Lager der Mahner: Es seien genügend Ressourcen in der Erde vorhanden, aber es werde zunehmend unsicher, ob die nötigen Investitionen für ihre Förderung aufgebracht werden. Demgegenüber sind die amerikanischen Forschungsinstitute EIA und Cera/IHS immer optimistischer geworden. Damit lassen sich auf der Zeitachse drei Gruppen eintragen:

▶ ASPO/EWG: Der Peak ist bereits da oder kann bis spätestens 2011 erwartet werden.

▶ IEA: Der Peak außerhalb der OPEC erfolgt im kommenden Jahrzehnt. Danach ist die Entwicklung unsicher, wenn nicht rechtzeitig investiert wird.

▶ EIA, IHS/CERA, Saleri, Meling und OPEC: Kein Peak vor 2030, auch danach eher ein Plateau als ein steiler Rückgang der Produktion.

a) Hubbert-Ansätze: ASPO, Campbell, Robelius, BGR

Der Zeitpunkt des Fördermaximums wird hier direkt aus den Annahmen über das ursprüngliche URR für konventionelles Öl (1875 Gb) bzw. „All Liquids" (2450 Gb) abgeleitet.

Ihre Peak-Schätzungen von Campbell, Laherrère und anderen blieben über die letzten 10 Jahre bemerkenswert konstant. Der Peak des sog. *Regular Oil* (konventionelles Öl ohne Tiefwasser, Arktis, NGL) wurde stets zwischen 2000 und 2010 gesehen, in der letzten Schätzung bei 2005.

Der Peak für das gesamte Ölangebot (*All liquids*, also konventionelles Öl, NGL und nicht-konventionelles Öl ohne Biokraftstoff) wurde stets zwischen 2005 und 2015 erwartet. In der aktuellen Schätzung wird 2008 bei 85 mb/d genannt.

Die deutsche Energy Watch Group (EWG) folgte zunächst ebenfalls dem Hubbert-Ansatz, betont nun aber verstärkt den Trend bei neu entdeckten Feldern und die Produktionsprofile alter Felder. Ihre Studie kommt zu dem Ergebnis, dass der Peak der Weltölproduktion (Rohöl inkl. NGL, Ölsand) bereits hinter uns liegt. Das globale Fördermaximum wurde 2006 bei 81 mb/d erreicht. Die Produktion falle bereits steil. Die Gründe dafür werden insbesondere in der langsamen Realisierung von Projekten und in der geringen Reservenbasis in den Golfstaaten gesehen.

b) Ansätze mit Felderdatenbank: IHS / CERA und Wood Mackenzie

IHS/Cera kommen zu dem Ergebnis, dass die Produktionskapazität 2006 bei 88,7 mb/d lag, was sich aus der Produktion (84,4 mb/d), Produktionsstörungen (2,3 mb/d) und der verfügbaren Reservekapazität (2,0 mb/d) zusammensetzt.

Für Ende 2007 wurde die Produktions**kapazität** bereits auf 91 mb/d geschätzt. Sie soll bis 2017 auf 112 mb/d steigen. Es wird in der nahen Zukunft kein Peak erwartet. Ein welliges Plateau soll erst in zwei bis vier Jahrzehnten erreicht werden. Die großen Risiken liegen nicht in der Reservenbasis, sondern bei politischen und ökonomischen Faktoren.

Auch **Wood Mackenzie** erwartet zunächst eine Steigerung der weltweiten Förder*kapazität* von 88,4 mb/d (2007) auf 96,7 mb/d (2010) und 103,3 mb/d (2015). Im Jahr 2025 sei sogar eine Kapazität von 110,2 mb/d zu erwarten. Außerhalb der OPEC werden die Fördermengen nur bis 2015 steigen können. Nach 2015 wird das Angebot nur noch mühsam mit einer weiter wachsenden Nachfrage mithalten können.

c) Makroökonomische Ansätze: IEA, EIA, OPEC

Ähnlich wie bei anderen Wirtschaftsforschungsinstituten haben sich auch bei IEA, EIA und OPEC die makroökonomischen Modelle als wenig hilfreich herausgestellt. Die Preissprünge bei Rohöl waren ebenso „modellwidrig" wie die unbeirrt steigende Nachfrage.

Die **IEA** war zunächst ähnlich optimistisch wie IHS und EIA. Seit 2007 verdüstert sich der Ton: Klammert man nichtkonventionelles Öl aus, dann wird deutlich, dass *die Ölförderung außerhalb der OPEC bereits ein Plateau erreicht hat, das nicht mehr deutlich überschritten werden kann.* Die Höhe der Investitionen in den OPEC-Staaten und die Ausrichtung ihrer Förderpolitik sind also entscheidende Variablen. Der Umfang neuer Projekte ist heute noch unklar und könnte zu gering sein, um mit der erwarteten Nachfrage Schritt halten zu können.

Da Angebot und Nachfrage nur schwach auf Preisänderungen reagieren, könnte es Mitte des kommenden Jahrzehnts zu einem massiven Preisschub kommen.

Die amerikanische **EIA** bleibt hingegen optimistisch, was nicht zuletzt auf eine Reihe gewagter Annahmen zurückzuführen ist. Es wird u.a. angenommen, dass nach 2015 Entscheidungen allein nach ökonomischen Gesichtspunkten getroffen werden. Politische Hindernisse der Ölförderung treten in den Hintergrund. Die OPEC werde ihre Produktion massiv ausbauen.

Ähnlich zuversichtlich äußert sich die **OPEC**-Organisation. Addiert man nichtkonventionelles Öl zur konventionellen Förderung, wird es vor 2030 auch außerhalb der OPEC-Staaten zu keinem Peak kommen. Das OPEC-Öl wird mögliche Lücken schließen. Im Jahr 2030 ist mit einer globalen Produktion von 117,9 mb/d zu rechnen. Das entspricht ziemlich genau den Schätzungen von EIA und IEA.

d) Optimistische Ökonomen

Odell argumentiert vor allem mit Preisargumenten und der Verfügbarkeit nichtkonventionellen Öls. Die Förderung werde bis 2050 auf 130 mb/d steigen. Danach werde die Nachfrage nach Öl abnehmen, so dass die Förderlimits nicht getestet werden. Jede mögliche Angebotslücke wird durch *nichtkonventionelles* Öl geschlossen. Bis 2030 wird es nur etwa 12 % zur Ölversorgung beitragen, ab 2060 bereits über 50 %. Im Jahre 2100 sind es sogar 90 %.

e) Produktionstechnische Ansätze

Meling erwartet ebenso wie Saleri eine deutliche Verbesserung der Produktionstechnik:

▶ Die Fördergeschwindigkeit kann deutlich steigen, ohne die Lagerstätte zu schädigen. Es könnte also mehr Öl gefördert werden als neu erschlossen wird.

▶ Der Förder-Peak in einem Feld erfolgt erst, wenn deutlich mehr als die Hälfte des förderbaren Öls produziert worden ist.

▶ Der Anteil des förderbaren Öls in einer Lagerstätte kann erhöht werden (Reserve Growth). Diese Recovery Rate könnte global von heute 29 % auf 38 % und darüber hinaus steigen, wenn verbesserte und intensivere Fördermethoden eingesetzt werden.

▶ Große Mengen nicht-konventioneller Ressourcen könnten zu förderwürdigen Reserven werden.

Je nach Verlauf der Nachfrage und der Höhe des Investitionsniveaus könnte der Peak auf die Zeit nach 2030 verschoben werden.

Form des Peak

Neben Höhe und Zeitpunkt des Peak ist ebenfalls umstritten, ob der anschließende Rückgang der Ölförderung die Form eines steilen Einbruchs bzw. einer Glockekurve (ASPO, EWG) oder eines langsam fallenden Plateaus haben wird (IHS).

Der idealtypische Förderverlauf einer Glocke mit steilem Anstieg, kurzer Maximalförderung und anschließend steilem Produktionsabfall kann in der Praxis nur in wenigen Ölregionen beobachtet werden. Weitaus häufiger gibt es entweder einen welligen, allmählichen Förderrückgang oder mehrere Zyklen, wenn z.b. die Festlandproduktion abnimmt und von der Offshore-Produktion in seichten Gewässern und anschließend in tiefen Gewässern abgelöst wird. Die empirischen Daten zeigen unterschiedliche Verläufe, wobei kleinere Ölprovinzen eher steile (Bsp. Nordsee) und große Ölprovinzen relativ flache Produktionsrückgänge aufweisen (Bsp. USA).

Vergleich der Peak-Schätzungen

Das folgende Schaubild (Abb. 6.1) verdeutlicht die oben präsentierten Schätzungen zur Höhe und zum Zeitpunkt des Peaks. Das „theoretische Peak-Potenzial" schätzt die Förderkapazität, die heute möglich gewesen wäre, wenn eine Reihe politischer Krisen nicht stattgefunden hätte. Das ist natürlich ein Konstrukt, gibt aber eine Vorstellung davon, welche Fördermenge aus geologisch-technischer Sicht heute möglich wäre.

Die Schätzung soll ein Argument dafür sein, dass niedrige Peak-Schätzungen nicht allein geologisch-technisch begründet werden können, sondern eine Vielzahl politischer und ökonomischer *Variablen* (und eben nicht Konstanten) berücksichtigen müssen.

Das theoretische Peak-Potenzial von 95 mb/d für 2008 liegt weit über den Peak-Schätzungen der Hubbert-Geologen, aber auch deutlich unter den optimistischen Annahmen des Mainstreams für 2030.

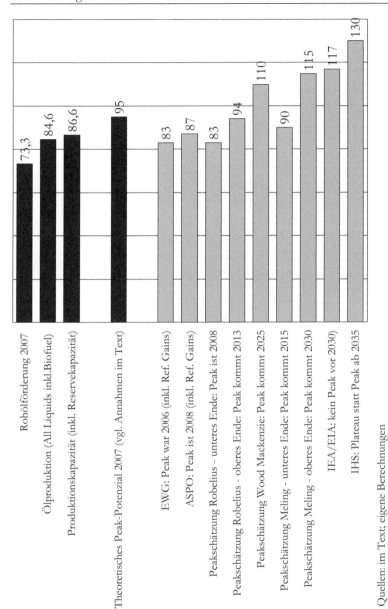

Abb. 6.1 Peak-Schätzungen und Produktion (in Mio. b/d)

7 Ölpreise, Ölmärkte und Finanzmärkte

7.1 Überblick: Ölmarkt und Ölpreise

Die folgenden Abbildungen zeigen die Entwicklung des Ölpreises in den letzten 150 Jahren. Aus Abbildung 7.1 wird deutlich, dass der inflationsbereinigte Ölpreis über 100 Jahre hinweg bis 1973 gesunken ist. Er stieg dann aufgrund der Marktmacht der OPEC und der vorangegangenen Investitionsschwäche bis Anfang der 1980er an, bröckelte anschließend ab, um dann – wiederum inflationsbereinigt – Ende des 20. Jh. fast wieder auf das Niveau der 1960er Jahre zu fallen. Nach 2003 gab es wie in den 1970er Jahren (und aus ähnlichen Gründen) einen erneuten steilen Anstieg, der den Ölpreis auf Allzeithochs führte.

Die Abbildung 7.2 zeigt die Phase seit 1970 in einer etwas anderen Darstellungsform. Wiederum wird der enorm steile Preisanstieg seit 2003 deutlich. Inflationsbereinigt sieht die Entwicklung weniger spektakulär aus. In realen Preisen mit der Basis 1970 liegt der Ölpreis auch im Jahr 2008 noch unter 20 Dollar pro Barrel.

Ölexperten und Wirtschaftswissenschaftler hatten schon immer große Probleme, die Entwicklung des Ölpreises nachzuvollziehen. Klassische Marktmodelle liefern mit schöner Regelmäßigkeit Fehlprognosen, da sie die Komplexität des Ölmarktes und seine vielfältigen politischen und technologischen Randbedingungen nicht erfassen können.

Wirtschaftswissenschaftliche Modelle haben bislang vergeblich versucht, die Entwicklung des Ölpreises auf theoretischer Grundlage zu erklären oder gar zu prognostizieren. Ansätze mit Knappheitsrenten oder Produktivitätsargumenten waren immer nur in bestimmten Entwicklungsphasen des Ölmarktes hilfreich. Grundsätzlich lassen sich die Ansätze in drei Gruppen einteilen:[1]

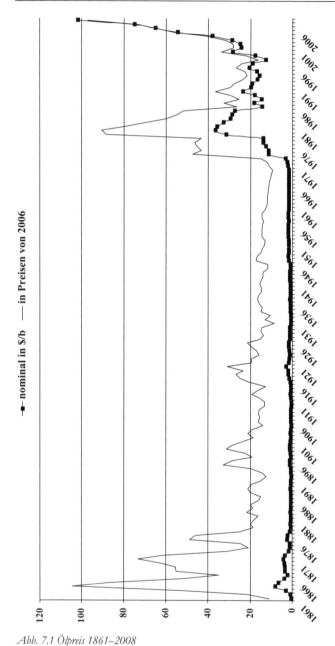

Abb. 7.1 Ölpreis 1861–2008

Quellen: OPEC, EIA; in US-Dollar/Barrel; Referenzpreise sind US Average/Arabian Light/Brent Dated; 2008 Durchschnittspreis bis Mai.

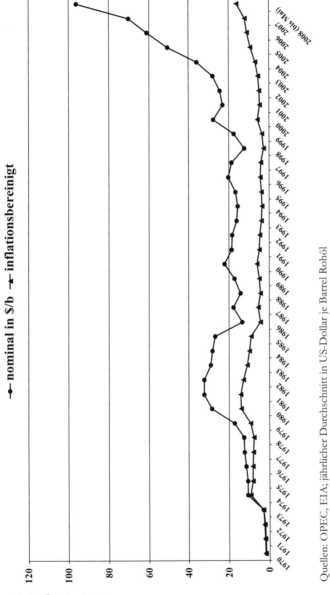

◆ nominal in $/b   ◄ inflationsbereinigt

Quellen: OPEC, EIA; jährlicher Durchschnitt in US-Dollar je Barrel Rohöl

Abb. 7.2 Ölpreis seit 1970

1. Ansätze, die Öl als endliche Ressource definieren und daher einen langfristig stei-
    genden Ölpreis erwarten. Die Statistik zeigt jedoch, dass der Ölpreis keinem klaren
    Trend folgt und im 20. Jh. eher gefallen als gestiegen ist.

2. Ansätze, die den Ölpreis aus der jeweiligen Marktsituation, insbesondere aus der
    Preisreaktion von Angebot und Nachfrage ableiten. Diese Methode scheiterte re-
    gelmäßig daran, dass die Preiselastizität von Angebot und Nachfrage nicht vorher-
    sehbar ist und falsch prognostiziert wurde (siehe unten).

3. Informelle Ansätze, die bestimmte Indikatoren heranziehen, um daraus die kurz-
    fristige Preisentwicklung vorherzusagen, so z.B. der Umfang der freien Förderka-
    pazitäten, die Höhe der Lagerbestände oder die Terminpreiskurve. Aber auch hier
    gibt es große Erklärungsnöte: Die freien Kapazitäten sind heute ähnlich hoch wie
    vor vier Jahren, aber der Ölpreis ist um 200 % gestiegen; die Lagerbestände sind
    oft nur Ausdruck von Raffineriestrategien und vielfältig interpretierbar; auch die
    Terminpreiskurve lässt unterschiedliche Interpretationen zu und ist oft nur Ergeb-
    nis finanztechnischer Strategien.

In der Praxis überwiegen daher kurzfristige statistische Analysen und Common-Sense-
Argumente. Aber einfache Erklärungsmodelle genügen nur selten. Nicht nur ökonomische, sondern auch politische, gesellschaftliche, technische und geologische Informationen sind nötig, um Ölmärkt und Ölpreise analytisch erfassen zu können.

Die Interessen und das Verhalten der wichtigsten Akteure geraten bei vielen ökonomi-
schen Studien aus dem Blick. Die pauschalen Annahmen eines ökonomisch-rationalen
Verhaltens führen nicht weiter, wenn Perzeptionen der Akteure falsch sind und die
Ziele des Handelns immer wieder wechseln. Das gilt erst recht, wenn dominante Akteu-
re die Spielregeln des Marktes immer wieder verändern können. Nach Claes war der
Ölmarkt wohl nie ein funktionierender Wettbewerbsmarkt.[2]

7.1.1   Hohe Ölpreise und die Konjunktur

Die Wirkung steigender Ölpreise auf das weltwirtschaftliche Wachstum ist umstritten.
Entgegen den Prognosen der meisten Ökonomen hat der Ölpreisanstieg die robuste
Entwicklung der Weltkonjunktur 2003–2008 nicht stoppen können. Auch die Nachfra-
ge stieg unverdrossen weiter.

Mehrheitsmeinung scheint nun zu sein, dass innerhalb gewisser Grenzen weniger die
Höhe des Preises als die Geschwindigkeit des Preisanstiegs beachtet werden muss.
Denn im Prinzip findet „nur" ein Kapitaltransfer in die Ölexportländer statt. Wenn
dieses Kapital dort ähnlich produktiv eingesetzt wird wie in den Konsumentenstaaten

(was im Gegensatz zu den 1970er Jahren diesmal zu gelingen scheint), kann der weltwirtschaftliche Effekt begrenzt werden.

Nur eine schockartige Erhöhung könne das Konsum- und Investitionsverhalten unmittelbar aus dem Tritt bringen. Ein allmählich steigender Ölpreis wird gelegentlich eher als Ausdruck einer robusten Nachfrage, und damit einer starken Weltkonjunktur betrachtet.

Ein oft unterschätzter Faktor ist die *Preisvolatilität* des Rohöls, also seine Neigung, stark und schnell zu schwanken. Starke Preisschwankungen erzeugen hohe Kosten aller Art. Es müssen Risikopuffer angelegt werden, Investitionen werden verschoben, Risikoprämien werden eingepreist. Alternative Energieträger, die eine geringe Preisvolatilität aufweisen, haben daher zusätzliche Vorteile, die über den direkten Kostenvergleich hinausgehen. Das gilt für Energiesparmaßnahmen natürlich noch stärker.

Die Schwankungen des Ölpreises sind in den letzten zehn Jahren deutlich stärker geworden. Das gilt für tägliche Schwankungen ebenso wie für monatliche oder jährliche Veränderungen. Dafür gibt es mehrere Ursachen:

1. Der Ölmarkt ist von einer eher geringen **Nachfrageelastizität und Angebotselastizität** gekennzeichnet. Die Produktion kann in Zeiten geringer Reservekapazitäten kaum noch kurzfristig erhöht werden. Umgekehrt ist die neue Nachfrage aus China und anderswo bereit, auch höhere Preise zu zahlen, um die wirtschaftliche Expansion nicht zu gefährden. Die Nachfrage in Westeuropa und Japan reagiert ebenfalls kaum auf höhere Rohölpreise. Neben positiven Wechselkurseffekten sorgen hohe Einkommen und Verzerrungen durch die Mineralölsteuer für eine stabile Nachfrage nach Benzin und Diesel/Heizöl. Selbst die PKW-Nutzer in den USA scheinen erst seit Ende 2007 auf die Verdopplung der Benzinpreise zu reagieren.

2. Ein weiterer Grund ist die geringe **Pufferkapazität** der Versorgungskette, vor allem bei den Raffinerien. Weltweit wurden nach der Raffineriekrise der 1980er und 90er Jahre Lager reduziert, um Kosten zu sparen. Hinzu kommt in den USA, dass benachbarte Lieferanten wichtiger geworden sind (Kanada, Venezuela, Mexiko), was die Notwendigkeit von Lagern verringert hat. Ein Nachfrageschub kann also nur noch teilweise durch Abbau der Lagerbestände aufgefangen werden. Die Raffinerien müssen umgehend große Mengen zukaufen, was zu einem sprunghaften Anstieg des Ölpreises führen kann.

3. Kurzfristig orientierte Spekulanten verhalten sich in vielen Situationen **gleichgerichtet** und folgen einem bereits sichtbaren Trend. Dadurch wird jede Preisbewegung verstärkt.

7.1.2   Verzerrte Reaktionen von Angebot und Nachfrage

Der steigende Ölpreis ist seit 2003 die Nagelprobe für die optimistischen Ölexperten: Wird das Angebot ausgeweitet, weil die Preisanreize größer werden? Diese Frage kann aus der Sicht des Jahres 2008 verneint werden. Außerhalb der OPEC stagniert das Rohölangebot. Andererseits waren die Testbedingungen „unfair": Der höhere Ölpreis kommt nur sehr abgeschwächt bei den Ölfirmen an. Steil steigende Kosten, höhere Steuern, kalte Enteignungen und innenpolitische Probleme verringerten die Investitionsanreize.

Die Preis- und Einkommenselastizität der **Ölnachfrage** (also die Frage, wie stark Konsumenten auf Preisänderungen reagieren bzw. wie sich ihr Ölkonsum bei höheren Einkommen ändert), ist in der ökonomischen Forschung sehr umstritten.[3] Je nach Methode gelangt man zu völlig unterschiedlichen Ergebnissen. Dafür gibt es viele Gründe:

▸ Steigende Einkommen haben in reichen Industriestaaten den Anteil der Benzinrechnung an den privaten Ausgaben verringert. Preiserhöhungen können von vielen Autofahrern und Heizölverbrauchern verkraftet werden und führen zu keiner Änderung des Verhaltens.

▸ Der hohe Steueranteil an den europäischen, japanischen und koreanischen Benzin- und Dieselpreisen verringert die prozentualen Schwankungen, die ein veränderter Rohölpreis nach sich zieht.

▸ Subventionen: Viele Schwellen- und Entwicklungsländer halten das Preisniveau für Ölprodukte künstlich niedrig. Das betrifft etwa 20 % der Weltnachfrage.[4] Änderungen im Rohölpreis schlagen deshalb nicht auf die Preise für den Endverbraucher durch. Die größten Subventionen sind in Russland zu finden, vor allem für Erdgas und Strom. Fast ebenso hoch liegen sie im Iran, gefolgt von China, Saudi-Arabien, Indien und Indonesien. Allerdings ist der Trend zur Subventionierung rückläufig, da sie bei steigenden Weltmarktpreisen die nationalen Haushalte zu stark belasten (vgl. Kap. 10).

▸ Die Ölpreise werden in den Medien im Allgemeinen in Dollar notiert. Sein Wertverfall gegenüber den meisten anderen Währungen überzeichnet daher den Ölpreisanstieg insbesondere gegenüber dem Euroraum, aber auch gegenüber vielen asiatischen Währungen. Noch im Jahr 2002 musste ein Kunde im Euroraum bei einem Barrelpreis von 25 $/b etwa 26 Euro zahlen (1 Euro = 0,95 $). Im April 2008 lag der Ölpreis vier Mal so hoch bei 100 $/b. Aber der Fall des Dollars gegenüber dem Euro dämpfte den Effekt, so dass nur 63 Euro fällig waren (1 Euro = 1,59 $).

Auch die Preiselastizität des **Ölangebots** ergibt sich erst aus dem Wechselspiel vieler Faktoren. Zum einen spielen bei der OPEC ölpolitische Faktoren eine große Rolle. Zum anderen sind die Produktionsformen sehr unterschiedlich:

▸ Ein saudischer Produzent kann mit geringen variablen und geringen fixen Kosten kalkulieren; er ist am flexibelsten.

▸ Ein Nordsee-Produzent kalkuliert mit geringen variablen, aber hohen fixen Kosten.

▸ Ein kanadisches Ölsandunternehmen hat hohe variable und hohe fixe Kosten.

▸ Ein brasilianischer Zuckerrohrkonzern hat jederzeit die Möglichkeit, statt Ethanol den Rohzucker zu vermarkten; er kann also seinen Zielmarkt kurzfristig ändern.

▸ Ein russischer Produzent wird stark von der Abschöpfung seiner Gewinne durch die staatliche Exportbesteuerung beeinflusst.

▸ Der hohe Fixkostenanteil und lange Planungshorizont der Ölprojekte behindert eine flexible Reaktion auf schwankende Ölpreise.

▸ Für den privaten Produzenten ist nur der Nachsteuergewinn interessant; da die Abgaben und Steuern in vielen Ölstaaten bei über 50 %, oft über 80 % der Vorsteuergewinne liegen und bei steigenden Weltmarktpreisen immer wieder angepasst werden, ist die Investitionsneigung privater Ölkonzerne nicht direkt aus dem Ölpreis ableitbar.

Es gibt eine erhebliche Spannbreite bei den Untersuchungen zur Elastizität der Ölnachfrage und des Ölangebots auf Preisveränderungen. Verschiedene Methoden führen zu völlig unterschiedlichen Ergebnissen.[5] Das gilt besonders für die Ölnachfrage in Entwicklungs- und Schwellenländer. Ein gewisser Konsens besteht nach Horn nur darin, dass die *kurzfristige* Reaktion auf Preiserhöhungen eher gering ist. Aber auch über längere Sicht kann die Reaktion begrenzt bleiben, wenn z.B. ein hoher Steueranteil (wie z.B. in Deutschland) oder eine Subventionierung (wie in vielen Schwellenländern) die Preise der Endprodukte gegenüber dem Rohölpreis verzerren. Auch die Preiselastizität der Fördermengen ist umstritten. Die EIA erwartet einen starken Anstieg der Förderung, wenn die Preise hoch bleiben. Dadurch werde der Ölpreis wieder fallen. Die meisten anderen Untersuchungen widersprechen dieser These. Die aus heutiger Sicht viel zu hoch vermutete Preiselastizität der Nachfrage dürfte ein Widerhall der 1980er Jahre sein, als nach einer Kombination von Rezession und Ölsubstitution die Ölnachfrage und damit der Ölpreis stark gefallen waren.

Eine weitere Dimension ist die Substitutionskonkurrenz wie z.b. zwischen schwerem Heizöl und Kesselkohle im Strommarkt, oder zwischen Erdgas und Heizöl im privaten Wärmemarkt und in der Industrie.

Schließlich wird die Gleichung durch die unvermeidliche Kuppelproduktion der Raffinerien erschwert: Schwankende Produktpreise können wegen der nur begrenzt flexiblen Raffinerietechnik das Angebot an Ölprodukten nur indirekt beeinflussen. Das machte sich z.b. im Frühjahr 2008 bemerkbar, als in den USA ein hoher Rohölpreis, aber nur zögerlich steigende Benzinpreise dazu führten, dass die Raffinerien ihre Produktionsanlagen herunterfuhren, da ihre Margen schrumpften. Das führte wegen der Kuppelproduktion zu einem Mangel an Diesel, dessen Preis daraufhin stark anstieg.

Produktpreise und Rohölpreis beeinflussen sich gegenseitig. Aber hohe Rohölpreise können Raffineriebetreiber nicht abschrecken, solange sie ihre Produktpreise erhöhen können. Daher führen Preissenkungen auf dem Rohölmarkt oft nur zu Mitnahmeeffekten, wenn die Raffineriebetreiber (also zum großen Teil die Ölkonzerne) die Produktpreise stabil halten können.

Schon diese knappe Aufzählung zeigt, dass es kaum möglich ist, die Elastizitäten der Ölnachfrage und des Ölangebots aus der Entwicklung des Rohölpreises abzuleiten. Preise und Kosten sind voneinander entkoppelt, ebenso wie der Preis des Rohöls vom Produktpreis für den Endverbraucher.

Ein Beispiel soll diesen Punkt verdeutlichen:[6] Am 1. November 2007 erhöhte die chinesische Regierung die Preise für Benzin und andere Ölprodukte um 10 %. Daraufhin erhöhte sich der Rohöl-Weltmarktpreis (WTI) innerhalb von Stunden um mehrere Dollar pro Barrel. Auf den ersten Blick macht dies keinen Sinn, da höhere Preise die Nachfrage und damit die Preise dämpfen sollten. Tatsächlich ist der chinesische Ölmarkt so reguliert, dass die großen Raffineriebetreiber kaum Gewinne machen können, wenn die staatlich verordneten Benzinpreise im Verhältnis zu dem Preis des Rohöls, das sie aus dem Ausland importieren müssen, zu niedrig sind. Höhere Benzinpreise waren also ein Anreiz, den Markt besser zu versorgen und wieder mehr Rohöl zu kaufen. Die scheinbar paradoxe Preisreaktion lässt sich also nur aus dem Zusammenspiel ölpolitischer und raffineriestrategischer Faktoren erklären.

7.1.3   Verkehrte Welt: Teures Öl vor billigem Öl

Wie sähe ein vollkommener Wettbewerbsmarkt, ein ökonomisch „idealer" Ölweltmarkt aus, ohne staatliche Ölgesellschaften, ohne OPEC, ohne staatliche Preisverzerrungen, mit durchschnittlichen Steuersätzen, vielen Anbietern, freiem Handel und hoher Markttransparenz?[7]

Der Preis wäre unter solchen theoretischen Annahmen bis auf den marginalen Preis gefallen, der zunächst weitaus niedriger als der aktuelle Preis gelegen hätte. Die Förderung hätte sich auf die Regionen mit niedrigen Explorations-, Entwicklungs- und Förderkosten konzentriert. Unter solchen Bedingungen wäre zunächst fast das ganze Öl in den Staaten am Persischen Golf gefördert worden. Die US-Ölindustrie und andere Hochkostenproduzenten (Nordsee, Kanada etc.) wären vollständig aus dem Markt verdrängt worden. Der Preis wäre lange unter 10 $/b geblieben.

Die Nachfrage nach Öl wäre zunächst höher als heute. Heizöl könnte sich besser gegenüber Erdgas behaupten, die Stromproduktion mit Ölkraftwerken wäre langer rentabel geblieben. Doch im Laufe der Zeit wäre das billige Öl knapp geworden. Die Riesenfelder des Persischen Golfs hätten den Weltmarkt nicht mehr allein versorgen können. Die Kosten für Exploration, Entwicklung und Förderung wären gestiegen. Der Ölpreis wäre zunächst langsam, dann immer schneller gestiegen.

Allerdings hätte der *vorhersehbare* Preisanstieg vermutlich rechtzeitige Gegenmaßnahmen auf der Nachfrageseite ausgelöst. Der Umbau unserer ölbasierten Gesellschaft könnte über einen längeren Zeitraum gestreckt werden. Die Preissignale hätten eine zukünftige Verknappung zuverlässig angezeigt.

Auf dem **realen** Ölmarkt ist es jedoch genau andersherum gelaufen. Die marginalen Anbieter sind die OPEC-Staaten, trotz ihrer geringen Produktionskosten. Demgegenüber wächst seit den 1970er Jahren die Produktion in Regionen mit hohen Förderkosten. Ursache hierfür ist die Produktionspolitik der OPEC-Staaten und ein Rohölpreis, der meist weit über den Produktionskosten selbst der teuersten Förderstandorte liegt.

Die paradoxe Folge ist, dass die Förderkosten (nicht die Preise!) in den kommenden Jahren sogar im Schnitt fallen könnten, da der Persische Golf trotz seiner niedrigen Kosten über die größten konventionellen Reserven verfügt.

7.1.4   Vermachtung des Ölmarktes

Die starke Konzentration von Marktmacht war schon immer ein hervorstechendes Merkmal der Ölbranche. Ein freier Markt mit vielen konkurrierenden Anbietern und einem Preis, der in erster Linie Kosten und Kapitalverzinsung widerspiegelt, war nur in ganz kurzen Phasen vorhanden: Vielleicht im 19. Jh. in den USA bis Rockefellers Standard Oil den Markt beherrschte, während einiger Episoden in den 1920er Jahren, oder auch für kurze Zeit Mitte der 1980er Jahre, als die Angebotssteuerung durch die OPEC zusammenbrach.

Marktmacht im Sinne der Fähigkeit eines Anbieters oder Nachfragers, den Preis gezielt zu beeinflussen, kann an unterschiedlichen Stellen ansetzen:

1. Das Rockefeller-Imperium von Standard Oil basierte auf der Kontrolle von Transport und Raffinerien – und nicht auf der Förderung von Öl, die im 19. Jh. von chaotischen Sprüngen in der Fördermenge und extremen Preisschwankungen gekennzeichnet war.

2. Die Marktmacht der „Seven Sisters", also der großen westlichen Ölkonzerne, beruhte auf der Kontrolle der gesamten weltweiten Versorgungsketten von der Exploration und Förderung bis zur Verteilung des Öl an den Endkunden. Die Konkurrenz untereinander wurde immer wieder durch kartellähnliche Absprachen verringert.

3. Die Marktmacht der OPEC steht und fällt mit der Kontrolle über ihre Produktionsmenge. Ein wichtiges Element ist die gezielte Vorhaltung von Reservekapazitäten, um bei unerwünschten Preisbewegungen reagieren zu können. Diese Fähigkeit hat insbesondere Saudi-Arabien.

4. Schließlich besitzen auch die USA als staatlicher Akteur seit dem 19. Jh. eine enorme Marktmacht. Das Land war zunächst der wichtigste Produzent und Exporteur der Welt, der seinen Binnenmarkt über Jahrzehnte stark reguliert und abgeschottet hatte. Heute hat die Supermacht eine starke Stellung in der Nachfrage (ein Viertel der Weltnachfrage) und als dominante Militärmacht.

5. Einen häufig unterschätzten Machtfaktor stellen die Energiesteuern in den Industriestaaten dar. Sie nimmt den Ölexporteuren die Möglichkeit, durch Preissenkungen die Nachfrage anzukurbeln und Alternativen zum Öl aus dem Markt zu drängen. Steigende Mineralölsteuern können daher die Konkurrenzfähigkeit des Öls dauerhaft verringern, selbst wenn der Weltmarktpreis fällt.

7.1.5 Datenprobleme

Extreme Preisübertreibungen in beide Richtungen sind typisch für den Ölmarkt. Sie sind immer wieder auf fehlende oder falsche Informationen zurückzuführen. Die Fehlermargen der heutigen Produktions- und vor allem Nachfragestatistiken betragen regelmäßig mehrere 100.000 b/d. Starke, rückwirkende Korrekturen sind noch über Jahre nach Veröffentlichung der aktuellen Daten zu beobachten.

Der Ölmarkt kann also schon deshalb nicht perfekt funktionieren, weil die Daten, die für die Preisbildung entscheidend sind – nämlich das Verhältnis von Angebot und

Nachfrage – nur im Einzelfall bekannt sind. Niemand hat einen genauen weltweiten Überblick.

Neben bewussten Irreführungen gibt es dafür eine Reihe von systematischen Gründen:

▶ **Was ist Öl?** Als *konventionelles* Öl gilt Öl, das mit normalen Mitteln aus Öl- oder Gasfeldern gewonnen werden kann, also durch Eigendruck oder Pumpen. Daneben gibt es eine Reihe von Varianten, die sich zwar in den Fördermethoden und chemischen Eigenschaften stark unterscheiden, die aber nach entsprechender Verarbeitung als normales Heizöl oder Benzin beim Endverbraucher landen. Diese nichtkonventionellen oder synthetischen Öle werden häufig uneinheitlich oder gar nicht erfasst. Die Statistiken bewegen sich dann zwischen dem konventionell geförderten Rohöl im engeren Sinne und „All Liquids". Abgrenzungsprobleme gibt es auch durch den Unterschied zwischen (fossilen) „Liquids" (also ohne Biokraftstoffe) und „All Liquids" (einschließlich Biokraftstoffe).

▶ **Messgrößen:** Große Probleme treten auch bei eigentlich simpel anmutenden Umrechnungen auf. Öl kann in Volumeneinheiten (Barrel, Liter) oder in Gewichtseinheiten (Tonnen) erfasst werden. Öl wiegt jedoch je nach Herkunft zwischen 740 und 1040 kg/m3, also hat eine Tonne zwischen 6,0 und 8,5 Barrel.[8] Noch größere Unterschiede zeigen sich bei diesen Umrechnungen, wenn die vergleichsweise leichten NGL einbezogen werden. Wenn ihr Anteil am Rohöl hoch ist, wie z.B. in Algerien oder den USA, ergeben sich sehr deutliche Unterschiede zwischen den Statistiken, die im Einzelfall bis zu 30 % betragen können.

Nationale Ölstatistiken verwenden unterschiedliche Einheiten wie Liter (z.B. Thailand, Japan, Lateinamerika), Kubikmeter (Brasilien, Kanada), Barrel (USA, Saudi Arabien), Tonnen (Norwegen, China, EU).

Benchmark für die verschiedenen Ölsorten sind die Angaben des American Petroleum Institute (API). Da die Dichte einer Ölsorte schwankt, besonders wenn die Ölfelder altern, müssten sich auch die Umrechnungsgrößen ändern, was jedoch nur selten geschieht. Ein Beispiel: Norwegisches Öl aus dem Oseberg-Feld hat je nach Statistik zwischen 7,49 und 7,64 Barrel pro Tonne. Ein Supertanker mit 250.000 Tonnen hätte demnach zwischen 1.872.000 und 1.911.000 Barrel an Bord – eine Differenz von über 2 %, monetär ausgedrückt 5 Mio. Dollar.

Selbst die Daten von IEA und EIA unterscheiden sich, da sie z.B. für die USA und Saudi-Arabien unterschiedliche Messgrößen verwenden. Ein Unterschied von nur einem 1 % kann auf dem sehr engen Ölmarkt bereits die Wahrnehmung der Akteure verändern.

▶ Eine große Spannbreite in der **Transparenz** der Daten, die von exakten und zeitnahen Daten für Nordseefelder bis zur Geheimniskrämerei vieler OPEC-Staaten
reicht.

▶ Es fehlen zeitnahe, genaue und umfassende Daten zum **Ölkonsum**. Die Statistiken sind notorisch ungenau und erst spät verfügbar. Das gilt besonders für Schwel-
len- und Entwicklungsländer.

▶ Die tatsächlichen Produktionszahlen und Liefermengen der **OPEC** sind vertraulich und den Märkten nicht zugänglich. Publizierte Daten basieren oft auf Schätzungen von Fachjournalisten („Hafenspione", die Tankerbewegungen zählen), da
die offiziellen Daten nicht selten politisch eingefärbt sind. Die Fehlermarge für die
OPEC liegt bei bis zu 1 mb/d.

Eine weitere statistische Verzerrung kann durch Änderungen der Lagerbestände
entstehen, wenn z.b. Saudi-Arabien 9 mb/d fördert, aber größere Mengen auf dem
Markt anbietet, da es produktionsnahe Lager abbaut. Förder- und Liefermengen
müssen also nicht übereinstimmen.

▶ Regelmäßig schätzen die IEA und andere im dritten Quartal eines Jahres Angebot
und Nachfrage für das Folgejahr. Vergleicht man die Schätzungen seit 1998, dann
wird eine erhebliche **Spannbreite zwischen den Instituten** und eine recht geringe **Trefferquote** sichtbar. Der Unterschied zwischen der geschätzten Nachfrage
nach OPEC-Öl und der tatsächlichen Nachfrage reichte von +1,6 mb/d bis zu −
2,1 mb/d. Die Experten von IEA, OPEC, EIA und Barclays schätzen das Wachstum des Ölangebots oft völlig unterschiedlich ein. Die Schätzungen zur Nachfrage
liegen auch in den Jahren größter Einigkeit mehr als eine halbe Million b/d auseinander.[9]

Diese Diskrepanzen bei kurz- und mittelfristigen Prognosen kontrastieren auffällig
mit der Einigkeit bei langfristigen Prognosen. Meist ähneln sich die *langfristigen* Öl-
prognosen der „amtlichen" Organisationen wie IEA, EIA (US-Energiebehörde),
EU, OPEC etc. bis auf geringe Abweichungen. Zum Beispiel liegen derzeit fast alle
Prognosen für 2030 bei einem Ölverbrauch von 116–118 mb/d. Das vermittelt der
Öffentlichkeit, den Unternehmen und der Politik einen falschen Eindruck von der
Prognosesicherheit.[10]

▶ Aufgrund der statistischen Ungenauigkeiten können manche „Rätsel" erst im
Rückblick aufgelöst werden: Im ersten Halbjahr 1998 passten die offiziellen Zahlen
der IEA für Produktion, Lagerhaltung und Verbrauch nicht zusammen. Etwa 2 %
der Weltproduktion – immerhin etwa die Hälfte des deutschen Ölverbrauchs –
verschwanden im Nebel ungenauer Statistiken. Vermutlich war die Nachfrage über
Jahre unterschätzt, und die OPEC-Produktion überschätzt worden. Im ersten

Halbjahr 1998 summierten sich die „missing barrels" der offiziellen IEA-Daten auf 235 mb. Dieses Rätsel konnte auch 1999 nicht gelöst werden. Die Zahl erhöhte sich sogar auf 290 mb. Horsnell vermutet, dass die IEA zu hoch angesetzten Produktionsdaten einzelner OPEC-Staaten aufgesessen ist, die Ende 1997 eine 10 %ige Fördererhöhung beschlossen, aber wohl nur zum Teil durchgeführt haben. Das erscheint jedenfalls erheblich plausibler als die in der Presse kursierenden Berichte über geheimnisvolle Tankerflotten und geheime Vorratslager.[11]

Viele Journalisten greifen in dieser Lage lieber auf die einfachen und griffigen OPEC-Statements zurück, als sich durch das Dickicht der nationalen Statistiken zu kämpfen. Damit werden die Ursachen von Krisen gelegentlich zu lange übersehen, wie im Jahre 2000, als die Preiskrise vor allem auf Spannungen im Raffineriesektor zurückgingen, nicht aber auf den Rohölmarkt, wie überwiegend berichtet wurde.

▶ Problematisch ist auch, dass die Daten über die **Öllagerbestände** oft aus den Produktions- und Verbrauchsdaten abgeleitet werden. Sind letztere unzuverlässig, ergibt sich auch ein falsches Bild über die Versorgungslage, woraus wieder falsche Preissignale resultieren. Genauere und zeitnahe Daten über Öllager gibt es nur für die USA, aber auch hier widersprechen sich die Schätzungen von API und Energieministerium regelmäßig um mehrere Millionen Barrel. Für die anderen OECD-Staaten gibt es nur gröbere und weniger zeitnahe Schätzungen. Außerhalb der OECD sind nur vereinzelt Daten verfügbar, so dass ein weltweiter Überblick über die Vorratslage nicht möglich ist.

▶ Die IEA drängt insbesondere **Peking** zu größerer Transparenz. Insbesondere sind die drei großen staatlichen Ölkonzerne nicht verpflichtet, den Umfang ihrer Öllager zu beziffern. Auch die Geschwindigkeit beim Aufbau der strategischen Reserven kann nur geschätzt werden. Offiziell gemeldete Daten werden nicht mehr nachträglich korrigiert, so dass Trends nur schwer interpretiert werden können.[12] Barclays Capital schätzte für das vierte Quartal 2006, dass der Aufbau der strategischen Ölreserve an die 90 % des Importwachstums Chinas erklären kann. Man kann also aus den Importmengen Chinas nicht auf den Ölverbrauch schließen.[13]

7.2 Ölpreisprognosen

Langfristige Ölpreisprognosen sind für Produzenten und Verbraucher gleichermaßen wichtig, da langfristige Investitionsentscheidungen darauf gegründet werden. Wenn irrtümlich mit anhaltend niedrigen Ölpreisen gerechnet wird, wird zu wenig in Alternativen investiert, im umgekehrten Fall vielleicht zu viel oder in unausgereifte Technologien. Fehleinschätzungen können zu Verwerfungen auf dem Markt führen, zu starken Preisschwankungen und zu volkswirtschaftlicher Verschwendung.

Seit 100 Jahren wird versucht, den „unausweichlichen" Anstieg oder Fall des Ölpreises mit „unabweisbaren" und in der Tat häufig einleuchtenden Gründen zu prognostizieren. Dennoch gelingt es meist nicht einmal, die grobe Richtung korrekt vorherzusagen. Die langfristigen Prognosen waren fast immer falsch.

In den 1960ern wurde unisono ein stetiger Fall des Ölpreises für die 1970er und 80er Jahre erwartet. Die Explorationserfolge waren weltweit auf dem Höhepunkt. Der Markt wurde immer wieder durch neu erschlossene Ölfelder überschwemmt. Die rasant steigende Nachfrage schien kein Problem darzustellen.

In den 1970ern kam es bekanntlich anders. Der Ölpreis stieg steil an. Das rettete allerdings viele technisch anspruchsvolle Ölprojekte in der Nordsee, deren Kosten sich als weitaus höher als geplant herausstellten.

Nach dem ersten Ölpreisschock **1973/74** begann das Goldene Zeitalter der Energieprognosen.[14] Von Meadows bis zur CIA wurde die Energiezukunft in düsteren Farben gezeichnet. Unklar schien nur noch, ob zuerst die ökologische oder die ökonomische Katastrophe eintreten würde. Die Preise für Öl sollten unaufhaltsam klettern. Die Ölproduktion außerhalb der OPEC-Staaten erschien wenig aussichtsreich. Viele Experten waren der Meinung, dass die Preise rasch auf 100 $/b steigen werden, bis alternative Energieträger einen weiteren Preisanstieg stoppen könnten. Ölmultis und Staatshaushalte verloren Milliarden, als sie Jahrzehnte zu früh auf die Entwicklung von synthetischem Öl setzten.

Auch die OPEC wurde immer wieder Opfer von Fehlprognosen. Sie hoffte in den 1970ern, den Ölpreis so lange erhöhen zu können, bis Ersatztreibstoffe aus Kohle, Gas, Ölschiefer oder Ölsand attraktiv werden. Das hätte einen Ölpreis von weit über 50 $/b ermöglicht. Dabei unterschätzte sie die enormen Möglichkeiten der Energieeinsparung, die Möglichkeiten der fast völligen Verdrängung des Öls aus der Stromerzeugung und die großen Ölfunde in der Nordsee oder Alaska.[15]

Als die Ölpreise in der **ersten Hälfte der 1980er** immer schneller fielen, blieb der wissenschaftliche Krisenkonsens bis auf ein paar einsame Rufer (Adelman, Odell) erstaunlicherweise unerschütterlich.[16] Allerdings war das politische Interesse an langfristigen Prognosen mittlerweile stark zurückgegangen, da sich die Lage auf den Rohstoffmärkten entspannte. Die Ölbranche verschwand aus den Schlagzeilen. Raffinerien und Tanker wurden eingemottet und Investitionen gestoppt. Enorme Reservekapazitäten machten eine erneute Preisrallye unwahrscheinlich.

Erst **Anfang der 1990er** schlug das Prognosependel um.[17] Optimismus machte sich breit. Für die kommenden Jahrzehnte wurden Preise deutlich unter 30 \$/b erwartet. Neue Ölregionen (z.b. Kaspisches Meer) schienen aussichtsreich und die Marktmacht der OPEC war gering.

Es war Konsens bei IEA, EIA und OPEC, dass die Preise bis mindestens 2010 niedrig bleiben werden. Die Ölkonzerne fuhren ihre Investitionen herunter und entließen Personal. Technisch anspruchsvolle Projekte wurden auf die lange Bank geschoben.

In den 1990ern herrschte in Politik und Forschung, bei Investmentbanken und Ölunternehmen die Überzeugung vor, dass die Ölpreise in einem Preisband von 18–21 \$/b bleiben werden. Das spiegelte sich auch in den langfristigen Preiserwartungen der Rohöl-Terminkontrakte wider, die über Jahre hinaus diese Preisspanne für die kommenden Jahre indizierten.[18]

Im Laufe der 1990er Jahre verschoben sich jedoch die Gewichte auf dem Ölmarkt: Die Importe der USA und asiatischer Länder wuchsen stark an und Die Engpässe in der amerikanischen Raffineriebranche wurden immer gravierender.

Die wichtigste Begründung für die trotzdem entspannten Preisprognosen war die Annahme, dass die Preise durch die Non-OPEC-Anbieter gedeckt werden. Dieser Konsens, gelegentlich auch „*Goldman Sachs Consensus*" genannt, war in den Köpfen stark verankert und schien von Jahr zu Jahr bestätigt zu werden. Ein starker Anstieg des Ölpreises führt demnach umgehend zu einem Anstieg der Produktion außerhalb der OPEC und zu einer Reduzierung der Nachfrage.

Noch bis 2004 sagten alle großen Ölforschungsinstitute konstante, allenfalls leicht steigende Preise voraus, selbst als die Terminmärkte für 2011 Preiserwartungen von über 50 \$/b anzeigten.

Allgemein wurde angenommen, dass jeder dauerhafte Preisanstieg die Nachfrage schwächt und zusätzliche Investitionen auslöst, die den Preis wieder drücken. Die Nachfragemodelle von EIA und IEA gingen unverdrossen von einer wachsenden Nachfrage aus (etwa 2 % pro Jahr), die ohne Probleme auf ein im Gleichtakt steigendes Angebot zurückgreifen kann.

Heute, nur wenige Jahre später, sind es nur noch wenige, die diese Meinung vertreten. Der Wechsel ging stillschweigend vor sich: Weder die Annahmen zum Ölangebot außerhalb der OPEC noch die Annahmen zur Preiselastizität der Nachfrage wurden ausführlich diskutiert. Vielmehr gewann „die normative Kraft des Faktischen" in Form eines unaufhörlich steigenden Ölpreises die Oberhand und ließ die Vertreter der alten Lehrsätze verstummen.

Der vordere (zeitnahe) Teil der Terminpreiskurve steigt seit sechs Jahren ebenso wie das hintere (zeitferne) Ende der Kontraktpreise. Im Jahr 2003 wurde für Lieferungen fünf Jahre voraus (also 2008) ein Preis von 25 $/b gezahlt, 2007 wird für die Fälligkeiten 2012 bereits 85 $/b erzielt, Mitte 2008 sind es für das Jahr 2013 bereits 140 $/b.

Aber da die Preistheorie nicht diskutiert wird, überlebten die alten Argumente bis zum heutigen Tag:

▶   Noch immer wird mit steigenden marginalen Kosten argumentiert, obwohl Kosten und Preise weitgehend entkoppelt sind.

▶   Oder es wird argumentiert, dass der Marktpreis aufgrund falscher Daten oder massiver Spekulation völlig verzerrt sei und die Preise daher wieder steil fallen werden.

▶   Und noch immer rechnen einige wegen der höheren Ölpreise mit einem steilen Anstieg des Ölangebots, was zu einem Kollaps der Ölpreise führen werde.

Ölmarktexperten erwarteten nach Umfragen 2002 für das laufende Jahr einen Preis von durchschnittlich 21 $/b, tatsächlich waren es 26 $/b. 2003 erwarteten sie 24 $, aber es wurden 31 $. Im Frühjahr 2004 sahen die Ölexperten den Preis von damals 41 $/b bald auf unter 30 $ fallen. Tatsächlich stieg er schließlich auf über 70 $. Noch im Jahr 2005 sahen deutsche Forschungsinstitute den Spekulationsanteil bei 50 % des Ölpreises, der ohne diesen Faktor bei 20–30 $/b liegen sollte.[19] Weder der Nachfrageschub aus China noch der Engpass bei Raffineriekapazitäten wurden zunächst als Argument für *anhaltend* hohe Ölpreise anerkannt. Dafür wurde das Argument, dass hohe Preise die Nachfrage dämpfen werden, überschätzt.

Im März 2005 prognostizierte die im Ölfinanzgeschäft führende Investmentbank Goldman Sachs einen „*super spike*" im Ölpreis mit einer Bandbreite von 50 bis 105 $/b. Das war ein Weckruf, da Goldman-Sachs lange Zeit einen stabilen Korridor von 18–21 $/b erwartet hatte. Erst jetzt, als die Wirklichkeit die Analysen schon weit hinter sich gelassen hatten, wechselten Fachmedien und Forschungseinrichtungen in Scharen das Lager. Von nun an galten neue Rekordpreise für Öl als „unvermeidlich".

Insgesamt war es frappierend zu beobachten, wie fast die gesamte Expertenriege und Brancheninsider der realen Entwicklung bis 2006 hinterherhinkten. Im Rückblick wird deutlich: Der Terminmarkt war ein weitaus besserer Indikator zukünftiger Ölpreise als die Gemeinde der Ölexperten, wie auch Studien bestätigen.[20] Im Laufe der letzten neun Jahre haben Fachleute die Ölpreissteigerungen im Schnitt um 31 % unterschätzt, der Terminmarkt um 17 %. Die Kurve der Terminkontrakte zeigte früh, dass der Markt bereit war, für weit in der Zukunft liegende Öllieferungen hohe Preise zu zahlen. Dieses Preisniveau konnte auch von kurzfristigen Schwankungen bei den aktuellen Preisen nicht erschüttert werden. Die Ölbörsen redeten bereits von „50 plus X", als Experten, Konzernvorstände und Energiepolitiker noch am alten „18–21-Konsens" festhielten.

Parallel zu den Analysen der wichtigsten Ölinstitute entwickelte sich eine zweite Diskussionslinie, die vor allem in den Medien immer mehr Aufmerksamkeit erfuhr: Ende der 1990er war die Debatte über die Zukunft des Öls wieder lebendiger geworden. Einige Geologen nahmen an, dass der *Peak*, also der Zenith der Weltölproduktion, bald erreicht sei. Aus geologischen Gründen werde die Produktion nach diesem Zeitpunkt unaufhaltsam abnehmen und das Ende des Ölzeitalters besiegeln. Der Pessimismus gewann an Fahrt, als die Terroranschläge 2001 und die anschließenden Kriege in Afghanistan 2001 und Irak 2003 die geopolitische Sicherheit der Ölversorgung zu gefährden schienen.

Mittlerweile revidierte auch die IEA, die Energieagentur der Industrieländer, ihre viel beachteten Preisprognosen leicht nach oben.[21] Bislang hatte die IEA ihre Ölpreisannahmen auf der Grundlage ermittelt, welches Preisniveau die notwendigen Investitionen auslöst, um die Nachfrage zu decken. Noch 2004 erwartete sie einen Ölpreis von zunächst 22 $/b, der bis 2030 nur auf real 29 $/b steigen sollte. Dieses Modell musste nun revidiert werden, da die Marktpreise und die „notwendigen" Preise immer weiter auseinanderklafften. Die IEA verwies nun auf die höheren Preisforderungen der Ölländer, kostentreibende Engpässe und eine unerwartet starke Nachfrage.[22] Trotzdem wurde im WEO 2006[23] ein – inflationsbereinigt – nahezu stabiler Ölpreis im Referenzszenario angenommen, der 2015 bei 47,80 $/b und 2030 bei 55 $/b liegen sollte.

Ein Jahr später liegen die Schätzungen höher, sind aber ebenfalls bereits von der Wirklichkeit überholt. In ihrem Referenzszenario, das im November 2007 veröffentlicht wurde, erwartet die IEA weitgehend stabile Preise bis 2030 in der Gegend von 60 $/b (inflationsbereinigt). In einem zweiten Szenario, das ein rascheres Wachstum der Ölnachfrage annimmt, bleiben die Preise bis 2015 in einem Korridor von 61–67 $/b, um dann bis 2030 auf 87 $/b anzusteigen.[24]

Die amerikanische Energiebehörde EIA ging selbst im März 2008 noch von einem mittelfristig fallenden Ölpreis aus, der im Jahr 2016 bei (inflationsbereinigt) 57 $/b liegen soll. Der Rückgang wird mit steigenden Investitionen und dem Konkurrenzdruck durch Ethanol begründet.[25]

Parallel dazu gab es im Ölmarkt kein Halten mehr: Im Sommer 2008 wurden fast 150 $/b erreicht. Goldman Sachs hat seine Ölpreisprognose für die kommenden drei Jahre auf 100–120 $/b angehoben.[26]

Gründe für Fehlprognosen

Es gibt viele Gründe für die eklatanten Fehleinschätzungen der letzten Jahrzehnte:

▸ Obwohl Öl ein vergleichsweise simples und homogenes Produkt ist, ist die Struktur des Marktes und der Mechanismus der Preisbildung komplex und wenig transparent.

▸ Bis vor kurzem wurde die Bedeutung des Raffineriesektors für die Preisbildung völlig unterschätzt; mangelnde oder ungeeignete Kapazitäten waren mitverantwortlich für den Preisanstieg Mitte dieses Jahrzehnts.

▸ Niemand kennt die Preiselastizität der Nachfrage; Subventionen bzw. Steuern entkoppeln das nationale Preisniveau von den Weltmarktpreisen.

▸ Der „Wert" der automobilen Mobilität ist offensichtlich so hoch, dass auch steil steigende Benzinpreise die Verhaltensmuster nicht ändern können.

▸ Die weltweite Nachfrage konzentriert sich auf Sektoren (Verkehr, Petrochemie), in denen es kaum Alternativen zum Mineralöl gibt. Wenige Ausnahmen (Brasilien, Südafrika) bestätigen die Regel.

▸ Unvorhersehbare geopolitische Krisen verändern permanent die Höhe der Risikoprämien.

▸ Der Ölverbrauch korreliert stark mit dem Wachstum der Weltwirtschaft. Da das Wachstum Chinas, aber auch anderer asiatischer Länder und Lateinamerikas, unterschätzt worden war, stieg die Ölnachfrage weitaus schneller als prognostiziert und traf auf eine Angebotsstruktur, die von einer zurückhaltenden Investitionsneigung geprägt war.

▸ Konsens-Prognosen widerlegen sich häufig selbst, weil sie starke Reaktionen im Markt provozieren. Beispielsweise hat die (nicht berechtigte) Angst vor hohen Ölpreisen in den 1980ern die Nachfrage so weit gedämpft, dass die Preise fallen mussten. Nach 2000 war es umgekehrt: Die Erwartung niedriger Ölpreise kurbelte die Nachfrage an und verzögerte Investitionen, so dass eine Verknappung mit automatisch steigenden Preisen die Folge war.

▸ Die Nachkriegslage im Irak wurde lange falsch eingeschätzt. Mehrheitlich wurde eine steigende Produktion erwartet, die den Ölmarkt überschwemmen könnte. Tatsächlich wurde wegen der schlechten Sicherheitslage und Managementproblemen die Vorkriegsproduktion erst Ende 2007 wieder erreicht.

7.3 Ölpreissysteme bis 1986

Wie viel kostet ein Barrel Öl? Eine simple Frage, die höchst unterschiedliche Antworten ermöglicht. „Den" Ölpreis gibt es nicht. Der Ölmarkt bietet ein Sammelsurium unterschiedlicher Ölsorten, die sich nach Qualität, Standort, Lieferdatum und Verrechnungswährung unterscheiden. Diese Rohölpreise unterscheiden sich wiederum stark von den Ölproduktpreisen (Benzin, Diesel), die vor allem von unterschiedlichen nationalen Steuern oder Subventionen abhängen.

Wie wird der Ölpreis ermittelt? Auch darauf gibt es keine allgemeingültige Antwort. Wann immer sich die Machtverhältnisse und Strukturen auf dem Ölmarkt änderten, entwickelte sich eine neue Art der Preisfindung.[27]

1850–1950 Von den Preiskriegen zum Texaspreis

Die ersten Jahrzehnte der Ölbranche im 19. Jahrhundert waren von sprunghaften Preisveränderungen geprägt. Im wichtigsten Ölland, den USA, ließen neue Ölfunde die Preise immer wieder zusammenbrechen. Standard Oil (Rockefeller) versuchte die Konkurrenz durch Niedrigpreise aus dem Markt zu drängen.

Auf dem internationalen Ölmarkt führten Preiskämpfe zwischen amerikanischem und russischem, rumänischem und venezolanischem Öl wiederholt zu Preiskriegen. Der Ölpreis schwankte zwischen 10 $/b und nur wenigen Cent. Selbst 1933 sank der Preis in den USA noch einmal auf 4 Cent pro Barrel.

Das erste stabile Preissystem entstand erst in den 1930er Jahren aus einer Kombination von staatlicher Kontrolle und privatwirtschaftlichen Kartellen:

▸ Innerhalb der USA kontrollierte die Texas Railroad Commission die nationale Produktion.

▸ In wichtigen Importländern wie Deutschland und Japan übernahmen staatliche Behörden die Kontrolle über die Ölmärkte.

▸ Ein globales Kartell der Ölkonzerne (allerdings ohne die Sowjetunion) teilte 1928 die Weltmärkte unter sich auf und einigte sich auf Marktgebiete und Preisformeln.

Im internationalen Ölhandel wurde das Preisniveau, das an der US-Golfküste herrschte (Texaspreis), zur Orientierungsmarke. Alles wurde nach der Formel „*US-Golfküste plus Frachtkosten*" berechnet, wobei es keine Rolle spielte, woher die Lieferung tatsächlich stammte.

Damit entstand – zumindest auf dem Papier – *der erste einheitlich berechnete Weltmarktpreis für Öl*. Allerdings heißt das nicht, dass es einen freien Weltmarkt gab. Das Öl wurde von der Quelle bis zum Endabnehmer innerhalb der firmeneigenen Versorgungsketten der Ölkonzerne bewegt. Auf dem freien Markt gab es nur wenig Rohöl.

1950 bis 1970: Posted Price

Bis Anfang der 1970er Jahre wurde der Ölwelthandel weitgehend von den sieben großen Ölkonzernen, den *Seven Sisters* beherrscht. Die Preise hätten angesichts dieses Oligopols steigen können, aber tatsächlich fielen sie in realen Preisen. Dafür gab es mehrere Gründe:

▶ Einerseits waren die Gewinne wegen der rasant wachsenden Nachfrage sehr hoch. Sie wuchsen nach der Erschließung der neuen Ölprovinzen am Persischen Golf weiter an.

▶ Die relativ billige Kohle war der Hauptkonkurrent im Strom- und Wärmemarkt. Hohe Preise hätten zum Verlust von Absatzmärkten geführt.

▶ Sehr wichtig waren auch die US-Importrestriktionen, die von 1959–73 den amerikanischen Markt abschotteten. Das erhöhte den Angebotsdruck auf den anderen Märkten.

▶ Auch drohten immer wieder Kartellverfahren in den USA. Ein offensiv vorgehendes Kartell wäre zu riskant gewesen. Aber ein stabiles Oligopol war möglich. Es hielt durch ein ausgeklügeltes System der Angebotssteuerung die Märkte im Gleichgewicht.

Der Marktpreis orientierte sich in dieser Phase am sog. „*Posted Price*". Das war ein vorab vereinbarter Festpreis, der die Grundlage für die Steuern und Abgaben der Ölkonzerne an das jeweilige Gastland bildete.

Aber als die USA nach 1959 ihre Ölimporte drosselten, sank der Weltmarktpreis immer deutlicher unter den Posted Price. Neue Ölkonzerne und transparente Preise auf dem Rotterdamer Spotmarkt verschärften die Konkurrenz. Einige große Produzentenländer wollten ihren Output steigern und setzten die Preise noch weiter unter Druck. Der Weltmarktpreis rutschte auf knapp über 1 \$/b. Davon mussten die Konzerne 80–90 Cent an die Gastgeber am Persischen Golf abführen. Die Produktionskosten lagen bei etwa 11 Cent. Der Preis näherte sich also immer stärker den marginalen Kosten. Die Konzerne hatten kaum noch Anreize zu investieren.

1970–81 OPEC-Preise / Arab Light

Die Lücke zwischen tatsächlichem Marktpreis und einem möglichen Monopolpreis, den ein starkes Kartell erzielen könnte, wurde Anfang der 1970er immer größer. Da die USA mittlerweile zum Ölimporteur geworden war, konnte sie den Preis nicht mehr durch Exporte deckeln. Die Nachfrage stieg immer noch steil an, aber die Investitionen hielten nicht Schritt. Ein Preisanstieg lag in der Luft. Die Frage war nur noch, *wer* die neuen Preise diktieren würde.

Das sollten die großen Produzentenländer sein, die sich in der OPEC organisiert hatten. Aus dem verhandelten *Posted Price* wurde ein von der OPEC diktierter Ölpreis. Die Ölsorte, an der sich die meisten Marktteilnehmer orientierten, war das saudische *Arab Light*.

Durch einseitige Preisdiktate setzte sich eine Preisspirale in Gang. Preisschwankungen wurden sofort in höheren offiziellen *Posted Prices* zementiert. Preissenkungen wurden verhindert. Der Preis stieg von 1,70 $/b für Arabian Light (davon 1,26 $ Abgaben an den saudischen Staat) im Jahr 1971 auf 11 $/b (1975), davon 10,70 $ für die Saudis.[28]

Im Kontrast zu den starken Preisbewegungen waren die Marktstrukturen relativ starr, da immer noch langfristige Lieferverträge mit den Ölmultis dominierten. Nur wenig Öl wurde frei auf Spotmärkten gehandelt. Tatsächlich fielen dort 1974 die Preise, aber es gelang der OPEC, die offiziellen Kontraktpreise hoch zu halten. Die tatsächlich gezahlten Preise wurden hinter verschlossenen Türen zwischen OPEC-Lieferanten und Ölmultis verhandelt. Es war praktisch unmöglich, einen realistischen Weltölpreis zu schätzen, da keine öffentlichen Auktionen oder Börsenhandel stattfanden.

Der Ölpreis hatte sich nun wieder deutlich von den marginalen Kosten entfernt und sollte sich – bis auf zwei kurze Episoden – diesem Niveau bis heute nicht mehr nähern. Das war allerdings *nur möglich, weil der Strommarkt aufgegeben wurde*, auf dem die niedrigen Kohlepreise den Ton angaben. Aber die rasch wachsende Nachfrage im Verkehr, in der Petrochemie und im privaten Wärmemarkt sorgte zusammen mit der OPEC-Quotenpolitik dafür, dass kein Überangebot an Öl entstehen konnte.

Attraktive Substitute hätten eine Preisobergrenze bilden können, so z.B. synthetisches Öl aus Kohle oder aus Biomasse. Aber dieser Weg wurde damals nur von zwei größeren Staaten ernsthaft verfolgt: Brasilien und Südafrika (vgl. Kap. 8 und 9).

Die Irankrise und der Irak-Iran-Krieg ab 1979/80 führten zu neuen Preissprüngen. Spekulative Lager werden aufgefüllt, bis die Lagerkosten zu hoch wurden. Anfang der 1980er gaben die frei verhandelten Spotpreise immer wieder nach, aber die gehandelten

Mengen waren zu klein, um die Kontraktpreise der großen OPEC-Lieferanten zu gefährden.

1981–86 Verlagerung der Preismacht: Zwei parallele Preissysteme

In den 1980ern gab es eine wichtige strukturelle Veränderung, die bis heute die Mechanismen der Preisbildung prägen sollte: Neue Anbieter außerhalb der OPEC erhöhten die frei gehandelten Ölmengen. Die Spotmärkte wurden liquider. *Dadurch gewann der Markt eine entscheidende Qualität: Er wurde transparenter.*

Jetzt war es zum ersten Mal in der Geschichte des Öls für die Käufer möglich, wenigstens ansatzweise die Angebots- und Nachfragesituation auf den Weltmärkten einzuschätzen und eigene Preisvorstellungen zu entwickeln.

Das OPEC-Kartell hatte es nun schwerer, seine Preisziele durchzusetzen. Die Preisführerschaft ging auf die Produzenten in der Nordsee und in den USA über, die die OPEC-Staaten unterboten. Daraufhin reduzierte Saudi-Arabien seine Produktion immer weiter, um durch die Verknappung des Angebots den Preis für *Arab Light* auf der politisch gewünschten Höhe zu halten.

In der ersten Hälfte der 1980er entstand dadurch ein doppelgleisiges Preissystem: Der politische OPEC-Preis für Arabian Light stand neben den stärker von Marktkräften beeinflussten Ölpreisen von Produzenten, die nicht zur OPEC gehörten, v.a. aus der Nordsee und den USA.

Auch auf der Nachfrageseite schwand der Einfluss der OPEC. Einige Industrieländer erhöhten die Mineralölsteuer und lenkten auf diese Weise die Nachfrage unabhängig von der Höhe des Rohölpreises.

Mitte der 1980er: Netback-Pricing

Die politische Preisfindung der OPEC scheiterte jetzt immer häufiger an den Marktkräften. Die saudische Führung wollte und konnte die Produktion, die auf ein Viertel der normalen Mengen gedrosselt worden war, nicht noch weiter kürzen.

Für kurze Zeit wurde eine andere Strategie getestet: Die Verdrängung oder Disziplinierung der neuen Produzenten durch saudische Niedrigpreise. Dafür wurde für kurze Zeit das *Netback-Pricing* angeboten. Dieses System verzichtete auf einen festen Preis und garantierte den Käufern eine Profitmarge, die sich aus dem nachträglich ermittelten Preis der Endprodukte ergab. Das traf natürlich genau den Geschmack der Käufer. Die Ölhähne wurden wieder geöffnet, saudisches Öl überflutete einen gut versorgten Markt und der Preis fiel bis auf 7,9 $/b. Aber die Nordseeproduzenten, die auf einem Berg fixer Kosten saßen, aber niedrige variable Kosten hatten, kalkulierten anders. Für sie war es auch bei niedrigen Preisen profitabler, die Produktion aufrechtzuerhalten als sie zu stoppen.

Netback-Pricing war ein Zwischenschritt zu einem Marktpreis, der den Rohölpreis an die transparenteren und schneller reagierenden Spotmärkte koppelte.

Nach 1986: Auf der Suche nach dem Spotmarktpreis

Seit 1986 wurde der Ölpreis nicht mehr politisch verkündet, sondern im Markt ermittelt. Das heißt natürlich nicht, dass die OPEC ohne Einfluss war. Aber sie musste den Markt erst einmal von ihren Preisvorstellungen überzeugen, sei es durch direkte Maßnahmen wie Produktionskürzungen oder subtilere Mittel wie Ankündigungen oder den Auf- und Abbau von Zwischenlagern.

Innerhalb der OPEC war die staatliche Ölgesellschaft Mexikos, PEMEX, Vorreiterin des neuen Preissystems. Ihre Exporte gingen fast ausschließlich in den relativ freien und stark umkämpften US-Markt. Dieser Markt war in der Lage, einigermaßen realistische Preissignale zu generieren, an denen sich die PEMEX orientieren konnte. In den meisten anderen Regionen der Welt war es in den 1980ern ungleich schwieriger, einen realistischen Marktpreis zu ermitteln. Fast alle Geschäfte fanden hinter verschlossenen Türen statt.

Die Spotmärkte boten einen Ausweg. Im Gegensatz zum völlig intransparenten Kontraktmarkt mit seinen langfristigen Lieferbindungen wurden auf dem Spotmarkt einzelne Öllieferungen (z.B. eine Tankerfüllung, die noch auf hoher See war) öffentlich angeboten und verkauft. Je nach Marktlage schwankte der Preis. Jeder konnte Öl kaufen oder verkaufen: Ölmultis, unabhängige Ölhändler, OPEC-Staaten, Non-OPEC-Staaten, Raffinerien oder große Endkunden. Rotterdam etablierte sich als Zentrum des Spothandels für den europäischen Raum und darüber hinaus.

Als dieser Spotmarkt auch größere Mengen anbot, hatten die Ölfirmen die Wahl, das Öl entweder über die üblichen Verträge bei den Ölexportstaaten zu kaufen oder sich direkt auf dem Spotmarkt einzudecken. Preise oberhalb des Rotterdamer Spotpreises konnten deshalb nicht mehr durchgesetzt werden. Bei mittel- und langfristigen Schwankungen war der Preis also stärker an den Marktmechanismus von Angebot und Nachfrage gekoppelt.

Dadurch veränderten sich auch die Vertragsformen, in denen der Ölhandel durchgeführt wurde. 1979 wurden noch 85 % der Mengen über langfristige Verträge abgewickelt, nur 15 % über den Spot-Markt. 1984 liefen schon über 50 % direkt oder indirekt über den Spot-Markt.[29] Ölfirmen, die sich vor einem Preisfall an langfristige Verträge

gebunden hatten, mussten mit ansehen, wie sie sich in Rotterdam zu erheblich günstigeren Preisen hätten eindecken können. Mitte der 1980er war es deshalb üblich, dass
die OPEC-Staaten versteckte Rabatte und sonstige Vergünstigungen auf dem inoffiziellen *tertiary market* einräumten, um ihren Absatz stabil halten zu können, ohne den
OPEC-Preis offiziell zu unterlaufen. Der offizielle Richtpreis der OPEC hatte jetzt
nicht mehr viel mit dem tatsächlich gezahlten Ölpreis zu tun.

7.4   Das aktuelle Preissystem: Marker Crudes und Terminmärkte

Auf allen Ölmärkten in den 1980er Jahren stellte sich dieselbe Frage: An welchem Preis
soll man sich orientieren, wenn die OPEC weder willens noch fähig ist, Weltmarktpreise vorzugeben und durchzusetzen? Auf einigen Teilmärkten war es fast unmöglich, den
Marktpreis realistisch zu schätzen.

In dieser unübersichtlichen Situation entwickelten sich in den 1980er Jahren Schritt für
Schritt zwei Elemente, die bis heute prägend sind: die *Marker Crudes (Referenzölsorten) und
der Terminhandel über Rohstoffbörsen*. Bei den Marker Crudes setzten sich die Ölsorten *Brent
und WTI* durch, im Terminhandel übernahmen börsennotierte Terminkontrakte (Futures) in New York an der Nymex und in London an der IPE eine zentrale Rolle.[30]

Aber es sollte einige Jahre dauern, bis die Konturen des neuen Systems sichtbar wurden. Der Ölhandel wurde in den verschiedensten Formen abgewickelt: Als langfristiger
Lieferkontrakt (*term contract*), als zeitnahe Einzellieferung (Spotmarkt), öffentlich über
Ölbörsen, in informellen Märkten (*OTC Over-The-Counter*) oder als großvolumiger Tender in einer Ausschreibung. Vorläufig blieb unklar, welches System der Preisfindung
sich durchsetzen sollte.

7.4.1   Marker Crudes

Auf dem Weltölmarkt werden über 100 verschiedene Rohölsorten angeboten, die sich
zumeist nach den Ölfeldern oder Ölregionen definieren, aus denen sie stammen.

Für die meisten Angebote kann kein eigenständiger Preis ermittelt werden. Oftmals
sind die Lieferungen zu selten, wenn beispielsweise nur alle acht Wochen eine Tankerladung verkauft wird, oder die Verhandlungen sind vertraulich, so dass keine Informationen nach draußen dringen.

In dieser Situation bieten sich sog. *Marker Crudes* als Orientierung an. Ein Marker Crude
ist eine Rohölsorte mit einem eigenen *funktionierenden* Markt. In diesem regionalen

Markt wird in einem relativ liquiden und transparenten Prozess regelmäßig ein aussage-fähiger Marktpreis ermittelt.

Andere Ölsorten übernehmen den Preis dieses Markers und korrigieren ihn um die sog. *Differentials*, die für die jeweilige Ölsorte spezifisch sind: also die jeweiligen Transport-kosten und Eigenschaften (Schwefelgehalt, Schwere etc.).

Auf diese Weise entstanden Preisformeln, die den Preis vieler Ölsorten an die Marker banden. Sie werden seit Ende der 1980er von den meisten Öl exportierenden Ländern verwendet, denn sie haben entscheidende Vorteile:[31] Das Exportland muss den Markt-preis nicht selber ermitteln und ist damit ölpolitisch entlastet. Die eigenen Ölsorten werden an das vermutete aktuelle Weltmarktpreisniveau gebunden, so dass die Wahr-scheinlichkeit groß ist, dass ein für beide Seiten fairer Preis vereinbart wird.

Aber zunächst musste ein passender Orientierungspunkt für diese Preisformeln gefun-den werden. Nur die wenigsten Ölsorten eignen sich als Marker. Historisch war zu-nächst Texas-Öl eine wichtige Ölsorte gewesen, seit Anfang der 1970er vor allem Arab Light. Saudisches Öl hatte wegen der Quotenpolitik die paradoxe Eigenschaft, trotz niedrigster Kosten marginales Angebot zu sein. Da es außerdem keinen funktionieren-den Spotmarkt oder Terminmarkt für Arab Light gab, wurde diese Ölsorte vom Markt nicht als Marker akzeptiert.[32]

In den 1980ern mussten also neue Orientierungspunkte gesucht werden, da Saudi-Arabien und die OPEC nach der missglückten politischen Preissteuerung keine offene Marktführerschaft mehr anstrebten. Auch wollten sie ihre regionalen Märkte nicht transparent strukturieren. Die Saudis erklärten, dass sie sich lieber einem im offenen Markt ermittelten Preis anschließen wollten. Es gab vorerst bei der OPEC keine offe-nen Tender (Ausschreibungen) mehr, sondern komplexe Formeln, die sich immer stär-ker an westlichen Marker Crudes orientierten. Das verhinderte natürlich nicht, dass Saudi-Arabien auch weiterhin über Produktionssteuerung, Lagersteuerung, ölpolitische Statements und subtile Änderungen der Preisformeln weiterhin großen Einfluss auf die Ölmärkte hatte. Allerdings ließen sich die Saudis nicht mehr auf ein offenes Kräftemes-sen mit den Märkten ein.

Nach diversen missglückten Anläufen übernahmen zwei Ölsorten die Rolle der Marker Crudes (mehr dazu weiter unten):

▶ Die Nordseemarke Brent. Auf den Preis dieser Ölsorte bezieht sich der größte Teil des internationalen Ölhandels. Fast alle großen Ströme außerhalb Nordamerikas hängen direkt oder indirekt am Brent-Marker.

▶ *WTI Western Texas Intermediate* für den US-Importmarkt und damit etwa ein Viertel des Welthandels.

▶ Daneben gab und gibt es immer wieder neue Anläufe, Dubai- bzw. Oman-Dubai-Öl als Marker für die relativ schweren Exportölsorten vom Persischen Golf Richtung Südasien und Ostasien zu etablieren (Brent und WTI sind dagegen leichte, süße Öle).

Schließlich gibt es noch eine Reihe regionaler oder Spezialmärkte, die bis zu einem gewissen Grad nach ihren eigenen Gesetzen funktionieren. Drei Teilmärkte sollen wegen ihrer Besonderheiten erwähnt werden:

ANS: Die aus Alaska stammende Sorte ANS war für einige Jahre ein Marker Crude in den USA, bevor es in den späten 1990ern völlig durch WTI ersetzt wurde. Seine merkwürdige Preisfindung ist jedoch symptomatisch für die Probleme des Ölmarktes und soll darum hier erwähnt werden. Kalifornien absorbierte praktisch alle Lieferungen aus Alaska, so dass für Öllieferungen in das Ölzentrum der USA am Golf von Mexiko keine Mengen zur Verfügung standen. Es gab also keinen beobachtbaren Handel in ANS-Öl. Der erstaunliche Weg zur Bestimmung des ANS-Preises bestand darin, dass Fachjournalisten Händler befragten, wie viel ANS wohl am Golf wert wäre, wenn es welches gäbe.

Horsnell merkt dazu an, dass das System erstaunlich gut funktioniert habe. Es sei ja schließlich schwer, einen Markt zu manipulieren, den es gar nicht gebe.[33]

Rotterdamer Markt: Rotterdam ist der wichtigste Umschlagplatz für Rohöl und Ölprodukte in Europa. Sein Spotmarkt dient zum Ausgleich lokaler Versorgungslücken.[34] Er wird nicht über eine zentrale Börse organisiert, sondern dezentral und oft informell. Dennoch werden hier wichtige Referenzpreise für Ölprodukte in Nord- und Westeuropa ermittelt.

Urals Blend: Die russische Ölsorte Urals Blend ist die wichtigste Ölsorte der russischen Exporteure. Die gehandelten Mengen sind sogar größer als die der Nordsee-Marker. Allerdings ist Urals Blend ein eher saures Öl. Es hat daher einen inoffiziellen Status als Marker Crude für „Sour Crude" in Europa.

7.4.2   Brent Marker – Der Kern des globalen Ölpreises

Der Preis für die Ölsorte Brent aus der Nordsee ist seit Ende der 1980er Jahre der weltweit wichtigste Orientierungspunkt für die globalen Ölpreise. Das Brentfeld produziert seit 1976. Es wurde über den Sammelpunkt Sullom Voe und eine Pipeline 1979 an die Weltmärkte angeschlossen. Davor war die Plattform Brent Spar zuständig, die bis

1991 arbeitete und wegen einer umstrittenen und von Greenpeace bekämpften Abwrackaktion in die Schlagzeilen geriet.

Brent ist ein hochwertiges, leichtes und süßes (schwefelarmes) Öl, das v.a. an europäische und nordamerikanische Raffinerien verkauft wird. Das Brentfeld produzierte mit seinen Nachbarfeldern in den 1980ern zunächst an die 800.000 b/d, was deutlich über 1 % der Weltproduktion war. Der Markt speiste sich ursprünglich allein aus dem großen Nordseefeld Brent. Aber die Fördermengen waren nach 2000 auf nur noch 300.000 b/d gefallen. Damit nahm die Zahl der abgerechneten Ladungen, die die Preisinformationen liefern, immer weiter ab. Aus diesem Grund musste Brentöl mit den Fördermengen anderer Nordseefelder gemischt werden, denn zu geringe Mengen hätten zu verzerrten Preisen führen können. Das hätte die Legitimation des Markers untergraben. Deshalb wurde der Kreis der Felder erweitert. Auch andere vergleichbare Ölsorten aus der Nordsee wurden berücksichtigt und konnten geliefert werden. Mittlerweile ist es genau genommen nicht mehr Brentöl, sondern BFOE-Öl aus den Feldergruppen Brent, Forties, Oseberg und Ekofisk. Dadurch wurde die Zahl der monatlichen Lieferungen wieder erweitert. Auch wurden die Vertragsbedingungen stärker standardisiert und vorhersehbar.

Zwei Gründe waren für den Erfolg des Brent-Markers ausschlaggebend: Zum einen waren die Strukturen des Brenthandels für ein Markeröl geeignet (siehe unten). Ein zweiter Grund war ursprünglich steuerlicher Natur. Da es vor Brent keine transparenten Ölpreise in der Nordsee gab, neigten die britischen Steuerbehörden zu Schätzungen, die für die großen Ölgesellschaften nicht immer vorteilhaft waren. Die Ölmultis wollten daher einen sichtbaren Ölpreis kreieren, der ihnen konzernintern größere Spielräume beim „Steuermanagement" gab.

Der Brent-Markt ist außerordentlich kompliziert und funktioniert – um es mit Horsnell auszudrücken – nur solange man nicht zu sehr darüber nachdenkt.[35] Er hat sich jedoch bislang auch in Krisenzeiten bewährt und klarere Preissignale geben können als sein amerikanisches Pendant WTI.

Es gibt im Prinzip drei Brentmärkte: den Spotmarkt (*Dated Brent*), den unregulierten 15-day-Markt (*Forward Market*) und die regulierte Börse für Öl-Futures (Terminkontrakte) in London (ICE/IPE). Daneben gibt es eine Vielzahl informeller und wenig transparenter Geschäfte, die direkt zwischen einzelnen Parteien „*over-the-counter*" (OTC) individuell vereinbart werden (Swaps, Optionen, CFDs).

Dated Brent, also Spot Brent, ist bereits verladen oder der genaue Verladetermin steht fest. Dieser Markt ist im Vergleich zum weitaus liquideren Terminmarkt weniger transparent und anfälliger für Preismanipulationen.

Forward Brent/15-day Brent liegt zwischen dem Spotmarkt und dem börsengehandelten Terminmarkt. Der Monat der Verladung steht fest – meist der kommende Monat – aber noch nicht der genaue Tag. Die Preise werden von Preisagenturen verfolgt und geschätzt. Der Forward Brent Market ist eine kleine Welt, die eher einem geschlossenen Club als einem offenen Markt ähnelt. Die Zahl der Marktteilnehmer ist gering, da es um physische Lieferungen geht. Es handelt sich im Allgemeinen nur um eine Handvoll Ölfirmen, einige Investmentbanken und einige Ölhändler.

Brent-Terminkontrakte (Brent Futures) bestehen seit 1988 an der Londoner Ölbörse und sind standardisierte Kontrakte für weiter in der Zukunft liegende Liefermonate.

Dated Brent, Forward Brent und Brent Futures sind also nach Liefertermin und Kontraktart gestaffelt. Sie können ineinander übergehen, wenn etwa ein fälliger Terminkontrakt *„wet"* wird, also den Kauf von physischem Öl verlangt und damit zum Forward Brent und schließlich zum Dated Brent wird, der dann zur Lieferung ansteht.

Das Brentsystem kennt damit mehrere Formen der Preisbestimmung: Sie werden entweder durch Fachjournalisten geschätzt, durch Differentials abgeleitet oder auf Börsenplätzen transparent ermittelt. Alle drei Märkte beeinflussen sich gegenseitig und beziehen ständig Preisimpulse voneinander.

Wie überall im Rohstoffhandel gewinnt auch bei Brent der standardisierte, über Börsen gehandelte Terminkontrakt gegenüber den anderen Marktformen an Bedeutung. Lediglich der ungeregelte OTC-Markt behauptet sich nach wie vor.

Auf der Basis dieses relativ kleinen Ölmarktes in der Nordsee werden die Preise für mehr als die Hälfte des internationalen Ölhandels ermittelt, was einem Geschäftsvolumen von knapp 2000 Milliarden Dollar pro Jahr entspricht. Entscheidender Grund für die Akzeptanz dieses Systems ist, dass *Brent die einzige (!) international handelbare Ölsorte ist, die eine signifikante Menge von täglichen Vertragsabschlüssen zwischen wichtigen Akteuren der Ölbranche ermöglicht.*

7.4.3   WTI – der amerikanische Marker Crude

Die Ölsorte WTI (West Texas Intermediate) ist der wichtigste Bestandteil und Namensgeber für den meistgehandelten Terminkontrakt der Ölbörsen: den *Light Sweet Crude Oil Contract* der New Yorker Ölbörse Nymex. WTI ist nur eine von zehn süßen Ölsorten aus Texas, New Mexico, Oklahoma und Kansas, die diesen Kontrakt zusammen bilden.

WTI ist eigentlich nur bedingt als globaler Marker geeignet, da es nur über amerikanische Pipelines verteilt und nie grenzüberschreitend gehandelt wird. Es ist ein Marker für den US-Binnenmarkt, der immer wieder einmal vom Weltmarkt entkoppelt ist, wenn es z.b. Probleme mit einzelnen Pipelines gibt.[36] Der Vorteil von WTI liegt darin, dass der Markt sehr liquide ist, über eine einheitliche Terminmarktstruktur verfügt und sich im größten nationalen Energiemarkt der Welt befindet. Da WTI mit Importöl aus aller Welt konkurriert, ist es den Preisimpulsen des Weltmarkts direkt ausgesetzt.

7.4.4 Dubai-Marker

Bislang wurden die Ölpreise am Persischen Golf entweder durch langfristige Verträge vereinbart, die sich an Brent oder WTI orientieren, oder durch Preisagenturen wie Platts geschätzt. Schon seit vielen Jahren versuchen Börsenbetreiber und Händler einen Marker für arabisches Öl einzuführen. Aber seit den negativen Erfahrungen der 1980er Jahre ist Saudi-Arabien nicht mehr daran interessiert, als Preismacher offen in Erscheinung zu treten.

An seine Stelle trat der Dubai-Marker, der Mitte der 1980er mit Unterstützung japanischer Handelshäuser und amerikanischer Investmentbanken eingeführt wurde, als der Spothandel für saudisches Öl einschlief. Aber der Golfkrieg 1991 brachte den Handel zum Erliegen. Danach war der Preis von Dubai stark an Brent orientiert, da der Markt intransparent wurde und nur aus wenigen Lieferungen bestand. Als die Volumen auf nur noch 0,1 mb/d fielen, mit nur noch vier Spotlieferungen pro Monat, nahm die Preisagentur Platts 2001 auch noch die größeren Lieferungen aus dem Oman in ihre Preisschätzungen auf. Aber auch das war problematisch, weil Oman-Öl hochwertiger ist als Dubai-Öl.[37]

2007 wurde ein neuer Anlauf genommen. Im Juni nahm eine Ölterminbörse am Persischen Golf den Handel auf, die Dubai Mercantile Exchange (DME). Aktionäre der DME sind Tatweer, die zur staatlichen Dubai-Holding gehört, die New Yorker Warenterminbörse Nymex und der Oman Investment Fund. Trotz des Engagements der Nymex ist die DME ein Novum, da sie die erste Ölterminbörse außerhalb der Industrieländer ist.

Die DME ist zum Symbol für die Machtverschiebung auf den Ölmärkten zugunsten der Ölproduzenten und der Importländer Asiens geworden. Sie ist auch ein Zeichen für die wachsende Globalisierung des Ölmarktes. Der Dubai-Oman-Terminkontrakt wurde in erster Line für die asiatischen Kunden entworfen und wird am Ende des Handelstages in Singapur abgerechnet.

Die DME handelt nun den Referenzpreis für saures Rohöl aus Oman und Dubai sowie Differentials zu Brent und WTI. Der Zeitpunkt ist günstig gewählt, da gerade 2007 die Aussagekraft von WTI immer mehr in Frage gestellt wurde.

Damit wird eine doppelte Lücke auf dem Weltölmarkt geschlossen: Es fehlt ein speziell für asiatische Kunden konzipierter Terminkontrakt und es fehlt ein erfolgreicher Kontrakt für das am Golf und in Asien weit verbreitete saure Rohöl. Bislang müssen asiatische Raffinerien ihre finanziellen Hedges (Geschäfte zur Absicherung des Preises oder der Liefermengen) mit WTI oder Brent durchführen, obwohl sie eine andere Rohölart mit anderen Preisstrukturen verwenden und sich die Preisdifferenz zwischen saurem und süßem Öl ständig ändert.

Oman hat einige Vorteile gegenüber seinen Nachbarländern: Es ist nicht Mitglied der OPEC und verfügt über eine stattliche Fördermenge von 708.000 b/d (2007). Ein Problem ist jedoch, dass den Käufern wie in allen OPEC-Staaten ein einzelner Anbieter gegenübersteht, der auch die gesamte Exportinfrastruktur kontrolliert. Die Produktion in Dubai allein wäre zu gering gewesen, um einen transparenten und ausreichend großen Markt aufzubauen, aber nach der Kombination mit allen Exporten aus Oman sind die Chancen größer, die Verträge aus dem Freiverkehr (OTC) in regulierte, transparentere Börsen zu verschieben.

Im Jahr 2007 haben die Regierungen in Dubai und Oman offiziell bestätigt, dass sie ihre Exporte über die DME abwickeln werden. Aber die Zukunft der arabischen Ölbörse ist noch nicht gesichert. Fast zum selben Zeitpunkt hat die amerikanisch-britische Ölbörse ICE einen Terminkontrakt für saures Öl eingeführt. Der ICE-Kontrakt hat jedoch den Nachteil, dass er keine physischen Lieferungen beinhaltet, also ein reiner Papiermarkt ist. Noch ist unklar, welcher der beiden Kontrakte sich durchsetzen wird.

Bislang wird der DME-Kontrakt hauptsächlich für physische Lieferungen benutzt. Die Preisbewegungen sind gelegentlich erratisch und die Liquidität ist auch im Frühjahr 2008 noch sehr gering. Diese Eigenschaften machen den Kontrakt weder für die Preisfindung noch für das Hedging interessant. Die großen Golfproduzenten haben daher bislang wenig Interesse gezeigt, ihre Exportgeschäfte über die DME abzuwickeln.[38]

7.4.5   Marker für Asien – Der weiße Fleck

Asiatische Kunden waren lange Zeit eher an einer hohen Versorgungssicherheit als an harten Preisverhandlungen interessiert. Das lag nicht zuletzt an den hohen Profitraten, die asiatische Raffineriebetreiber auf ihren regulierten Märkten erzielen konnten. In den meisten asiatischen Binnenmärkten dominiert bis heute eine Mischung aus Marktelementen und behördlichen Preisvorgaben.[39]

Asiatische Ölproduzenten (China, Indonesien, Australien) waren im Welthandel zu unbedeutend oder ihre Märkte waren zu stark reguliert, um eigene Preissysteme entwickeln zu können, die für den Weltmarkt attraktiv sind.

Singapur spielt als Drehkreuz und Zwischenlager für die asiatische Ölversorgung eine wichtige Rolle. Es gewann in den 1990ern an Bedeutung, als große Händlerfirmen von Tokio nach Singapur übersiedelten.[40] Der Stadtstaat bot geringere Kosten und eine günstigere Zeitzone wegen der Überschneidung der Bürozeiten mit London. Aber auch hier konnte kein überregionaler Marktpreis ermittelt werden.

Insgesamt ist der Markt in Ostasien trotz der großen Importströme nicht sehr liquide. Das ist vor allem eine Folge der intransparenten OTC-Geschäfte und Tenderkontrakte mit nationalen Ölgesellschaften. Die Liquidität wird zudem durch die Ladungseinheiten der Großtanker erschwert. Demgegenüber ist der Verkehr in Europa durch die Binnenschiffahrt auf dem Rhein und der Verkehr in den USA durch die Pipelinetransporte weitaus kleinteiliger strukturiert.

Da es in Asien keinen transparenten Spotmarkt in Asien gibt, müssen arabische Lieferanten nicht gegen Spotpreise konkurrieren und können daher das Preisrisiko während der langen Tankerfahrt auf die Kunden überwälzen. Das ist für Lieferungen Richtung Europa oder USA nicht möglich, da es hier funktionierende Spotmärkte (Brent bzw. WTI) und mehrere Konkurrenten aus Westafrika oder Lateinamerika gibt. Der Golf von Mexiko ist zweifellos der am stärksten umkämpfte Ölmarkt der Welt – solange er nicht durch einen Hurrikan lahm gelegt ist.

Im Allgemeinen gilt, dass Rohöl an solchen Orten billiger zu haben ist, die im Schnittpunkt mehrerer Lieferrouten liegen. Europa hat eine günstige Lage, da es leicht aus heimischen Feldern, aus russischen Feldern per Pipeline oder westafrikanischen und arabischen Feldern per Tanker beliefert werden kann. Auch die USA liegen günstig, da sie aus Westafrika, dem arabischen Raum oder Lateinamerika beliefert werden können.

In Ostasien sieht die Lage anders aus. Die Förderung vor Ort ist eher gering. Nur der Persische Golf bietet sich als Lieferregion an. Saudi-Arabien ist insgesamt in einer komfortablen Situation gegenüber Kunden aus Fernost, da alle potenziellen Konkurrenten geografisch ungünstiger liegen (Westafrika, Westsibirien) oder traditionell nur selten gegen die Saudis konkurrieren. Deshalb ist immer wieder das Phänomen eines „Asienzuschlags", der „*Asian premium*", zu beobachten.[41] Asiatische Kunden zahlen dann einige Dollar mehr pro Barrel als die Raffinerien in Europa oder USA.

Neben dem Persischen Golf ist es vor allem Westafrika, das als marginaler Anbieter Asien oder Nordamerika versorgen kann. Aber die westafrikanischen Preise orientieren sich an Brent. Das wurde in den letzten Jahren deutlich, als die arabischen Exporteure nicht die gefragten süßen Ölsorten liefern konnten, aber andererseits attraktive westafrikanische Lieferungen nicht Richtung Ostasien umgelenkt werden konnten, weil der weite Spread (Preisdifferenz) zwischen dem teuren Brent-Öl (und damit Westafrika) und dem preiswerteren Dubai-Öl keine Handelsmöglichkeit (Arbitragefenster) bot. Der Spread zwischen Dubai und Brent steht für den Bewertungsunterschied zwischen süßem und saurem Öl. Nur wenn dieser Spread relativ klein ist, also z.b. nur 1–2 $/b beträgt, lohnt sich die lange Tankerfahrt nach Ostasien.

Da China mittlerweile zu einem bedeutenden Ölimporteur aufgestiegen ist, könnte sich hier mittelfristig ein ölpolitisches Gegengewicht mit eigenen Märkten bilden. Auch könnten russische Anbieter eines Tages zu Preismachern werden, wenn die Infrastruktur für die Versorgung Ostasiens fertig gestellt ist (Sachalin, ostsibirische China/Japan-Pipelines).

Noch ist allerdings nicht absehbar, wann es einen attraktiven asiatischen Spotmarkt und einen dazu passenden Marker geben wird. In der Zwischenzeit werden die Preise für China, Korea, Japan oder Indien weiterhin in der Nordsee und am Persischen Golf gebildet.

7.4.6 Grenzen des Marker-Systems

Das heutige System der Preisbildung ist zweifellos eine Notlösung, denn Markermärkte sind letztlich regionale Märkte. So hat z.b. ein Problem mit einer Förderplattform oder einer Verladestation in der Nordsee einen großen Einfluss auf den Brentpreis und damit eine unverhältnismäßig große Wirkung auf die Weltmarktpreise, die diese Verzerrung erst einmal „herausrechnen" müssen. Auch liegen die freien Kapazitäten des Weltölmarktes nicht in der Nordsee oder im Golf von Mexiko, sondern am Persischen Golf. Insofern erfolgt die Preisbildung am falschen Ort.[42]

Erschwert wird dieser Nachteil durch die hohe Nachfrage der Raffinerien nach süßem Öl, denn Konversionsanlagen für saures Öl sind nach wie vor knapp. Die Folge ist eine immer wieder hohe Preisspanne zwischen süßem Öl (wie z.B. Brent und WTI) auf der einen Seite und saurem, weniger knappem Öl vom Persischen Golf auf der anderen Seite.

WTI-Marker in der Krise 2007[43]

Die Preise der Marker Crudes sollen idealerweise in großen physischen Märkten mit häufigen Transaktionen entstehen. Doch dieses Modell stößt in der Praxis an Grenzen, da die Fördermengen von WTI, Brent und Dubai immer weiter schrumpfen.[44] Es entstehen zeitliche Lücken ohne Handel, in denen die Preise von Fachjournalisten der Preisagenturen (Platts, Argus) geschätzt oder aus den Terminmärkten abgeleitet werden müssen.

Damit werden diese Märkte immer kleiner und anfälliger für Manipulationen. Das gilt besonders, wenn das Öl nicht per Tanker, sondern durch Pipelines transportiert wird, wie bei WTI, da die Betreiber von Pipelines und Tanklagern einen großen Einfluss auf Mengen und Preise nehmen können. Das ist bei Tankern schwerer, da die Geschäfte hier transparenter und große Vertragsmengen von 500.000 oder 600.000 Barrel die Norm sind. Der Brent-Markt ist ein solcher Tankermarkt.

Im Prinzip sollen die WTI-Preise wenn schon nicht die Situation des Weltmarktes dann doch die amerikanische Marktlage widerspiegeln. Aber selbst das gelingt immer weniger, denn der WTI-Preis ist heute das Ergebnis ganz spezifischer Versorgungsbedingungen, insbesondere der Lagerbestände am Pipeline-Kreuz in Cushing/Oklahoma. Früher war der Öltransport Richtung Cushing ein Engpass, heute ist es gelegentlich schwierig, die gewünschten Mengen weiter zu befördern. Wegen der boomenden Ölsandindustrie in Westkanada wird immer mehr Rohöl von dort Richtung Cushing exportiert. Auch ist die hohe Qualität des WTI-Öls in keiner Weise repräsentativ für die häufig schlechteren Ölqualitäten in anderen Teilen der USA und der übrigen Welt.

Im Frühjahr 2007 koppelte sich der WTI-Preis nicht nur vom Weltmarkt, sondern auch von anderen US-Regionen ab. Die Besonderheiten des WTI-Öls machten sich bemerkbar. Diverse Raffinerien mussten länger als vorgesehen für Reparaturen oder aufgrund von Unfällen ihre Produktion einstellen. Das Rohöl konnte daher nicht verarbeitet werden und füllte die Lager in Cushing. Spekulative Lagerhaltung verschärfte den Druck. Die starre Pipelinestruktur machte es kanadischen Lieferanten unmöglich, ihr Rohöl z.B. an die Küste statt in das überfüllte Cushing zu transportieren.

Die Ölvorräte in Cushing stiegen bis auf 28 Millionen Barrel. Der WTI-Spotpreis fiel aufgrund des Überangebots und zog die zeitnahen Terminkontrakte an den Ölbörsen mit nach unten. WTI war Mitte Mai 2007 mit 64 $/b plötzlich deutlich billiger als Brent (71 $/b). Im Schnitt der letzten 20 Jahre war WTI stets 1–2 Dollar teurer.[45] Durch diese Verzerrung entstanden hohe finanzielle Verluste für Saudi-Arabien, Kuwait, Kolumbien und Ecuador, deren Lieferverträge preislich an WTI orientiert sein mussten, um in den USA konkurrenzfähig zu sein.[46]

Aber trotz der offensichtlichen Defizite des WTI-Markers ist es nicht ohne weiteres möglich, einen anderen Teilmarkt als Orientierungsgröße zu wählen.[47] Um WTI herum hat sich ein breiter und eingespielter Markt mit Tausenden von Wertpapieren und Ölverträgen entwickelt, die auf WTI Bezug nehmen. Investitionen in Milliardenhöhe werden um diese Benchmark herum getätigt, die nicht zuletzt den Ölbörsen und den Wertpapier- und Ölhändlern hohe Einnahmen bescheren. Fonds haben Milliardenbeträge in WTI-Futures angelegt und zahlreiche Ölhändler profitieren davon, über geschickte Lagerhaltung und Pipelinereservierungen die Preisschwankungen auszunutzen.

7.5   Terminmärkte

Neben den Marker Crudes wurden *Terminbörsen* zum zweiten Pfeiler des neuen Ölpreissystems. Marker Crudes brauchen Terminmärkte ebenso wie Terminmärkte auf funktionierende Marker Crudes angewiesen sind. Sie sind der einzig mögliche Orientierungspunkt für Preise auf Terminmärkten. Eine zweite Voraussetzung ist ein öffentlicher Handelsplatz, auf dem transparent und ohne große Kosten Terminkontrakte der Marker Crudes gekauft und verkauft werden können. Diese Orte sind die Terminbörsen, vor allem die Nymex und die IPE/ICE. Für individuellere bilaterale Geschäfte stehen OTC-Märkte zur Verfügung, die über elektronische Plattformen oder direkt von Investmentbanken organisiert werden.

7.5.1   Spot- und Terminmärkte – eine Einführung

Wozu gibt es überhaupt Terminmärkte? Ein Blick in die Geschichte hilft hier weiter.[48] Terminmärkte sind entstanden, weil Spotmärkte (in denen die Lieferung der vereinbarten Waren umgehend erfolgt) bestimmte Probleme nicht lösen konnten: Preistransparenz, Preisfeststellung und Risikomanagement.

Zum einen sind Spotmärkte gerade im Ölhandel informell organisiert. Die Preisverhandlungen sind vertraulich. Und da es sich um unmittelbar anstehende Lieferungen handelt, sind die Preisinformationen fast schon wieder veraltet, wenn sich andere Marktteilnehmer einen Überblick verschafft haben. Es fehlt also eine Institution, bei der aktuelle und transparente Preissignale allgemein verfügbar sind und die für eine formal saubere Abwicklung der Geschäfte sorgt.

Zum anderen können bestimmte Risiken auf Spotmärkten nicht abgesichert werden. Will z.B. eine Fluggesellschaft schon jetzt ihren Treibstoffbedarf für die kommende Saison sichern, kann sie dies nur auf drei Wegen tun. Entweder legt sie ein großes Treibstofflager an, was aber mit enormen Kosten verbunden wäre, oder sie hat einen langfristigen Liefervertrag zu festen Preisen mit einem bestimmten Abnehmer, was aber ihre Flexibilität verringert und im Allgemeinen teuer ist. Oder sie schließt spezielle Termingeschäfte ab, die flexibel den eigenen Bedürfnissen angepasst werden können, ohne dass große Mengen Treibstoff physisch hin und her bewegt werden müssen. Daher wuchs die Nachfrage nach funktionierenden und transparenten Terminmärkten, auf denen sich solche Risiken absichern ließen (*hedging*).

Der Handel mit Öl war in den 1980ern mit erheblichen Preisrisiken verbunden: Ein europäischer Käufer von arabischem Öl lief Gefahr, nach der mehrwöchigen Tankerfahrt feststellen zu müssen, dass der Marktpreis in der Zwischenzeit stark gefallen war, so dass er nur noch mit Verlust verkaufen konnte. Immer wieder kam es zu übertriebenen und unerklärlichen Schwankungen der Spotpreise. Die beobachtbaren Geschäfte waren in manchen Monaten so selten, dass überhaupt kein nachvollziehbarer Preis ermittelt werden konnte. Daher wuchs bei Käufern und Verkäufern der Wunsch nach größerer Planbarkeit und Sicherheit. Da der Weg zurück zu den alten langfristigen Vertragsbindungen nicht mehr möglich war, boten sich Terminmärkte an. Hier ist es möglich, lange im Voraus Kontrakte abzuschließen, in denen Preise und Mengen festgelegt sind. Die Unsicherheit zukünftiger Preisentwicklungen ist dadurch eliminiert.

Andererseits bekamen damit auch Spekulanten Zugang zum Ölmarkt. Sie wollen nur von Preisschwankungen profitieren, haben also nicht die Absicht, Öl zu kaufen oder zu verkaufen. Spekulanten erhöhten die Liquidität des Terminmarktes, also die Zahl und Dichte der möglichen Kontrakte für alle Marktteilnehmer. Weniger willkommen waren Preisverzerrungen, die allein auf spekulative Investitionen zurückgingen und nichts mit der tatsächlichen Marktlage zu tun hatten.

7.5.2   Historische Entwicklung der Terminbörsen

Vorformen der heutigen Terminbörsen sind schon seit dem späten Mittelalter bekannt. Das bekannteste Beispiel ist der Optionsmarkt für holländische Tulpenzwiebel im 17. Jahrhundert. Zur selben Zeit gab es in Japan die ersten Reis-Futures.

Der erste große amerikanische Terminmarkt für Rohstoffe entstand im 19. Jh. für Getreide, das im Einzugsgebiet von Chicago gehandelt wurde.[49] Die für den Handel wichtigen Kanäle und Straßen waren im späten Herbst und im Winter unpassierbar. Die Herbsternten wurden daher von Getreidehändlern in großen Silos zwischengelagert, bevor sie im Frühjahr in Chicago verkauft werden konnten. Durch die lange Wartezeit entstand für alle Beteiligten eine unbefriedigende Situation: Die Händler hatten das Preisrisiko für mehrere Monate und das Investitionsrisiko der Siloanlagen; die Bauern mussten Lagerkosten mitfinanzieren und wollten ihr Geld schon bei Lieferung an die Händler, doch die Banken wollten den Händlern wegen der hohen Risiken keine akzeptable Zwischenfinanzierung anbieten.

Alle Marktteilnehmer litten also unter dem unkalkulierbaren Preisrisiko. Ein Forward Contract mit festgelegten Mengen und Preisen für das kommende Frühjahr, gewissermaßen die Vorstufe eines standardisierten Futures, war die Lösung. Die Banken hatten die vertraglichen Sicherheiten, die Farmer und Händler konnten mit festen Einkünften kalkulieren.

Aus diesen zunächst informellen Lösungen entstand allmählich eine Terminbörse mit festen Regeln und einer Aufsicht. Aus dem Forward Market wurde ein Futures Market. Das zog Spekulanten an, die nicht am Getreide verdienen wollten, sondern an Preisschwankungen der Kontrakte. Das erhöhte einerseits die Volatilität der Preise, stellte aber andererseits so viel Liquidität zur Verfügung, dass Händler und Bauern sehr häufig einen Vertragspartner für ihre speziellen Bedürfnisse finden konnten.

7.5.3   Frühe Ölbörsen

Kurz nach dem ersten großen Ölfund in den USA entstanden die ersten Ölbörsen. Bald gab es 20 konkurrierende Märkte, auf denen durch windige Transaktionen mehr Vermögen geschaffen oder vernichtet wurden als im realen Ölhandel.

Schon 1889 wurde dort an einem Tag die zwanzigfache Weltproduktion gehandelt (4 mb/d Börsenhandel gegenüber 0,2 mb/d Ölförderung), an manchen Tagen sogar das Hundertfache.[50] Das ist eine Relation, die selbst heute nicht mehr erreicht wird.

Mit der zunehmenden Integration der Ölindustrie Ende des 19. Jh. verloren die Börsen jedoch rasch an Bedeutung. Im Zeitalter der „Sieben Schwestern", also eines weltweiten Oligopols integrierter Ölkonzerne, wurden Börsen nicht mehr gebraucht, da an keinem Punkt der Versorgungskette ein offener Markt existierte. Die Preise wurden von Ölkonzernen und Staaten festgelegt und nicht auf Märkten ermittelt.

Erst nach 1970 sollten Börsen wieder an Attraktivität gewinnen. Die Preiskontrollen in den USA wurden aufgehoben und die Verstaatlichungswelle in den OPEC-Ländern zerbrach die integrierten Versorgungsketten der Ölkonzerne. Es entstanden unabhängige Raffinerien und neue Fördergebiete, die noch nicht unter den Ölmajors aufgeteilt waren.

Der Markt wurde also unübersichtlicher. Der Ölhandel blühte auf, Spotmärkte und informelle Forward-Märkte wurden liquider, bis die Gründung der heutigen Terminbörsen möglich wurde. Ein Zitat aus der Fachpresse verdeutlichte den Trend zu Handel und Spekulation: „Majors are becoming traders, the traders are becoming brokers…and brokers are becoming journalists".[51]

7.5.4   Nymex und IPE

Im Jahr 1978 gelang es der New Yorker Börse Nymex, einen Terminkontrakt für Heizöl einzuführen. Drei Jahre später folgte ein Kontrakt für verbleites Benzin und schließlich 1983 ein Kontrakt für Rohöl. Ähnliche Versuche der CboT (Chicago Board of
Trade) scheiterten. Die Nymex ist die frühere Butter & Cheese Exchange. Sie hatte
lange nach neuen attraktiven Produkten gesucht, nachdem es in den 1970er Jahren
einige geschäftsschädigende Skandale mit Kartoffel-Futures gegeben hatte.[52]

Die zweite Ölbörse entwickelte sich ungefähr zur selben Zeit in London: die IPE (International Petroleum Exchange). Sie führte ihren ersten Kontrakt für Gasoil 1981 ein
und zwei Jahre darauf einen Rohölkontrakt auf Brent, aber zunächst ohne großen Erfolg. Den Terminmärkten wurde lange mit Misstrauen oder Desinteresse begegnet. Es
brauchte drei Anläufe, um an der IPE einen Terminkontrakt einzuführen. Viele Händler warteten morgens ab, bis die schon besser etablierte New Yorker Ölbörse Nymex
am Nachmittag öffnete.[53]

Der Durchbruch der Nymex gelang im Frühjahr 1985, als die Weltölpreise aufgrund
einer unerwarteten Kehrtwendung der saudischen Ölpolitik von 27 $/b auf unter
10 $/b fielen. In dieser Situation wurde der bislang wenig beachtete Nymex-Markt zur
Benchmark für den Energiehandel, denn Futures waren der sicherste Weg, die individuellen Risiken eines weiteren Preisverfalls zu reduzieren.

Brent-Kontrakte an der Londoner IPE hatten erst während der Kuwait-Krise 1990/91
ihren Durchbruch, vor allem weil London wegen der günstigeren Zeitzone noch vor
der Nymex auf Neuigkeiten vom Persischen Golf reagieren konnte.

Der Ölhandel wurde von nun an nicht mehr vom Handel auf den relativ unflexiblen
Spotmärkten gesteuert, auf denen reales Öl gekauft wurde, sondern von relativ liquiden
Terminmärkten, auf denen Terminkontrakte gehandelt wurde („Papieröl").

Schon 1992 war der WTI-Rohölfuture der größte Rohstoff-Kontrakt der Welt.[54] Die
Nymex ist heute die größte Energiebörse der Welt und bietet die weltweit erfolgreichs-
ten Kontrakte für Rohöl und Ölprodukte an.

Die Geschäfte wurden zunächst nur im Parketthandel zwischen Händlern durchgeführt, die gleichzeitig die Eigentümer der Börsen sind. Doch die Konkurrenz elektroni-
scher Plattformen zwang die Nymex, ihre Öffnungszeiten durch elektronischen Handel
über die Globex-Plattform der CME zu verlängern und den Ablauf zu vereinfachen.
Der Übergang vom Parketthandel zu elektronischen Börsenplattformen hat die Geschwindigkeit und den Umfang des Ölterminhandels weiter vergrößert. Die Nymex

wird voraussichtlich im Laufe des Jahres 2008 von der noch größeren Terminbörse in Chicago, der CME, übernommen.

Die größte dieser Plattformen, die **ICE (IntercontinentalExchange)** in Atlanta wurde erst 1998 gegründet. Über sie können standardisierte Futures und OTC-Geschäfte abgewickelt werden. Zur ICE gehört auch die Londoner ICE-Futures, die größte Energiebörse Europas, die im Jahr 2001 die europäische Ölbörse der ersten Stunde, die bereits erwähnte IPE, übernommen hat. Nordseeöl und Erdgas sind die wichtigsten Produkte, die von über 1000 Kunden über die Londoner Plattform gehandelt werden.

Nymex und ICE sind direkte Konkurrenten und teilen fast den gesamten Terminmarkt für Ölkontrakte, die über die Börse gehandelt werden, unter sich auf. Die geringen Volumina an der Rohstoffbörsen in Tokio und Singapur sind nur von regionaler Bedeutung. Die ICE hat zusätzlich eine starke Stellung im Freiverkehr (OTC). Sie steht immer wieder in der Kritik, weil sie im Gegensatz zur Nymex nicht von der CFTC-Börsenaufsicht kontrolliert wird und daher spekulativere und weniger transparente Aktionen zulässt. Nach der spektakulären Ölpreishausse im Frühjahr 2008 verordnete die CFTC auf politischen Druck hin strengere Meldevorschriften.

7.5.5   Der OTC-Handel

In OTC-Märkten sind nicht die Börsen, sondern anonyme elektronische Handelsplätze oder Investmentbanken die *Market Maker*, die Käufer und Verkäufer zusammenbringen.[55] Hier besteht die Möglichkeit, anonyme spekulative Positionen in einem Umfang und einer Geschwindigkeit aufzubauen, wie dies bei der Nymex nicht möglich wäre.

Die Börsenaufsicht der Nymex kennt Größe und Art der Positionen aller Marktteilnehmer. Sie verlangt beim Erdöl- und Erdgashandel zusätzliche Informationen und Sicherheiten, wenn bestimmte Grenzen überschritten werden. Die Aufsichtslücke bei OTC-Plattformen wird in den USA besonders von Industrieverbänden angeprangert, die einen hohen Erdgasverbrauch haben. Sie befürchten eine Manipulation oder Destabilisierung der Erdgasmärkte durch unkontrollierte Spekulation. Der Zusammenbruch des großen Hedgefonds Amaranth Advisors (siehe unten) ebenso wie der schon einige Jahre zurückliegende Konkurs des Energiekonzerns Enron wird in diesem Zusammenhang immer wieder angeführt.

7.5.6   Umfang der Handelsaktivitäten an Ölbörsen

Die Ölbörsen erlebten in diesem Jahrzehnt einen enormen Aufschwung. Im Jahr 2007 stieg das tägliche Handelsvolumen in Nymex-Ölkontrakten gegenüber dem Vorjahr um 70 % auf durchschnittlich 482.246 Kontrakte, also 482 mb (1 Kontrakt umfasst 1000

Barrel). Das entspricht der sechsfachen täglichen Ölförderung. Im Jahr 2008 lag das Volumen bislang (Januar bis Mai) bei durchschnittlich 550 mb.[56]

Die Zahl der offenen Terminkontrakte, die nicht durch ein Gegengeschäft neutralisiert sind, hat sich von 2001 bis 2008 verfünffacht. Der Wert dieser Positionen stieg aufgrund des höheren Ölpreises noch stärker von 7 Mrd. $ auf etwa 145 Mrd. $.[57]

Eine Momentaufnahme von einem normalen Handelstag (9. August 2007) veranschaulicht den Umfang der börsengehandelten Kontrakte. Sie umfasst alle gehandelten verfügbaren Liefermonate vom September 2007 bis zum Dezember 2015 (Tab. 7.1).

	Anzahl der an diesem Tag gehandelten Kontrakte	Offene Kontrakte Sep.2007 bis 2015 (Open Interest)
WTI an Nymex	587.000	1.507.000
WTI an ICE Futures (IPE)	237.000	586.000
Brent an ICE Futures (IPE)	313.000	651.000
Summe	1.137.000 Kontrakte	2.744.000 Kontrakte
umgerechnet in Barrel	1,1 Gb = das 13fache der globalen Tagesproduktion	2,7 Gb = 1 % der geschätzten Ölproduktion 2007–2015

Tabelle 7.1: Umfang des Börsenhandels in WTI- und Brentkontrakten am 9. August 2007[58]

Die Zahlen der Tabelle 7.1 zeigen, dass das *täglich* börsengehandelte Öl Größenordnungen erreicht hat, die den Umfang der realen täglichen Ölförderung weit überschreiten. *Es wurde 13 Mal mehr (Papier-)Öl an der Börse „umgeschlagen" als physisch gefördert wurde.* Diese Zahl müsste um den Umsatz auf den umfangreichen, aber undurchsichtigen und kaum quantifizierbaren Freiverkehrsmärkten (OTC) erhöht werden.

Der Umfang der offenen Kontrakte, also der nicht durch ein Gegengeschäft neutralisierten Positionen, ist allerdings gering, wenn man den gesamten Lieferzeitraum berücksichtigt. Über die gesamten acht Jahre gerechnet, für die Kontrakte möglich sind, entspricht der *Anteil dieser Handelspositionen nur 1 % der erwarteten Ölförderung.* Die Positionen ballen sich jedoch in den zeitnahen Liefermonaten, so dass hier zweistellige Anteile erreicht werden.

Zudem ist die Zahl der offenen Kontrakte im Frühjahr 2008 deutlich gewachsen, als der Dollarpreis in raschem Tempo von 100 auf 125 $/b kletterte. An der Nymex stieg die Zahl der offenen Kontrakte auf 2,8 Million. Aber auch das entspricht über alle Börsen gerechnet nur etwa 2 % der erwarteten Ölförderung.[59]

Die CFTC lässt zumindest für die *Nymex* eine nähere Aufschlüsselung der Positionen in dieser Woche zu: Insgesamt waren 318 Firmen im Ölmarkt der Nymex aktiv. Auch in sehr volatilen Zeiten wie im Frühjahr 2008 hat sich diese Relation nicht verändert.[60] In den letzten drei Jahren stieg der Anteil der offenen Kontrakte an der Nymex, die von *Non-Commercials* (Banken, Hedge Funds) gehalten wurden, von 31 % auf 37 %. Allerdings kann diese Kategorie viele Aktivitäten nicht erfassen, die spekulative Ziele verfolgen (siehe unten).

Der Ölmarkt wächst durch die Terminmärkte immer stärker in die Welt der Finanzmärkte hinein. Mittlerweile sind Aktienmärkte, Anleihenmärkte, Kreditmärkte, Devisenmärkte und eben auch Rohstoffmärkte zu globalen Institutionen geworden, deren Innenleben nicht mehr ein Ableger der „realen" Wirtschaft ist, sondern die ihrerseits auf die Entwicklung der Wirtschaft zurückwirken und eigenen Gesetzmäßigkeiten folgen. Das zeigte sich zuletzt während der Hypothekenkrise der USA 2007/2008, die durch ebenso umfangreiche wie intransparente Kreditprodukte eine Brisanz erhielt, die den realwirtschaftlichen Auslöser bei weitem übertraf.

Finanzmärkte zeichnen sich gegenüber Warenmärkten durch zwei Merkmale aus: Sie sind global und sie sind schnell, wobei sich diese Schnelligkeit auf Kapital und Informationen bezieht. Investitionschancen, die in der „*community*" als aussichtsreich gelten, führen über Nacht zu enormen Kapitalzuflüssen. Die Einführung des Internets oder alternativer Energieformen wie Mais-Ethanol wäre ohne Finanzmärkte weitaus langsamer verlaufen. Auch Rohstoffe sind in diese Welt integriert worden. Sie sind normale Elemente globaler Investmentportfolios, auch wenn sie immer noch „*alternative investments*" genannt werden.

7.5.7 Beispiele für Rohstoffspekulationen

Rohstoffmärkte sind nachweislich immer wieder der Schauplatz für große Manipulationen gewesen:[61] Die Secretan-Kupferspekulation Ende des 19. Jahrhunderts, die Cargill Squeeze auf den Weizenmärkten 1963, die Manipulation des Silbermarktes durch die Gebrüder Hunt 1979/80 und die Verzerrungen des Kupfermarktes durch Sumitomo 1991 sind einige der bekanntesten Beispiele. Auch der amerikanische Baumwoll- und Sojabohnenmarkt war im 20. Jahrhundert ein häufiges Ziel von Großspekulanten. Zuletzt wurde der Markt für Kakaobohnen 2003/2004 massiv manipuliert, als ein Londoner Spekulant drei Viertel der Weltproduktion aufkaufte und einlagerte. Die Preise schossen nach oben und gaben falsche Signale. Afrikanische Bauern erweiterten ihre Anbauflächen und der Preis brach zusammen. Viele Firmen und Landwirte wurden in den Ruin getrieben.

Extrem manipulierte Rohstoffmärkte stellen jedoch die Ausnahme dar. Künstliche Verknappungen, sog. *Squeezes*, können nur selten langfristig aufrechterhalten werden und ruinieren den Ruf der Profiteure nachhaltig.

Auch bei Brent und WTI-Öl gab es gelegentlich Versuche, künstliche Verzerrungen zu erzeugen. Bekannt ist das Squeezing durch Transworld Oil 1987, die den Brent-Terminmarkt praktisch leer kauften, um die Preise künstlich nach oben zu treiben. Bei WTI lässt sich der Markt durch große Buchungen von Pipelinekapazitäten und Lagertanks ins Ungleichgewicht bringen. Das ist bei Brentöl, das ja ein Tankermarkt ist, kaum zu bewerkstelligen, da stets ein Ausgleich durch zusätzliche Tankerlieferungen aus anderen Regionen möglich ist. Die Zahl der (entdeckten) Ölmarktmanipulationen erreichte in den 1980ern ihren Höhepunkt, nahm danach aber stark ab.

Die Gefahren der Ölterminmärkte sind in Deutschland schon früh durch Klöckner und die Metallgesellschaft bekannt geworden. **Klöckner** ließ sich in den Jahren 1986–88 durch Gatoil zu riskanten Spekulationen hinreißen, die zu über 300 Millionen Dollar Verlust führten.

Eine ganze Dimension größer war der Fall der **Metallgesellschaft**, die 1993 weltweit Schlagzeilen machte, als sie für kurze Zeit zum größten Ölhändler der Welt wurde.[62] Die Verluste summierten sich auf über 1,5 Mrd. Euro. Die Hintergründe geben einen Einblick in die Spekulation auf Ölterminmärkten: Die Tochtergesellschaft MGRM bot ihren Kunden bis zu 10 Jahre laufende Verträge an monatlich eine bestimmte Menge Öl zu einem Festpreis zu liefern. Viele Kunden nahmen das Angebot an, da sie höhere Ölpreise erwarteten. Die MGRM, die über keine eigenen Ölquellen verfügte, musste das zugesagte Öl am Ölmarkt einkaufen. Um das Preisrisiko abzusichern, kaufte die MGRM im großen Stil kurzfristige Ölfutures an der amerikanischen Ölbörse Nymex.

Das Geschäftsmodell funktionierte so lange wie sich der Markt „normal" verhielt, also die Preise für spätere Liefertermine unter den aktuellen Marktpreisen lagen (*backwardation*). Die Krise begann, als der aktuelle Ölpreis im Herbst 1993 unerwartet immer weiter absackte. Die Terminpreise waren nun höher als die Spotpreise. Die Differenz fiel bei MGRM als Buchverlust an. Sie musste Rohöl für rund zwei Milliarden Dollar zu Preisen zwischen 16 und 18 Dollar pro Barrel kaufen, obwohl der aktuelle Ölpreis auf unter 15 Dollar gefallen war (*contango*).

Die Börsenaufsicht verlangte nun von der MGRM höhere Sicherheiten (Marginzahlungen), die die auflaufenden Verluste reflektierten. Fatalerweise wählte die MGRM die Flucht nach vorn und schloss immer mehr Verträge ab. Dadurch wurde sie für kurze Zeit zum größten Ölhändler der Welt und verfügte über 10–20 % aller kurzfristigen Ölfutures. Durch ihre hohe Nachfrage hat sie die steigenden Preise mit verursacht. Schon nach wenigen Wochen konnten nicht mehr ausreichend Sicherheiten hinterlegt werden und die Gläubigerbanken beendeten das Spiel. Die MGRM ging in die Insolvenz und die Metallgesellschaft hatte 1,5 Mrd Euro verloren.

Im Jahr 2005 machte die in Singapur ansässige **CAO** Schlagzeilen. Die Firma ist ein chinesisches Unternehmen, das die Aufgabe hatte, für den chinesischen Markt Kerosin einzukaufen und Preise abzusichern.[63] Offenbar führten persönliche Ambitionen der Unternehmensführung dazu, dass nicht nur Hedging betrieben wurde, sondern auch eine immer aggressivere Spekulation, die zu Verlusten von über 500 Mio. Dollar führten.

Die bislang größte Fehlspekulation fabrizierte im Jahr 2006 der amerikanische Hedgefonds **Amaranth Advisors**. Die Spekulation mit Erdgas-Futures in den USA hatte zunächst einen Buchgewinn von etwa 2 Mrd. Dollar erbracht, doch als der Erdgaspreis unerwartet fiel, wurde die beispiellose Summe von 5 Milliarden Dollar in nur einer Woche verloren. Der verantwortliche Trader bei Amaranth hatte sich anscheinend bei den Spreads (Preisdifferenzen) zwischen Kontraktmonaten verspekuliert. Auch andere Hedgefonds fuhren wegen der Preiskapriolen in Erdgas- und Rohölmarkt 2006 große Verluste ein (MotherRock LP, Citadel Investment Group).[64] Der Erdgasmarkt in den USA ist für seine Unberechenbarkeit bekannt. Da die Importmengen nur begrenzt gesteigert werden können, ist er regional strukturiert und reagiert sehr stark auf Wetterprognosen. Im Dezember 2005 lag der Preis bei über 15 $, im September 2006 nur noch bei 5 $, im Frühjahr 2008 wieder bei 11 $ (jeweils für 1000 Kubikfuß).

7.5.8   Terminkontrakte – eine Einführung

Ein Terminkontrakt (*Future*) für Öl ist ein Vertrag über eine in der *Zukunft* liegende Lieferung von Öl zu einem bereits *heute* vereinbarten Preis. Diese Futures können entweder der Absicherung von Geschäften dienen (**Hedging** – nicht zu verwechseln mit *Hedgefonds*), wenn man das Risiko zukünftiger Preisentwicklungen vermeiden möchte, oder sie werden eben *wegen* dieses Risikos zur **Spekulation** eingesetzt.

Ein vereinfachtes Beispiel: Im März eines Jahres wird zwischen zwei Vertragspartnern die Lieferung von 1.000 Barrel Öl zum Preis von 100 $/b für den folgenden September vereinbart. Der Verkäufer erhält also 100.000 $ und muss die vereinbarte Menge im September liefern. Steht der Ölpreis im September dann bei 97 $, gewinnt er 3 $ pro Barrel, da er zu 97 $/b einkaufen kann, aber für 100 $/b bereits verkauft hat. Umgekehrt verlöre er bei einem Preis von 104 $ genau 4 $ pro Barrel.

Ein Terminkontrakt ist also ein Nullsummenspiel zwischen zwei Vertragspartnern. Diese sind jedoch nicht in direktem Kontakt zueinander, da die Verträge gebündelt und über die dazwischen geschaltete Börse oder ein Clearinghouse vermittelt und abgewickelt werden. Beim Kauf eines Kontrakts nimmt die Börse als Clearingstelle die Gegenposition ein. Die Börse überwacht den Handel und wird ihrerseits von der jeweiligen staatlichen Finanzaufsicht kontrolliert. Bei OTC-Geschäften (Freiverkehr) übernimmt normalerweise eine Investmentbank diese Funktion.

Hedger haben nicht unbedingt eine Meinung zum Marktverlauf. Ziel ist nur die Verringerung des Preisrisikos. Spekulanten verfolgen hingegen finanzielle Ziele. Sie entwickeln Szenarien, auf deren Grundlage sie eine Investitionsstrategie entwerfen. Dadurch haben sie zwei wichtige Funktionen auf den Terminmärkten.[65] Erst ihre Liquidität ermöglicht es anderen Marktteilnehmern, Hedging-Strategien in der gewünschten Form durchzuführen. Zudem erzeugt ihre analytische Professionalität und Diskursfreudigkeit eine ständige öffentliche Diskussion über die Stabilität der Märkte, wirtschaftspolitische Strategien und ökonomische Risiken aller Art. Insofern sind sie einerseits ein Frühwarnsystem für ökonomische und politische Krisen, neigen aber andererseits dazu, diese Verwerfungen auszunutzen und zuzuspitzen. Durch diese ambivalenten Eigenschaften wirken sie *kurzfristig destabilisierend, aber langfristig stabilisierend* auf die Märkte ein.

Hedging und Spekulation erfordern normalerweise nicht die tatsächliche physische Öllieferung. In der Tat führt nur ein geringer Anteil der Kontrakte tatsächlich zur Lieferung. Sie ist erst dann obligatorisch, wenn der Kontrakt bis zum Ende seiner Laufzeit gehalten wird. Vorher werden die meisten Marktteilnehmer ihre Positionen jedoch „glattstellen", das heißt sie verkaufen ihre Positionen an der Börse oder führen ein symmetrisches Gegengeschäft durch.

Zusätzliche Brisanz erhalten diese Geschäfte durch zwei Eigenschaften: Die elektronische Abwicklung und damit die sekundenschnelle Reaktion auf externe Ereignisse oder Gerüchte. Zum anderen durch die Hebelwirkung: Da nur geringe Sicherheiten und nie der volle finanzielle Gegenwert eines Vertrags bei der Börse hinterlegt werden muss, können Trader bereits mit kleineren finanziellen Einlagen größere Lieferverträge abschließen. Das erhöht die Liquidität des Marktes, aber auch seine Volatilität in Krisenzeiten.

Kontrakttypen

Ölbörsen verwandeln sperrige physische Rohstoffe in problemlos handelbare Wertpapiere, genauer gesagt: Derivate. Es gibt im Ölgeschäft verschiedene Derivattypen:

▶ Sie werden entweder an der **Börse** (v.a. Futures, Optionen) oder in nicht regulierte OTC-Märkten „over-the-counter" gehandelt (vor allem Forwards und Swaps).

▶ In einem Terminmarkt werden standardisierte **Kontrakte** gehandelt. Ein Futures-Kontrakt umfasst 1000 Barrel Öl. Neben der Menge sind der Typ des Öls (z.B.

WTI-Öl), Datum und Ort der Lieferung (z.b. Ende November im New Yorker Hafen) und die Zahlungsweise festgelegt.

▸ In einem **Forward Market** ist die physische Lieferung meist sehr großer Ladungen und/oder finanzieller Ausgleich mit individuellen Vertragsbedingungen möglich.

▸ **Optionen** funktionieren etwas anders. Der Käufer einer Option auf eine Öllieferung erhält gegen Zahlung der Optionsprämie das *Recht*, das Öl zum vorab vereinbarten Preis zu erhalten. Er ist aber nicht verpflichtet, dies zu tun.

▸ **Swaps** entstanden in den 1970ern und wurden Mitte der 1980er von Banken auch im Ölhandel eingeführt. Ein Swap umfasst meist ein sehr großes Ölvolumen (z.b. eine Tankerladung). Der Swap-Anbieter verkauft Öl zu einem fixen Preis und erklärt sich bereit, es vom Swap-Käufer zum später herrschenden Marktpreis zurückzukaufen. Die Swap-Anbieter sind vor allem Banken. Die Swap-Käufer sind entweder Unternehmen, die ihr Preisrisiko absichern wollen, oder große Indexspekulanten, die ein Preisrisiko eingehen wollen (siehe unten).

Viele Exportstaaten und Ölkonzerne sichern einen Teil ihrer Einnahmen durch Swaps ab, in denen der Verkaufspreis schon vor der Förderung festgelegt wird. Der weltweite Umfang dieser Geschäfte ist sehr groß, kann aber kaum geschätzt werden. Nach Banks ist der Umfang größer als das Futures- und Optionen-Volumen von Nymex und IPE zusammen.[66] Das gilt insbesondere für Liefertermine, die weiter in der Zukunft liegen. Hier ist der Börsenhandel recht dünn, so dass Swaps den größten Teil der Terminmarktgeschäfte abdecken müssen.

Die Käufer des Öls bzw. des Preisrisikos sind zumeist die großen Investmentbanken wie z.b. Goldman Sachs, Morgan Stanley oder die Deutsche Bank. Steht der Ölverkauf an, wird die Differenz zwischen dem vertraglich vereinbarten Preis und dem aktuellen Marktpreis finanziell ausgeglichen. Der Produzent gibt durch diese Swaps das Preisrisiko ab. Die Gegenseite kassiert zumindest eine Versicherungsprämie und kann durch geschickte Spekulation oder das Risikomanagement über Gegengeschäfte profitieren.

7.5.9   Terminbörsen: Pro und Kontra

Große Terminbörsen sind ein ambivalentes Instrument der Preisfindung mit positiven und negativen Eigenschaften, wie die folgende Liste verdeutlichen soll:

1. **Transparenz:** Ölfirmen und Förderländer sind nicht mehr „unter sich". Die Diskussion über die Entwicklung des Ölmarktes wird öffentlich und globalisiert. Weitaus mehr Informationen stehen weitaus schneller weltweit zur Verfügung. Insofern wird der Markt auf der Ebene der Informationsverteilung effizienter. Das ent-

schärft tendenziell ein Problem, das den Ölmarkt seit seiner Entstehung geprägt hat.

2. **Eigenleben der Kontrakte**: Es gibt nun immer mehr Marktteilnehmer, die die Preisbildung losgelöst von der realen Entwicklung des Ölmarktes beeinflussen wollen. Die Hebelwirkung von Derivaten kann in unsicheren Zeiten so stark sein, dass sich der Ölpreis in einer eigenen „virtuellen" Welt des *Paper Oil* bewegt, die zumindest kurzfristig von gezielt gestreuten Gerüchten und undurchsichtigen Strategien beeinflusst werden kann. Preisbewegungen werden dadurch erheblich beschleunigt und verstärkt.

Die Börse ist zwar ein Markt, aber nicht für Öl, sondern für Terminkontrakte. Diese Kontrakte spiegeln zunächst einmal nur Erwartungen über die Preisentwicklung von *Kontrakten* wider, aber nur mittelbar die tatsächliche Lage auf dem *physischen Ölmarkt.*

Nicht selten richten sich die Transaktionen nach Strategien, die nicht einmal mit dem Terminmarkt viel zu tun haben.[67] Große Investoren halten im Allgemeinen ein ganzes *Portfolio*, das Aktien, Anleihen, Immobilien, Devisen, Rohstoffe, Tagesgeld etc. umfasst. Sie investieren ihr Kapital dort, wo sie die höchsten Renditen bei guter Risikostreuung erwarten. Erwarten beispielsweise viele Anleger „nur" stabile oder leicht steigende Ölpreise, aber noch höhere Gewinnchancen bei anderen Wertpapieren wie z.B. Aktien, kann es zu Umschichtungen kommen. Ölfutures werden verkauft, der Ölpreis sinkt und Aktienkurse steigen – obwohl steigende Ölpreise erwartet wurden. *Das ist aus Sicht des Portfoliomanagers rational, führt aber auf Ölmärkten zu falschen Preissignalen.* Bei kleineren Akteuren würde der Markt die falschen Signale rasch korrigieren können, aber die Indexspekulanten investieren in einer Größenordnung, die den realen Ölmarkt durcheinander wirbelt.

Ähnliches kann sich durch Verwerfungen auf einem anderen Markt ergeben. Kommt es auf einem völlig anderen Markt, z.B. bei Unternehmensanleihen, zu starken Verwerfungen, müssen zu riskant engagierte Marktteilnehmer an anderer Stelle, etwa bei Öl, ihre Investments auflösen, um die Verluste zu decken.

Es kann also zu Verzerrungen der Ölpreise in beide Richtungen kommen. Als zum Beispiel Anfang 2005 viele Hedgefonds bei der Devisenspekulation mit dem US-Dollar und mit US-Anleihen hohe Verluste erlitten, mussten sie ihre Liquidität durch den Abbau anderer Positionen erhöhen. Da die meisten Hedgefonds auf steigende Rohölpreise gesetzt hatten, bauten sie ihre Long-Positionen (d.h. auf steigende Preise spekulierende Positionen) im Terminmarkt ab. Das bedeutend nichts anderes, als dass sie Öl auf Termin verkauften. Der Ölpreis geriet daraufhin unter Druck, obwohl sich auf dem Weltmarkt für physisches Rohöl weder Angebot noch Nachfrage geändert hatten. Von 2005 bis zum Frühjahr 2007 waren viele Hedgefonds im Ölmarkt und im US-Erdgasmarkt per saldo nicht „Preistreiber", sondern über viele Monate hinweg erfolglose „Preisdrücker".

3. Der Ölpreis ergibt sich aus der komplexen **Interaktion** von dünnen Spotmärkten, etwas liquideren Forward Märkten und sehr liquiden Terminmärkten (NYMEX, IPE). Damit steht die Preisfeststellung gewissermaßen auf dem Kopf, da ausgerechnet diejenigen Marktplätze den Ton angeben, die am weitesten von der realen Ölwelt entfernt sind.[68]

4. Die Struktur der Terminmärkte kann eine Ölpreiskrise verstärken.[69] Die Ursache liegt vor allem in der **Intransparenz der Motive** der Marktteilnehmer. Ist z.b. eine Aufstockung von Lagerbeständen bei Raffinerien Ausdruck einer aktuellen Überversorgung des Marktes oder Ausdruck einer Spekulation, die auf zukünftig steigende Preise setzt, aber über die aktuelle Versorgung des Marktes gar nichts aussagt?

5. Die **Rohstoffindices**, die die Preistrends vieler Rohstoffe bündeln, wie z.b. der Goldman Sachs Commodity Index (GSCI), steigen Jahr für Jahr steil an. Sie haben durchaus preisgestaltende Wirkung, da sich viele Investoren an ihnen orientieren.

   Beispiel: Im Juli 2006 veränderte Goldman Sachs die Zusammensetzung des GSCI, der sich aus einer ganzen Reihe von Rohstoffen zusammensetzt. Die Bank verringerte 2006, übrigens wenige Wochen vor den Kongresswahlen in den USA, die Gewichtung von Benzin zugunsten anderer Rohstoffen. Daraufhin änderten viele Marktteilnehmer, die den Index nachbilden, ihre Portfolios. Die Folge war, dass der Benzinpreis an den Terminmärkten fiel, was sich umgehend auch an den Zapfsäulen bemerkbar machte.[70]

6. Öl kann wie andere Rohstoffe zur Absicherung von **Inflationsrisiken** dienen. Steigt das weltweite Inflationsrisiko, ist es wahrscheinlich, dass Finanzinvestoren Öl kaufen, um die Entwertung auf dem Geldmarkt oder Anleihenmarkt zu vermeiden. Diese Eigenschaft war Anfang 2008 ein starker Einfluss auf die Ölmärkte, als der Dollar gegenüber anderen Währungen fiel und weltweit die Inflationsängste zunahmen. Rohöl übernahm nun die Rolle des Goldes als Reservewährung und Inflationsschutz.

   Da die wichtigste Ursache des schwachen Dollars 2007/2008 die Hypothekenkrise in den USA war, könnte man sogar behaupten, dass der Einbruch am Häusermarkt über den schwachen Dollar zu einem steigenden Rohölpreis führte. Es ist also nur auf den ersten Blick paradox, dass eine schwache Konjunktur die Nachfrage nach

Rohöl (bzw. Ölkontrakten) anheizt. Die enormen Summen auf den Finanzmärkten können jede „Lehrbuchreaktion" auf den realen Märkten in den Hintergrund drängen.

7. Nicht nur der leichter beobachtbare Terminmarkt wirkt auf den Ölpreis. Auch der weniger transparente **Optionsmarkt** kann direkt auf den Ölpreis einwirken. Am 13. November 2007 liefen zahlreiche Optionsgeschäfte aus, die auf einen Ölpreis über 100 $/b gewettet hatten. Je näher sich der Ölpreis dieser Marke näherte, um so mehr Öl mussten die Anbieter dieser Optionsgeschäfte (vor allem Wallstreet-Banken) kaufen, da sie sich mit diesem Gegengeschäft gegen die eventuelle Einlösung dieser Optionen absichern mussten. Doch wenige Tage vor dem Fälligkeitstermin drehte der Wind und es wurde klar, dass Öl die kritische Marke von 100 Dollar nicht erreichen wird. Die Optionen verfielen wertlos. Die Banken saßen nun auf zu viel Öl und warfen es ohne Verzögerung auf den Markt. Die weltweiten Ölpreise fielen daraufhin deutlich.[71]

8. Die **Terminpreiskurve** entsteht, wenn die Liefermonate entlang einer Zeitachse abgebildet werden. Die größten Umsätze finden in den unmittelbar bevorstehenden Kontraktmonaten statt. Investitionen in weiter in der Zukunft liegende Kontrakte, also z.B. Öllieferungen in ein oder zwei Jahren, sind etwas schwieriger, weil die Umsätze an den Börsen hier geringer sind. Noch weiter in der Zukunft werden die Umsätze so dünn, dass es sich lohnt, in bilaterale OTC-Geschäfte auszuweichen.

Sind die Preise für weiter in der Zukunft liegende Liefermonate niedriger als die aktuelleren Preise, spricht man von einer **Backwardation** der Kurve, umgekehrt, also bei steigenden Preise entlang der Zeitachse, von **Contango**. Da auf dem Terminmarkt nicht in Öl, sondern in Monatskontrakte investiert wird, die ständig auslaufen und durch den nächstfolgenden Terminkontrakt ersetzt werden, entstehen jeden Monat allein schon durch das „**Rollen der Kontrakte**" Gewinne oder Verluste. Denn wenn der kommende Monatskontraktpreis höher liegt als der letzte, kann mit dem eingesetzten Kapital nicht mehr dieselbe Menge an Kontrakten gekauft werden, sondern weniger. Es entsteht also ein finanzieller Verlust. Umgekehrt – bei Backwardation – entsteht ein positiver Vermögenseffekt. Im letzten Fall macht der Investor also Gewinne, selbst wenn der aktuelle Ölpreis über Monate hinweg unverändert bleibt.

Die Rohstoffindizes, die ja nichts anderes sind als eine Ansammlung von Terminkontrakten, steigen also, selbst wenn die Rohstoffpreise konstant bleiben. Entsprechend attraktiv sind Investitionen in dieser Anlageklasse.

Backwardation hat durchaus Einfluss auf die Ölversorgung. Zum Beispiel lohnt es sich für westafrikanische Produzenten kaum noch, Ostasien zu beliefern, da wegen der langen Tankerfahrt gegen weiter in der Zukunft liegende Preise, d.h. also niedrigere Preise, konkurriert werden muss.

In der Zeitspanne 2005–2007 lag meistens eine Contango-Situation vor, die es schwerer macht, Gewinne zu erzielen, da der Preisanstieg bereits in der Terminkurve „eingearbeitet" ist. Eine starke Contango-Situation könnte Rohstoffpreise also aus rein finanztechnischen Gründen sinken lassen. Mitte 2007 war die Kurve relativ flach, um dann wieder in Backwardation überzugehen. Das erhöhte wieder den Ertrag durch das Rollen der Kontrakte und unterstützte den steilen Anstieg des Ölpreises bis auf die Rekordmarke von 100 $/b im Januar 2008.

Im Rückblick der letzten 10 Jahre wird deutlich, dass Contango eher mit stagnierenden Ölpreisen und Backwardation mit steil steigenden Ölpreisen korreliert. Es wäre trotzdem ein Irrtum, die Terminpreiskurve als eine Prognose zukünftiger Ölpreise zu interpretieren.[72] Starke Backwardation ist häufig ein Indikator für eine aktuelle Knappheit oder Krise auf dem Markt. Sie könnte damit auch Zeichen zukünftig *steigender* Preise sein. Andersherum ist Contango oft ein Ergebnis eines Überangebots, das die heutigen Preise drückt.

Diese Überlegungen sollen deutlich machen, dass die Preiskurve das Ergebnis völlig unterschiedlicher Preiserwartungen sein kann. Berücksichtigt man zusätzlich die Gesetzmäßigkeiten von Portfolio-Entscheidungen, dann wird klar, wie stark die Terminkurve verzerrt sein kann. Sie ist oft nicht viel mehr als der Ausdruck des aktuellen Marktgeschehens, aber kein Prognoseinstrument für zukünftige Verknappungen oder Ölschwemmen.

7.5.10   Akteure und ihre Ziele

Wie bereits beschrieben eignen sich die Terminmärkte zur Risikoabsicherung (Hedging) und zur Spekulation. Ein weiterer Anreiz liegt in der Portfoliodiversifizierung für große institutionelle Investoren, wie z.B. Pensionsfonds, die in Rohstoffen ganz allgemein eine weitere Anlageklasse neben Aktien, Anleihen, etc. sehen.[73] Hier dominieren langfristige Spekulationsziele.

Zeitrahmen	Anteil spekulativer Ziele (geschätzt)	Ziel der Aktivitäten	Typische Akteure	Wirkung auf den Ölpreis
seit den 1980er Jahren	10 %	Hedging (Absicherung)	Ölfirmen, Raffinerien, Ölproduzenten	neutral, Dämpfung der Volatilität
seit den 1990er Jahren	30 %	Hedging Traditionelle Spekulation	Banken, Hedgefonds, Broker	kurzfristig höhere Volatilität in beide Richtungen
seit 2003	70 %	Hedging Traditionelle Spekulation Indexspekulation	große Investoren wie Pensionfonds Investmentfonds Staatsfonds	bisher: Verstärkung des Ölpreisanstiegs

Tabelle 7.2 Akteure auf Ölterminmärkten

Zunächst wurden Ölbörsen ganz überwiegend für Absicherungsgeschäfte (Hedging) genutzt. Erst danach gewannen Spekulanten an Bedeutung. Als letzte Gruppe kamen die großen institutionellen Anleger hinzu (vgl. Tab. 7.2). Die Bedeutung der Spekulation ist in den letzten Jahren stetig gewachsen. Grob geschätzt hielten Spekulanten (einschließlich Swapdealer – siehe unten) im letzten Jahrzehnt etwa 10 % der Rohölkontrakte, im Jahr 2000 waren es 37 %, heute sind es etwa 70 %.

Wichtige Akteursgruppen sind im Einzelnen:[74]

a) Klassische Hedger

Fluggesellschaften sind aktive Hedger, da sie das Risiko steigender Treibstoffkosten verkaufen wollen. Ebenso wollen Raffineriebetreiber ihre Einkaufspreise festschreiben, insbesondere wenn sie nicht in einen integrierten Ölkonzern eingebunden sind. Auch bei den vielen Tausend Tankstellenbetreibern in den USA steht die Absicherung im Vordergrund. Jeder fünfte dieser meist kleinen Betriebe ist bereits am Terminmarkt aktiv.[75]

b) Investmentbanken

Risikonehmer sind insbesondere Investmentbanken, die großen „Wallstreet Refiner". Diese Banken versuchen durch eine Vielzahl gegenläufiger Geschäfte ihr Risiko zu minimieren. Der Aufstieg der großen Wallstreet-Banken im Ölgeschäft begann Mitte der 1980er, als die Preise unerwartet einbrachen. Viele etablierte Rohstoffhändler gerieten in finanzielle Probleme. Die Banken traten an ihre Stelle und übernahmen die Strukturierung und Finanzierung des Ölhandels.

Die Einnahmen der großen Investmentbanken durch Rohstoffgeschäfte liegen bei mehreren Milliarden Dollar pro Jahr. Sie haben mehrere Rollen:

▶   Sie entwickeln Finanzprodukte (z.b. Rohstoffindizes) für Investoren.

▶   Sie bieten Ölproduzenten und großen Ölverbrauchern maßgeschneiderte Hedging-Strategien.

▶   Sie kaufen gelegentlich selber große Öl- oder Erdgasmengen.

Wie verdienen Banken an diesen Geschäften? Ein Beispiel: Petro-Canada, ein großer kanadischer Ölproduzent, hatte ein Ölfeld in der Nordsee gekauft und wollte sich gegen einen möglichen Fall des Weltölpreises absichern. Im Mai 2004 verkaufte die Firma an die beiden Investmentbanken Morgan Stanley und Deutsche Bank die Hälfte der voraussichtlichen Produktionsmenge der Jahre 2007–2010 (etwa 36 Millionen Barrel) zu einem Festpreis von 26 $ je Barrel. Nun sind Banken keine Ölhändler mit Eigenbedarf. Sie verkauften daher diese Mengenansprüche so rasch wie möglich weiter, z.B. an eine Raffinerie. Die Banken verdienen in diesem Fall an den Transaktionsgebühren, die etwa 1,8 Millionen Dollar betragen haben dürften.[76] Das Risiko der Bank besteht darin, das Öl nicht umgehend weiterverkaufen zu können oder sogar mit Verlust verkaufen zu müssen. Die Bank of America verlor zum Beispiel im März 2003 in wenigen Tagen 80 Mio. $, als der Ausbruch der SARS-Epidemie in Asien den Preis von Kerosin einbrechen ließ.

c) Ölkonzerne und große Ölproduzenten

Eine weitere wichtige Gruppe auf Terminmärkten sind die Ölkonzerne, die mit ihren Trading-Abteilungen gezielt Risiken eingehen, operative Ungleichgewichte austarieren wollen, oder ihre zukünftige Produktion schon heute verkaufen wollen. Mehrere große Ölkonzerne haben ihre Gewinne in diesem Jahrzehnt um viele Milliarden Dollar geschmälert, weil sie ihre zukünftige Produktion zu vermeintlich hohen Ölpreisen auf Termin verkauft haben.

Große Ölproduzenten wie Saudi Aramco oder Statoil sichern normalerweise nur einen kleinen Teil ihrer Produktion ab, da sie von steigenden Ölkursen profitieren wollen oder weil ihre Planungszeiträume länger sind als die am langen Ende ausgedünnten Terminmärkte. Zudem ist ihre Finanzkraft hoch genug, um starke Preisschwankungen durchzustehen. Kleinere Ölfirmen hedgen häufiger, weil sie oft auf Drittfinanzierung angewiesen sind und daher ihre Einnahmen absichern müssen.

d) Händler

Ein Teil des kleinteiligen Handels wird weiterhin von Händlern bestritten, die direkt an den Börsen mit eigenen Geldern oder im Auftrag spekulieren. Unabhängige Ölhändler ohne eigene Ölquellen drängten nach der Ölkrise 1973/74 in großer Zahl auf den Markt. Viel mehr als ein Telefon und Telexgerät waren nicht nötig, um auf der Basis guter Informationen Öl handeln zu können oder als Broker Geschäfte zu vermitteln. Über die Jahre hinweg überlebten aber nur wenige unabhängige Ölhändler das Auf und Ab der Preise.

e) Hedgefonds

Besondere öffentliche Aufmerksamkeit erfährt das Segment der Hedgefonds, die in ihrer Anlagestrategie freier und flexibler sind als die etablierten Investmentfonds. Sie werden meist durch Banken oder andere institutionelle Investoren finanziert, um Risiken zu diversifizieren oder Strategien verfolgen zu können, die ihre eigenen Statuten nicht zulassen.

Der größte Teil der schätzungsweise 10.000 Hedgefonds, die vermutlich über 1.200 Milliarden Dollar verwalten, war 2007 im Geschäft mit Kreditderivaten tätig. Das ist der Sektor, der im Sommer 2007 eine weltweite Finanzmarktkrise auslöste. **Nur ein kleiner Prozentsatz der Hedgefonds investiert in Öl.** Eine genaue und aktuelle statistische Erfassung ist schwer möglich, da sich die Engagements laufend ändern.[77]

Nun wuchs zwar die Zahl der Hedgefonds enorm an, aber die Zahl der Anlagegenies blieb begrenzt. Mangels eigener Expertise folgen viele Fonds einfach einem Trend und verstärken ihn dadurch. Bei Rohstoffderivaten wie auch bei Kreditprodukten, Aktien oder Anleihen werden sehr häufig quantitative Modelle, insbesondere Trendfolgemodelle eingesetzt, die das riskante gleichgerichtete Verhalten im Markt verstärken. Dieser „Herdentrieb" erhöht die Preisschwankungen (Volatilität) und das Risiko. Neben „Bullen" und „Bären" gibt es dadurch immer mehr „Lemminge" an den Energiemärkten.

Da Hedgefonds fast ausnahmslos mit Krediten arbeiten, ist ihr Markteinfluss größer als die Höhe der Investorengelder vermuten lässt. Die Anforderungen für zu hinterlegende Sicherheiten sind gerade im Rohstoffgeschäft gering. Banken waren bis zur Kreditkrise im Sommer 2007 nur zu bereit, Hedgefonds Kredite zu gewähren, solange Investoren im Hindergrund waren, die ihnen die Risiken wieder abkauften.

Der Einfluss der Hedge Funds auf den Ölpreis ist schwer zu quantifizieren, da sie in raschem Wechsel auf steigende oder fallende Preise setzen.[78] Sie hatten 2006 an die 30–40 Mrd. $ in Rohstoffen investiert, davon vermutlich ein Drittel in Öl.

Die Euphorie ist mittlerweile verflogen, da viele Hedgefonds in den letzten zwei Jahren im Rohstoffgeschäft Verluste eingefahren haben. Die wachsende Größe der Fonds macht es für die Manager immer schwieriger, das zu tun, wofür Hedgefonds ursprünglich gedacht waren, nämlich individuellen Strategien und nicht allgemeinen Markttrends zu folgen. Es gibt mittlerweile nicht mehr genug Marktnischen, die große Summen absorbieren können.

An der großen Ölpreishausse 2008 haben die meisten Hedgefonds vorbeispekuliert. Die 97 Hedgefonds, die auf Energie spezialisiert sind, konnten vom Ölpreisanstieg 2008 nahezu nicht profitieren, da viele von ihnen auf fallende Ölpreise oder auf Aktien von Ölunternehmen gesetzt hatten.[79]

f) Index-Spekulanten: Elefanten auf den Ölterminmärkten[80]

Die größte Veränderung der letzten Jahre war der Markteintritt institutioneller Investoren, also der riesigen Pensionsfonds, Staatsfonds, Investmentfonds oder Stiftungsfonds.

Diese sog. Index-Spekulanten investieren vor allem in die großen Rohstoffindices wie den S&P/GSCI oder den DJ/AIG Commodity Index. Große Investoren suchten nach dem Einbruch der Aktienmärkte 2000–2002 nach neuen Anlageklassen. Rohstoffe waren interessant, weil sie eine alternative Anlagemöglichkeit boten, deren Preisentwicklung anderen Trends folgte. Dadurch konnte das Risiko besser gestreut werden.

Auf der Nachfrageseite der 18 großen Rohstoffterminmärkte haben sie mittlerweile mit 39 % einen größeren Anteil als die traditionellen Spekulanten (27 %) oder die Physical Hedger (33 %).

Die Investitionen in Rohstoffindices *stiegen von 13 Mrd. $ (Ende 2003) auf 260 Mrd. $ (März 2008) an*, während die Preise an den Rohstoffmärkten um 183 % anzogen.[81] Mit diesen Größenordnungen stellen sie die traditionellen Spekulanten weit in den Schatten. Der Zufluss hat sich vor allem seit 2007 massiv beschleunigt, um dann im Sommer 2008 etwas abzuflauen.

Die Zahl der offenen Terminkontrakte (Open Interest) ist in den letzten Jahren ständig gestiegen. Die Positionen auf allen Rohstoffbörsen entsprachen Anfang 2008 einem Wert von 699 Mrd. Dollar, davon 253 Mrd. Dollar in Rohöl und weitere 73 Mrd. Dollar in Erdgas (vgl. Tab. 7.3).

in Mrd. Dollar	2002	2003	2004	2005	2006	2007	2008/Q1
WTI-Öl	16,1	20,4	33,6	55,3	81,0	130,7	200,0
Brent-Öl	6,6	8,5	12,6	19,4	31,1	45,7	52,8
Erdgas	23,5	27,8	25,9	42,4	45,1	54,1	72,8
Die 25 größten Rohstofftermin- märkte	91,0	112,2	150,1	242,0	354,1	493,4	699,4

Tabelle 7.3: Open Interest auf Rohstoffmärkten 2002–2008[82]

Die Nachfrage nach Terminkontrakten stieg also an. Da die Indexspekulanten fast nur „long" gehen, also auf steigende Ölpreise setzen, steigen die Kontraktpreise für zukünftige Liefermonate. Der realwirtschaftliche Effekt dieser Investitionen entsteht nun dadurch, dass die Terminmarktpreise die Spotpreise aktueller physischer Geschäfte mit nach oben ziehen, weil die Preise sich über Preisformeln gegenseitig beeinflussen oder – noch direkter – weil der Ölproduzent durch einen Terminverkauf einen höheren Preis erzielen kann. Außerdem werden die Preis*erwartungen* der Marktteilnehmer verändert, was bereits in der Gegenwart Entscheidungen beeinflusst.

Der Umfang dieser Indexinvestitionen ist sehr beträchtlich. Masters gibt ein Beispiel: In den letzten fünf Jahren (Anfang 2003 bis März 2008) stieg die oft zitierte Nachfrage Chinas von 1,9 auf 2,8 Mrd. Barrel pro Jahr, also um 900 mb. Im selben Zeitraum stieg die Nachfrage der Index-Spekulanten auf den Ölbörsen nach Terminkontrakten für Rohöl und Ölprodukten um 847 mb an (davon zwei Drittel WTI), also fast genauso stark.[83] *Insgesamt halten Indexinvestoren im Sommer 2008 Kontrakte, die einer Ölmenge von 1,1 Mrd. Barrel entspricht.*

Bestimmte Eigenschaften erhöhen noch den Preiseffekt dieser Investitionen:

▸ Indexinvestoren haben normalerweise keine Meinung zu den fundamentalen Fakten des Ölmarkts. Sie folgen daher Trends: Steigende Preise ermutigen zu noch mehr Käufen, was die Preise weiter nach oben treibt. Während hohe Preise bei Ölkonsumenten eher die Nachfrage dämpfen, bewirken sie hier also das Gegenteil!

▸ Ihr Übergewicht hat den gesamten Markt verändert: Während bis vor einigen Jahren Arbitrageure die Preise stabilisierten, sind heute sogar die „Commercials‚, auf den Zug der Trendverfolger aufgesprungen und verstärken dadurch die Preisbewegungen. Die ausgleichende Wirkung gegenläufiger Arbitrage-Spekulation ist kaum noch spürbar.

▸ Traditionelle Spekulanten verbessern die Liquidität und damit das Funktionieren des Marktes, da sie sowohl auf der Käufer- wie auch auf der Verkäuferseite zu finden sind. Die kapitalstarken Indexinvestoren waren die letzten fünf Jahre hingegen nur auf der Käuferseite zu finden und trocknen den Markt damit aus. Wenn ein Terminkontrakt ausläuft, wird er in den nächsten Monat „gerollt". Die zukünftige Ölproduktion wird virtuell gehortet. Auf diese Weise wird *zurzeit eine Ölmenge von etwa 300 mb wie eine Bugwelledurch den Terminmarkt geschoben.*

▸ Während sich traditionelle Spekulanten auf die kommenden Liefermonate beschränken, haben Indexinvestoren einen längeren Zeithorizont und heben damit die Preiserwartungen für die kommenden Jahre an. Das hat psychologische Rückwirkungen auf den gesamten Ölmarkt.

Trotz der Finanzinvestitionen von 100–120 Mrd. Dollar stellen die Rohstoffmärkte für Indexspekulanten nur einen kleinen Nebenmarkt dar. So sind z.B. die Aktienmärkte mehrere hundert Mal größer. Dort wurden 2004 Terminkontrakte im Wert von 44.000 Mrd. Dollar gehalten. Auch die Anleihen-, Zins-, Kredit- und Devisenmärkte übertreffen die Rohstoffmärkte sehr deutlich.

Hintergrund: Von *dotcom* zu *dotcorn* – die Rohstoff-Superhausse

Seit einigen Jahren steigen die Preise nicht nur für Öl, sondern für eine Vielzahl von Rohstoffen deutlich an. Die Konstanz und Heftigkeit des Preistrends bei Agrarrohstoffen, Industriemetallen, Edelmetallen und Energierohstoffen hat der These Aufschwung gegeben, dass wir uns in einer langfristigen Rohstoff-Superhausse befinden. Diese Zyklen treten immer wieder auf, wenn sich die Nachfragestruktur nachhaltig verändert: So z.B. die Rohstoffhausse nach der Jahrhundertwende 1900, als die USA industriell aufstiegen, oder in den 1960er Jahren als Folge der starken Industrialisierung Westeuropas und Japans.

Wir erleben seit den 1990ern eine dritte Industrialisierungswelle, diesmal mit dem Schwerpunkt in Asien. Die inflationsbereinigten Rohstoffpreise waren 1999 auf dem niedrigsten Stand seit den 1930er Jahren.[84] Das hat den Verbrauch angekurbelt und Investitionen gebremst. Ende der 1990er stieß dann die schnelle wirtschaftliche Entwicklung in China und anderen Weltregionen auf ein knappes und kurzfristig nicht erweiterbares Angebot. Zur Überraschung vieler Experten wurde die nun beginnende Rohstoffhausse immer stärker und ließ sich auch von schwankenden Dollarkursen und unsicheren Konjunkturprognosen nicht mehr aus dem Tritt bringen.

Die Finanzmärkte haben zuerst zögerlich, dann aber sehr massiv auf den Beginn der Rohstoffhausse reagiert: Nach dem Ende des „*dotcom*"-Booms wurden Rohstoffe 2004 zum „*next big thing*". Die Zuckerernte in Brasilien oder die Hurrikanprognosen für den Golf von Mexiko wurden plötzlich zu weltweit diskutierten Themen. Als nach Zucker auch Mais (*corn*) als Ethanolrohstoff entdeckt wurde, wechselte der Slogan von „*dotcom*" auf „*dotcorn*".

Der Rohstoffmarkt bot reichlich Anlagemöglichkeiten für interessiertes Kapital. Alle wollten sich ein Stück vom rasch größer werdenden Rohstoffgeschäft abschneiden – und Öl war das größte Stück von allen.[85] Diese Entwicklung ist einer der Gründe dafür, dass der Ölpreis 2007/2008 trotz einer Konjunkturabkühlung steil steigen konnte.

7.6 Die aktuelle Diskussion

Wird Öl gehortet?

Große Investoren kaufen Öl über Rohstoff-Indexfonds oder Swaps. Zu jedem Käufer sollte es einen Verkäufer geben, der nach den Börsenregeln die Rohstoffe vorhalten muss, um sie gegebenenfalls am Ende des Kontraktmonats liefern zu können.

Das müsste zum Kauf und zur Einlagerung von Öl durch die Investmentbank führen, die die Fonds und Swaps anbietet. Doch Größe und Standort dieser Reserven ist nicht bekannt, da sie durch die amtlichen Statistiken nicht erfasst werden. Die Kontrakte werden normalerweise Monat für Monat erneuert („weitergerollt"). Es wäre also auch denkbar, dass nur ein kleiner Teil physisch vorgehalten wird und ein größerer Teil durch Derivate abgesichert wird, doch zu dieser wichtigen Frage stehen keine Daten zur Verfügung. Auch die CFTC scheint keinen Einblick zu haben.

Dieses Horten zukünftiger Produktion kann nicht ohne Wirkung auf die Spotmärkte bleiben. Der physische Markt wird dadurch zusätzlich belastet und die Preise ziehen auch hier an. Das bedeutet umgekehrt, dass bei einer Trendwende auf den Terminmärkten plötzlich sehr viel mehr Öl auf den Markt drängt als die verfügbaren Statistiken vermuten lassen. Die plötzliche Trendwende im Sommer 2008 könnte ein Hinweis auf dieses Phänomen sein, als der Ölpreis in wenigen Wochen von 120 auf 145 $/b stieg, um ab Ende Juli genauso schnell wieder zu fallen.

Die IEA schließt sich sich dieser Argumentation nicht an.[86] Ihre Statistiken registrieren keinen ungewöhnlichen Lageraufbau. Folglich bleibe der Einfluss der großen Spekulanten auf die Terminpreise beschränkt, während der physische Spotmarkt, also der reale Ölmarkt, davon unbeeinflusst ist. Allerdings können die IEA-Statistiken die Öllagerbestände außerhalb der Industrieländer (OECD) fast gar nicht und die Öllager in der OECD nur unvollständig erfassen.

Weitaus wichtiger als die Finanzspekulation sei, so die IEA weiter, der Einfluss der Raffinerien. Engpässe in der Produktion von Destillaten könnten der wichtigste einzelne Grund für den Preisanstieg 2007/2008 gewesen sein. Hier könnte es in der Tat zu einem Lageraufbau gekommen sein.

Die politische Diskussion in den USA

Die Diskussion über die Bedeutung der Finanzmärkte erreichte im Juni 2008 einen neuen Höhepunkt. Der Ölpreis war seit Jahresbeginn um fast 50 $/b auf 145 $/b empor geschnellt. Die täglichen Preisschwankungen waren stark wie nie zuvor. Hohe

Benzinpreise lösten vor allem in den USA eine breite politische Debatte aus. Der amerikanische Kongress hörte Experten an und diskutierte neue Vorschriften für die Finanzmärkte.[87]

Am 5./6. Juni stieg der Ölpreis um 16 $/b in nur 24 Stunden. Neben Gerüchten um einen Militärschlag Israels gegen den Iran war es vor allem EZB-Präsident Trichet, der die Kaufwelle lostrat, als er unerwartet Zinserhöhungen ankündigte. Das schwächte den Dollar, was wiederum Inflationsängste und damit einen höheren Ölpreis verursachte, denn Öl wurde von einigen Investoren als Inflationsabsicherung benutzt. Öl war gewissermaßen das neue Gold.

Es wurde überdeutlich, wie stark die Ölpreisfindung bereits in die Finanzmärkte hineingewachsen war. Dollarkurse oder Zinsspekulationen stellen in ihrer Wirkung sogar große geopolitische Krisen in den Schatten. Der Markt für „Papieröl" ist nicht in der Lage, die enormen Kapitalzuflüsse zu verdauen. Folglich stiegen den Terminmärktpreise.

In der amerikanischen Debatte hatten nun „die Spekulanten" die OPEC als Sündenbock für hohe Ölpreise von Platz 1 verdrängt. Zahlreiche Politiker fordern eine Verstärkung der Aufsicht und eine Beschränkung der Spekulationsmöglichkeiten. Experten argumentieren, dass eine Verschärfung der Spekulationsregeln den Ölpreis stärker beeinflussen könnte als jede Entscheidung der OPEC.

Eine Verschärfung der Meldepflichten gilt als sicher. Unklar ist noch, ob das „Enron Schlupfloch", das elektronische Plattformen für bilaterale Trades unbeaufsichtigt lässt, und das besonders relevante „Swap-Schlupfloch" durch neue Gesetze geschlossen wird. Fonds können mit einer Investmentbank einen Swap-Kontrakt vereinbaren, um die rechtlichen Höchstgrenzen für spekulative Käufer („non-commercial") zu umgehen. Die Investmentbank kauft dann als Swap-Dealer an der Börse passende Terminkontrakte, die diesen Swap absichern. Das gilt dann in der Börsenstatistik als Hedging und nicht mehr als Spekulation.

Dieses „Swaps-Schlupfloch" hat es Indexfonds ermöglicht, Milliardenbeträge in Öl zu investieren, ohne dass sie in den Statistiken der Nymex auftauchen.

Auch ausländische Börsen wie die ICE in London und die DME in Dubai ermöglichen es Spekulanten, die Kontrollen der US-Behörden zu umgehen. Anscheinend werden etwa 30 % der WTI-Volumina über ausländische Börsen abgewickelt.

7.7   Zusammenfassung

7.7.1   Sieben Marktsegmente und ihre Preissysteme

Das heutige System der Preisfindung für Rohöl unterscheidet sich deutlich von früheren Lösungen. An die Stelle staatlich administrierter Preise, dominanter Konzernkartelle (1950er, 1960er) oder Produzentenkartelle (1970er, Anfang 1980er) ist ein komplexeres System getreten. Der Ölmarkt kann heute in die folgenden Segmente unterteilt werden:

1. **Segment:** Die **Terminmärkte der Marker Crudes** in London und New York. Auf diesen Wertpapiermärkten werden die wichtigsten Ölpreise „gemacht", also durch Angebot und Nachfrage nach Kontrakten (nicht nach physischem Öl!) ermittelt. Sie haben den Handel auf Spotmärkten, der Mitte der 1980er noch weit verbreitet war, in den Hintergrund gedrängt. Die Terminkontrakte für die Ölsorten Brent (Nordsee) und WTI (USA) geben die Preishöhe für den Rest der Welt vor. Auf den anderen Teilmärkten werden die Differentials ermittelt, also die Abweichungen von diesen Orientierungsgrößen aufgrund von Standort und Ölqualität.

Auf den Terminmärkten geht es den Marktteilnehmern nur selten um die tatsächliche Lieferung von Öl. Es dominieren Sicherungsgeschäfte (Hedging), die das Preisrisiko reduzieren, und spekulative Geschäfte.

Marker Crudes sind eine Behelfslösung, da sonst nirgendwo auf der Welt funktionierende, transparente und aussagekräftige Ölpreise ermittelt werden. Durch die starke Vernetzung der Akteure und Teilmärkte ist gewährleistet, dass die Preise von Brent und WTI nicht dauerhaft unrealistische Preissignale geben können. Solange die großen Produzenten dieses System akzeptieren und das Risiko scheuen, selbst Preisführer zu werden, werden die vergleichsweise kleinen Marker-Crude-Märkte auch weiterhin ihre wichtige Rolle spielen können.

2. **Segment:** Neben den stärker regulierten Börsen sind Märkte für bilaterale Geschäfte **(OTC/Over-The-Counter)** auch weiterhin sehr einflussreich. Sie bieten insbesondere große, maßgeschneiderte Swaps und werden über Investmentbanken oder elektronische Plattformen vermittelt oder angeboten. Umfang und Art der Geschäfte dringen nur selten nach außen. Das Volumen ist erheblich. Vor allem die großen Investitionen der Indexspekulanten werden über OTC-Geschäfte abgewickelt.

3. **Segment:** Der große physische, „reale" Markt für **Rohölexporte** aus den meisten Ölexportländern des Persischen Golfs, Lateinamerikas, Afrikas und Asiens. Er umfasst etwa 80 % des internationalen Ölhandels. Das Öl wird häufig über längerfristige Ver-

träge verkauft (*Term Contracts*). Besonders der Handel zwischen dem Persischen Golf und Asien ist von dieser Vertragsform geprägt.

Der Ölpreis wird hier durch Formeln ermittelt, die sich auf die Preise der Marker Crudes Brent und WTI beziehen. Obwohl die gehandelten Mengen sehr groß sind, ist dieser Teilmarkt Preisnehmer, nicht Preismacher. Das ist einerseits eine Folge der geringen Markttransparenz. Andererseits wollen sich OPEC-Staaten nicht als Preismacher exponieren. Trotz der Größe dieses Marktes wird nur wenig über die Details der Geschäfte bekannt.

Zwischen den Märkten der Marker Crudes und den Öllieferungen der großen Exporteure gibt es eine komplexe Interaktion. Durch wiederholte Neufestsetzung der Differentials und der angekündigten Exportmengen geben die großen Exporteure Signale, wie sie den Markt einschätzen und welche Strategien sie verfolgen. Insbesondere Saudi-Arabien hat aufgrund seiner Größe und seiner flexiblen Infrastruktur die Möglichkeit, den Markt zu beeinflussen.

4. Segment: Ein weiteres Segment bilden die Rohölströme, die gar nicht auf den Markt kommen, sondern in den **Verarbeitungsketten integrierter Ölkonzerne** bleiben, also in den konzerneigenen Raffinerien weiterverarbeitet werden. Es handelt sich hier vor allem um die westlichen Konzerne (ExxonMobil, BP, Total etc.) oder um Staatskonzerne (CNPC, Petrobras etc.). Hier findet keine Marktpreisbildung im engeren Sinne statt, da konzernintern verrechnet wird.

5. Segment: Die **Nischenmärkte.**[88] In Märkten, die sich auf Marker Crudes beziehen, ist der Ölpreis relativ leicht zu ermitteln. Schwieriger wird es in Regionen oder Spezialmärkten, die über keine beobachtbaren Märkte verfügen oder in denen nur selten Ölgeschäfte abgewickelt werden. Das gilt für viele asiatische Rohölmärkte und die Märkte vieler Ölprodukte.

Hier hat sich ein ungewöhnliches System etablieren können. Die Preise werden von Fachjournalisten geschätzt, die für anerkannte Preisagenturen arbeiten (vor allem Argus und Platts). Sie sind mit Büros an allen wichtigen Stätten des Ölhandels vertreten. Die Journalisten machen sich über vertrauliche Kontakte, telefonische Umfragen und Einzelinformationen ein Bild vom Markt und veröffentlichen auf dieser Basis ihre Preisschätzungen, die dann zur wichtigsten Bezugsgröße für milliardenschwere Verträge werden.

Fachjournalisten sind also die „Preismacher" für diese informellen Rohölmärkte. Es ist ein System, das sich wegen der Integrität der Fachblätter und der starken Vernetzung der vielen internationalen Rohölpreise bewährt hat.

Immer wieder wurde versucht regulierte Terminkontrakte auch in Asien einzuführen. Bislang nur mit begrenztem Erfolg. In jüngster Zeit gibt es neben der DME in Dubai auch in China Bemühungen, die Preisfindung stärker an sich zu ziehen. Je größer das Gewicht Chinas wird, umso leichter dürfte es zumindest für Standardsorten gelingen, eine chinesische Ölbörse als Bezugspunkt für Lieferungen nach Asien zu etablieren. Allerdings ist der asiatische Ölmarkt sehr heterogen und verlangt nach vielen verschiedenen Ölsorten und Ölprodukten. Es wäre wohl schwierig, diese Vielfalt in homogenen Kontrakten zu erfassen. Auch sind asiatische Ölmärkte nach wie vor starken staatlichen Eingriffen ausgesetzt, insbesondere in China, so dass es unwahrscheinlich erscheint, dass hier ermittelte Preise auf breiter Basis akzeptiert werden. Es ist eher zu vermuten, dass auch in den nächsten Jahren viele informelle Spot- und OTC-Märkte nebeneinander existieren werden.

6. Segment: Auf **Spotmärkte** entfallen nach Maugeris Schätzung[89] je nach Marktlage bis zu 30 % der weltweit gehandelten Volumina. Sie sind vor allem dann interessant, wenn kurzfristig Nachfragespitzen gedeckt werden müssen oder wenn Störungen in der Versorgungskette auftauchen. Einzelne Tankerlieferungen wechseln auf ihrer Fahrt mehrmals den Besitzer. Der Preis orientiert sich je nach Versorgungslage mehr oder weniger stark an den Terminmärkten.

Für Westeuropa ist der Rotterdamer Spotmarkt maßgeblich. In Ostasien ist es der Spotmarkt in Singapur.

7. Segment: Die **Produktmärkte für Benzin, Diesel, Heizöl etc.** bilden die Downstream-Märkte der Ölkette. Die Preise für Rohöl und Ölprodukte beeinflussen sich gegenseitig, wobei auch die Produkte immer wieder die Preisführerschaft übernehmen und den Rohölpreis mitziehen können. Zurzeit sind es besonders die Ungleichgewichte zwischen Benzin- und Dieselkapazitäten, die den Rohölpreis beeinflussen.

Im Gegensatz zu den globalen Rohölmärkten sind Produktmärkte stärker national orientiert. Nur der amerikanische Benzinmarkt kann aufgrund seiner Größe den Weltrohölpreis direkt und massiv beeinflussen.

7.7.2   Preissignale und ihre Verzerrungen

Trägt das heutige System der Ölpreisfindung zur Sicherheit der Ölversorgung bei? Gibt der Ölpreis die richtigen Signale für Investitionen? Im März 2008 lud die IEA zu einem Krisengespräch ein, um die Ölpreiskapriolen zu untersuchen.[90] Auch sie stellt mittlerweile die Aussagekraft des Ölpreises in Frage. Verzerrte Ölpreise, die nicht in der Lage sind, eine kommende Ölverknappung anzuzeigen, behindern die energiepolitische Vorsorge und führen zu volkswirtschaftlich teuren Fehlentwicklungen.

Aber wo liegt denn nun ein stabiler Ölpreis. Nach Horsnell[91] muss der Ölpreis hoch genug sein:

▸ um Investitionen entlang der Ölversorgungskette auszulösen, die ausreichende freie Kapazitäten als Sicherheitspuffer erzeugen und

▸ um den Ölländern ein stabiles Wachstum ihrer Volkswirtschaften zu ermöglichen.

Aus dieser Perspektive sollte der Ölpreis hoch bleiben, um die Engpässe abzubauen, die in den 1990er Jahren entstanden sind. Fällt der Preis zu weit, gibt es Krisen in den Produzentenländern und Investitionen in Alternativen zum Öl werden verzögert. Steigt der Preis zu weit, ist mit sozialen Krisen in Entwicklungsländern und großen ökonomischen Schäden in den Schwellenländern zu rechnen. *Die Vervielfachung der Ölpreise in den letzten Jahren ist also kein kurzfristiger Schock, sondern eine allmähliche Annäherung an ein langfristig stabiles Preisniveau.* Der Situation ähnelt insofern den 1970er Jahren, weil erst der damalige Preisschock die kommerzielle Erschließung neuer Ölprovinzen ermöglichte und so die langfristige Ölversorgung sicherte. Heute gibt es vermutlich nur noch wenige nennenswerte Ölregionen, die noch nicht entdeckt worden sind. Stattdessen werden die neuen Ölfelder in der Landwirtschaft oder in Ölsänden erschlossen.

In einem funktionierenden Ölmarkt sollte das Preisniveau auf dieses stabile Preisniveau steigen. Mehrere Hindernisse stehen dieser Preisfindung jedoch entgegen, wie in den folgenden Abschnitten und in Abb. 7.3 skizziert wird.

1) Politische Ölpreise

Der Ölmarkt ist kein funktionierender Wettbewerbsmarkt. Er wird von einem komplexen Geflecht ökonomischer, politischer, finanztechnischer und technischer Elemente beeinflusst. Sie führen dazu, dass der Ölpreis von den Kosten der Rohölproduktion weitgehend entkoppelt ist. Die Investitionen fließen nicht dorthin, wo die Erschließung am billigsten wäre, sondern z.B. in die technisch anspruchsvollen, dafür aber politisch zugänglichen, Tiefwasserregionen im Golf von Mexiko oder vor Westafrika. In einem ausgeprägten Wettbewerbsmarkt mit vielen kleinen, konkurrierenden Anbietern läge der Ölpreis wahrscheinlich weitaus niedriger, da fast das gesamte Öl zu Kosten unter 20 \$/b produziert wird, am Persischen Golf oft unter 10 \$/b. Nur wenige Anbieter (z.B. neue Ölsandprojekte) liegen über 50 \$/b.

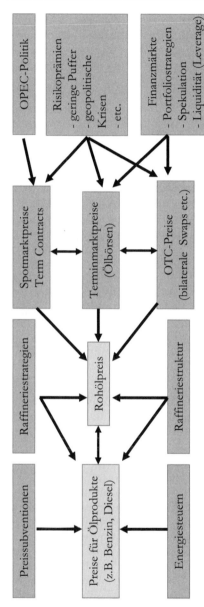

Abb. 7.3 Verzerrungen des Rohölpreises (ausgewählte Einflussfaktoren)

Doch auf einem nur betriebswirtschaftlich definierten, niedrigen Preisniveau wäre es unwahrscheinlich, dass ausreichend in technisch oder politisch riskante Projekte investiert wird. Auch die politische Stabilität vieler Ölexportstaaten wäre auf einem niedrigen Ölpreisniveau gefährdet.

Skinner schätzt, dass etwa 90 % der Ölproduktion ab einem Ölpreis von 8 $/b profitabel wäre.[92] Selbst nach den jüngsten Kostensteigerungen liegen nach seiner Einschätzung die marginalen Kosten bei etwa 12–14 $/b. Addiert man die Profiterwartungen privater und staatlicher Ölkonzerne, ist man bei einem Minimumpreis von vielleicht 25 $/b. Fällt er darunter, würden die Investitionen unter einen kritischen Wert fallen. Aber bei 25 $/b könnten die Staatshaushalte einiger Ölstaaten nicht ausgeglichen werden. Drollas schätzt, dass Saudi-Arabien 2007 einen Ölpreis von mindestens 39 $/b erzielen musste, um die laufenden Ausgaben und Schuldenzinsen finanzieren zu können.[93] Bei über 100 $/b können aber zweifellos alle Bedürfnisse gedeckt werden. Die großen Produzentenländer schwimmen im Geld, begleichen im Rekordtempo ihre Auslandsschulden und gehen auf eine milliardenschwere Einkaufstour in den Industrieländern.

Die obere Preisgrenze wird durch zwei Schwellen gebildet:

1. *Langfristig* stellen die *Preise und Produktionskapazitäten von Ölsubstituten* eine Grenze dar. Kohle, Erdgas und Erneuerbare Energieträger können Öl dann schrittweise ersetzen. Allerdings steigen auch dort die Kosten, wenn es zu einem Investitionsboom kommt.

2. *Kurz- und mittelfristig* kann der Ölpreis also so lange steigen, bis die Nachfrage kurzfristig zurückgestellt oder langfristig vernichtet wird. Das ist in *Entwicklungsländern* schon seit mehreren Jahren der Fall und erzeugt große soziale Probleme. Aber auch die Autokäufer in den *Industriestaaten* wenden sich vermehrt Sprit sparenden Fahrzeugen zu. Ab einem gewissen Punkt sind auch die Energiesubventionen in *Schwellenländern* nicht mehr finanzierbar, so dass auch hier die Nachfrage gedämpft wird.

Für die Ölproduzenten besteht dann die Möglichkeit, ihr Ölangebot schrittweise zu verringern, so dass die Preise auch bei einem Nachfrageeinbruch stabil bleiben oder sogar steigen.

2) Intransparenz

Die notorische Unzuverlässigkeit der Marktdaten führt ebenfalls dazu, dass der Ölpreis immer wieder falsche Signale gibt. Kurzfristig wird die Marktlage immer wieder falsch eingeschätzt, langfristig sind die Höhe der Ölreserven und die Förderstrategien wichtiger Ölproduzenten entscheidende, aber unbekannte Größen.

3) Unklare Rolle der OPEC

Die OPEC kann auf den Weltölpreis Einfluss nehmen, indem sie Veränderungen ihrer Produktionsmengen ankündigt oder durchführt. Es hängt allerdings vom Marktumfeld und der vorherrschenden Interpretation ab, ob OPEC-Beschlüsse den Ölpreis tatsächlich signifikant beeinflussen. Ein Beispiel aus dem Jahr 1998: Die OPEC senkte mehrfach die Produktionsmengen, aber der Preis fiel weiter, weil die OPEC nicht mehr als durchsetzungsfähig galt und viele (schlecht informierte) Marktteilnehmer davon ausgingen, dass der Markt gut versorgt war. Zudem gewann das Argument an Einfluss, dass nach den Quotenkürzungen eine größere Reservekapazität entsteht, die bei eventuellen Krisen genutzt werden könnte und so die Versorgungssicherheit erhöht.

Je nach Lage am physischen Ölmarkt (die oft nicht genau bekannt ist) und an den Terminmärkten (die nur indirekt beeinflussbar sind) muss die OPEC Ankündigungen machen, die auf die Erwartungshaltung von Akteuren in den Finanzmärkten zielt, die überhaupt nicht am realen, physischen Ölmarkt teilnehmen und deren Einschätzungen nicht selten falsch sind. Es liegt auf der Hand, dass in einer solchen Gemengelage von Fakten, Meinungen, Strategien und Interessen eine stabile Marktsteuerung durch die OPEC nicht möglich ist.

In den letzten fünf Jahren waren die OPEC-Staaten zwar sicherlich mit der Ölpreisentwicklung sehr zufrieden, aber zweifellos nicht Herr der Lage. Preiskorridore und „Schmerzgrenzen" waren schon kurz nach ihrer Verkündung überholt.

Einige Marktbeobachter glauben dagegen, dass die hohen Ölpreise vor allem die Folge einer gezielten Ölverknappung durch die OPEC sind, die den Preisauftrieb durch Produktionskürzungen im richtigen Moment beschleunigt hat. Geringe Investitionen führen dazu, dass die freien Kapazitäten nicht wachsen können. Viele Ölpreisprognosen der letzten Jahre haben sich als falsch herausgestellt, weil sie zu sehr den Kostenaspekt betont haben und weniger die Preismacht großer Produzenten, die durch eine zurückhaltende Investitionspolitik entsteht.

4) Bedeutungsverlust traditioneller Indikatoren

Die Gewichtung der Preis bewegenden Indikatoren hat sich in den letzten Jahren deutlich verschoben. Die Daten über Ölvorräte, Liefermengen oder Reservekapazitäten sind nicht mehr in der Lage, die Preisentwicklung zu erklären. Die freien Kapazitäten (*spare*

capacity) waren Anfang 2003 auf einem ähnlich niedrigen Niveau wie heute. Die Lagerbestände in den Industrieländern korrelieren nicht mit dem Preis.

Mit den alten Branchenwahrheiten kommen Branchenbeobachter heute nicht mehr
weiter. Ein geflügeltes Wort lautete früher, dass die Saudis und der Rest des Marktes
gleichermaßen Einfluss auf den Preis hätten: Die Saudis entscheiden über die zwei
Ziffern vor dem Komma, der Rest des Marktes über die zwei Ziffern nach dem Komma. Heute ist die Lage erheblich undurchsichtiger – und aus den zwei Ziffern wurden
drei.

Die Analyse der Kurvencharts (Technische Analyse) durch Finanzinvestoren, die allgemeine Stimmung auf den Wertpapiermärkten und die Risikostrategien großer Fonds
scheinen heute ein größeres Gewicht zu haben. Der Ölpreis kann heutzutage über
Monate hinweg steigen, obwohl alle Ölmarktdaten auf eine Entspannung hindeuten.
Das war im Sommer 2006 ebenso der Fall wie Ende 2007 und im Frühjahr 2008.

5) Wachsende Bedeutung der Raffinerien

Die Engpässe in der Raffineriebranche werden die Märkte noch eine Zeitlang prägen.
Die Entwicklung der Raffinerie-Spreads, also der Differenz zwischen Rohölpreis und
Produktpreisen (Benzin, Diesel etc.) und der Mangel an Konversionsanlagen hat seit
2004 erhebliche Rückwirkungen auf die Rohölpreise.

Immer wieder werden die Preise durch kurzfristige Einkaufsstrategien oder langfristige
Strukturprobleme der Raffineriebetrieber verzerrt. Das wurde zuletzt im Frühjahr 2008
deutlich: Die schwache Benzinnachfrage schmälerte die Profitmargen der Raffinerien,
da die Benzinpreise stagnierten, während die Rohölpreise stiegen. Die Raffinerien in
den USA und Europa kürzten ihre Benzinproduktion, aber wegen der Kuppelproduktion fiel dadurch automatisch auch der Dieseloutput. Hier aber war das Angebot knapp.
Daraufhin stieg der Dieselpreis steil an und übertraf sogar den Benzinpreis. Der hohe
Dieselpreis beschleunigte dann den Auftrieb beim Rohölpreis.

6) Finanzmärkte und Spekulation

Wenn der Ölpreis immer stärker von Einflüssen der Finanzmärkte abhängt, ist es eher
unwahrscheinlich, dass er die richtigen Signale geben kann. Es ist vielmehr anzunehmen, dass die Preisschwankungen zunehmen und dass sich die Preise unvorhersehbar
entwickeln. Die Preise entfernen sich damit vom physischen Ölmarkt („wet barrel")
und bewegen sich immer stärker nach den Gesetzen der Finanzmärkte („paper barrel").
Der oft zitierte Vergleich des Spekulanten Costolany, dass die Wirtschaft die Finanzmärkte lenkt wie ein Mensch seinen an der langen Leine hin und her springenden
Hund, stimmt dann nicht mehr, denn die Rollen werden immer wieder getauscht. Ein

so interpretierter Ölmarkt holt eine Entwicklung nach, die schon in vielen Bereichen der Wirtschaft beobachtbar ist. In den USA wird immer häufiger von einer *„asset-driven economy"* gesprochen, in der die Finanzmärkte immer wieder die reale Wirtschaft lenken. Im Rohstoffmarkt tummeln sich heute viele Akteure, die keinen Eigenbedarf für physische Rohstoffe haben. Die Dominanz der Terminmärkte über die physischen Spotmärkte verschiebt die Preisfindung bei Rohstoffen immer stärker in ein Feld, das nach den Gesetzen der Finanzwelt funktioniert.

Es ist unzweifelhaft, dass starke spekulative Elemente *kurzfristig* eine große Rolle spielen, aber dennoch ist der Ölmarkt im Vergleich zu anderen Märkten, wie etwa den Märkten für Edelmetalle oder Industriemetalle, erheblich weniger von aggressiven Spekulationsstrategien betroffen.

Weitaus wichtiger für die Preisbildung ist das *langfristige* Engagement großer Finanzinvestoren, der Indexspekulanten, geworden. Der seit 2004 wachsende Zufluss strategisch angelegter Gelder in den Ölterminmarkt hat den Aufwärtstrend der Preise unterstützt und vor allem starke Abwärtsbewegungen behindert. Solange der weltweite Trend zu *„alternative investments"* wie Öl in den Portfolios anhält, wird der Einfluss der großen Finanzinvestoren steigen und den Ölpreis ein Stück weiter vom realen Geschehen auf den Ölfeldern und in den Raffinerien entfernen.

Die Dominanz der Terminmärkte bedeutet also nicht den Siegeszug freier Märkte. Vielmehr sind sie eine Behelfslösung, nachdem die Preisfindung durch Konzernkartelle, durch die OPEC und durch Spotmärkte gescheitert war. Der Ölmarkt konnte vor allem wegen der Passivität der großen Produzentenstaaten kein System der Preisfindung etablieren, das näher am realen Ölmarkt ist.

Der Ölpreis wird deshalb heute in großem Umfang von zwei systemfremden Elementen beeinflusst: Den nach eigenen Gesetzen funktionierenden **Finanzmärkten**, und den **ölpolitischen Strategien** der großen Ölexportländer.

Solange diese Art der Preisfindung im Interesse der großen Ölproduzenten ist, also zu steigenden Preisen bei wachsender Nachfrage führt, ist keine Änderung zu erwarten. Der steile Preisanstieg auf knapp 150 $/b im Sommer 2008 zeigte einmal mehr, dass die OPEC nicht eingreifen kann oder will. Der Zusammenhang mit den Ereignissen auf den Finanzmärkten (US-Hypotheken- und Kreditkrise) wurde überdeutlich, als Investoren Gold, Öl und andere vermeintlich krisensichere Assets kauften. Gerade der Mangel an Neuigkeiten auf der fundamentalen oder geopolitischen Seite erhöhte die Volatilität des Preises, da Orientierungspunkte fehlten.[94] Eine große Welle spekulativer Gelder überschwemmte den Ölmarkt Anfang. Sie trieb den Ölpreis nach oben, während Raffineriebetreiber und andere Ölverbraucher auf fallende Preise setzten. Der Ölpreis stieg also, obwohl sich die Anzeichen einer Rezession in den USA und eines weltweiten Wirtschaftsabschwungs mehrten.

Abkürzungen und ausgewählte Fachbegriffe

Die folgenden Seiten erklären nur einige der im Text verwendeten Fachbegriffe.[1] Weitere Details und Begriffe finden sich auf den Internetseiten der BGR (www.bgr.bund.de), des Mineralölwirtschaftsverbandes (www.mwv.de) und vor allem der EIA (eia.doe.gov).

All Liquids	Sammelbegriff für konventionelle und nicht-konventionelle Ölarten. Biokraftstoffe werden nur in manchen Fällen erfasst.
b/d	barrel per day (Barrel pro Tag); internationaler Standard zur Angabe von Ölmengen.
Barrel (bbl)	ein Fass mit 159 Liter bzw. 42 US-Gallonen; Barrel wird mit „b" oder „bbl" abgekürzt.
boe	Barrel-of-oil-equivalent; ein Sammelbegriff für Erdgas- und Erdölmengen in einer Lagerstätte. Das Erdgas wird auf der Grundlage seines Brennwertes in die entsprechend Ölmenge umgerechnet.
BTL	Biomass-to-Liquids; synthetisches Öl aus Biomasse
Bunker Fuel	Bunkeröl; schweres Heizöl für Schiffsmotoren
CAFE	Corporate Automobile Fuel Efficiency; die Vorschriften über den maximalen Spritverbrauch von Fahrzeugflotten einzelner Hersteller in den USA
Crude	Rohöl
CTL	Coal-to-Liquids; synthetisches Öl aus Kohle
Decline Rate	Förderrückgang in einem Feld oder einer Region
Depletion Rate	Erschöpfungsrate/Grad der Erschöpfung; Anteil des förderbaren Öls, das bereits gefördert worden ist
Downstream	Transport und Verarbeitung des Öls (Gegenbegriff: Upstream)
EIA	Energy Information Administration; Statistikbehörde des US-Energieministeriums
EOR	Enhanced Oil Recovery; aufwendige Fördermethoden, die z.B. CO_2-Flutungen oder Chemikalien zur Verbesserung der Produktion einsetzen
Ethanol	Getreidealkohol/Trinkalkohol

Flüssiggase	uneinheitlich verwendeter Sammelbegriff: durch Kühlung und Kompression verflüssigte Gase, Liquefied Petroleum Gas (LPG), Autogas, NGL (siehe dort); sie werden zum Kochen, Heizen oder auch in angepassten Ottomotoren eingesetzt; nicht zu verwechseln mit verflüssigtem Erdgas (LNG) oder komprimiertem Erdgas (CNG)
Fördersonde	ein Bohrloch, das für die stetige Ölförderung ausgebaut worden ist
FSU	Former Soviet Union (das Gebiet der früheren Sowjetunion)
Fuel Oil	schweres Heizöl, das für Schiffsmotoren verwendet wird oder direkt zur Strom- oder Wärmeerzeugung verbrannt wird
Gallone	eine US-Gallone entspricht etwa 3,8 Liter.
Gb	Gigabarrel = 1 Milliarde Barrel; zur Veranschaulichung: pro Jahr werden weltweit 31 Gb Öl verbraucht
GTL	Gas-to-Liquids; synthetisches Öl aus Erdgas
IEA	International Energy Agency (Internationale Energieagentur) mit Sitz in Paris; Energiebehörde der Industrieländer, die sich vor allem mit Forschung, der Marktbeobachung und – im Krisenfall – mit der Koordinierung von Notmaßnahmen wie z.B. der Freigabe der strategischen Ölreserven befasst.
Independents	Gegenbegriff zu den „Majors"; private Ölkonzerne mittlerer Größe
Konventioneles Öl	Ein etwas vager Begriff, der sich auf die Ölmengen bezieht, die mit „normalen" Methoden in flüssiger Form an die Oberfläche beför- dert werden können. Eine stärker geologisch orientierte Definition bezeichnet Ölvorkommen, die in der Lagerstätte oberhalb einer deutlich erkennbaren Öl-Wasser-Kontaktgrenze vorhanden sind. Gegenbegriff: nicht-konventionelles Öl.
LNG	Liquefied Natural Gas/Flüssigerdgas; Erdgas wird so stark abge- kühlt, dass es flüssig wird und mit Tankern transportiert werden kann
LPG	vgl. Flüssiggas
Majors	Die größten privaten Ölkonzerne, insbesondere ExxonMobil, Chev- ron, BP und Shell, die aus den „Seven Sisters", also den sieben größ- ten, lange Zeit marktbeherrschenden Ölkonzernen entstanden sind.
Marker Crudes	Ölsorten (v.a. Brent und WTI), die einen liquiden und funktionie- renden Markt haben; ihre Preise eignen sich daher als Orientie- rungsmarken für Preisverhandlungen und für Terminkontrakte.

mb/d	Millionen Barrel pro Tag; Beispiel: der weltweite Ölverbrauch liegt bei etwa 86 mb/d; Deutschland verbraucht etwa 2,6 mb/d
Middle East	Naher Osten; Sammelbegriff für die Staaten Bahrain, Iran, Irak, Israel, Jordanien, Kuwait, Libanon, Oman, Katar, Saudi Arabien, Syrien, VAE und Jemen. Bei Fragen der Ölförderung ist diese Region mit „Persischer Golf" oder „Golfregion" weitgehend identisch.
Mitteldestillate	Sammelbegriff für Diesel, Kerosin und chemisch ähnliche Produkte
NGL	Zwischen Erdgas und Erdöl ist eine breite „Grauzone" von Molekülen, die je nach Umgebungsbedingungen und Behandlung flüssig oder gasförmig sein können.
Nicht-konventionelles Öl	unconventional/non-conventional oil; ein etwas vager Begriff, der Öl aus Ölsand, Schwerstöl und Ölschiefer sowie synthetisches Öl/Ölprodukte aus Biomasse, Erdgas und Kohle umfasst. Gegenbegriff: Konventionelles Öl. Gelegentlich werden darunter auch konventionelle Ölvorkommen subsummiert, die mit sehr aufwendigen Methoden gefördert werden (vgl. EOR).
OECD	Eine internationale Organisation der Industrieländer. Statistisch weitgehend gleichbedeutend mit der Gruppe aller Industriestaaten.
OOIP/OIP	Original-Oil-in-Place („Gesamtressourcen"); das gesamte Öl, das vor Beginn der Förderung in einer Lagerstätte vorhanden ist, unabhängig davon, ob es gefördert werden kann. Zieht man vom OOIP das bereits geförderte Öl ab, erhält man das OIP (Oil-in-Place).
OPEC	Organization of the Petroleum Exporting Countries
Peak	Fördermaximum; Höhepunkt der Fördergeschwindigkeit eines Feldes oder einer Region, meist gemessen in Barrel/Tag
Produkte	Rohöl kann nicht direkt verwendet werden. Es wird daher in Raffinerien in marktfähige Produkte wie Benzin, Kerosin etc. verwandelt.
Recovery Rate	Ausbeutefaktor, Förderrate, Entleerungsgrad, Entölungsgrad; bezeichnet den Anteil des Öls in einer Lagerstätte, der bereits gefördert wurde oder der förderungswürdig ist.
Refinery Gain (Processing Gain)	In der Raffinerie wird vergleichsweise schweres Rohöl zu leichteren Produkten wie Benzin oder Diesel verarbeitet. Das Volumen der Ölprodukte ist daher höher als das Volumen des Rohöls.
Reserve Growth	Nachträgliche Höherbewertung von Reserven in einem bereits bekannten Ölfeld

Reserven	Der Anteil des Öls in einer Lagerstätte oder einer Region, der zu aktuellen Preisen mit der heute verfügbaren Technik förderwürdig erscheint. Es wird zwischen sicheren Reserven (1P), wahrscheinlichen Reserven (2P) und möglichen Reserven (3P) unterschieden.
Residual Oil	Residue/Restöl/atmosphärische Rückstände; die schwersten Bestandteile des Rohöls nach der Destillation
Ressourcen	Ein unterschiedlich definierter Begriff, der sich meist auf die Ölmengen bezieht, die zwar vorhanden sind oder vermutet werden, aber beim heutigen Stand der Technik nicht gefördert werden können oder zu heutigen Preisen nicht förderwürdig erscheinen.
Spotmarkt	Segment des Weltölmarktes; hier wird Öl (oder Ölprodukte) kurzfristig angekauft oder verkauft, z.b. um Nachfragespitzen auszugleichen. In Nord- und Westeuropa dominiert der Rotterdamer Spotmarkt
STL	Shale-to-Liquids; synthetisches Öl aus Ölschiefer
Terminmarkt	Segment des Weltölmarktes; hier werden Terminkontrakte gehandelt (Futures, Optionen, Swaps, Forwards), die den zukünftigen Kauf/Verkauf von Öl zum Gegenstand haben.
toe	tons of oil equivalent; vgl. boe
Upstream	Exploration (Suche), Erschließung und Förderung des Erdöls; Gegenbegriff: Downstream
URR	Ultimately Recoverable Resources; umfasst die bekannten und erwarteten förderwürdigen Ölmengen in einer Lagerstätte oder einer Region, also nicht das gesamte Öl (vgl. OOIP); bislang gilt etwa ein Drittel des OOIP als URR
USGS	United States Geological Survey; der Geologische Dienst der USA, der u.a. die Ölressourcen untersucht.

Literaturverzeichnis

Adelman, Morris (1995): The Genie Out of the Bottle: World Oil Since 1970, Cambridge/MIT.

AG Energiebilanzen e.V., lfd. Veröffentlichungen, zuletzt 2008 (http://www.ag-energiebilanzen.de).

Ahlbrandt, Thomas/McCabe, Peter (USGS) (2002): Global Petroleum Resources. A View to the Future, in: Geotimes, November (www.geotimes.org/nov02/feature_oil.html).

Ahlbrandt, T. et. al. (2005): Global Resource Estimates from Total Petroleum Systems, The American Association of Petroleum Geologists, Tulsa.

Alberta Chamber of Resources (2004): Oil Sands Technology Roadmap, Calgary.

Athabasca Regional Issues Working Group (2005): Fact Sheet, Calgary.

Alhajji, A.F. (2006): IEA's World Energy Outlook 2006 has significant methodology flaws, in: World Oil Vol. 227, Nr.12 (Dez.2006).

Al-Husseini, Moujahed (2006): The debate over Hubbert's Peak: A review, in: GeoArabia, Vol. 11, Nr. 2, 2006, Gulf PetroLink, Bahrain.

Al-Husseini, Sadad (2007): Magnitude of Undiscovered Resource in Iraq's Western Desert in Dispute, in: OGJ Vol. 105, Issue 25, 2. Juli 2007.

Alt, Franz (2002): Krieg um Öl oder Frieden durch die Sonne, München.

Amuzegar, Jahangir (1999): Managing the Oil Wealth. OPEC's Windfalls and Pitfalls, London und New York.

Andrews, Steve/ Udall, Randy (2003): Oil Prophets: Looking at World Oil Studies Over Time; Report for the May 26–27, 2003 ASPO Conference, Paris.

Arnott, Robert (2002): Supply Side Aspects of Depletion, in: Journal of Energy Literature, Jg.8 (2002), Nr.1, S. 3–21.

ASPO Newsletter, lfd. Ausgaben (www. peakoil.ie).

Babies, Hans (2003): Ölsande in Kanada –Eine Alternative zum konventionellen Erdöl?, in: Commodity Top News Nr. 20, Oktober 2003.

Blades, Tom (2007): Managing the Greening of the Energy Portfolio, IHS Symposium 2007, London.

Babusiaux, Denis u.a. (2001): Energy Crisis?, Oxford Energy Forum 47, November.

Banks, Ferdinand (2007): The Political Economy of World Energy. An Introductory Textbook, Singapur.

Barudio, Günter (2001): Tränen des Teufels. Eine Weltgeschichte des Erdöls, Stuttgart.

Baylis, John/ Smith, Steve (Hrsg.) (2001): The Globalization of World Politics, 2.Aufl., Oxford.

Bentley, Roger (2002): Past Oil Forecasts, and the Limits to Growth,, Message, International Workshop on Oil Depletion, Uppsala.

BMWT/BMU (2006): Energieversorgung für Deutschland, Statusbericht für den Energiegipfel am 3. April 2006, Berlin.

Bockhorst, Michael (2002): ABC Energie, Norderstedt.

BP: Statistical Review of World Energy, lfd. Ausgaben (zuletzt Juni 2008), London.

Bundesanstalt für Geowissenschaften und Rohstoffe (BGR)(2003): Reserven, Ressourcen und Verfügbarkeit von Energierohstoffen 2002, Berlin.

Bundesanstalt für Geowissenschaften und Rohstoffe (BGR)(2005): Reserven, Ressourcen und Verfügbarkeit von Energierohstoffen 2004, Hannover.

Bundesanstalt für Geowissenschaften und Rohstoffe (BGR) (2007): Reserven, Ressourcen und Verfügbarkeit von Energierohstoffen 2005, Hannover.

Bundesministerium der Finanzen (2007): Biokraftstoffbericht 2007, Berlin.

Bündnis90/Die Grünen Bundestagsfraktion (2004): Ölwechsel: Weg vom Erdöl – hin zu nachwachsenden Rohstoffen, Fraktionsbeschluss vom 9.11.2004, Berlin.

Campbell, Colin./Laherrère, Jean (1998): The End of Cheap Oil, in: Scientific American, März.

Campbell, Colin (2001): Oil Depletion – Updated Through 2001, o.O. (Paper).

Campbell, C./Liesenborghs, F./Schindler, J./Zittel, W. (2002): Ölwechsel, München.

Campbell, Colin (2002): The Essence of Oil & Gas Depletion, Essex.

Campbell, Colin (2004): The Coming Oil Crisis, Essex.

Campbell, Colin (2005): Oil Crisis, Brentwood.

Campbell, P./Orskaug, B. (2006): The forward market of oil, in: Bank of England, Quaterly Bulletin, Spring 2006.

Canes, Michael (2007): Study Forecasts US Fuel Demand For Next Decade, in: Oil and Gas Journal 8. Oktober 2007.

CERA (2005): It's Not the End of the Oil Age, 31. Juli 2005, IHS.

CERA (2006): World Oil & Liquids Production Capacity to Grow Significantly Through at Least 2015. Field-by-Field Analysis of Current Oil Fields and 360 Major New Projects Worldwide (Update), 8. August 2006, IHS.

CGES (2004): Non-Opec Production, Global Oil Report, Vol. 15, Issue 6, Nov./Dez. 2004.

CGES (2007): Market Watch: Oil recovery factors in Saudi Arabia, Global Oil Report, Vol.18 Heft 3, Mai/Juni 2007.

Chew, Ken (2005): Global Oil Supply Issues: Recent Trends and Future Possibilities, IHS Energy, APPEX London 2. März 2005.

Chew, Ken (2004): Estimates of the World´s Remaining Hydrocarbon Resources. Data Sources and Recent Trends, Workshop on Oil and Gas Resources, Swiss Federal Office of Energy, 27. Februar.

Chew, Ken (2006): The E&P Environment: Challenges and Opportunities, 7.März 2006, IHS.

Chew, Ken (2007): Unconventional Hydrocarbons – A global overview, IHS London Symposium: Perspectives on Energy Supplies: Meeting the Supply Challenges, 18 April 2007.

Chew, Ken/Stark, Philip (2006a): Perspective on Oil Resource Estimates, AAPG Hedberg Research Conference, 13.–17. November 2006.

Chew, Kenneth/Stark, Philip (2006b): Non-conventional Hydrocarbon Resources – Are they Capable of Meeting Forecast Demand?, EAGE Vienna 2006, 12.–15. Juni 2006.

Chew, K./Stark, P./Fryklund.B. (2007): Perspective on E&P Business Dynamics:Challenges in Transforming O&G Resources to Supplies, IHS Symposium April 2007, London.

Chinn, M/LeBlanc, M./Coibion, O. (2005): The Predictive Content of Energy Futures, NBER Working Paper 11033, Cambridge (Mass.).

Claes, Dag (2001): The Politics of Oil-Producer Cooperation, Colorado/Oxford.

Clarke, Duncan (2007): The Battle for Barrels. Peak Oil Myths & World Oil Futures, London.

Clean Edge (2007): Clean Energy Trends Report (www.cleanedge.com)

Cohen, Dava (2007): Anatomy of an Oil Discovery, 16. Mai 2007 (www.aspo-usa.com).

Collett, Timothy (2001): Natural-Gas Hydrates: Resource of the Twenty-First Century?, in: Downey, M./Threet, J./Morgan, W. (Hrsg.): Petroleum Provinces of the Twenty-First Century, AAPG Memoir 74, Tulsa (Oklahoma), S. 85–109.

Cordesman, A./ Khalid R. Al-Rodhan (2005): The International Energy Outlook 2005: It is Hard to Make Predictions, Especially about the Future, CSIS Washington.

Cornford, Chris (2006): I see prospectivity – Arctic Petroleum Systems, APPEX London, 7. März 2006

Chris Cragg, Chris (2002): China – The CO_2 Elephant Steps Back into the Canoe, OIES Energy Comment September, Oxford.

DeJoode, J./Kingma, D. et.al. 2004: Energy Policies and Risks on Energy Markets, Den Haag CPB.

Deming, David (2001): Oil: Are We Running Out?, in: Downey, M./Threet, J./Morgan, W. (Hrsg.)(2001): Petroleum Provinces of the Twenty-First Century, AAPG Memoir 74, Tulsa (Oklahoma), S. 45–57.

Deming, David (2003): Are We Running Out of Oil, National Center for Policy Analysis, Dallas.

DIW (2007): Primärenergieverbrauch in Deutschland nur wenig gestiegen, DIW-Wochenbericht Nr.8/2007, Berlin 21.Feb.2007.

DOE/DA (2005): Biomass as a Feedstock for a Bioenergy und Bioproducts Industry: The Technical Feasibility of a Billion-Ton Annual Supply, Washington.

Downey, M./Threet, J./Morgan, W. (Hrsg.) (2001): Petroleum Provinces of the Twenty-First Century, AAPG Memoir 74, Tulsa (Oklahoma).

Drollas, Leonidas (2006a): We Have Plenty of Oil – We Just Need to Invest More, CGES, UMOE Seminar, Oslo.

Drollas, Leonidas (2006b): The Oil Market – Key Questions, Cantor Index Forum, CGES, London.

Drollas, Leonidas (2007): Making sense of the oil market, Energy Institue, 4. Juli 2007, London.

Dunbar, Bob (2006): Canada´s Oil Sands Industry, Production and Supply Outlooks, Calgary.

Dutch, Steven (1999): Geologic Resources, University of Wisconsin; vgl. http://www.uwgb.edu/dutchs/sitemap.htm.

Edwards, John (2001): Twenty-First-Century Energy: Decline of Fossil Fuel, Increase of Renewable Nonpolluting Energy Sources, in: Downey, M./Threet, J./Morgan, W. (Hrsg.): Petroleum Provinces of the Twenty-First Century, AAPG Memoir 74, Tulsa (Oklahoma) 2001, S. 21–35.

Effimoff, Igor (2001): Future Hydrocarbon Potential of Kazakhstan, in: Downey, M./Threet, J./Morgan, W. (Hrsg.): Petroleum Provinces of the Twenty-First Century, AAPG Memoir 74, Tulsa (Oklahoma) 2001, S. 243–259.

EIA (2000): Long-Term World Oil Supply, Washington.

EIA (2003): Long-Term World Oil Supply Scenarios The Future Is Neither as Bleak or Rosy as Some Assert, Washington 2003.

EIA: Monthly Energy Chronology, lfd. Jg., Washington (zuletzt Juni 2008).

EIA: Country Analysis Briefs, diverse Ausgaben, Washington.

EIA: Annual Energy Outlook, lfd. Jg., Washington (zuletzt 2008).

EIA: International Energy Outlook, lfd. Jg., Washington (zuletzt 2008).

EIA: Short-term Energy Outlook, lfd. Jg., Washington (zuletzt Juni 2008).

EIA Opec Revenues Fact Sheet Februar 2008 (eia.doe.gov).

Energy Intelligence Group (EIG) (2007a): PIW Reserves Survey 2007, Petroleum Intelligence Weekly 2. April 2007.

Energy Intelligence Group (2007b): Petroleum Comment – Resource Nationalism: Then And Now; 8. Januar 2007.

Energy Alert, div. Ausgaben (Energy Intelligence Group).

Eni 2007: Oil and Gas Review, Rom.

Esser, Robert (2001): Discoveries of the 1990s. Were They Significant?, in: Downey, M./Threet, J./Morgan, W. (Hrsg.)(2001): Petroleum Provinces of the Twenty-First Century, AAPG Memoir 74, Tulsa (Oklahoma), S. 35–45.

Esser, Robert (2005): The Oil Industry Growth Challenge: Expanding Production Capacity, 7. Dezember 2005, IHS.

European Commission (2000): Green Paper – Towards a European Strategy for the Security of Energy Supply, Brüssel.

Europäische Kommission (2006): Grünbuch – Eine europäische Strategie für nachhaltige, wettbewerbsfähige und sichere Energie, Brüssel.

EWI/Prognos (2005): Energiereport IV. Die Entwicklung der Energiemärkte bis zum Jahr 2030. Energiewirtschaftliche Referenzprognose – Kurzfassung, Köln/Basel.

Fachagentur Nachwachsende Rohstoffe (FNR) (2005): Basisdaten Biokraftstoffe, Gülzow.

Fachagentur Nachwachsende Rohstoffe (FNR) (2007): Daten und Fakten zu nachwachsenden Rohstoffen, Gülzow.

Fattouh, Bassam: Analysing Oil Prices (2007a): The Usefulness and Limitations of Existing Approaches. Centre for Financial and Management Studies, SOAS, University of London & Oxford Institute for Energy Studies, Oxford.

Fattouh, Bassam (2007b): WTI Benchmark Temporarily Breaks Down: Is It Really a Big Deal?, Oxford Energy Comment, April 2007.

Fattouh, Bassam (2008): Prospects of the DME Oman Crude Oil Futures Contract, Oxford Energy Comment, März, London.

Felder, Theodor (2005): Russian Oil: Current Status and Outlook, Cross Second International Petroleum Conference & Exhibition, Cairo, 16.–19. Mai 2005.

Felder, Theodor (2007): Can Russia Remain an Prime Oil/Gas Supplier, IHS 18. April 2007.

Fenton, John (2008): Presentation for CFTC's Energy Markets Advisory Committee Meeting am 10. Juni 2008, Washington.

Feng Lianyong u.a. (2008): Peak oil models forecast China´s oil supply, demand, in: Oil and Gas Journal 14. Januar 2008, S. 43–47.

Fesharaki, Fereidun (2007a): Energy and Security Issues: Perspectives on Iran, India, and China. A Presentation to CSIS Energy and National Security Program, Washington.

Fesharaki, Fereidun (2007b): Asian Oil Demand and Supply in the Global Context, 5th Joint OPEC-IEA Workshop „Asian Oil Demand: Outlook and Challenges", Bali 17–18. Mai.

Fossum, Bret et.al. (2001): New Frontiers for Hydrocarbon Produktion in the Timan-Pechora Basin, Russia, Downey, M./Threet, J./Morgan, W. (Hrsg.): Petroleum Provinces of the Twenty-First Century, AAPG Memoir 74, Tulsa (Oklahoma) 2001, S. 259–281.

Fryklund, Bob (2006): World Oil and Gas Supply. A Latin American Perspective, IHS.

Fryklund, Bob (2007): The New Era. NOC´s Reach Out for Resources, 9. Januar 2007, Houston.

GAO 2007 (United States Government Accountability Office): Crude Oil. Uncertainty about Future Oil Supply Makes It Important to Develop a Strategy for Addressing a Peak and Decline in Oil Production, Washington.

Gately, Dermot (2001): How Plausible is the Current Consensus Projection of Oil Below $25 and Persian Gulf Oil Capacity and Output Doubling by 2020?, Energy Journal 22(4), S. 1–27.

Gerling, Peter (BGR) (2005): Erdöl – Reserven, Ressourcen und Reichweiten – eine Situationsbeschreibung aus Sicht der BGR, Hannover.

Gielen, D./Unander, F. (2005): Alternative Fuels – An Energy Technology Perspective (Office of Energy Technology and R&D, IEA), Working Paper, März.

Goldman, Marshall (2004): Putin and the Oligarchs, in: Foreign Affairs, Jg.83, Heft 6/2004, S. 33–44.

Graichen, Patrick (2002): Energiepolitik als Ausdruck umweltpolitischer Konflikte: Ein historischer Rückblick auf die Umwelt- und Energiepolitik in Deutschland, in: Zeitschrift für Energiewirtschaft, Jg.26, Heft 3/2002, S. 209–218.

Gluyas, J./Hichens, H. (2003): United Kingdom Oil and Gas Fields: Commemorative Millenium Volume, Bath (UK), zit.n. Journal of Energy Literature (London), Jg.11 (2005), Nr.1, S. 97.

Hager, Wolfgang (1975): Erdöl und Internationale Politik, München.

Halbouty, Michael (2001): Exploration into the New Millenium, in: Downey, M./Threet, J./Morgan, W. (Hrsg.)(2001): Petroleum Provinces of the Twenty-First Century, AAPG Memoir 74, Tulsa (Oklahoma), S. 11–21.

Harper, Francis (2004a): Oil Reserves Growth Potential, ASPO 2004, 25. Mai 2004, Berlin.

Harper, Francis (2004b): Oil Peak – a Geologist´s View; Energy Institute, November 2004.

Harper, Francis (2005): The Future of Global Hydrocarbon Exploration, Sunbury-on-Thames, APPEX, März.

Harper, Francis/Fraser, Alastair (2005): Our Exploration Future – The Middle East and Russia, Sunbury-on-Thames, APPEX, März.

Hartshorn, J.E. (1993): Oil trade: Politics and Prospects, Cambridge (UK).

Hayman, Andrew/ Stark, Pete (2006): Africa's Role in the Energy Future. IHS User's Forum May 2006, Houston.

Hennicke, Peter/Müller, Michael (2005): Weltmacht Energie. Herausforderung für Demokratie und Wohlstand, Stuttgart.

Heinberg, Richard (2003): The Party´s Over – Oil, War and the Fate of Industrial Societies, Gabriola Island (Kanada).

Heinberg, Richard (2007): The Closer We Get, the Worse It Looks. Bridging Peak Oil and Climate Change Activism, http://www.opednews.com, 8. Januar 2007.

Hensing, I./Pfaffenberger, W./Ströbele, W. (1998): Energiewirtschaft. Einführung in Theorie und Politik, München-Wien.

Herold, John/Lovegrove, Harrison (2007): Global Upstream Performance Review, IHS.

Hesse, Markus (2004): Verkehrswende am Ende?, in: Blätter für deutsche und internationale Politik, Heft 6/2004, S. 670–672.

Hill, Fiona (2001): The Caspian Basin and Asian Energy Markets, A Brookings Forum, Washington 2001.

Hill, Fiona (2003): Russian Oil and U.S. Energy Security. Proceedings, AEI, Washington.

Hill, Fiona/Florence, Fee (2002): Fueling the Future: The Prospects for Russian Oil and Gas, in: Demokratizatsiya, Jg.10, Nr.4, S. 462–487.

Hirsch, Robert (2005): Shaping the peak of world oil production, in: World Oil Jg. 226 No. 10 October 2005.

Hirsch, R./Bezdek, R./Wendling, R. (2005): Peaking of World Oil Production. Impacts, Mitigation & Risk Management,.

Hirsch, Robert (2007): Peaking of world oil production: Recent forecasts, in: World Oil Vol. 228 Nr.4/2007.

Hladik, Maurice (2006): Cellulose Ethanol is ready to go. Presentation to: Emerging Energies Conference, 10./11. Februar 2006, University of California, Santa Barbara.

Horn, Manfred (2002): Langfristige Entwicklung der Rohölpreise bei Gewinnmaximierung durch die OPEC, in: Zeitschrift für Energiewirtschaft Jg.26, Heft 2, S. 105–116.

Horn, Manfred (2003): Zur künftigen Ölgewinnung und Preisstrategie der OPEC – eine kritische Analyse des World Energy Outlook der IEA, in: Zeitschrift für Energiewirtschaft, Jg.27, Heft 2/2003, S. 117–122.

Horn, Manfred (2004): OPEC´s Optimal Crude Oil Price, in: Energy Policy, Jg. 32 (2004), S. 269–280.

Horsnell, Paul/Mabro, Robert (1993): Oil Markets and Prices. The Brent Market and the Formation of World Oil Prices, OIES Oxford.

Horsnell, Paul (1997): Oil in Asia. Markets, Trading, Refining and Deregulation, OIES Oxford.

Horsnell, Paul (1998): The Strange Case of the Missing Barrels, OIES Monthly Comment, Dezember.

Horsnell, Paul (1999a): A la recherche des barrels perdus – more missing barrels OIES Monthly Comment, Juli.

Horsnell, Paul (1999b): Caspian Oil and Gas: A Game, if not a Great Game, OIES Monthly Comment, Januar.

Horsnell, Paul (1999c): US Oil Security and the Oil Import Tariff Question, OIES Monthly Comment, Juni.

Horsnell, Paul (2000a): The Probability of Oil Market Disruption: With an Emphasis on the Middle East, in: Center for International Political Economy/James A. Baker Insitute for Public Policy – Rice University: The Japanese Energy Security and Changing Global Energy Markets.

Horsnell, Paul (2000b): Oil Pricing Systems, OIES Monthly Comment, Mai.

Horsnell, Paul (2005): Oil Prices and Fundamentals, Oxford Energy Forum 62, August 2005.

Huber, Maria (2002): Moskau, 11. März 1985. Die Auflösung des sowjetischen Imperiums, München.

Huntington, Samuel (2002): Kampf der Kulturen, München (Original 1996).

Hyne, Norman (2001): Nontechnical Guide to Petroleum Geology, Exploration, Drilling, and Production, Tulsa (Oklahoma).

IEA (2000a): Oil Supply Security – The Emergency Response Potential of IEA Countries in 2000, Paris.

IEA (2000b): China´s Worldwide Quest for Energy Security, Paris.

IEA (2002): Weltenergieausblick 2002 – Schwerpunkte, Paris.

IEA (2002): Developing China´s Natural Gas Market, Paris.

IEA (2003a): Energy to 2050. Scenarios for a Sustainable Future, Paris.

IEA (2003b): World Energy Investment Outlook, Paris.

IEA (2004a): Oil Crises and Climate Challenges – 30 Years of Energy use in IEA Countries, Paris.

IEA (2004b): World Energy Outlook 2004, Paris.

IEA (2004c): Security of Gas Supply in Open Markets. LNG and Power at a Turning Point, Paris.

IEA (2004d): Biofuels for Transport. An International Perspective, Paris.

IEA (2005a): Saving Oil in a Hurry, Paris.

IEA (2005b): Energy Statistics Manual, Paris.

IEA/ETO (2005c): Alternative Fuels: An Energy Technology Perspective (Working Paper), Paris.

IEA (2005d): World Energy Outlook 2005 – Middle East and North Africa Insights, Paris.

IEA (2005e): Resources to Reserves. Oil & Gas Technologies für the Energy Markets of the Future, Paris.

IEA (2005f): Energy Statistics Manual, Paris.

IEA (2006a): World Energy Outlook, Paris.

IEA (2006b): Medium-Term Oil Market Report, Paris.

IEA (2007a): IEA Response System for Oil Supply Emergencies, Paris.

IEA (2007b): World Energy Outlook. China and India Insights, Paris.

IEA (2007c): Medium-Term Oil Market Report, Paris.

IEA (2007d): Oil Supply Security, Paris.

IEA (2007e): Energy Policies of IEA Countries. Germany 2007 Review, Paris.

IEA (2007f): Energy Security and Climate Policy, Paris.

IEA (2008a): Medium-Term Oil Market Report, Paris.

IEA (2008b): Energy Technology Perspectives, Paris.

IHS (2003): Energy's Report on 10-Year Trends (1993–2002) Shows Liquids Reserve Revisions and New Discoveries Have Outpaced Consumption (Pressemitteilung).

IHS (2005): World Oil Production Capacity To Increase up to 25 % by 2015. CERA Tells House Committee (Pressemitteilung), 7. Dez. 2005, Washington.

IMF (2006): World Economic Outlook 2006, Washington.

International Oil Daily, div. Ausgaben.

International Petroleum Encyclopedia, diverse Jahrgänge, Penn Well, Tulsa.

Jackson, Peter (2006): Why the „Peak Oil" Theory falls down. Myths, Legends, IHS.

Jackson, Peter (2007): Peak Oil Theory Could Distort Energy Policy and Debate, Journal of Petroleum Technology Vol. 59 Nr.2 (Februar 2007).

Jackson, Peter/Esser, Robert (2006): Expansion Set to Continue, Global Liquids Capacity to 2015, IHS/CERA.

Jarrell, Jim (2005): Another Day in the Desert: A Response to the Book, „Twilight in the Desert", in: Geopolitics of Energy Vol. 27, Nr. 10 (Oktober), S. 2–9.

Karbuz, Sohbet (2004): Conversion Factors and Oil Statistics, in: Energy Policy, Jg.32, S. 41–45.

Karlsch, Rainer/Stokes, Raymond (2003): Faktor Öl. Die Mineralölwirtschaft in Deutschland 1859–1974, München.

Katz, Barry (2001): Geological Challenges of Exploration: Onshore China with Special Focus on the Tarim and Junggar Basins, in: Downey, M./Threet, J./Morgan, W. (Hrsg.): Petroleum Provinces of the Twenty-First Century, AAPG Memoir 74, Tulsa (Oklahoma) 2001, S. 319–337.

Kennedy, Paul (2002): Aufstieg und Fall der großen Mächte, Frankfurt (Original 1987).

King, Keith u.a. (2007): Oil Resource Growth, Hedberg Conference AAPG November 2006, Colorada Springs/IHS Symposium April 2007, London.

Kissinger, Henry (2002): Die Herausforderung Amerikas, München/Berlin.

Klare, Michael (2001): Resource Wars. The New Landscape of Global Conflict, New York.

Klein, Seth (Hrsg.) (2001): Introduction, in: Costly Energy. Why oil and gas prices are rising and what we can do about it. A collection of progressive analysis and policy alternatives, Vancouver, S. 1–5.

Klett, T. (2004): Justification for Proposing a Study of Large Petroleum Fields, UNECE Ad Hoc Group of Experts on Supply of Fossil Fuels, 10./11.November 2004, Genf.

Klett, T./Gautier, D./ Ahlbrandt, T. (2005): An Evaluation of the U.S. Geological Survey World Petroleum Assessment 2000, in: American Association of Petroleum Geologists Bulletin Jg. 89, Nr.8, S. 1033–1042.

Klett, T. u.a. (2006): USGS Ongoing Assessment of Undiscovered Petroleum Resources of the World, IHS 2006 Energy User Forum, Houston 17.–19. Mai.

Kneissl, Karin (2006): Der Energiepoker. Wie Erdöl und Erdgas die Weltwirtschaft beeinflussen, München.

Koppelaar, Rembrandt (2005): World Oil Production and Peaking Outlook, Peak Oil Netherlands Foundation, o.O.

Laherrère, Jean (2001): Estimates of Oil Reserves, IIASA Laxenburg.

Laherrère, Jean (2003): Forecast of oil and gas supply to 2050, Hydrocarbons Resources, Petrotech 2003, New Dehli.

Laherrère, Jean (2005): Review on Oil shale data (www.oilcrisis.com).

Laherrère, Jean (2006): Uncertainty on data and forecasts, ASPO Konferenz Nr.5, San Rossore, 18./19. Juli 2006.

Lajous, Adrian (2004): Production management, security of demand and market stability, OPEC International Seminar, Wien 17. September 2004.

Leonard, Ray (2002): Russian Oil And Gas: A Realistic Assessment, International Workshop On Oil Depletion 23.–25. Mai 2002, Uppsala.

Lovins, E./Datta, K. u.a. (2005): Winning the Oil Endgame – Innovation for Profits, Jobs and Security, Rocky Mountains Institut, Snowmass/Colorado.

Lynch, Michael (2001): Closed Coffin: Ending the Debate on „The End of Cheap Oil" – A Commentary, September (http://sepwww.stanford.edu/sep/jon/world-oil.dir/lynch2.html).

Lynch, Michael (2003): The New Pessimism about Petroleum Resources: Debunking the Hubbert Model (and Hubbert Modelers), Minerals and Energy – Raw Materials Report, Jg. 18, Nr. 1.

Lynch, Michael (2004a): A Review of Expectations for Long-Term Energy, in: Journal of Energy Literature (London), Jg.10, Nr.1, S. 3–21.

Lynch, Michael (2004b): Oil Supply Security 2004. Does the Song Remain the Same?, International Research Center for Energy and Economic Development; Occasional Papers: Number 38, Boulder.

Lynch, Michael (2004c): The Shell Reserve Downgrading. Year of the Monkey Business?, Global Petroleum SEER Alert.

Mabro, Robert (2000): Oil Markets and Prices, OIES Monthly Comment (August).

Mabro, Robert (2001a): Transparency in Oil Markets and Other Myths, OIES Monthly Comment (Februar).

Mabro, Robert (2001b): Does Oil Price Volatility Matter?, OIES Monthly Comment (Juni).

Mabro, Robert (2005): The international oil price regime: origins, rationale and assessment, in: Journal of Energy Literature (London), Jg.11, Nr.1, S. 3–20.

Masters, Michael (2008): Testimony of Michael W. Masters, Committee on Homeland Security and Governmental Affairs, United States Senate, 20. Mai 2008, Washington.

Maugeri, Leonardo (2006a): Two Cheers for Expensive Oil, in: Foreign Affairs Jg.85, Nr.2, S. 149–161.

Maugeri, Leonardo (2006b): The Age of Oil. The Mythology, History and Future of the World´s Most Controversial Resource, Westport.

MEES Middle East Economic Survey, div. Ausgaben.

Meling, Leif (2003): How And For How Long It is Possible To Secure A Sustainable Growth Of Oil Supply; in: Middle East Economic Survey Jg. XLVI, Nr. 51/52.

Meling, Leif (2006): The Origin Of Challenge – Oil Supply And Demand, in: Middle East Economic Survey Jg. XLIX Nr. 24.

Mineralölwirtschaftsverband (2001): Aus der Sprache des Öls, Hamburg.

Mineralölwirtschaftsverband (2003): Mineralöl und Raffinerien, Hamburg.

Mineralölwirtschaftsverband (2005): MWV-Prognose 2020 für die Bundesrepublik Deutschland, Hamburg.

Mineralölwirtschaftsverband (2006): Prognose. MWV-Prognose 2025 für die Bundesrepublik Deutschland, Hamburg.

Mineralölwirtschaftsverband (2007a): Der deutsche Markt für Kraftstoffe Januar bis Dezember 2007, Hamburg.

Mineralölwirtschaftsverband (2007b): Mineralölverbrauch in Deutschland Januar bis Dezember 2007, Hamburg.

Mineralölwirtschaftsverband (2007c): Jahresbericht Mineralöl-Zahlen 2006, Hamburg.

Mitchell, John (Hrsg.) (2001): The New Economy of Oil – Impacts on Business, Geopolitics and Society, RIIA London.

Mitchell, John (2006): A New Era for Oil Prices, Chatham House, Royal Institute of International Affairs, London.

Mommer, Bernard (1999): Changing Venezuelan Oil Policy, OIES Monthly Comment April 1999.

Mommer, Bernard (2001): Venezuelan Oil Politics at the Crossroads, OIES Monthly Comment March 2001.

Morse, Edward/Richard, James (2002): The Battle for Energy Dominance, in: Foreign Affairs, März/April 2002.

National Energy Board (2006): Canada's Oil Sands. Opportunities and Challenges to 2015, Calgary.

National Energy Policy Development Group (2001): National Energy Policy, Washington, Mai („Cheney Report").

Nexant (2006): Liquid Biofuels: Substituting for Petroleum, New York.

Nieh, D./Wang, L./Fu S. (2007): Existing SPR Models. Study examines Chinese SPR growth alternatives, in: Oil and Gas Journall 23. Juli 2007.

Noreng, Øystein (2002): Crude Power. Politics and the Oil Market, London/New York.

Nötzold, Antje (2007): Europäische Versorgungssicherheit mit Erdöl und Erdgas, Saarbrücken.

National Petroleum Council (NPC) (2007): Facing the Hard Truths about Energy. A comprehensive view to 2030 of global oil and natural gas. Draft Report, Juli.

Odell, Peter (1996): A Guide to Oil Reserves and Resources, in: http://archive.greenpeace.org.

Odell, Peter (2003): The Global Energy Outlook for the 21st Century, Lecture NOGEPA Annual Meeting, Wassenaar 21.Mai.

Odell, Peter (2004): Why Carbon Fuels Will Dominate the 21st Century´s Global Energy Economy, Brentwood.

OGEL Oil, Gas & Energy Law Intelligence, div. Ausgaben.

OIES (2001): Oxford Energy Forum Nr. 47, November.

Oil & Gas Journal (OGJ), diverse Ausgaben.

Oil Daily, diverse Ausgaben.

Ölz, Samantha/ Sims, Ralph/ Kirchner, Nicolai (2007): Contribution of Renewables to Energy Security – IEA Information Paper, IEA Paris.

OPEC (2007a): Annual Statistical Bulletin 2006, Wien.

OPEC (2007b): World Oil Outlook, Wien.

OPEC: Monthly Oil Market Report, Wien, lfd. Jg.

Parra, Francisco (2004): Oil Politics. A Modern History of Petroleum, London.

Perrodon A./ Laherrere J./ Campbell, C. (1998): The world's non-conventional oil and gas, in: Petroleum Economist Heft 3/1998.

Petroleum Intelligence Weekly (PIW), diverse Ausgaben.

Porter, L. (2001): Major Hydrocarbon Potential in Iran, in: Downey, M./Threet, J./Morgan, W. (Hrsg.): Petroleum Provinces of the Twenty-First Century, AAPG Memoir 74, Tulsa (Oklahoma) 2001, S. 417–429.

Rabia, Hussain (2007): Iraqi Oil Reserves Show Great Potential, in: World Oil, Vol. 228, No.7.

Razavi, Hossein (1989): The New Era of Petroleum Trading, Washington D.C. (World Bank).

Rempel, Hilmar (2003): Erdöl and Erdgas im Irak, in: BGR Commodity Top News No.18, Februar 2003.

Renner, Michael (2003): Post-Saddam Iraq – Linchpin of a New Oil Order, Worldwatch Institute, in: Foreign Policy in Focus (Januar 2003).

RFA (2007): Ethanol Industry Outlook 2007. Building New Horizons, Washington.

Rifkin, Jeremy (2002): Die H2-Revolution. Mit neuer Energie für eine gerechte Weltwirtschaft, Frankfurt/Main.

Robelius, F. (2007): Giant Oil Fields -The Highway to Oil. Giant Oil Fields and their Importance for Future Oil Production, Uppsala Dissertations from the Faculty of Science and Technology, Uppsala.

Roberts, Paul (2004): The End of Oil, Boston.

Rogers, Jim (2005): Rohstoffe. Der attraktivste Markt der Welt, München.

Rushworth, Sandy (2005): E&P Challenges and Opportunities In the Age of Energy Supply Anxiety, IHS, 1.Februar 2005, NAPE 2006.

Rushworth, Sandy/Stark, Pete (2005): The Challenging Role for Giant Fields:Can We Expect Giant Fields to Meet Increasing Oil Demand?, IHS.

Rutledge, Ian (2004): Book review – J.Boue, La internacionalizacion de PDVSA, Venezuela 2004, in: Journal of Energy Literature (London), Jg.10 (2004), Nr.2, S. 102–104.

Sandrea, Ivan (2006): Global E&P Capex and Liquid Capacity Trends, APPEX London.

Sapir, Jacques (2007): Oil and Gas in the Capitals: Russia's oil sector: Is more state control looming in the future?, in: World Oil Vol. 228 No.2 (Februar 2007).

Scheer, Hermann (2002): Solare Weltwirtschaft. Strategie für die ökologische Moderne, München.

Scheer, Hermann (2005): Energieautonomie. Eine neue Politik für erneuerbare Energien, München.

Scheer, Hermann (2006): Stellungnahme zur zukünftigen Förderung von Biokraftstoffen, FNR Nr. 490, 5. September 2006.

Schiffer, Hans-Wilhelm (2002): Energiemarkt Deutschland, Köln.

Schindler, Jörg (2006): Verfügbarkeit von Biomasse zur Kraftstoffproduktion. Biokraftstoffe der Zukunft, Ottobrunn.

Schindler, Jörg/Weindorf, Werner (2006): Einordnung und Vergleich biogener Kraftstoffe – „Well-to-Wheel"-Betrachtungen, in: Technikfolgenabschätzung – Theorie und Praxis Nr. 1, 15. Jg., April 2006.

Schindler, Jörg/Zittel, Werner (2000): Weltweite Entwicklung der Energienachfrage und der Ressourcenverfügbarkeit. Enquete-Kommission des Deutschen Bundestages „Nachhaltige Energieversorung unter den Bedingungen der Globalisierung und der Liberalisierung", Ottobrunn.

Schindler, Jörg/Zittel, Werner (2001): Kommentar zum Grünbuch der EU-Kommission „Hin zu einer europäischen Strategie für Energieversorgungssicherheit", L-B-Systemtechnik, Ottobrunn.

Schmitz, Norbert (2006a): Biokraftstoffe – eine vergleichende Analyse, FNR Gülzow.

Schmitz, Norbert (2006b): Marktanalyse Nachwachsende Rohstoffe, FNR Gülzow.

Schmitz, Norbert (2006c): Bioethanol als Kraftstoff – Stand und Perspektiven, in: Technikfolgenabschätzung – Theorie und Praxis Nr. 1, 15. Jg., April.

Schwinn, Kirsten (1999): Die Liquiditätskrise der Metallgesellschaft AG im Herbst 1993, in: Krisennavigator, 2. Jg., Nr.5 (Mai).

Seidel, Vera (o. J.): Metallgesellschaft – Opfer mangelnden Risikomanagements? (www.braunschweig2003.werner-knoben.de/doku/node17.html).

Seifert, Thomas/Werner, Klaus (2005): Schwarzbuch Öl. Eine Geschichte von Gier, Krieg, Macht und Geld, Wien.

Sinton, J./Stern, R./Aden, N./Levine, M. (2005): Evaluation of China´s Energy Strategy Options, Berkeley (Ca.).

Simmons, Matthew (2002): Depletion and US Energy Policy, International Workshop on Oil Depletion, Uppsala.

Simmons, Matthew (2005): Twilight in the Desert, Hoboken.

Skinner, Robert (2004): Book review – National Petroleum Council, Balancing Natural Gas Policy, Washington D.C. 2003, in: Journal of Energy Literature (London), Jg.10 (2004), Nr.2, S. 87–92.

Skinner, Robert (2005): Crude Oil: Scenarios and Perspectives of the Market – Heavy Sour Crude Oil, Comisión de Investigaciónde los Precios del Petróleo, 16. August 2005, Querétaro.

Skinner, Robert (2006a): World Energy Trends: Recent Developments and their Implications for Arab Countries, Oxford Institute for Energy Studies, SP 19, Oxford.

Skinner, Robert (2006b): Strategies for Greater Energy Security and Resource Security, Oxford Institute for Energy Studies, Oxford.

Skinner, Robert/Arnott, Robert (2005): The Oil Supply and Demand Context for Security of Oil Supply to the EU from the GCC Countries, Oxford Institute for Energy Studies, WPM 29.

Skipper, Keith (2001): Petroleum Resources of Canada in the Twenty-First Century, in: Downey, M./Threet, J./Morgan, W. (Hrsg.): Petroleum Provinces of the Twenty-First Century, AAPG Memoir 74, Tulsa (Oklahoma) 2001, S.109–137.

Smil, Vaclav (2003): Energy at the Crossroads, London (MIT Press).

Smith, Leta (2007): New Frontiers: Recent Exploration and Discovery Trends in the Ultra-deep and Arctic, SPE GCS Technology Workshop Factilities for the New Frontier: The Ultra-deep and the Arctic, 12. April 2007.

Sneider, Robert/Sneider, John (2001): New Oil in Old Places: The Value of Mature-Field Redevelopment, in: Downey, M./Threet, J./Morgan, W. (Hrsg.): Petroleum Provinces of the Twenty-First Century, AAPG Memoir 74, Tulsa (Oklahoma), S. 63–85.

Stark, Pete (2002): Energy Supply Setting, 2002 AAPG Briefing – Energy and Environment: A Partnership that Works, Washington, D.C.

Stark, Pete (2006): E&P Business Dynamics: Shaping the Hydrocarbon Future, 17.Mai 2006, IHS User's Forum.

Stark, Pete, Chew, Kenneth (2006): The Exploration Dilemma. In the Age of Energy Supply Anxiety, Exploring Exploration Forum, Houston, 27. Juli 2006.

Stark, Philip/Chew, Kenneth/ Cross, Ian (2005): Global Exploration Trends & Outlook, Second International Petroleum Conference & Exhibition, Kairo 16.–19.Mai 2005.

Strahan, David (2007): The Last Oil Shock, London.

Takin, Manouchehr (2006): Middle East Oil Production Potential – Myth Or Reality? The Changing Role of the International and National Oil Company in Meeting Global Energy Demand, Energy Institute IP Week.

TD Newcrest /CAPP (2008): Canadian Oil Sands. The Future of Oil in Canada, Oil Sands Forum, 14. Januar 2008, London.

Telhami, Shibley/Hill, Fiona (2002): Does Saudi Arabia Still Matter? Differing Perspectives on the Kingdom and Its Oil, in: Foreign Affairs, November/Dezember.

Tertzakian, Peter (2006): A Thousand Barrels a Second. The Coming Oil Break Point und the Challenges Facing an Energy Dependent World, New York.

Tilton, John (2001): Depletion and the Long-Run Availability of Mineral Commodities, Colorado School of Mines.

Tilton, John (2003): On Borrowed Time. Assessing the Threat of Mineral Depletion, Washington D.C.

UFOP-Marktinformation (2007): Ölsaaten und Biokraftstoff, Dezember.

UFOP-Marktinformation (2008): Ölsaaten und Biokraftstoff, März.

Umbach, Frank (2003): Globale Energiesicherheit, München.

Upstream, div. Ausgaben.

USDA/USDOE (2005): The „Billion Ton Study". Biomass as a Feedstock for a Bioenergy and Bioproducts Industry. The Technical Feasibility of a Billion-Ton Annual Supply, Washington.

United States Senate (2006): The Role of Market Speculation in Rising Oil and Gas Prices. A Need to Put the Cop Back on the Beat, Staff Report, Permanent Subcommittee on Investigations, 27. Juni.

USGS (US Geological Survey) 2000: World Petroleum Assessment, Washington.

Verleger, Philip (2000): Third Oil Shock: Real or Imaginery?, Brownstone Republican Club, Insitute for International Economics, April.

Wade, P. (2007): Screening of Global Undeveloped Discoveries, IHS Symposium London (April 2007).

Willenborg, R. et al. (2004): Europe´s Oil Defenses, in: Journal of Energy Literature (London), Jg.10 (2004), Nr.2, S. 3–49.

Wittke, F./Ziesing, H.-J. (2006): Hohe Energiepreise dämpfen Primärenergieverbrauch in Deutschland, DIW Wochenbericht 10/06.

Wood Mackenzie (2007): Long Term Outlook on Oil Market Fundamentals to 2026 (www.woodmacresearch.com).

World Oil, div. Ausgaben.

Yergin, Daniel (1991): The Prize. The Epic Quest for Oil, Money & Power, New York..

Yergin, D./Stoppard, M. (2003): The Next Prize, in: Foreign Affairs, Jg.82, Heft 6, S. 103–114.

Yergin, Daniel (2006a): Ensuring Energy Security, in: Foreign Affairs Jg.85, Heft 2, S. 69–82.

Yergin, Daniel (2006b): What Does 'Energy Security' Really Mean?, CERA News Article 11. Juli 2006.

Yergin, Daniel (2008): Oil at the Break Point: Prepared Testimony by Daniel Yergin, US Congress Joint Economic Committee, 25. Juni 2008, Washington.

Zittel, Werner/Schindler, Jörg (2007): Crude Oil – The Supply Outlook. Report to the Energy Watch Group, Oktober.

Zoba, Tim (2006): New Frontiers –Where will Tomorrow's Oil & Gas Come From?, IHS.

Endnoten

Kapitel 1

[1] Heinberg 2003, S. 75.

[2] Fesharaki 2007b.

[3] IEA 2007b; IEA 2007c, IEA 2008a.

[4] Ich möchte mich an dieser Stelle für die unermüdliche und wertvolle Unterstützung von Hui Feng und Susanne Mattern bedanken. Auch danke ich meinem Lektor Rainer Berger für seine freundliche und hilfreiche Begleitung des Projektes (S.B.).

Kapitel 2

[1] Yergin 1991, S. 23f.

[2] Barudio 2001, S. 462.

[3] Ebd., S. 268.

[4] Yergin 1991, S. 28,33.

[5] Yergin 1991, S. 35ff.

[6] Barudio 2001, S. 262-280.

[7] Yergin 1991, S. 231.

[8] Barudio 2001, S. 350.

[9] Ebd., S. 102.

[10] Yergin 1991, S. 133, 250.

[11] Ebd., S. 250ff.

[12] Ebd., S. 195ff.

[13] Ebd., S. 394ff.

[14] Ebd., S. 428.

[15] Ebd., S. 424.

[16] Ebd., S. 544f.

[17] Claes 2001, S. 91.

[18] Ebd., S. 54.

[19] Ebd., S. 57.

[20] Yergin 1991, S. 435f.

[21] Barudio 2001, S. 111; Yergin 1991, S. 451,476.

[22] Yergin 1991, S. 556ff.

[23] Ebd., S. 515, 526ff, 538.

[24] Yergin 1991, S. 539.

[25] Barudio 2001, S. 109.

[26] Yergin 1991, S. 512.

[27] Claes 2001, S. 62,92; Yergin 1991, S. 580.

[28] Yergin 1991, S. 586, 598.

[29] Adelman 1995.

[30] Claes 2001.

[31] EIA Monthly Energy Chronology.

[32] Yergin 1991, S. 607, 615.

[33] Ebd., S. 621ff.

[34] Ebd., S. 678, 685ff.

[35] Ebd., S. 691f,713; Claes 2001, S. 175.

[36] Claes 2001, S. 198.

[37] Yergin 1991, S. 666, 718.

[38] Ebd., S. 719f.

[39] Ebd., S. 749f

[40] Claes 2001, S. 368.

[41] Seifert/Werner (2005): S. 80.

[42] Barudio 2001, S. 410, 413.

[43] Wall Street Journal 7. April 1997.

[44] Quellen: IEA 2005d, S. 262; IEA 2007d, S. 18ff.; Yergin 1991; Horsnell 2000a; Horsnell 2000b; eigene Zusammenstellung.

[45] Horsnell 2000a; Horsnell 2000b; Verleger 2000.

[46] Lynch 2004b.

[47] Parra 2004, S. 219ff; Verleger 2000.

[48] Wall Street Journal 18. November 2006

[49] Strahan 2007, S. 128.

[50] Wall Street Journal 3. Januar 2008.

[51] Strahan 2007, S. 58.

Kapitel 3

[1] Hyne 2001; IEA 2005f.

[2] Mineralölwirtschaftsverband 2003.

[3] Oil & Gas Journal 27. August 2007.

[4] Hyne 2001, S. XXXV, 153.

[5] Daneben gibt es noch eine Minderheitsmeinung zur Entstehung von Öl: Seit den 50er Jahren wird von einigen Wissenschaftlern der Ansatz vertreten, dass Öl einen anorganischen Ursprung hat (Porfiryev, Krayushkin) und aus dem tiefen Erdinneren emporsteigt. Die Reserven wären dann fast unerschöpflich.

[6] Hyne 2001, S. 24.

[7] USGS 2000.

[8] Harper 2005.

[9] Quellen: Wood Mackenzie, Oil&Gas Journal.

[10] Dutch 1999.

[11] FAZ 11. November 2003.

[12] Oil&Gas Journal 18. Februar 2008.

[13] Smil 2003, S. 16.

[14] Hyne 2001, S. 405; Barudio 2001, S. 90f., Simmons 2005, S. 325f.

[15] IEA 2005e, S. 44.

[16] Bockhorst 2002, S. 286.

[17] Opec 2007a.

[18] Ebd.

[19] Mineralölwirtschaftsverband 2001. Neben diesen Hauptverfahren kommen auch noch andere Prozesse zum Einsatz, auf die hier aber aus Platzgründen nicht näher eingegangen werden kann.

[20] IEA 2008a, S. 72.

[21] IEA 2005b.

[22] Yergin 1991, S. 111, 542.

[23] Maugeri 2006b, S. 236.

[24] Quelle: IEA (OMR Statistical Supplement).

[25] Quelle: Mineralölwirtschaftsverband 2003.

[26] Hartshorn 1993, S. 103f.

[27] IEA 2007c.

[28] International Oil Daily 16. Februar 2007.

[29] Wall Street Journal 28. September 2005.

[30] Ebd.

Kapitel 4

[1] Roberts 2004, S. 30.

[2] Heinberg 2003, S. 53,64.

[3] Heinberg 2003, S. 49; Smil 2003.

[4] Tertzakian 2006.

[5] Yergin 1991, S. 395ff.; Deming 2001.

[6] Deming 2003.

[7] Dow Jones Newswires 12. Februar 2004.

[8] Simmons 2005, S. 266.

[9] Gerling 2005 (BGR).

[10] Yergin zit.n. Wall Street Journal 27. April 2006.

[11] Wall Street Journal 22. Mai 2004.

[12] Wall Street Journal 12. März 2004.

[13] Andrews/Udall 2003.

[14] Quellen: USGS zit.n. Drollas 2006a; Drollas 2006b.

[15] Chew/Stark 2006a.

[16] IEA 2005e.

[17] Ebd., S. 24f.

[18] Oil and Gas Journal 5. und 12. November 2007.

[19] IEA 2005e, S. 3.

[20] BGR 2007.

[21] Meling 2003; Meling 2006.

[22] EIG 2007a.

[23] Ebd.

[24] USGS 2000, Daten beziehen sich auf den 1.1.1996 (Mean-Wert).

[25] Klett/Gautier/Ahlbrandt 2005; Klett 2004.

[26] Ebd.

[27] Ebd.

[28] Quellen: Klett 2004; eig. Schätzung auf Grundlage der Daten von Klett.

[29] Al Husseini 2006; Klett/Gautier/Ahlbrandt 2005.

[30] Hayman/Stark 2006.

[31] IEA 2007b.

[32] Chew/Stark 2006a; Chew/Stark/Fryklund 2007.

[33] Jackson 2006, Chew 2004, Chew/Stark 2006a; Chew/Stark/Fryklund 2007.

[34] Jackson 2006, eigene Darstellung und Berechnungen auf der Grundlage von IHS-Daten.

[35] Chew 2007.

[36] Chew/Stark/Fryklund 2007; eigene Schätzung auf der Grundlage der zitierten Quellen.

[37] Chew/Stark 2006a; Chew 2007; Stark 2006; IHS 2005; IHS 2003; Rushworth 2005; Rushworth/Stark 2005.

[38] King 2007.

[39] Stark 2006.

[40] King 2007.

[41] Ebd.

[42] Eigene Schätzung auf Grundlage der Zahlen von King 2007.

[43] GAO 2007.

[44] Robelius 2007; Chew/Stark 2006a.

[45] Arnott 2002, S. 10f.

[46] Ebd.

[47] Adelman 1995.

[48] Tilton 2001, S. I-4.

[49] Ahlbrandt/McCabe 2002.

[50] Odell 2003.

[51] Odell 2004.

[52] Odell 1996.

[53] ASPO Newsletter Nr. 87.

[54] Campbell/Laherrère 1998.

[55] Laherrère 2001; Lynch 2003; Campbell 2002.

[56] Laherrère 2003; Campbell/Laherrère 1998.

[57] Laherrère 2006.

[58] Laherrère 2001; Laherrère 2003.

[59] Laherrère 2006, Fig.12.

[60] Laherrère 2006.

[61] Ebd.

[62] USGS 2000.

[63] Laherrère 2001.

[64] Ebd., S. 64-69.

[65] Chew/Stark 2006a; Chew/Stark/Fryklund 2007.

[66] Stark 2006.

[67] Laherrère 2003.

[68] Bentley 2002.

[69] Campbell 2002.

[70] Ebd., S. 101.

[71] Ebd., S. 10.

[72] Ebd., S. 90.

[73] ASPO Newsletter Nr.85, Nr.89.

[74] ASPO Newsletter Nr. 85, Nr. 89.

[75] Ebd.

[76] Zittel/Schindler 2007.

[77] Daten von IHS und Oil & Gas Journal sind ohne erwartete Neufunde und ohne erwartetes Reservenwachstum in bekannten Feldern. Quellen: Zittel/Schindler 2007, ASPO, IHS, Oil & Gas Journal.

[78] Lynch 2001.

[79] Lynch 2001; Smil 2003, S. 200f.

[80] Lynch 2003.

[81] Meling 2003, 2006.

[82] Lynch 2003.

[83] Bundesanstalt für Geowissenschaften und Rohstoffe 2003.

[84] Feng 2008.

[85] Lynch 2003.

[86] Zit.n. Lynch 2003.

[87] Schindler/Zittel 2000, 2001.

[88] Robelius 2007; Maugeri 2006b.

[89] Campbell 2005.

[90] Takin 2006.

[91] Maugeri 2006b, S. 221.

[92] Strahan 2007, S. 164.

[93] Robelius 2007.

[94] Maugeri 2006b, S. 222.

[95] Strahan 2007, S. 162; Odell 1996; Aspo Newsletter Nr.3 2007.

[96] IEA 2005d, S. 123ff.

[97] ASPO Newsletter Nr. 88.

[98] Maugeri 2006a, 2006b; IEA 2005d.

[99] Ebd., S. 132.

[100] Campbell 2005, S. 164.

[101] IEA 2005d.

[102] Simmons 2005, S. 293.

[103] USGS 2000; Koppelaar 2005.

[104] IEA 2004b, S. 97.

[105] Schindler/Zittel 2000.

[106] Aspo Newsletter Nr.88.

[107] Klett u.a. 2006.

[108] Zoba 2006; Stark/Chew 2006; Stark 2006; Stark/Chew/Cross 2005.

[109] Zittel/Schindler 2007; Chew/Stark 2006a, 2006b; Stark/Chew '2006; Harper 2005; Stark/Chew/Cross 2005; Zoba 2006; Rushworth/Stark 2005.

[110] IEA 2005e, S. 73.

[111] Halbouty 2001, S. 13.

[112] Chew 2006.

[113] Aspo Newsletter April 2007.

[114] Harper 2005.

[115] Gluyas/Hichens 2003; Sandrea 2006.

[116] Maugeri 2006b, S. 208.

[117] Wall Street Journal 27. August 2007.

[118] Dow Jones Newswires 16. November 2007; Oil & Gas Journal 25. Februar 2008; www.woodmacresearch.com.

[119] Dow Jones Newswires 14. Dezember 2007; Bloomberg 6. Mai 2008.

[120] Upstream 15. April 2008.

[121] World Oil, Vol 228, Nr.3, März 2007.

[122] CERA Press Release 6. September 2006.

[123] Aspo Newsletter April 2007; Campbell 2005, S. 319.

[124] Oil and Gas Journal 21. Januar 2008.

[125] ASPO Newsletter Nr. 89 und 88.

[126] Robelius 2007.

[127] Oil & Gas Journal 11. Juni 2007.

[128] IEA 2005e, S. 71.

[129] Smith 2007; Cornford 2006; Oil Daily 29. August 2007.

[130] Wall Street Journal 23. Juli 2008; Handelsblatt 25. Juli 2008.

[131] World Oil Vol. 227 No. 8.

[132] Chew/Stark 2006a; Robelius 2007.

[133] Wenn nicht anders angegeben, handelt es sich um 2P-Daten ("wahrscheinliche Reserven"); Quellen: IEA, ASPO, CGES, Oil & Gas Journal, BP Statistical Review 2008, Takin 2006, Laherrère in Aspo Newsletter August 2007, EIA Country Analysis Briefs Iraq August 2007, IHS, Al-Husseini 2007, Rabia 2007, Chew 2005, BGR 2003, S. 43,; Petroleum

Intelligence Weekly, Zittel/Schindler 2007, eig. Ber.

[134] Quellen: IEA, Laherrère 2006, Meling 2006, EIG 2007a, Chew/Stark 2006a, Chew 2007, Jackson 2006, ASPO Newsletter, Oil & Gas Journal, BP Statistical Review 2008, eig. Ber. Anm: "Regular Oil" (ASPO) wurde annäherungsweise auf konventionelle Ölmengen umgerechnet. Abweichungen in den Summen entstehen durch Rundungen und leichte Unterschiede im Erhebungszeitpunkt.

Kapitel 5

[1] In diesen Kapiteln geht es um konventionelles, "normales" Öl. Neue Quellen für die Ölversorgung (Ölsand, Biokraftstoffe, etc.) werden in späteren Kapiteln untersucht.

[2] Heinberg 2007.

[3] Odell 2004, S. 36ff.

[4] GAO 2007; National Petroleum Council 2007.

[5] Hirsch 2007.

[6] Wall Street Journal 19. November 2007.

[7] CGES 2004.

[8] IEA: World Energy Outlook 2000, S. 145.

[9] EIA (2001): International Energy Outlook.

[10] Hirsch 2005.

[11] Oil & Gas Journal 5. November und 12. November 2007; Harper 2005; IEA 2005e, S. 14.

[12] Wall Street Journal 22. April 2008.

[13] King 2007.

[14] Oil & Gas Journal 5. November und 12. November 2007.

[15] Wall Street Journal 10. Juli 2006.

[16] Oil & Gas Journal 21. April 2008.

[17] Jarrell 2005.

[18] World Oil Vol. 227 No. 8.

[19] Simmons 2002, 2005.

[20] IEA 2003b, S. 45.

[21] IEA 2006a, S. 333.

[22] IEA 2007c.

[23] IEA 2008a, S. 42.

[24] Oil & Gas Journal 28. Januar 2008 ("Finding the Critical Numbers").

[25] Lynch in Oil & Gas Journal 25. Februar 2008.

[26] Esser 2001, Verleger 2000, CGES 2004, Lajous 2004, Edwards 2001.

[27] Esser 2001, S. 36.

[28] Edwards 2001, S. 23.

[29] IEA 2006a, S. 102.

[30] Ebd., S. 315ff; Oil & Gas Journal 2. Juli 2007.

[31] Wall Street Journal 16. April 2008.

[32] OGEL Vol.1 (2003), Heft 2.

[33] Claes 2001, S. 165.

[34] OGEL Vol.1 (2003), Heft 2, S. 22-24.

[35] Claes 2001, S. 171.

[36] EIA Opec Revenues Fact Sheet Februar 2008 (eia.doe.gov).

[37] Oil & Gas Journal 8. Oktober 2007.

[38] Gately 2001.

[39] Kevin Norrish (Barclays Capital) in International Oil Daily vom 12. Juli 2007; Petroleum Intelligence Weekly 13. August 2007.

[40] IEA 2005e, S. 32.

[41] Hartshorn 1993.

[42] Simmons 2005, S. 445, 346.

[43] IEA 2006a, S. 315ff, Fig. 12.12.

[44] Wade 2007.

[45] Skinner/Arnott 2005, S. 88ff.

[46] Mitchell 2006, S. 48; Babusiaux 2001; Mitchell 2001.

[47] Oil & Gas Journal 20. August 2007.

[48] Wall Street Journal 15. Februar 2007; Xinhua 13. Februar 2007.

[49] Herold/Lovegrove 2007; Wall Street Journal 28. Juni 2005.

[50] IEA 2008a, S. 39, 42.

[51] Robelius 2007.

[52] IEA 2006a; Alhajji 2006.

[53] Wall Street Journal 27. August 2007; Fryklund 2007; Mitchell 2006, S. 49; Stark 2006.

[54] Wall Street Journal 27. August 2007.

[55] Fryklund 2007.

[56] Der methodische Ansatz der Hubbert-Geologen wurde bereits in Kap. 4 beschrieben und soll hier nicht im Detail wiederholt werden.

[57] Campbell/Laherrère 1998, Perrodon u.a. 1998, Campbell 2001, Laherrère 2001, 2003, 2006; ASPO Newsletter div. Ausgaben.

[58] ASPO Newsletter Juni 2008 (Nr.90).

[59] Laherrère 2006, Fig 61..

[60] Campbell 2002.

[61] ASPO Newsletter Nr. 74 vom Februar 2007.

[62] Campbell 2004.

[63] Aspo Newsletter Nr.89, Nr.90.

[64] Campbell 2002, Aspo Newletter Nr.85.

[65] Zittel/Schindler 2007.

[66] Ebd., S. 31

[67] Ebd., S. 34.

[68] Robelius 2007.

[69] BGR 2007.

[70] BGR 2003.

[71] CERA 2006; CERA 2005; Esser 2005, Jackson 2007, Jackson/Esser 2006.

[72] Oil & Gas Journal 28. Januar 2008.

[73] Stark 2006.

[74] Upstream 24. April 2007; Wood Mackenzie 2007.

[75] IEA 2004b, S. 29.

[76] Ebd., S. 102.

[77] IEA 2005e, S. 3.

[78] Ebd., S. 25.

[79] Ebd., S. 16.

[80] IEA 2005d, S. 3 (deutsche Zusammenfassung).

[81] IEA 2006a, S. 91.

[82] IEA 2007c.

[83] IEA 2007c; eig.Ber. und Rundungen; OPEC inkl Angola, Irak; Processing Gains ohne Staaten der früheren Sowjetunion, China, Non-OECD-Europa.

[84] IEA 2007b, S. 81-84.

[85] IEA 2007b; Gegenüber früheren Publikationen ist zu beachten, dass Angola nun zur OPEC gezählt wird. Biokraftstoffe wurden nicht berücksichtigt. Non-Opec (konventionell) ist eine eigene Berechnung aus den IEA-Zahlen.

[86] Meling 2003, 2006.

[87] IEA 2008b, S. 115-118.

[88] IEA 2008a.

[89] Im Text ist an einer Stelle von umgerechnet 125 mb/d die Rede, ein anderes Mal von 135 mb/d. Die Schaubilder zeigen jedoch die höheren Werte, da hier auch das synthetische Öl berücksichtigt wird.

[90] EIA International Energy Outlook 2006, 2007.

[91] EIA International Energy Outlook, Tabellen G1, G2, G3.

[92] EIA International Energy Outlook 2007.

[93] EIA Annual Energy Outlook 2008.

[94] Dow Jones Newswires 3. April 2007, OPEC 2007b.

[95] Zit.n. EIA 2003.

[96] Meling 2003, 2006.

[97] Wall Street Journal 4. März 2008.

[98] Odell 2003, 2004.

[99] Yergin 1991, S. 830, gerundete Werte.

[100] Quelle: EIA. Rohöl inkl. NGL, andere Liquids, Refinery Gain.

[101] Quelle: EIA.

[102] IEA 2008a, S. 39ff.

Kapitel 6

[1] Claes 2001.

[2] IEA 2005d, S. 508.

[3] Energy Alert 11. Dezember 2006.

[4] IEA 2007c; IEA 2005d, S. 485ff., 516.

[5] Simmons 2005.

[6] Wall Street Journal, 23. Juni 2008; IEA 2008a.

[7] EIA Country Analysis Briefs: Saudi Arabia, Februar 2007; Dow Jones Newswires 23. Oktober 2007.

[8] Wall Street Journal 22. April 2008.

[9] IEA 2005d, S. 520.

[10] Laherrère 2006, Fig. 16.

[11] Robelius 2007.

[12] CGES 2007.

[13] Simmons 2005, S. 72ff, S. 269ff.

[14] Ebd., S. XIV, XV, 334.

[15] Ebd., S. 21, 235.

[16] Ebd., S. 39, 90, 101-104.

[17] Ebd., S. 151, 199.

[18] Ebd., S. 47, 52, 66.

[19] Skinner/Arnott 2005.

[20] Al Husseini 2006.

[21] Jarrell 2005.

[22] Energy Alert 30. Januar 2006; EIA Country Analysis Brief Kuwait November 2006; Takin 2006.

[23] Petroleum Intelligence Weekly 23. und 30. Januar 2006; IEA 2005d, S. 421.

[24] Petroleum Intelligence Weekly 23. und 30. Januar 2006; Oil & Gas Journal, BP.

[25] IEA 2005d; (Weo05) EIA Country Analysis Brief Kuwait November 2006.

[26] Petroleum Intelligence Weekly 11. Februar 2008; Energy Compass 9. November 2007.

[27] IEA 2005d, S. 336.

[28] Petroleum Intelligence Weekly 19. November 2007.

[29] IEA 2005d, S. 146-149, 354, 357.

[30] Bloomberg 18. Februar 2008.

[31] IEA 2005d; Porter 2001.

[32] IEA 2005d, S. 335ff; EIA Country Analysis Briefs: Iran Oktober 2007; BP Statistical Review 2008; Skinner/Arnott 2005; IEA 2007c; Bloomberg 18. Februar 2007; Oil & Gas Journal 12. Juli 2007, 13. August 2007.

[33] EIA Country Analysis Briefs: Iran Oktober 2007.

[34] Wall Street Journal 20. Februar 2007.

[35] Ebd.

[36] Reuters 3. April 2003.

[37] Renner 2003.

[38] MEES 10. Oktober 2005.

[39] IEA 2005d, S. 373ff.

[40] International Petroleum Encyclopedia 2004, S. 131; Rabia 2007; Petroleum Intelligence Weekly 17. September 2007.

[41] EIA Country Analysis Briefs: Iraq August 2007; IHS; Laherrère in Aspo Newsletter August 2007; Al-Husseini 2007; Rabia 2007; International Petroleum Encyclopedia 2004, S. 130; IEA 2005d, S. 388.

[42] So der stellvertretende Premierminister des Landes Barham Salih (The Times 20. Mai 2008).

[43] IEA 2005d, S. 390; EIA Country Analysis Briefs: Iraq August 2007.

44 International Petroleum Encyclopedia 2004, S. 131.

45 EIA Country Analysis Briefs: Iraq August 2007.

46 International Oil Daily, 16. Februar 2007.

47 Wall Street Journal 9. Juli 2008.

48 International Oil Daily, 11. September 2007.

49 Ebd.

50 Upstream 30. Juni 2008.

51 IEA 2008a.

52 EIA Country Analysis Briefs: Iraq August 2007.

53 Huber 2002, Goldman 2004; Hill/Fee 2002.

54 Huber 2002, S. 285.

55 Ebd., S. 286.

56 Hill-Fee 2002.

57 Ebd.

58 Sapir 2007.

59 Putins Doktorarbeit an der staatlichen Bergbau-Hochschule St. Petersburg hatte die staatliche Bewirtschaftung natürlicher Ressourcen zum Thema (vgl. FAZ 28. März 2006).

60 Telhami/Hill 2002.

61 Morse/Richard 2002.

62 Oil & Gas Journal 18. September 2007; International Oil Daily 12. September 2007; Oil & Gas Journal 8. Oktober 2007.

63 Felder 2007.

64 EIA Country Analysis Briefs Sakhalin September 2005; Oil & Gas Journal 16. Juli 2007; Wall Street Journal 22. Dezember 2006; Petroleum Intelligence Weekly 23. April 2007; Wall Street Journal 26. April 2007.

65 Felder 2005.

66 Felder 2007.

67 Wall Street Journal 14. und 16. November 2007; IEA Oil Monthly Report 13. Februar 2008; Bloomberg 4. Mai 2008; Oil & Gas Journal 26. November 2007.

68 EIA Country Analysis Briefs: Russia April 2007 und August 2005; IEA Oil Monthly Report 13. Februar 2008.

69 Nefte Compass 19. Juli 2007.

70 Wall Street Journal 15. April 2008; Wall Street Journal 16. November 2007.

71 Felder 2007.

72 ASPO Newsletter Januar 2007 (Nr. 85), Juni 2008 (Nr. 90).

73 EIA Country Analysis Briefs: Russia April 2007, gestützt auf Analysen von John Grace; IEA 2007c.

74 National Petroleum Council 2007.

75 Wall Street Journal 1. Juli 2008; International Oil Daily 6. Mai 2008.

76 Wall Street Journal 16. Mai 2007.

77 IEA 2007c.

78 Upstream 22. November 2007.

79 Lahèrrere 2001, S. 39f., Leonard/Yukos)

80 Laherrère 2001, S. 39f.

81 Leonard 2002.

82 IEA 2004b, S. 301.

83 Ebd.

84 Aspo Newsletter Januar 2007.

85 Felder 2005; Felder 2007; IEA 2004b; Harper 2004a, 2004b.

86 Felder 2007.

87 Quellen: ASPO Newsletter Nr. 90 (Juni 2008); EIA Country Analysis Briefs: Russia, April 2007; IEA 2004b, S. 301 sowie wie in der Tabelle erwähnt.

88 Laherrère 2001; Wall Street Journal 30. September 2004.

89 Wall Street Journal 11. Juli 2006.

90 Hill/Fee 2002; Seifert/Werner 2005; Maugeri 2006b.

91 Maugeri 2006b.

92 Anmerkung: Anrainerstaaten ohne Russland und Iran.

[93] International Oil Daily 16. April 2008.

[94] BP Statistical Review 2008; Oil & Gas Journal 24. Dezember 2007; Horsnell 1999b; EIA Country Analysis Briefs: Caspian Sea Region, Januar 2007.

[95] Wall Street Journal 28. August 2007; EIA Country Analysis Briefs: Kasachstan, Oktober 2006; Wall Street Journal 7. September 2007; International Oil Daily 24. Mai 2007.

[96] EIA Country Analysis Briefs: Kasachstan, Oktober 2006; Wall Street Journal 21. September 2007, 4. Oktober 2007.

[97] Quellen (summarisch): CERA, EIA, IEA, IHS, Skinner/Arnott 2005; Wall Street Journal 15. Februar 2007; National Petroleum Council 2007; International Oil Daily 2. Juli 2007.

[98] IEA 2008a.

[99] Bloomberg 6. Mai 2008.

[100] IEA 2007b, S. 317ff.

[101] IHS zit.n. IEA 2007b, Tab. 10.1; BP Statistical Review 2006.

[102] Dow Jones Newswires 22. Januar 2007.

[103] IEA 2007b; Oil & Gas Journal 14. Mai 2007; World Oil Vol. 228, Nr.7; Wall Street Journal 17. August 2007; Cohen 2007.

[104] IEA 2007b.

[105] World Oil Vol. 228, Nr.7.

[106] Skinner/Arnott 2005; Dow Jones Newswires 1. März 2007; WEO 2005d, S. 433ff.; EIA Country Analysis Briefs: Libya Juli 2007; Petroleum Intelligence Weekly 6. August 2007.

[107] Wall Street Journal 5. April 2007; Wall Street Journal 29. Februar 2008; IEA 2007c; IEA 2004b, S. 106ff; IEA 2006b; Oil & Gas Journal 24. Dezember 2007; EIA International Energy Outlook 2006, 2007.

[108] IEA 2007c; Petroleum Intelligence Weekly 21. Januar 2008; Oil & Gas Journal 16. Juli 2007.

[109] IEA 2007c.

[110] EIA Country Analysis Briefs: Qatar, März 2006; EIA International Energy Outlook 2007; IEA 2007c.

[111] IEA 2007c; IEA 2006b.

[112] National Petroleum Council 2007.

[113] EIA Country Analysis Briefs: UAE, Juli 2007; IEA 2005d, S. 146-149, S. 531ff; International Oil Daily 8. Oktober 2007.

[114] Rutledge 2004; Mommer 1999; Mommer 2001; Lynch 2004a.

[115] Wall Street Journal 10. April 2007.

[116] Oil & Gas Journal 1. Oktober 2007, 8. Oktober 2007.

Kapitel 7

[1] Fattouh 2007a.

[2] Claes 2001; S. 239.

[3] Horn 2004, S. 271.

[4] IEA 2007c.

[5] Horn 2002

[6] Wall Street Journal 1. November 2007.

[7] Mitchell 2001, S. 150.

[8] Karbuz 2004, S. 41.

[9] Skinner 2006a, 2006b.

[10] National Petroleum Council 2007.

[11] Horsnell 1998; Horsnell 1999a, Mabro 2001a; Simmons 2005; Oil Daily 29. Dezember 2006.

[12] IEA 2008a, S. 30f.

[13] Wall Street Journal 18. Januar 2007, 25. Januar 2007, 13. Februar 2007.

[14] Lynch 2004a.

[15] Adelman 1995.

[16] Lynch 2004a, S. 6f.

[17] Claes 2001, S. 274; Horsnell 2005.

[18] Horsnell 2005.

[19] Wall Street Journal 19. Mai 2004; dpa 12. Oktober 2005.

[20] Oil Daily 10. Oktober 2007.

[21] IEA 2005d, S. 63.

[22] IEA 2005d, S. 39.

[23] IEA 2006a, Tabelle 1.3.

[24] IEA 2007b, Tabelle 3.2, S. 151ff.

[25] Dow Jones Newswires 4. Märlz 2008.

[26] Bloomberg 6. Mai 2008.

[27] Claes 2001; Yergin 1991; Hartshorn 1993, Adelman 1995, Horsnell/Mabro 1993.

[28] Hyne 2001, S. 89.

[29] Claes 2001. S. 78.

[30] Daneben wird auch der Mischpreis der amerikanischen Ölimporte genannt (*Imported Refiner Acquisition Cost*- IRAC). Er ist zwar sehr aussagekräftig, da die USA aus vielen Teilen der Welt Rohöl bezieht, doch er kann erst nachträglich mit über einem Monat Verzögerung ermittelt werden. Er ist daher für das aktuelle Marktgeschehen ohne große Bedeutung.

[31] Horsnell/Mabro 1993.

[32] Razavi 1989.

[33] Horsnell 2000b.

[34] Horsnell/Mabro 1993, S. 232.

[35] Horsnell 2000b.

[36] Ebd., S. 241.

[37] Fattouh 2008; Wall Street Journal 31.Mai 2007, Petroleum Intelligence Weekly 11. Juni 2007.

[38] Fattouh 2008.

[39] Horsnell 1997; International Oil Daily 20. September 2004.

[40] Horsnell 1997, S. 165.

[41] Petroleum Intelligence Weekly 29. Januar 2007.

[42] Horsnell/Mabro 1993, S. 325ff.

[43] Fattouh 2007b.

[44] Mabro 2005, S. 9.

[45] Bloomberg 24. Mai 2007.

[46] Petroleum Intelligence Weekly 30.April 2007.

[47] Wall Street Journal 23. April 2007.

[48] Vgl. auch Razavi 1989.

[49] Ebd., S. 63.

[50] Horsnell 1997, S. 228.

[51] Razavi 1989, S. 12.

[52] Yergin 1991, S. 724.

[53] Horsnell 1997, S. 380f.

[54] Horsnell/Mabro 1993, S. 225.

[55] Campbell/Orskaug 2006.

[56] Oil & Gas Journal 9. Juni 2008, S. 25ff; Oil Daily 16. Januar 2008.

[57] Wall Street Journal 2. Januar 2008.

[58] Quellen: Nymex, ICE, CFTC.

[59] Upstream 4. April 2008.

[60] Ebd.

[61] Horsnell/Mabro 1993, S. 130ff.

[62] FAZ 22. November 1999; Seidel (o. J.); Schwinn 1999.

[63] Wall Street Journal 6. Juni 2005.

[64] Wall Street Journal 20. September 2006.

[65] Rogers 2005, S. 98.

[66] Banks 2007, S. 128f.

[67] Mabro 2005, S. 11.

[68] Mabro 2000.

[69] Mabro 2001b.

[70] Wall Street Journal 21. September 2006.

[71] Wall Street Journal 14. November 2007.

[72] Horsnell 1997, S. 559.

[73] Marketwatch 23. Juni 2008; Dow Jones Newswires 18. Juni 2008; Wall Street Jounral 23. und 24. Juni 2008.

[74] Campbell/Orskaug 2006.

[75] Wall Street Journal 21. Juni 2005.

[76] Wall Street Journal 26. August 2004.

[77] Wall Street Journal 16. Oktober 2006, 9. und 19. Januar 2007.

[78] Wall Street Journal 11. April 2006.

[79] Wall Street Journal 9. Juni 2008.

[80] Masters 2008.

[81] Ebd.

[82] Ebd.

[83] Ebd.

[84] Rogers 2005, S. 39.

[85] Wall Street Journal 26. August 2004.

[86] IEA 2008a, S. 5 – 16.

[87] Masters 2008; Yergin Juni 2008, Bloomberg 30. Juni 2008.

[88] Horsnell 1997, S. 385ff.

[89] Maugeri 2006b, S. 237ff.

[90] Upstream 12. März 2008.

[91] Horsnell 2005.

[92] Skinner 2006a, S. 94.

[93] Drollas 2007.

[94] Bloomberg 10. März 2008.

Abkürzungen und ausgewählte Fachbegriffe

[1] Vgl. auch Mineralölwirtschaftsverband 2001; BGR 2007.

Politikhungrig?

Blätter für deutsche und internationale Politik

Einzelheft 9,00 €
Im Abo 5,95 / 4,50 €

1'08

Gratis Probeheft unter
030 / 30 88 - 36 44
oder abo@blaetter.de

Panik im Finanzkasino
Die Rückkehr des Staates

Heiner Flassbeck
James K. Galbraith
Jörg Huffschmid
Immanuel Wallerstein

Weimar auf Italienisch
Ein Gespräch mit Valentino Parlato

Wie weiter, Mr. President?
William Pfaff

Das weiße Eutopia des James Watson
Wulf D. Hund

Südafrika nach Mbeki
Helga Dickow

Antisemitische Erblast
NS-Deutschland und Nahostkonflikt
Gert Krell

Kommodes Gedenken anno 2008
Harald Schmid

Bestellungen an Blätter Bestellservice, PF 540246, 10042 Berlin oder an abo@blaetter.de

Die Monatszeitschrift mit Biss

Herausgegeben u.a. von: Micha **Brumlik**, Dan **Diner**, Jürgen **Habermas**, Jörg **Huffschmid**, Walter **Jens**, Claus **Leggewie**, Jens **Reich** und Friedrich **Schorlemmer**

Mehr Informationen auf www.blaetter.de

Das Original: Wirtschaftswissen komplett

Artur Woll

Wirtschaftslexikon

10., vollständig neubearbeitete Auflage 2008
863 S. | gebunden
€ 29,80 | ISBN 978-3-486-25492-1

Der Name »Woll« sagt bereits alles über dieses Lexikon. Das Wollsche Wirtschaftslexikon erfüllt das verbreitete Bedürfnis nach zuverlässiger Wirtschaftsinformation in vorbildlicher Weise. Längst ist der »Woll« das Standardlexikon im Ausbildungsbereich. Es umfasst die Kernbereiche Betriebswirtschaftslehre, Volkswirtschaftslehre und die Grundlagen der Statistik, aber auch die wirtschaftlich bedeutsamen Teile der Rechtswissenschaft. Besonderer Wert wurde auf eine möglichst knappe, jedoch zuverlässige Stichwortabhandlung gelegt.

Das Wirtschaftslexikon eignet sich nicht nur für den akademischen Gebrauch, sondern richtet sich auch an Praktiker in Wirtschaft und Verwaltung.

Prof. Dr. Dr. h. c. mult. Artur Woll lehrt Volkswirtschaftslehre an der Universität Siegen.

Oldenbourg

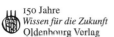
150 Jahre
Wissen für die Zukunft
Oldenbourg Verlag

Bestellen Sie in Ihrer Fachbuchhandlung oder direkt bei uns· Tel: 089/45051-248, Fax: 089/45051-333
verkauf@oldenbourg.de

Ist der Drache unersättlich?

Xuewu Gu, Maximilian Mayer
Chinas Energiehunger: Mythos oder Realität?

Spätestens seit dem Beginn des 21. Jahrhunderts gibt
es einen weltweiten Diskurs über Chinas Energiebedarf
und dessen globale Auswirkungen.
Die Debatte verläuft teilweise leidenschaftlich. Sie ist
aber auch von weit verbreiteten Mythen gekennzeichnet,
die von der politischen und wissenschaftlichen Aufmerksamkeit und von den eigentlichen Energieheraus-
forderungen Chinas und der Welt
ablenken.
Dieses Buch versucht durch empirisches
Datenmaterial und theoretische Überlegungen eine ausgewogene Sicht auf den
chinesischen »Energiehunger« zu finden.

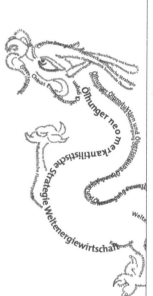

Das Buch richtet sich an Studierende,
Wissenschaftler, Politiker, Entscheidungsträger
in der Wirtschaft sowie an wirtschafts- und
energiepolitisch Interessierte.

2007 | VIII, 207 Seiten | gebunden
€ 24,80
ISBN 978-3-486-58491-2

Oldenbourg

Die Vereinten Nationen: Eine Leistungs- und Leidensgeschichte

Helmut Volger

Geschichte der Vereinten Nationen

2., aktual. u. erw. Aufl. 2008 | 511 S. | gebunden
€ 34,80 | ISBN 978-3-486-58230-7

Wie ein Seismograph spiegeln die Vereinten Nationen seit ihrer Gründung 1945 die Situation der internationalen Beziehungen wider – im Wechsel zwischen großen Erwartungen und enttäuschten Hoffnungen von der Haltung der Regierungen und der öffentlichen Meinung in den Mitgliedstaaten. Sie zeigen die Fähigkeit oder Unfähigkeit der Staatenregierungen, Kriege zu verhüten, Konflikte zu schlichten sowie konstruktiv zusammenzuarbeiten – und dies über die Grenzen verschiedener Kulturen, Wirtschaftssysteme und Ideologien hinweg.
Um die Situation der Vereinten Nationen besser verstehen und ihre Handlungsfähigkeit realistisch einschätzen zu können, ist es hilfreich, einen Blick in ihre Geschichte zu werfen. Immer wieder entwickelten sie Lösungskonzepte für die internationale Zusammenarbeit in den verschiedenen Problembereichen. Im Laufe der Zeit haben sie mit dem Wandel in der Interpretation der völkerrechtlichen Normen ihrer Charta auf die Veränderungen im internationalen System reagiert, um in der Friedenssicherung, dem Schutz der Menschenrechte und in anderen wichtigen Arbeitsfeldern weiter ihre Aufgaben erfüllen zu können.

Das Buch richtet sich an Politikwissenschaftler, Politiker und Interessierte.

Dr. phil. Helmut Volger ist Politikwissenschaftler, Buchautor und Lexikon-Herausgeber zum Thema »Vereinte Nationen« und seit 1999 Koordinator des Forschungskreises Vereinte Nationen.

Oldenbourg

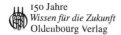
150 Jahre
Wissen für die Zukunft
Oldenbourg Verlag

Bestellen Sie in Ihrer Fachbuchhandlung oder direkt bei uns: Tel: 089/45051-248, Fax: 089/45051-333
verkauf@oldenbourg.de

Der rote Faden durch die VWL

Gerhard Kolb
Wirtschaftsideen
Von der Antike bis zum Neoliberalismus
2008 | 137 S. | gebunden | € 26,80
ISBN 978-3-486-58852-1

Dieses Buch vermittelt einen leicht verständlichen Überblick über die wichtigsten dogmenhistorischen Positionen des ökonomischen Denkens. Im Rahmen dessen wird auf den »Aspekt der Ökonomik« in der Antike und im Mittelalter, im Merkantilismus, im Physiokratismus, im Klassischen Liberalismus, im Sozialismus, im Historismus, in der Grenznutzenlehre, in der Neoklassik, im Keynesianismus, im Monetarismus sowie auch in der Evolutorischen Wirtschaftstheorie und im Neoliberalismus eingegangen. Das Buch vermittelt nicht nur Strukturwissen, es zeigt vielmehr auch einen »roten Faden« durch die Volkswirtschaftslehre auf, nach dem Studierende bewusst oder unbewusst oftmals vergebens suchen.

Zur Zielgruppe gehören neben Studierenden der Wirtschaftswissenschaften auch Schülerinnen und Schüler der Fächer Ökonomie und Politik. Eine spannende Lektüre ist dieses Buch aber auch für Erwachsene, die Einblick in die Geschichte der Ökonomie nehmen wollen.

Univ. Prof. Dr. rer. pol. Gerhard Kolb war zuletzt Inhaber des Lehrstuhls für Allgemeine Wirtschaftslehre und ihre Didaktik an der Universität Hildesheim.

150 Jahre
Wissen für die Zukunft
Oldenbourg Verlag

Bestellen Sie in Ihrer Fachbuchhandlung oder direkt bei uns: Tel: 089/45051-248, Fax: 089/45051-333
verkauf@oldenbourg.de

economag.de

Wissenschaftsmagazin für
Betriebs- und Volkswirtschaftslehre

Einfach mehr verstehen.
Das Glossar auf economag.de

Was ist eine Due Diligence? Was verbirgt sich hinter
einer Private Public Partnership und was leistet das
Controlling? Und: Wofür steht die Abkürzung IFRS und
was sind eigentlich Hedgefonds?

Antworten auf diese und ähnliche Fragen gibt das
Glossar auf economag.de. Über 3.000 Begriffe aus allen
wirtschaftswissenschaftlichen Fachrichtungen werden
hier kurz und prägnant erläutert.

Das Wirtschafts-ABC online:
www.economag.de/stichwoerter/glossar.

Oldenbourg

Kostenfreies Abonnement unter
www.economag.de

Was bleibt vom Kuchen?

Heinz-J. Bontrup
Lohn und Gewinn – Volks- und betriebswirtschaftliche Grundzüge
2., vollständig überarbeitete und erweiterte Auflage 2008 |363 Seiten | Flexcover
€ 34,80 | ISBN 978-3-486-58472-1
Reihe Managementwissen für Studium und Praxis

Verteilungsfragen haben in der Ökonomie schon immer eine große und herausragende Rolle gespielt. Bereits Adam Smith beschrieb 1776 den grundsätzlichen Konflikt zwischen Arbeits- und Kapitaleinkommen. Die Beschäftigten wollen für ihre Arbeit möglichst viel Lohn und die Unternehmer so wenig wie möglich bezahlen. Auch heute dreht sich hierum die Auseinandersetzung. Unter globalisierten und liberalisierten Märkten hat sich der Verteilungskonflikt sogar nachhaltig verschärft.

Das in 2. Auflage vorgelegte, völlig überarbeitete und erweiterte Buch „Lohn und Gewinn" untersucht diesen Verteilungskonflikt sowohl im theoretischen – inklusive einer dogmentheoretischen und historischen Betrachtung – als auch im praktischen tarifpolitischen Duktus. Hierbei werden sowohl volks- als auch betriebswirtschaftliche Aspekte beleuchtet. Dabei kommen auch verteilungspolitische Aspekte und Beurteilungen nicht zu kurz.

Oldenbourg

150 Jahre
Wissen für die Zukunft
Oldenbourg Verlag

Bestellen Sie in Ihrer Fachbuchhandlung oder direkt bei uns: Tel: 089/45051-248, Fax: 089/45051-333
verkauf@oldenbourg.de